AF097098

प्रस्तावना

भारत गाँवों का देश है जिसमें से लगभग आधे गाँवों की सामाजिक-आर्थिक स्थिति बेहद कमजोर है। आजादी के बाद से ग्रामीण जनता का जीवन स्तर सुधारने के लिए ठोस प्रयास किए गए हैं, इसलिए ग्रामीण विकास, विकास की एकीकृत अवधारणा रही है और सभी पंचवर्षीय योजनाओं में गरीबी उन्मूलन की सर्वोपरि चिंता रही है।

भारत में परोपकार की जड़ें परमार्थ, करुणा, दया, दान, खैरात इत्यादि अनेक नैतिक और आध्यात्मिक मूल्यों में काफी लंबे समय से जमी हैं। अंग्रेजों के आगमन के साथ ही, व्यावसायिक वर्ग ने स्वैच्छिकवाद का कार्यक्षेत्र बढ़ा दिया। शिक्षित मध्यवर्ग ने स्वैच्छिक गतिविधियों को और भी विविधतापूर्ण बना दिया और गाँधी जी की प्रेरणा से स्वाधीनता संघर्ष में उनकी भागीदारी से भी राजनीतिक स्वैच्छिकवाद का उद्गमन हुआ। गाँधीवादी नैतिक और आध्यात्मिक मूल्यों ने स्वैच्छिकवाद को अत्यधिक प्रेरकशक्ति प्रदान की और औपनिवेशिक काल में स्वैच्छिक गतिविधियों की प्रकृति और लक्षण को महत्त्वपूर्ण रूप से प्रभावित किया।

महात्मा गाँधी और स्वामी विवेकानंद ने नितांत सेवा-कार्य में दैहिक रूप से लगकर गरीबों की सेवार्थ हेतु स्वैच्छिक कार्यों की समग्र शृंखला आरंभ कर स्वैच्छिकवाद की सकल संकल्पना को क्रांतिक रूप से बदलकर रख दिया।

प्रस्तुत जी.पी.एच. की पुस्तक **'ग्राम विकास में स्वैच्छिक क्रिया (एम.आर.डी.ई.-002)'** में ग्राम विकास के संदर्भ में स्वैच्छिक क्रिया, इसका विकास तथा इससे संबंधित विभिन्न संकल्पनाओं तथा मुद्दों का विस्तार से वर्णन किया गया है।

पुस्तक विशेष रूप से प्रश्न पत्र की तैयारी के लिए सारगर्भित एवं परीक्षोपयोगी प्रश्नोत्तर के रूप में लिखी गई है। इसके अध्ययन से न केवल अल्प समयावधि में छात्रों को अपना पाठ्यक्रम पूर्ण कर पाने में मदद मिल सकेगी बल्कि प्रश्नों के उत्तरों को हल करने में भी सरलता होगी।

प्रस्तुत पुस्तक की विषय-सामग्री के विस्तृत एवं जटिल उपबंधों को तर्कपूर्ण एवं संप्रभावी ढंग से संक्षेप में प्रस्तुत किया गया है। पुस्तक की भाषा उपयुक्त, सरल एवं प्रवाहपूर्ण रखने का प्रयत्न किया गया है। पुस्तक के प्रत्येक अध्याय के प्रारंभ में अध्याय की भूमिका दी गई है जिससे छात्रों को अध्याय को समझने में सरलता होगी।

इस पुस्तक की सबसे बड़ी और महत्त्वपूर्ण विशेषता यह है कि इसके अंतर्गत आपको गत वर्षों के प्रश्न पत्र हल सहित दिए जा रहे हैं जो आपकी परीक्षा को न केवल सरल बनाते हैं अपितु आपको परीक्षा में अच्छे अंक प्राप्त करने में भी सहायक होगा। पुस्तक में प्रश्न पत्रों के प्रारूप को आपके सामने बिल्कुल उसी प्रकार प्रस्तुत किया गया है जैसा आपके सामने परीक्षा केंद्र में प्रस्तुत होता है, जो आपको अपने आप में एक अलग प्रकार का आत्मविश्वास बढ़ाने में सहायक होगा।

मैं आपकी सफलता की कामना करती हूँ।

Dr. Sanjeeta

TOPICS COVERED

अध्याय–1 : स्वैच्छिकवाद, राज्य और समाज
(Voluntarism, State and Society)

1. स्वैच्छिकवाद – सैद्धांतिक मुद्दे
   (Voluntarism – Theoretical Issues)
2. लोकतांत्रिक समाज में स्वैच्छिक संघ
   (Voluntary Associations in A Democratic Society)
3. राज्य, स्वैच्छिक संगठन और विकास
   (The State, Voluntary Organisations and Development)
4. लाभनिरपेक्ष संगठनों का दर्शन और स्वरूप
   (Philosophy and Nature of Nonprofit Organisations)

अध्याय–2 : स्वैच्छिक संगठनों की मूल विशेषताएँ
(Basic Features of Voluntary Organisations)

1. स्वैच्छिक संगठनों की व्यवस्था और संरचना
   (Organisation and Structure of Voluntary Organisations)
2. स्वैच्छिक अभिकरण प्रशासन और प्रबंधन
   (Voluntary Agency Administration and Management)
3. स्वैच्छिक संगठन: सामाजिक रूपांतरण के मुद्दे और एजेंडा
   (VOs: Issues and Agenda for Social Transformation)
4. स्वैच्छिक संगठन: वित्त और संसाधन संघटन
   (VOs: Finance and Resource Mobilisation)

ग्राम विकास में स्वैच्छिक क्रिया

(Voluntary Action in Rural Development)

(एम.आर.डी.ई.-02)

ग्राम विकास में एम.ए. हेतु (एम.ए.आर.डी.)

For Master of Arts [Rural Development] [MARD]

By

Dr. Sanjeeta

Ph.D (Delhi University)

विशेष विश्वविद्यालयों के लिए महत्वपूर्ण अध्ययन सामग्री

इंदिरा गाँधी राष्ट्रीय मुक्त विश्वविद्यालय (इग्नू), के.एस.ओ.यू. (कर्नाटका), बिहार विश्वविद्यालय (मुजफ्फरपुर), नालंदा विश्वविद्यालय, जामिया मिलिया इस्लामिया, वर्धमान महावीर मुक्त विश्वविद्यालय (कोटा), उत्तराखंड मुक्त विश्वविद्यालय, कुरुक्षेत्र विश्वविद्यालय, सेवा सदन कॉलेज ऑफ एजुकेशन (महाराष्ट्र), मिथिला विश्वविद्यालय, आंध्रा विश्वविद्यालय, अन्नामलाई विश्वविद्यालय, बैंगलोर विश्वविद्यालय, भारतीयर विश्वविद्यालय, भारतीदशन विश्वविद्यालय, हिमाचल प्रदेश विश्वविद्यालय, सेंटर फॉर डिस्टेंस एंड ओपन लर्निंग, काकाटिया विश्वविद्यालय (आंध्र प्रदेश), के.ओ.यू. (राजस्थान), एम.पी.बी.ओ.यू. (एम.पी.), एम.डी.यू. (हरियाणा), पंजाब विश्वविद्यालय, तमिलनाडु मुक्त विश्वविद्यालय, श्री पद्मावती महिला विश्वविद्यालयम् (आंध्र प्रदेश), जम्मू विश्वविद्यालय, वाई.सी.एम.ओ.यू., राजस्थान विश्वविद्यालय, उत्तर प्रदेश राजर्षि टण्डन मुक्त विश्वविद्यालय, कल्याणी विश्वविद्यालय, बनारस हिंदू विश्वविद्यालय (बी.एच.यू.), और अन्य भारतीय विश्वविद्यालय।

इस पुस्तक का अंग्रेजी संस्करण भी उपलब्ध है।

English Edition of this Book is also available.

Closer to Nature We use Recycled Paper

GPH BOOK ®

गुल्लीबाबा पब्लिशिंग हाउस प्रा. लि.

आई.एस.ओ. 9001 एवं आई.एस.ओ. 14001 प्रमाणित कं.

Published by:
GullyBaba Publishing House Pvt. Ltd.

Regd. Office:	**Branch Office:**
2525/193, 1ˢᵗ Floor, Onkar Nagar-A, Tri Nagar, Delhi-110035 (From Kanhaiya Nagar Metro Station Towards Old Bus Stand) Ph. 011-27387998, 27384836, 27385249	1A/2A, 20, Hari Sadan, Ansari Road, Daryaganj, New Delhi-110002 Ph. 011-23289034 011-45794768

E-mail: hello@gullybaba.com, Website: GullyBaba.com

New Edition

Price:

ISBN: 978-93-83921-78-2

Copyright© with Publisher
All rights are reserved. No part of this publication may be reproduced or stored in a retrieval system or transmitted in any form or by any means; electronic, mechanical, photocopying, recording or otherwise, without the written permission of the copyright holder.
Disclaimer: This book is based on syllabus of IGNOU. This is only a sample. The book/author/publisher does not impose any guarantee or claim for full marks or to be pass in exam. You are advised only to understand the contents with the help of this book and answer in your words.
Gullybaba Publishing House Pvt. Ltd. is not connected to any university/board/institution in any way.
All disputes with respect to this publication shall be subject to the jurisdiction of the Courts, Tribunals and Forums of New Delhi, India only.

Free Home Delivery of GPH Books

You can get GPH books by VPP/COD/Speed Post/Courier.
You can order books by Email/SMS/WhatsApp/Call.
For more details, visit gullybaba.com/faq-books.html

Note : Selling this book on any online platform like Amazon, Flipkart, Shopclues, Rediff, etc. without prior written permission of the publisher is prohibited and hence any sales by the SELLER will be termed as ILLEGAL SALE of GPH Books which will attract strict legal action against the offender.

अध्याय–3 : स्वैच्छिक संगठन और ग्राम विकास
(Voluntary Organisations and Rural Development)

1. ग्राम विकास में स्वैच्छिक प्रयास – एक आलोचनात्मक मूल्यांकन
   (Voluntary Effort in Rural Development – A Critical Appraisal)
2. ग्रामीण भारत में स्वैच्छिक संगठनों की प्रकृति और प्रकार
   (Nature and Types of VOs in Rural India)
3. ग्रामीण क्षेत्रों में स्वैच्छिक संगठनों के समक्ष समस्याएँ
   (Problems Faced by VOs in Rural Areas)
4. स्वैच्छिक संगठन और ग्राम विकास एक निर्णायक मोड़ पर
   (Voluntary Organisations and Rural Development at Crossroads)

अध्याय–4 : स्वैच्छिक संगठन: ग्राम विकास में भूमिका और अनुभव
(VOs: Role and Experiences in Rural Development)

1. राजकीय सहायता प्राप्त एनजीओज और ग्राम विकास
   (State Assisted NGOs and Rural Development)
2. समुदाय आधारित संगठन और ग्राम विकास
   (Community Based Organisations and Rural Development)
3. स्वैच्छिक संगठन: कुछ सफल अनुभव
   (VOs: Some Successful Experiences)
4. विश्वव्यापी स्वैच्छिक प्रयास और ग्राम विकास
   (Global Voluntary Effort and Rural Development)

विषय-सूची

1. स्वैच्छिकवाद, राज्य और समाज 1
   (Voluntarism, State and Society)
2. स्वैच्छिक संगठनों की मूल विशेषताएँ 61
   (Basic Features of Voluntary Organisations)
3. स्वैच्छिक संगठन और ग्राम विकास 115
   (Voluntary Organisations and Rural Development)
4. स्वैच्छिक संगठन: ग्राम विकास में भूमिका और अनुभव 163
   (VOs: Role and Experiences in Rural Development)

प्रश्न पत्र

(1)	जून 2012 (हल सहित)	219
(2)	दिसम्बर 2012 (हल सहित)	222
(3)	जून 2013 (हल सहित)	225
(4)	दिसम्बर 2013 (हल सहित)	228
(5)	जून 2014 (हल सहित)	230
(6)	दिसम्बर 2014 (हल सहित)	232
(7)	जून 2015	235
(8)	दिसम्बर 2015	237
(9)	जून 2016	239
(10)	दिसम्बर 2016	241
(11)	जून 2017	243
(12)	दिसम्बर 2017	245
(13)	जून 2018 (हल सहित)	247
(14)	दिसम्बर 2018	250
(15)	जून 2019 (हल सहित)	252
(16)	दिसम्बर 2019 (हल सहित)	254
(17)	जून 2020 (हल सहित)	257
(18)	फरवरी 2021 (हल सहित)	260

1

अध्याय

स्वैच्छिकवाद, राज्य और समाज (Voluntarism, State and Society)

भूमिका

सामाजिक चिंतन के रूप में स्वैच्छिकवाद पश्चिमी दर्शन का प्रतिफल है। स्वैच्छिकवाद की उन दार्शनिक परंपराओं से उत्पत्ति हुई जिसमें मानव 'इच्छा' को व्यक्तिगत संवेगों, भावनाओं, विचारों और क्रियाओं का एकमात्र स्रोत माना गया है। आरंभ में 'इच्छा' के अस्तित्व की पूर्वकल्पना की गई है और बाद में इसे हमारे अस्तित्व की मौजूदगी और परिवेश की यथार्थता के बारे में जानकारी और जागरूकता का स्रोत माना गया है। स्वैच्छिकवाद का तत्त्व यह है कि व्यक्ति की क्रियाएँ अपने संकल्पों, इच्छाओं, भावनाओं और विकल्पों से साकार होनी चाहिए।

प्रश्न 1. स्वैच्छिकवाद से आप क्या समझते हैं? इसके प्रमुख तत्त्वों का वर्णन कीजिए।

उत्तर— स्वैच्छिकवाद (लैटिन शब्द वॉलुन्टास : इच्छा, आकांक्षा) वह सिद्धांत है जो 'इच्छा' को व्यक्तिगत भावनाओं, संवेगों, विचारों और क्रियाओं के मौलिक आधार के रूप में मानता है। आधुनिक चिंतन के फोन्टाना शब्दकोश में स्वैच्छिकवाद का अर्थ है कि कोई भी सिद्धांत, जो मानसिक जीवन में विशेषकर चिंतन और ज्ञान की खोज अथवा आचरण के बारे में निर्णयों में इच्छा की भूमिका पर बल देता है। मानव के व्यवहार के विषय में ऐतिहासिक, राजनीतिक और सामाजिक सिद्धांतों में स्वैच्छिकवाद निर्णय निर्धारण में व्यक्तिगत विकल्प पर बल देता है, जो इसे पूरी तरह बाहरी दशाओं द्वारा निर्धारित नहीं मानता है। यह मानव व्यवहार के नियतिवादी मॉडल के विपरीत खड़ा है, जो 'इच्छा' और स्वैच्छिक क्रिया को व्यक्तिगत अनुभव में तथा समाज में कारणात्मक कारकों के रूप में शामिल नहीं करता है।

स्वैच्छिकवाद का मानना है कि व्यक्ति का चिंतन, भावनाओं और संवेगों का स्रोत मानव 'इच्छा' में निहित है। बाद में इस प्रकार का विचार और भावनाएँ, जो 'स्वतंत्र इच्छा' से उत्पन्न होती हैं, व्यक्ति की क्रियाओं को निरूपित करती हैं। आरंभ में 'इच्छा' का अस्तित्व पूर्वकल्पित होता है और बाद में इसे हमारे अस्तित्व और समीपवर्ती अथवा परिवेशी वास्तविकता के बारे में हमारी जानकारी और जागरूकता का स्रोत माना जाता है। मानव इच्छा को बुनियादी प्रकृति और जानकारी का कारण माना जाता है और क्रिया के माध्यम से पूर्ण भौतिक और अभौतिक सृष्टि का बोध होता है।

स्वैच्छिकवाद का तत्त्व यह है कि व्यक्ति की क्रियाएँ अपने संकल्पों, इच्छाओं, भावनाओं और विकल्पों से साकार होनी चाहिए। व्यक्ति के पास स्वतंत्रता और स्वतंत्र क्रिया का विकल्प होना चाहिए। लोगों में लक्ष्य प्राप्त करने की सृजनात्मक प्रेरणाएँ होनी चाहिए तथा ये तभी कार्यान्वित हो सकती हैं यदि लोगों को समाज में विचार और क्रिया की स्वतंत्रता है। इसमें यहाँ मूलभूत दार्शनिक मान्यता यह है कि मानव इच्छा व्यक्ति के विचार, भावनाओं और संवेगों का स्रोत है। सभी क्रियाएँ मूल रूप से मानव की 'स्वतंत्र इच्छा' की अभिव्यक्ति से उत्पन्न होती हैं। अत: 'स्वतंत्र इच्छा' की अभिव्यक्ति द्वारा प्रोत्साहित केवल लोगों की क्रियाएँ ही मानवोचित विश्व की रचना कर सकती हैं। सामाजिक उद्गम लोगों के संघर्षों और प्रयासों का परिणाम है। मानवजाति का इतिहास मूल रूप से समाज में लोगों की संचित क्रियाओं का कोष है। सामाजिक क्रियाएँ, जो 'स्वतंत्र इच्छा' की अभिव्यक्ति में निहित हैं, वे स्वैच्छिकवाद की संवृद्धि में योगदान करती हैं और समाज में लोकतांत्रिक और प्रगतिशील सामाजिक परिवर्तन लाती हैं।

स्वैच्छिकवाद सामाजिक जीवन के बारे में किसी भी प्रकार के नियतिवादी और यांत्रिक (भौतिक) चिंतन के विपरीत है। सामाजिक नियंत्रण और कठोर नियम (नौकरशाही अथवा सर्वसत्तावादी संरचनाओं की विशेषताएँ) स्वतंत्र इच्छा की अभिव्यक्ति को दबा देते हैं और इस प्रकार स्वैच्छिकवाद का अस्तित्व दबाव में आ जाता है। ऐसी सामाजिक स्थितियाँ लोगों को अपनी क्रियाओं से अलग-थलग कर देती हैं। न तो वे अपनी क्रियाओं को समझ पाते हैं और न ही वे इनके परिणामों से अवगत हो पाते हैं। वे केवल सामाजिक जीवन के मूक दर्शक बन जाते हैं। अत: किसी बाहरी एजेंसी (उदाहरण के लिए राज्य) द्वारा आरंभ और निर्देशित किए गए सामाजिक कार्य लोगों की 'स्वतंत्र इच्छा' की अभिव्यक्ति को दबा देते हैं और स्वैच्छिकवाद के विकास को

सीमित कर देते हैं। इसका परिणाम होता है 'यथास्थिति' का बने रहना अथवा ऐसा सामाजिक परिवर्तन लाना, जो स्वाभाविक रूप से प्रतिगामी हो सकता है।

प्रश्न 2. हॉब्स की अस्तित्व की प्राकृतिक अवस्था की चर्चा कीजिए।

उत्तर— थामस हॉब्स (1588-1679) ने अपनी प्रसिद्ध पुस्तक 'लेवियथन' (Leviathan) में आरंभिक मानव विकास का मॉडल प्रस्तुत किया और लगभग सभी अनुवर्ती पश्चिमी राजनीतिक दर्शन (विचारधारा) के लिए कार्यावली निर्धारित की। उन्होंने प्रकृति की एक आदर्श अवस्था का वर्णन किया जिसमें प्रत्येक व्यक्ति को प्रकृति में उपलब्ध प्रत्येक संसाधन पर समान अधिकार था। प्रत्येक व्यक्ति इस प्रकार के प्राकृतिक संसाधनों को प्राप्त करने के लिए किसी भी साधन का प्रयोग करने के लिए स्वतंत्र था। तथापि अस्तित्व (जीवन) की प्राकृतिक दशा में हो सकता है कुछ व्यक्ति दूसरों की अपेक्षा शारीरिक रूप से अधिक शक्तिशाली और बुद्धिमान थे। परंतु कोई भी व्यक्ति इतना शक्तिशाली अथवा फुर्तीला नहीं हो सकता था कि वह हिंसक मृत्यु के खतरों से बच सके। इस प्रकार की हिंसक मृत्यु की आशंका को देखते हुए, व्यक्ति को अपनी रक्षा करने का अधिकार था। इस प्रकार हॉब्स के लिए, व्यक्तिगत अधिकार आत्मरक्षा की आवश्यकता से उत्पन्न हुए थे।

संसाधनों को प्राप्त करने और आत्म रक्षा की आवश्यकता के लिए सतत् संघर्ष मानव जाति की प्राकृतिक दशाओं में 'सभी के विरुद्ध सभी के संघर्ष' की निरंतर स्थिति मानव के सर्वोत्तम हित में नहीं थी। आक्रमण की इस समस्या के समाधान के तौर पर, हॉब्स ने केंद्रीकृत सर्वसत्तावादी राज्य के सृजन का विचार प्रस्तुत किया जिसे उसने 'लेवियथन' कहा।

हॉब्स के अनुसार राज्य की सत्ता से कुछ संरक्षण प्राप्त करने के लिए लोग सौदेबाजी में अपने काफी प्राकृतिक अधिकारों को त्याग देंगे। हिंसक मृत्यु के प्रति सुरक्षा के लिए निरंकुश अधिकारों को त्याग कर लोग सामाजिक अनुबंध करेंगे। इस प्रकार सामाजिक अनुबंध करके, वे शांतिपूर्ण समाजों की रचना करेंगे। हॉब्स के लिए, प्रकृति की आदर्श दशा में, समाज केवल एक व्यापक जनसमूह था जो अत्यंत शक्तिशाली सत्ता के नीचे रह रहा होता है। निरंकुश सत्ता अर्थात् लेवियथन राज्य (चाहे सम्राट, अभिजात वर्ग अथवा लोकतंत्र) सार्वभौम है जो आंतरिक शांति और सामान्य रक्षा को सुनिश्चित करेगा।

निस्संदेह, हॉब्स ने अत्यंत सत्तावादी लेवियथन राज्य को प्रतिपादित किया परंतु उसने उसके नीचे समाज में लोगों को स्वतंत्रता, स्वाधीनता और व्यवहार अथवा क्रिया का विकल्प प्रदान किया। संप्रभु (राजा) को हिंसा और जोर-जबरदस्ती (एक-दूसरे के विरुद्ध युद्ध करने वाले लोगों के साथ) तथा राज्य की एकता से जुड़े मामलों से निबटते समय कठोर होना चाहिए। इसके अतिरिक्त संप्रभु को आम जनता में हस्तक्षेप नहीं करना चाहिए और समाज में व्यक्ति जो भी कुछ करे उसके बारे में कुछ नहीं कहना चाहिए। जब तक लोग एक-दूसरे को हानि नहीं पहुँचाएँ अथवा एक-दूसरे के जीवन को खतरा न पहुँचाएँ तब तक संप्रभु को उनके सामाजिक आचरण अथवा व्यवहार में हस्तक्षेप नहीं करना चाहिए। इसके अतिरिक्त, संप्रभु को सभी व्यक्तियों की समानता को बनाए रखना चाहिए। हॉब्स के लिए कानून केवल सामाजिक अनुबंध को लागू करना ही है।

हॉब्स ने लोगों को समाज में उनके प्राकृतिक अधिकारों के आधार पर उन्हें सभी प्रकार की स्वतंत्रता, स्वाधीनता, व्यवहार और कार्य के विकल्प प्रदान किए।

संक्षेप में स्वैच्छिकवाद का अर्थ है कि लोगों को अपने संकल्पों, इच्छाओं, भावनाओं अथवा उन्हें उपलब्ध विकल्पों के अनुसार अपनी क्रियाओं को निरूपित करने की स्वतंत्रता है। इस प्रकार

हॉब्स के दर्शन में स्वैच्छिकवाद से जुड़ी सभी प्रकार की पहलों के अभ्युदय और संवृद्धि के लिए व्यापक संभावना और गुंजाइश है। परंतु साथ ही उन्होंने राज्य की आवश्यकता की संकल्पना की जिसमें कोई भी शक्ति संप्रभु से ऊपर नहीं होनी चाहिए। कोई भी सत्तावादी ढाँचा लोगों की स्वतंत्र इच्छा की अभिव्यक्ति का दमन करता है और स्वैच्छिकवाद के उद्देश्य को दबाता है। इस प्रकार, सत्तावादी राज्य को मान कर और व्यक्तियों के निरंकुश प्राकृतिक अधिकारों को कम करने वाला, हॉब्स का दर्शन शुद्ध सैद्धांतिक अर्थ में स्वैच्छिकवाद की वास्तविक भावना को अवरुद्ध अथवा कम करता है। जी.पी.एच. की पुस्तकों का मुख्य उद्देश्य ज्ञान के साथ-साथ अच्छे नम्बर दिलाना है।

प्रश्न 3. कंत के 'अवयक्त तत्त्व' और 'प्रत्यक्ष घटना' की व्याख्या कीजिए।

उत्तर– जर्मन के दार्शनिक इमैनुअल कंत ने ब्रह्मांड (Universe) को 'अवयक्त तत्त्व' (Noumenon) और 'प्रत्यक्ष घटना' (Phenomenon) में विभाजित माना है। उन्होंने 'अवयक्त तत्त्व' को वास्तव में विद्यमान अंग (existing entity) अर्थात् 'स्वयं में वस्तु' (Thing in Itself) (डिंग एन सिश) स्वीकार किया है। अवयक्त तत्त्व वास्तविकता पर आधारित है, जो बाहरी विश्व के हमारे संवेदी और मानसिक निरूपण का आधार है। अवयक्त तत्त्व (अथवा स्वयं में वस्तुएँ, जर्मन भाषा में डिंग-एन-सिश) का अर्थ उन वस्तुओं से है जो शारीरिक और हमारे स्वयं की मानसिक स्थितियाँ, दोनों के हमारे अनुभव के मूल में विद्यमान रहती हैं। कंत का मानना था कि प्रत्यक्ष बोध के तात्कालिक पदार्थ अंशतया बाहरी वस्तुओं के कारण और अंशतया हमारे अपने बोधात्मक साधनों के कारण होते हैं। कंत के लिए बाहरी वास्तविकता के संवेदी और मानसिक निरूपण मात्र प्रत्यक्ष घटनाएँ होती हैं। बर्ट्रेंड रसल ने अपनी पुस्तक 'ए हिस्टरी ऑफ वेस्टर्न फिलोसोफी' में लिखा है कि–

"प्रत्यक्ष बोध में जो कुछ दिखाई देता है, उसे कंत 'प्रत्यक्ष घटना' कहते हैं, जो दो भागों से बनी हैं–एक, पदार्थ के कारण जिसे वह संवेदन (sensation) कहते हैं और दूसरी वह जो हमारे व्यक्तिपरक साधनों के कारण है, जिसे वह कहते हैं कि इसकी वजह से विविधता हो जाती है जो कुछ संबंधों में व्यवस्थित होती है। इस भाग को वह प्रत्यक्ष घटना का रूप (form) कहते हैं। यह स्वयं संवेदन नहीं होती है, इसलिए परिवेश की अप्रत्याशित घटना पर भी यह आश्रित नहीं है, यह सदैव एक समान ही है क्योंकि इसे हम अपने में धारण करते हैं और यह इस अर्थ में पूर्वसिद्ध (a priori) है कि यह अनुभव पर निर्भर नहीं है। संवेदनशीलता का शुद्ध रूप 'शुद्ध अंतर्ज्ञान' अथवा 'अंतर्दृष्टि' (pure intuition) (anschauung जर्मन भाषा में) कहलाता है। ऐसे दो रूप हैं, स्थान (space) और समय (time), एक बाहरी अर्थ के लिए और दूसरा आंतरिक अर्थ के लिए।"

कंत का मानना था कि नैतिक कानून का अध्ययन हमें प्रत्यक्ष घटना के पीछे ले जा सकता है और हमें यह ज्ञान दे सकता है जिसे हमारा ज्ञान-बोध (इंद्रियाँ) ग्रहण कर पाने में असमर्थ होता है। कंत के लिए नैतिक कानून अनिवार्य रूप से इच्छा से संबंधित है। कंत ने देखा कि एक अच्छे व्यक्ति और बुरे व्यक्ति अर्थात् सज्जन और दुर्जन में अंतर 'स्वयं वस्तुओं' के विश्व में बुनियादी अंतर से है और संकल्पों के प्रति अंतर से भी है। अत: कंत के अनुसार संकल्पों को वास्तविक विश्व अर्थात् 'अवयक्त तत्त्व' से संबंधित होना जरूरी है। संकल्पों का प्रत्यक्ष घटना की दुनिया से कोई संबंध नहीं है अर्थात् बाहरी वास्तविकता का हमारे संवेदी और मानसिक निरूपणों से कोई संबंध नहीं है।

प्रश्न 4. आर्थर शोपनहॉर की मानव 'इच्छा' और स्वैच्छिकवाद की अवधारणा को स्पष्ट कीजिए।

अथवा

शोपनहॉर की 'इच्छा' की अवधारणा और स्वैच्छिकवाद के संबंध में इसके महत्त्व को संक्षेप में स्पष्ट कीजिए।

उत्तर– अपनी पुस्तक 'द वर्ल्ड एज विल एंड रिप्रेजेंटेशन' में आर्थर शोपनहॉर ने माना कि पदार्थों के संसार में रहने वाले मानव अनिवार्य रूप से इच्छाओं के दायरे में रह रहे हैं। उन्होंने दावा किया कि कंत का 'अवयक्त तत्त्व' मूल रूप से वही था जो हम में है, जिसे हम 'इच्छा' कहते हैं। उन्होंने अपने में वस्तुओं (things in itself) को ज्यों की त्यों मान्यता दी और इसे 'इच्छा' के समान पहचान दी। शोपनहॉर की प्रणाली मूल रूप से कंत के दर्शन (विचारधारा) का परिवर्तित रूप है। उनका तर्क था कि बाहरी पदार्थों (जिन्हें प्रत्यक्ष घटनाएँ कहा जाता है) और अपने में वस्तु (अवयक्त तत्त्व) में एक महत्त्वपूर्ण विलोपन (अर्थात् कुछ अनुपस्थित) है। यह विलोपन हमारा शरीर ही है। वास्तव में एक भौतिक पदार्थ के रूप में मानव शरीर को हम इंद्रिय बोध (sense perception) द्वारा जानी गई अन्य ज्ञात वस्तु की अपेक्षा अधिक निकटता से जानते हैं। इस प्रकार शोपनहॉर का मानना था कि मेरे शरीर का इंद्रिय बोध जो प्रतीत होता है, वह वास्तव में मेरी 'इच्छा' है। संकल्प के अनुरूप प्रत्यक्ष घटना एक शारीरिक संचलन अर्थात् गति है, इसलिए उनके अनुसार शरीर एक ऐसा सादृश्य है, जिसकी यथार्थता 'इच्छा' है।

शोपनहॉर का कहना था कि मानव शरीर की सीमाएँ होती हैं और वे स्थान घेरती हैं और कुछ विशेषताएँ उसी प्रकार प्रदर्शित करती हैं जिस प्रकार अन्य भौतिक पदार्थ प्रदर्शित करते हैं। इस तरह मानव शरीर अन्य भौतिक पदार्थों की भाँति है, जिन्हें हम केवल अपनी इंद्रियों के माध्यम से जानते हैं, अर्थात् जिसे केवल एक प्रत्यक्ष घटना का रूप माना जाता है। हमारी चेतना (consciousness) इस प्रकार एक भौतिक शरीर (पदार्थ) में निवास करती है। परंतु यह चेतना हमारे शरीर के अनुरूप नहीं होती। इस अंतर को स्पष्ट करने के लिए शोपनहॉर ने कहा कि हमारी गति (motion) स्वैच्छिक है; हमें सामान्य तौर पर किसी निश्चित समय में अपने अंगों जैसे फेफड़ों, हृदय, जिगर, गुर्दों आदि की कार्यप्रणाली के बारे में न तो कोई जानकारी है और न ही इनके विषय में कुछ पता होता है। इन अंगों की कार्यप्रणाली को नियंत्रित करने की हमारी योग्यता और शक्ति सीमित है। हमारे अंगों की जो कार्यसूची होती है उसे चेतन मस्तिष्क निर्धारित नहीं करता है। चेतन मस्तिष्क इन अंगों का मालिक होने के विपरीत सेवादार होता है। इस प्रकार एक तरह से हमारा भौतिक शरीर एक बाहरी वस्तु है (सभी अन्य पदार्थों की तरह) जिसे इंद्रिय बोध के माध्यम से जाना जा सकता है और इसे प्रत्यक्ष घटना माना जाता है। इंद्रियों के माध्यम से जाना गया यह पक्ष आकलन योग्य है और यह चेतन मस्तिष्क का संघटक है। दूसरी तरफ, हमारे अंगों की रहस्यमयी और अज्ञात कार्यसूची द्वारा निर्धारित किया गया आंतरिक तत्त्व हमारे इंद्रिय बोध की जानकारी से भी परे है, जिसे प्रत्यक्ष घटना के रूप में नहीं माना जा सकता। रहस्यमयी कार्यसूची द्वारा आदेशित यह पक्ष चेतना के ज्ञान से परे है और यह चेतन मस्तिष्क का संघटक नहीं है।

मानव इच्छा की चिंतन और बुद्धि पर अनुक्रमिक श्रेष्ठता होती है। यह समझा जाता है कि 'आकांक्षा' चिंतन से पहले होती है और सदृश अर्थ में 'इच्छा' मनुष्य के अस्तित्व से पहले होती है। 'इच्छा' के माध्यम से मनुष्य बाहरी संसार में निहित यथार्थता में सहभागिता कर सकता है।

इस प्रकार शोपनहॉर का दर्शन मानव अन्वेषण, ज्ञान और तर्कसंगत एवं सचेतन मस्तिष्क की रचना का संपूर्ण कार्य मानव 'इच्छा' में आधारित है।

प्रश्न 5. रूसो की 'सामान्य इच्छा' की अवधारणा में निहित स्वैच्छिकवाद के क्रियाकलाप के लिए क्षमता का वर्णन कीजिए।

अथवा

'सामान्य इच्छा' और 'सामाजिक अनुबंध' की रूसो की धारणा की अनिवार्य विशेषताएँ बताइए।

उत्तर– रूसो के अनुसार मनुष्य स्वभाव से भोला व निरीह होता है, किंतु संपत्ति की उत्पत्ति के साथ ही वह घोर स्वार्थी एवं प्रतिस्पर्धी बन जाता है तथा उसकी स्वतंत्रता खो जाती है। तब इस अवस्था में मनुष्य आपसी समझौते द्वारा सर्वोच्च सत्ता की स्थापना करता है। यह सर्वोच्च सत्ता मनुष्य की 'सामान्य इच्छा' होती है, जो उसकी आदर्श इच्छाओं तथा स्वार्थी इच्छाओं का योग होता है। इस तरह से मनुष्य जिन अधिकारों को खोता है, उन्हें वापस 'सामान्य इच्छा' के द्वारा प्राप्त कर लेता है, क्योंकि वह स्वयं इसका एक भाग है। इस प्रकार रूसो प्रत्यक्ष प्रजातंत्र का समर्थक है। रूसो का बुनियादी दावा है कि 'मानव प्रकृति' और 'समाज' के बीच मूलभूत रूप से विभाजन होता है। अस्तित्व की प्राकृतिक दशाओं में मानव प्रकृति भली, उदार और अपने साथियों के लिए करुणा और दया (रूसो ने उसे उदार असभ्य कहा) से भरी थी। समाज की उत्पत्ति और बाद में सभ्यता के विस्तार ने मानव प्रकृति पर हानिकारक, विरोधी और दुराचारी प्रभाव छोड़े हैं। रूसो ने अपनी रचना 'डिस्कोर्स ऑन इक्विलिटी' में आदिकालीन अवस्था से आधुनिक समाज तक की मानव प्रकृति के विकास और पतन का निम्न प्रकार वर्णन किया है–

प्रारंभ में मनुष्य बिल्कुल अर्ध-वनमानुष की तरह अलग-थलग थे परंतु वे स्वतंत्र इच्छा की अपनी योग्यता तथा प्रकृति के समकक्ष उत्तरजीविता-क्षमता की पूर्णता के कारण अन्य जानवरों से अलग हो गए थे। उनमें आत्मरक्षा के लिए बुनियादी सहजवृत्ति और प्रेरणा थी तथा दूसरों के लिए सहानुभूति का प्राकृतिक झुकाव था। जनसंख्या वृद्धि और एक-दूसरे के साथ निकट संपर्क स्थापित करने की सहवर्ती बाध्यताओं से आदिकालीन मानवों में बुनियादी मनोवैज्ञानिक रूपांतरण और स्वजागरूकता आई। उन्होंने अपने जीवन और कल्याण के लिए दूसरों की 'श्रेष्ठ राय' के महत्त्व और मूल्य को एक अनिवार्य आवश्यकता के रूप में जाना। रूसो ने इस घटना को मानवोचित मूल्यों के प्रबल विकास के स्वर्णिम युग की शुरुआत के रूप में माना।

परंतु बाद में कृषि आरंभ होने के साथ-साथ मनुष्यों में परस्पर निर्भरता बढ़ गई और गहरी असमानताएँ दिखने लगीं। बाद के संघर्षों ने विकास की एक अवस्था में प्रथम राज्य का विचार खोजने के लिए धनी एवं शक्तिशाली मार्ग प्रशस्त किया। रूसो ने तर्क प्रस्तुत किया कि इस प्रकार के राज्य का विचार सर्वाधिक शक्तिशाली सदस्यों और आम लोगों के बीच सामाजिक अनुबंध के रूप में सोचा गया था। उन्होंने इस मूल अनुबंध को संघ का एक कपटपूर्ण रूप बताया क्योंकि सबसे धनी और शक्तिशाली वर्गों ने आम लोगों को छला। इस प्रकार असमानताएँ समाज की मूलभूत विशेषता के रूप में संस्थागत बन गईं।

रूसो का 'सामाजिक अनुबंध' इस मान्यता पर आधारित है कि प्रत्येक व्यक्ति समाज में सभी लोगों की 'सामान्य इच्छा' के लिए अपनी 'इच्छा' को समर्पित करके निहित अनुबंध में रहता है। 'सामान्य इच्छा' की सत्ता के समक्ष लोगों का समर्पण निम्नलिखित की गारंटी देगा–

- किसी व्यक्ति को अन्य लोगों की इच्छाओं के अधीन नहीं रखा जा सकता,
- लोग स्वयं पालन करेंगे क्योंकि उन्होंने सामूहिक रूप से और इच्छापूर्वक 'सामाजिक अनुबंध' किया है, और
- संप्रभुता लोगों के संरक्षण में होगी क्योंकि वे स्वयं कानून के रचयिता हैं।

रूसो का दावा था कि कानून अथवा नैतिकता के अभाव में मूल मानव प्रकृति की पशुवत दशाओं में पतन होने की प्रवृत्ति होती है। अत: यह अत्यंत महत्त्वपूर्ण है कि मानव प्रजाति को कानून की संस्थाओं को अंगीकार करना चाहिए जो 'सामान्य इच्छा' की सत्ता में निहित हैं अथवा मानव प्रजाति को सदा के लिए नष्ट हो जाना चाहिए। चूँकि कानून के अभाव में अज्ञानता का रूप तथा अपने मनोभावों के समक्ष हार मान लेना निहित है, इसलिए कानून की कुछ बाध्यताएँ (नियंत्रण) समाज में व्यक्तियों के लिए लाभदायी होंगी। 'सामान्य इच्छा' की यह अवधारणा व्यक्तिगत इच्छाओं का साधारण संग्रह नहीं है बल्कि इसे समाज में व्यक्ति के हितों और स्वतंत्रताओं को आगे बढ़ाने और उन्हें अधिकतम करने पर विचार करने के लिए बनाया है।

रूसो की व्यक्तिगत इच्छा का सामान्य इच्छा की सत्ता के समक्ष समर्पण और शुद्ध सैद्धांतिक अर्थ में परस्पर स्वीकृत/रचित कानूनों की बाध्यताएँ स्वैच्छिकवाद के तत्त्व और वास्तविक भावनाओं को अवरुद्ध करती हैं। फिर भी संप्रभुता की सत्ता लोगों की 'सामान्य इच्छा' में निहित (जो व्यक्तियों के लिए अपरिचित नहीं) है और 'स्वतंत्र इच्छा' की अभिव्यक्ति के माध्यम से व्यक्तियों से 'सामाजिक अनुबंध' किया है, इसलिए रूसो के दर्शन में आधुनिक समाज में जीवन की वास्तविक परिस्थितियों में स्वैच्छिकवाद के क्रियाकलाप करने और विकास करने की बहुत ज्यादा क्षमता और असीमित संभावनाएँ हैं।

प्रश्न 6. नीशे की 'शक्ति की इच्छा' की अवधारणा को समझाइए।

उत्तर– सामान्यत: यह माना जाता है कि 'शक्ति की इच्छा' मनुष्य की एक मनोवृत्ति है जो प्रत्येक व्यक्ति में अन्य अनेक मनोवृत्तियों के साथ-साथ कम या अधिक मात्रा में अवश्य पाई जाती है। परंतु नीशे 'शक्ति की इच्छा' को इस सामान्य अर्थ की अपेक्षा कहीं अधिक व्यापक अर्थ में ग्रहण करते हैं। इसका स्वरूप स्पष्ट करते हुए वे कहते हैं कि शक्ति की इच्छा मनुष्य की कभी न लुप्त होने वाली एक ऐसी आंतरिक इच्छा है जो सृजनात्मक प्रवृत्ति के रूप में शक्ति की अभिव्यक्ति और व्यावहारिक जीवन में उसके प्रयोग के माध्यम से व्यक्त होती है। प्रत्येक प्राणी की समस्त प्रवृत्तियों तथा क्रियाओं का मूल स्रोत यह 'शक्ति की इच्छा' ही है। नीशे इस 'शक्ति की इच्छा' को जीवित रहने की इच्छा की अपेक्षा भी कहीं अधिक महत्त्व देते हैं। उनका कथन है कि प्रत्येक प्राणी में पाई जाने वाली आत्मरक्षा की प्रवृत्ति वस्तुत: इसी 'शक्ति की इच्छा' का परिणाम मात्र है। जीवन स्वयं ही 'शक्ति की इच्छा' है, अत: प्रत्येक प्राणी के जीवन में इसी का स्थान सर्वोपरि है। नीशे संसार में इस 'शक्ति की इच्छा' को ही सर्वत्र व्याप्त मानते हैं। उनका मत है कि हम संसार में प्रत्येक स्थान पर तथा प्रत्येक वस्तु में इस 'शक्ति की इच्छा' की अभिव्यक्ति को देख सकते हैं। मनुष्य का संपूर्ण ज्ञान इसी 'शक्ति की इच्छा' की अभिव्यक्ति और बुद्धि का साधन है। वह प्राकृतिक शक्तियों तथा सांसारिक वस्तुओं पर अपना स्वामित्व स्थापित करने और स्वयं अपने हित के लिए उनका प्रयोग करने के उद्देश्य से ही ज्ञान प्राप्त करता है। केवल सत्य के अनुसंधान की जिज्ञासा से प्रेरित होकर ज्ञान प्राप्त करना मनुष्य का उद्देश्य नहीं

होता। ज्ञान की भाँति संसार की अन्य सभी वस्तुओं को भी नीशे मानव की शक्ति की इच्छा का साधन मात्र मानते हैं। इस 'शक्ति की इच्छा' के सर्वाधिक महत्त्व तथा इसकी सर्वव्यापकता का वर्णन करते हुए वे कहते हैं कि यह संसार शक्ति की इच्छा के अतिरिक्त और कुछ नहीं है; आप स्वयं भी इस 'शक्ति की इच्छा' के अतिरिक्त और कुछ नहीं हैं। नीशे के मतानुसार यह शक्ति की इच्छा ही प्रभु-नैतिकता का मूल आधार है, अत: इस नैतिकता के अनुरूप आचरण करने वाले अभिजात वर्गीय व्यक्ति अपनी इसी शक्ति की इच्छा के कारण साधारण लोगों पर प्रभुत्व स्थापित करते हैं और उसे बनाए रखने में सफल होते हैं। इस प्रकार स्पष्ट है कि शक्ति की इच्छा का सिद्धांत नीशे के दर्शन का आधारभूत सिद्धांत है।

यहाँ यह उल्लेखनीय है कि नीशे संपूर्ण मानवीय आचरण की व्याख्या भी शक्ति की इच्छा के सिद्धांत के आधार पर ही करते हैं। वे सुखवादियों के इस मत का खंडन करते हैं कि सुख-प्राप्ति और दु:ख-निवृत्ति ही समस्त मानवीय कर्मों की मूल अभिप्रेरणाएँ हैं। इसके विपरीत उनका विचार है कि मनुष्य वास्तव में शक्ति की इच्छा से प्रेरित होकर ही सभी कर्म करता है और यही उसके सुख-दु:ख का भी आधार है। जिस कर्म के द्वारा मनुष्य की शक्ति की इच्छा पूरी होती है उससे उसे सुख प्राप्त होता है और जिस कर्म के फलस्वरूप उसकी इस इच्छा में बाधा पड़ती है वह उसके दु:ख का कारण बनता है। इस प्रकार अंतत: 'शक्ति की इच्छा' ही मनुष्य के सुख-दु:ख को निर्धारित करती है। नीशे सुखवादियों के इस मत का भी विरोध करते हैं कि केवल सुख अपने आप में शुभ और दु:ख अपने आप में अशुभ है। उनका कथन है कि दु:ख 'शक्ति की इच्छा' की पूर्ति में आने वाली बाधाओं के निराकरण के लिए मनुष्य को प्रेरित करता है, अत: वह शुभ है। दु:ख के कारण ही मनुष्य उन कठिनाइयों तथा बाधाओं पर विजय प्राप्त करने का प्रयास करता है जो इस दु:ख को जन्म देती हैं। ऐसी स्थिति में दु:ख को अशुभ मानना मूर्खता है। इस प्रकार नीशे सुखवाद का खंडन करते हुए ऐसे दु:ख को शुभ मानते हैं जो प्रत्यक्ष या परोक्ष रूप से इच्छा की पूर्ति में मनुष्य के लिए सहायक होता है।

प्रश्न 7. फ्रायड के 'अचेतन' मस्तिष्क की अवधारणा समझाइए।

उत्तर— फ्रायड के अनुसार स्वतंत्र इच्छा की अभिव्यक्तियों के रूप में मानव विचारों और क्रियाओं के संबंध में सभी घोषणाएँ वास्तव में भ्रांतियाँ हैं। व्यक्तियों को अपने चेतन विचारों और क्रियाओं में मौजूद वास्तविक कारणों का कभी भी पता नहीं होता। उन्होंने 'अचेतन' की एक अलग अवधारणा प्रस्तुत की। इसका अर्थ था कि विचारों की उत्पत्ति चेतन मस्तिष्क की सतह के कहीं नीचे विद्यमान है। यथार्थता के बारे में जागरूकता विभिन्न स्तरों अथवा परतों के रूप में विद्यमान है, जो अचेतन मस्तिष्क का निर्माण करती है। फ्रायड के अनुसार, स्वप्न अचेतन मस्तिष्क की कार्यप्रणाली तक पहुँच प्रदान करते हैं।

अपनी प्रसिद्ध रचना 'दि इंटरप्रटेशंस ऑफ ड्रीम्स' (स्वप्नों की व्याख्याएँ) में उन्होंने 'अचेतन' की उपस्थिति प्रस्तुत की और इसके अध्ययन करने की विधि का भी वर्णन किया है। फ्रायड के अनुसार, 'दमन' की श्रेणी अचेतन की समझ-बूझ और कार्यप्रणाली के लिए अत्यंत महत्त्वपूर्ण और प्रासंगिक है। लोग आमतौर पर दुखदायी और असहनीय विचारों, संवेगों और भावनाओं का अनुभव करते हैं। इस प्रकार की असुखद स्मृतियों को तात्कालिक चेतना से हटाया जा सकता है, परंतु मस्तिष्क से दूर नहीं किया जा सकता। जैसे-जैसे लोग इन विचारों और भावनाओं का 'दमन

करने' और समापन करने का प्रयास करते हैं, वैसे-वैसे उनकी स्मृतियाँ 'अचेतन' का निर्माण करके उसका एक भाग बन जाती हैं। फ्रायड ने 'दमन' की प्रक्रिया को एक गैर-चेतन कार्य और विकल्प माना और क्या दमन किया जाना है, उसके विषय में 'अचेतन' द्वारा निर्णय किया जाता है। वास्तव में फ्रायड के लिए अचेतन 'दमन' का कारण और कार्य दोनों था।

उन्होंने मत व्यक्त किया कि चेतन और अचेतन के बीच एक परत (स्तर) है जिसे 'पूर्व चेतन' (pre-conscious) कहा जाता है। इसके अतिरिक्त अचेतन के तीन प्रकार माने गए, जो निम्नलिखित हैं–

- **वर्णात्मक अचेतन (Descriptive Unconscious)**–इसकी रचना उस मानसिक जीवन के सभी लक्षणों से होती है जिसकी व्यक्ति को विषयपरक जानकारी (ज्ञान) नहीं होती।
- **गतिशील चेतना (Dynamic Consciousness)**–इसकी रचना इस मानसिक प्रक्रिया और विषयों से होती है जिसे व्यक्ति असुखद स्मृतियों के विरुद्ध एक रक्षात्मक तंत्र के रूप में चेतना से दूर कर देता है।
- **प्रणाली अथवा व्यवस्था चेतना (System Consciousness)**–यह दबी हुई मानसिक प्रक्रिया से संबंधित है जो उन अलग सिद्धांतों के अनुसार व्यवस्थित होती है जो सिद्धांत चेतन मन को नियंत्रित करते हैं। बाद में फ्रायड ने व्यवस्था चेतना के इस विचार के स्थान पर अहम् (ego), पराहम् (super ego) और इदम् (id) की अवधारणा प्रस्तुत की।

  फ्रायड का विश्वास था कि ज्ञान, प्रत्यक्षवाद और तर्कवाद को यथार्थ रूप देना, केवल अचेतन मस्तिष्क की एक समझ विकसित करके और कार्यप्रणाली पर काबू पाने से ही संभव है।

प्रश्न 8. स्वैच्छिकवाद और क्रिया के समाजशास्त्रीय सिद्धांतों का वर्णन कीजिए।

उत्तर– दार्शनिक परंपराओं में समाजशास्त्रीय सिद्धांत निहित हैं जो समाज में वास्तविक जीवन की दशाओं के व्यावहारिक रूपों पर बल देते हैं। सामाजिक क्रिया के इन सिद्धांतों में मौजूद मौलिक धारणा यह है कि एक व्यक्ति चेतन विचार और आत्म-जागरूकता में सक्षम होते हैं। व्यक्तिगत क्रिया बाहरी उद्दीपन के लिए केवल प्रतिक्रिया ही नहीं है बल्कि यह चेतन अर्थों, उद्देश्यों, व्याख्याओं और पसंदों का परिणाम है, जो व्यक्ति की स्वतंत्र इच्छा की अभिव्यक्ति द्वारा एक सामाजिक स्थिति में लाया जाता है। इस प्रकार का स्वैच्छिक दृष्टिकोण जो 'स्वतंत्र इच्छा' की भूमिका और फिर व्यक्ति की स्वैच्छिक क्रियाओं को प्रमुख महत्त्व देता है, उसे सामाजिक क्रिया के सिद्धांतों के निर्माण करने में अभिव्यक्ति मिली है। समाजशास्त्रीय सिद्धांत में अंतर्निहित विशिष्टताएँ विषयपरक चेतना की ओर उन्मुख हैं, जिसे सामाजिक क्रिया के आधारों को स्पष्ट करने का साधन माना जाता है।

- समाजशास्त्रीय सिद्धांत में एक महत्त्वपूर्ण और प्रभावशाली धारा समाज का पूर्ण इकाई के रूप में अध्ययन करने में संलग्न है। ऐसे सिद्धांत उस व्यापक सामाजिक गतिशीलता का परीक्षण करने में रुचि व्यक्त करते हैं जो लोगों के व्यवहार को प्रभावित और निर्मित करती है। ये सिद्धांत अधिकांशतया स्वरूप में संरचनात्मक

होते हैं, जो समाज (एक पूर्ण इकाई के रूप में) अथवा व्यक्तियों अथवा लोगों के वर्गों की गतिविधियों और क्रियाओं पर उसकी संघटक संरचनाओं के प्रभाव को प्रमुख महत्त्व देते हैं। उदाहरण के लिए, कार्ल मार्क्स के विश्लेषण में उत्पादन के तरीकों, पूँजीवाद, राज्य, वर्ग संरचना, वर्ग संघर्ष आदि जैसी संरचनाओं का अध्ययन किया जाता है। इसी प्रकार, ईमाइल दुर्खाइम ने अपने सामाजिक सिद्धांतों में ऐसी संरचनाओं अथवा अवधारणाओं को सामाजिक एकता, सामाजिक तथ्यों, श्रम-विभाजन आदि के रूप में प्रमुख महत्त्व प्रदान किया है। ये सिद्धांत मुख्य रूप से संरचनाओं के स्वरूप और विशेषताओं तथा समाज में इन संरचनाओं के बीच महत्त्वपूर्ण संबंध का विश्लेषण करते हैं। ये साधारण तौर पर 'व्यक्ति' अथवा वास्तविक लोगों और क्रियाओं/अंत:क्रियाओं के विभिन्न पहलुओं की उपेक्षा करते हैं जिनमें व्यक्ति आमतौर पर समाज में संलग्न है।

- समाजशास्त्रीय सिद्धांत में अन्य ऐसी ही एक महत्त्वपूर्ण धारा विशेष रूप से समाज के अंदर 'व्यक्ति' का अध्ययन करने में लगी है। ये सामाजिक सिद्धांत उन मूल मान्यताओं पर आधारित हैं कि विचारशील और जागरूक लोग ही समाज के सर्जक हैं क्योंकि वे समाज में सामाजिक तौर पर सार्थक ढंग से क्रिया और अंत:क्रिया (अपनी स्वयं की स्वतंत्र इच्छा के अनुसार) करते हैं। ऐसे सिद्धांतों पर प्रमुख ध्यान 'सामाजिक कर्त्ता' अर्थात् सामाजिक संबंधों में एक व्यक्ति की विलक्षणता पर दिया जाता है। समाज में सामाजिक कर्त्ताओं के बीच अंत:क्रियाओं के अध्ययन को प्रमुख महत्त्व और बल दिया जाता है।

सामाजिक क्रिया के ऐसे सिद्धांतों के लिए समाज की वास्तविक जानकारी की कुंजी (आधार) निम्नलिखित के विश्लेषण में निहित है–

- वैयक्तिक कर्त्ता की विशिष्टता;
- क्रियाओं की व्यक्ति की स्वतंत्रता और पसंद (स्वतंत्र इच्छा);
- सामाजिक क्रिया के अर्थ की व्यक्ति की अपनी समझ और व्याख्याएँ; और
- समाज में व्यक्तियों के बीच अनुवर्ती संबंध।

क्रिया के समाजशास्त्रीय सिद्धांतों को मुख्य रूप से दो प्रकारों में निम्नलिखित ढंग से वर्गीकृत किया जा सकता है–

- क्रिया के सिद्धांत जो विषयपरक चेतना की ओर उन्मुख हैं, इसे सामाजिक क्रिया के आधारों (मूलों) को स्पष्ट करने का साधन मानते हैं। मैक्स वेबर और टालकॉट पार्सन्स के 'क्रिया सिद्धांत' की सामाजिक क्रिया की इस प्रकार की जानकारी से संबंध रखते हैं। दोनों व्यक्तिगत कर्त्ता की स्वैच्छिकवादी छवि पर विचार करते हैं और उन्होंने अपने सिद्धांतों में 'स्वतंत्र इच्छा' और व्यक्तिगत स्वैच्छिक क्रियाओं की भूमिका पर बल दिया है।

- सामाजिक क्रिया के सिद्धांत जो मानव कार्यकलापों और क्रिया के व्यवहारों अथवा क्रिया के कार्यनिष्पादन की ओर अधिक उन्मुख हैं, उन्हें सामाजिक आचरण के रूप में देखा जाता है। ये सिद्धांत समाज में क्रिया के स्वरूप और विवरण, क्रिया के कार्यनिष्पादन के ब्यौरे और दूसरों की अनुवर्ती अंत:क्रियाओं और मूल्य निर्णय से

संबंधित हैं। 'प्रतीकात्मक अंत:क्रियावाद' और 'नृजाति प्रणाली विज्ञान' के परिप्रेक्ष्यों को ऐसी सामाजिक क्रियाओं के लिए वैकल्पिक व्याख्याएँ प्रदान करने के लिए विकसित किया गया है।

प्रश्न 9. मैक्स वेबर के सामाजिक क्रिया संबंधी दृष्टिकोण की विभिन्न अवधारणाओं की व्याख्या कीजिए।

अथवा

फर्स्टेन अर्थात् सोच समझ पर संक्षिप्त टिप्पणी लिखिए।

[दिसम्बर-2012, प्रश्न सं.-5 (b)]

अथवा

तर्कसंगतिकरण पर संक्षिप्त टिप्पणी लिखिए।

[दिसम्बर-2013, प्रश्न सं.-4 (a)]

उत्तर – मैक्स वेबर ने समाजशास्त्र की विषयवस्तु एवं इसकी प्रकृति के निर्धारण के क्रम में सामाजिक क्रिया की अवधारणा को प्रस्तुत किया और कहा है कि समाजशास्त्र वह विज्ञान है जो सामाजिक क्रिया का अर्थपूर्ण बोध कराने का प्रयास करता है, जिससे सामाजिक क्रिया के परिणामों एवं कारणों की व्याख्या प्रस्तुत की जा सके। सामाजिक क्रिया को स्पष्ट करते हुए वेबर का कहना है कि किसी भी क्रिया को सामाजिक क्रिया तभी कहा जा सकता है जब किसी भी क्रिया को करने वाले व्यक्ति (कर्त्ता) के द्वारा लगाए गए व्यक्तिनिष्ठ अर्थ (कर्त्ता के स्वयं का अर्थ) के अनुसार उसकी क्रिया दूसरे व्यक्तियों (समाज) की मनोवृत्तियों एवं क्रियाओं द्वारा प्रभावित हो तथा इसी दौरान उसकी ओर उन्मुख भी हो।

मैक्स वेबर के सामाजिक क्रिया संबंधी दृष्टिकोण की विभिन्न अवधारणाएँ निम्नलिखित हैं–

आदर्श प्ररूप (Ideal Types)– वेबर ने सामाजिक यथार्थता को समझने और उसका विश्लेषण करने के लिए अवधारणात्मक और प्रणालीबद्ध उपकरण के रूप में आदर्श प्ररूपों की धारणा को विकसित किया। एक सामाजिक वैज्ञानिक को अवधारणात्मक उपकरण को चुनते समय एक विशेष किस्म की दुविधा का सामना करना पड़ता है। यदि चुनी हुई अवधारणाएँ बहुत अधिक सामान्य होती हैं तो प्रत्यक्ष घटना की अलग विशिष्ट जानकारी के विलोपन की संभावना होती है। यदि अवधारणाएँ बहुत अधिक विशिष्ट हैं और जिन्हें किसी प्रत्यक्ष घटना की विशिष्टताओं को समझने के लिए चुना गया है तो अन्य संबंधित प्रत्यक्ष घटनाओं के साथ उनकी तुलना करने की कोई गुंजाइश नहीं होती। इस कठिनाई से दूर रहने के बजाय इस दुविधा से बचने के लिए वेबर ने 'आदर्श प्ररूपों' की धारणा प्रस्तुत की।

एक 'आदर्श प्ररूप' को एक सैद्धांतिक रूप में माना जाता है जो 'औसत अथवा शुद्ध प्ररूप का सन्निकटन' है। 'आदर्श प्ररूप' को किसी सामाजिक विचार, कार्यकलाप, क्रिया अथवा प्रत्यक्ष घटना के अंतर्निहित गुण को समझने के लिए विकसित किया गया है। ऐसे आदर्श प्ररूपों का बाद में उसी तरह के अथवा संबंधित सामाजिक विचारों अथवा कार्यकलापों अथवा क्रियाओं या प्रत्यक्ष घटनाओं को स्पष्ट करने के लिए उल्लेख किया जाता है। वास्तव में एक आदर्श प्ररूप एक विश्लेषणात्मक रचना है जो ठोस प्रत्यक्ष घटनाओं अथवा केस अध्ययनों में समानताओं और विचलनों दोनों का पता लगाने के लिए एक मापक के तौर पर अन्वेषणकर्त्ता की सहायता करती

है। आदर्श प्ररूप सैद्धांतिक रूपों में एक प्रणालीबद्ध साधन है जो प्रत्यक्ष घटना के विशेष अथवा प्रमुख तत्त्वों पर बल देता है। अन्य ऐसी अथवा संबंधित प्रत्यक्ष घटनाओं का विश्लेषण ऐसे आदर्श प्ररूपों के विशेष अथवा प्रमुख तत्त्वों के संदर्भ के साथ किया जा सकता है। वेबर ने किसी भी सकारात्मक अथवा नकारात्मक मूल्य-निर्णयों को आदर्श प्ररूपों के साथ नहीं जोड़ा। वेबर के अनुसार आदर्श प्ररूपों ने बुनियादी रूप से परिकल्पना के निर्माण के लिए मार्गदर्शन प्रदान किया। उन्होंने तुलनात्मक अध्ययन करने के लिए मूलभूत विधि प्रस्तुत की।

वेबर ने आदर्श प्ररूप का नौकरशाही का मॉडल विकसित किया जो 'प्रशासन का तर्कसंगत रूप है और अधिकतम दक्षता अर्थात् कार्यकुशलता से कार्य करता है।' आदर्श प्ररूप की नौकरशाही की अनिवार्य विशेषताएँ हैं–प्रशासन की तर्कसंगत और दक्ष विधियाँ, मानकीकृत नियम, सुपरिभाषित पदानुक्रम, सत्ता के वैध रूप, निष्पक्ष निर्णय-निर्धारण (मनमानी अथवा पक्षपात के लिए कोई स्थान नहीं), योग्यता के आधार पर कर्मचारी रखना और पदोन्नति देना, कार्य के आधार पर पुरस्कार देना आदि। वेबर के अनुसार, आदर्श प्ररूप की नौकरशाही का एक अच्छा उदाहरण विश्वविद्यालय है जिसमें इस प्ररूप की अधिकतर विशेषताएँ होती हैं। इसके अतिरिक्त, वास्तविक सामाजिक जगत में कोई भी नौकरशाही पूरी तरह इस आदर्श प्ररूप से पूर्ण रूप से मेल नहीं खाती क्योंकि प्राय: पक्षपात, नियमों को तोड़ना-मरोड़ना अथवा अकुशल प्रशासन आदि देखने में आते हैं। परंतु समाज में अनेक नौकरशाही संरचनाएँ हैं जो आदर्श प्ररूप की नौकरशाही की बहुत सी विशेषताओं को प्रदर्शित करती हैं। अत: आदर्श प्ररूप की नौकरशाही की विश्लेषणात्मक रचना समाज की अन्य नौकरशाही संरचनाओं के अध्ययन के लिए संदर्भ मॉडल बन जाती है। वेबर ने कई और आदर्श प्ररूप प्रतिपादित किए जैसे क्रिया के आदर्श प्ररूप, सत्ता के आदर्श प्ररूप, पूँजीवाद के विकास को समझने के लिए प्रोटेस्टेंट नैतिकता की धारणा का आदर्श प्ररूप और अन्य। इस तरह के आदर्श प्ररूपों की रचना ने समाज के विस्तृत विश्लेषण में वेबर की सहायता की।

फर्स्टेन अर्थात् सोच-समझ (Verstehn)–फर्स्टेन, जर्मन भाषा में उच्चारण का शाब्दिक अनुवाद सोच-समझ अथवा सहानुभूतिपूर्ण सोच-समझ है। वेबर ने बताया कि अन्य व्यक्तियों के स्थान पर अपने को रखकर समाजशास्त्री उन विषयपरक अर्थों को बेहतर ढंग से समझ सकते हैं जिन्हें सामाजिक कर्त्ता अपनी क्रियाओं के साथ जोड़ते हैं। फर्स्टेन की यह विधि (सहानुभूतिपूर्ण सोच-समझ) सामाजिक वैज्ञानिक को समाज में अन्य सामाजिक कर्त्ताओं की भूमिका ग्रहण करने की सुविधा प्रदान करती है ताकि वे अपनी अनुकूल स्थिति से अपनी क्रियाओं की सोच-समझ विकसित कर सकें। उद्देश्य यह नहीं है कि अन्य क्रियाओं पर सकारात्मक अथवा नकारात्मक मूल्य-निर्णय पारित किया जाए परंतु इसके बजाय उन उद्देश्यों और अर्थों को समझना है जिन्हें वैयक्तिक कर्त्ता अपनी क्रियाओं से जोड़ते हैं। यह अनुभूति, उद्देश्यों, दृष्टिकोणों और व्याख्याओं को उसी प्रकार समझने और जाँचने में सहायता करती है जैसे वैयक्तिक कर्त्ता समाज में अपने स्वयं की क्रियाओं को समझते हैं। इस प्रकार का दृष्टिकोण अनुभवजन्य आँकड़ों पर केवल निर्भर नहीं होता बल्कि यह इसे सृजनात्मक रूप से प्रयोग करता है कि सामाजिक कर्त्ता किस प्रकार वास्तव में अपनी क्रिया और सामाजिक स्थिति को समझते हैं। सामाजिक क्रिया, सामाजिक संबंधों, सामाजिक संरचनाओं, घटनाओं के सांस्कृतिक महत्त्व और ऐतिहासिक कारणों आदि का व्यापक रूप से विश्लेषण करते समय वेबर ने शुरू से लेकर अंत तक व्याख्यात्मक सोच-समझ (फर्स्टेन) के इस दृष्टिकोण का प्रयोग किया।

तर्कसंगतिकरण (Rationalisation) – मैक्स वेबर ने तर्क प्रस्तुत किया कि आधुनिक समाजों की एक सर्वाधिक महत्त्वपूर्ण विशेषता तर्कसंगतिकरण है। उन्होंने आचरण अथवा क्रियाओं के परंपरागत रूपों को असंगत अथवा गैर-तर्कसंगत माना। परंपरागत चिंतन अथवा क्रियाओं का मार्गदर्शन प्रकृति के अज्ञात रहस्यों अर्थात् जादुई, अलौकिक अथवा धार्मिक विश्वासों द्वारा किया जाता है। आरंभिक युग में लोगों की क्रियाएँ अधिकतर गैर-तर्कसंगत चिंतन द्वारा विकसित हुईं। वेबर ने तर्क दिया कि तर्कसंगतिकरण एक लंबे समय से चली आ रही ऐतिहासिक प्रक्रिया है जिसने आधुनिक समाजों को रूपांतरित किया है। समाज की आधुनिक संरचनाओं के अंदर व्यक्तियों का सामाजिक आचरण अथवा क्रियाएँ तर्कसंगतिकरण द्वारा नियंत्रित होती हैं। वेबर के अनुसार तर्कसंगतिकरण का अर्थ है कि व्यक्ति के विचार अथवा क्रियाएँ विवेक में निहित हैं और स्थिति के प्रबुद्ध आकलन अथवा परिकलन पर आधारित हैं। वेबर के तर्कसंगतिकरण की जानकारी के साथ निम्नलिखित पहलू जुड़े हुए हैं—

- **परिकलनीयता (Calculability)** – कुछ सही मान्यताओं और पद्धतियों का चयन करके वैयक्तिक क्रियाएँ वांछित परिणामों को प्राप्त करने के लिए पूर्व परिकलन पर आधारित हो सकती हैं।
- **दक्षता (Efficiency)** – वैयक्तिक कर्त्ता कुछ परिणाम अथवा लक्ष्य प्राप्त करना चाहते हैं, इस प्रकार वे ऐसे परिणामों अथवा लक्ष्यों को प्राप्त करने के लिए सर्वोत्तम उपलब्ध साधनों का चयन करते हैं।
- **पूर्वानुमेयता (Predictability)** – संगठनों में कार्य करने वाले लोगों को कुछ मानकों, लोकाचार, नियमों, विनियमों तथा सत्ता की संरचना के अधीन रहना पड़ता है। स्थापित कार्यविधियों का पालन करके, क्रियाओं के परिणामों अथवा प्रतिफलों का काफी सीमा तक पहले से अनुमान लगाया जा सकता है।
- **उपकरण और प्रौद्योगिकी (Tools and Technology)** – वैज्ञानिक पद्धति, उपकरणों, प्रौद्योगिकियों, समकालीन सूचना प्रौद्योगिकी आदि का अनुप्रयोग वांछित परिणामों अथवा लक्ष्यों की अत्यधिक अनुमानेयता को सुनिश्चित करता है।
- **अनिश्चितताओं पर नियंत्रण (Control over Uncertainties)** – वांछित परिणामों अथवा लक्ष्यों की प्राप्ति के बारे में अनिश्चितताओं को पूरी तरह से हटाया नहीं जा सकता है। सही वैज्ञानिक मान्यताओं, पद्धतियों, उपकरणों और कार्यविधियों का प्रयोग करके लक्ष्यों और उद्देश्यों के परिणाम को नियंत्रण में लाया जा सकता है और अनिश्चितताएँ घटित होने के अवसरों को पर्याप्त रूप से कम किया जा सकता है।

प्रश्न 10. आदर्श प्ररूप से आप क्या समझते हैं? वेबर के क्रिया के आदर्श प्ररूपों का वर्णन कीजिए।

अथवा

वेबर के क्रिया के आदर्श प्ररूपों के अनिवार्य पक्षों की व्याख्या कीजिए।

[दिसम्बर-2014, प्रश्न सं.-3 (a)]

अथवा

वेबर के क्रिया के आदर्श प्ररूपों का वर्णन कीजिए।

[जून-2012, प्रश्न सं.-3 (a)]

अथवा

वेबर के क्रिया के आदर्श प्ररूप पर संक्षिप्त टिप्पणी लिखिए।

[जून-2013, प्रश्न सं.-4 (a)]

अथवा

लक्ष्य उन्मुख तर्कसंगत क्रिया पर संक्षिप्त टिप्पणी लिखिए।

[दिसम्बर-2013, प्रश्न सं.-5 (a)]

उत्तर– आदर्श प्ररूप ऐसी संरचनाएँ अथवा अवधारणाएँ हैं जो सामाजिक यथार्थ के स्पष्टीकरण और व्याख्या के लिए बनाई जाती हैं। जिस तरह प्राकृतिक विज्ञानों में हम प्रयोग के उद्देश्य से प्रयोगशाला में शुद्ध गंधक या शुद्ध ऑक्सीजन बना लेते हैं, जो प्रकृति में अपने शुद्ध रूप से नहीं पाया जाता, उसी तरह सामाजिक विज्ञानों में भी विश्लेषण के उद्देश्य से अध्ययन की जाने वाली घटना के शुद्ध रूपों का निर्माण संभव है जिसे वेबर ने आदर्श प्ररूप की संज्ञा दी है।

वेबर ने व्यक्ति और समाज के लिए सभी सामाजिक क्रियाओं को विभिन्न परिणामों के साथ चार प्ररूपों में वर्गीकृत किया। उन्होंने मानव व्यवहार को समझने के लिए क्रिया के इन आदर्श प्ररूपों को अत्यंत महत्त्वपूर्ण माना। क्रिया के प्रत्येक प्ररूप के अनिवार्य पहलुओं और अनोखी विशेषताओं को निम्नलिखित प्रकार से स्पष्ट किया जा सकता है–

- **लक्ष्य-उन्मुख तर्कसंगत क्रिया (Goal Oriented Rational Action)**–क्रिया के इस प्ररूप का पता इस तथ्य से चलता है कि प्रत्येक वैयक्तिक कर्त्ता अपना लक्ष्य स्पष्ट रूप से समझता है। तद्नुसार व्यक्ति वांछित लक्ष्य अथवा उद्देश्य को प्राप्त करने के लिए तर्कसंगत साधन अथवा उपायों का चयन करता है। व्यक्ति तत्काल व्यावहारिक परिणाम प्राप्त करने के लिए सबसे प्रभावी साधनों का प्रयोग करता है। उदाहरण के लिए एक वास्तुकार एक मकान बनाने के लिए एक विचार बनाता है, डिजाइन तैयार करता है और योजना को कार्यान्वित करता है। वह निर्माण-सामग्री, लागतों, समय और अन्य निवेशों के बारे में सुविज्ञ निर्णय लेता है, जो उसके तर्कसंगत पसंदों पर आधारित होते हैं। इस प्रकार अपेक्षित लक्ष्य प्राप्त करने के लिए भवन योजना को सफलतापूर्वक कार्यान्वित किया जाता है।
- **मूल्य उन्मुख तर्कसंगत क्रिया (Value Oriented Rational Action)**–क्रिया का यह प्ररूप कोई व्यावहारिक अथवा लाभदायक परिणाम प्राप्त करने के लिए एक साधन की बजाय स्वयं एक लक्ष्य है। इस तरह की क्रिया में वांछित लक्ष्य उस एक विशिष्ट मूल्य पद्धति के प्रति सामाजिक रूप से निर्धारित की गई प्रतिबद्धता को केवल पूरा करना है, जो धर्म, विश्वास, सम्मान, बलिदान आदि से संबंधित है। वेबर के अनुसार इस श्रेणी से संबंधित व्यक्तिगत क्रियाएँ समाज में प्रचलित नैतिक, सुरुचिपूर्ण अथवा धार्मिक मूल्य पद्धतियों में निहित सजग विश्वास द्वारा निर्देशित होती हैं। यह क्रिया लाभ की तात्कालिक संभावनाओं अथवा सफलता या असफलता की धारणा से स्वतंत्र है। उदाहरण के लिए एक सैनिक मातृभूमि की रक्षा के लिए अपना जीवन बलिदान कर देगा।

- **संवेगात्मक अथवा भावात्मक क्रिया (Emotional or Affectual Action)** –
   क्रिया का यह प्ररूप एक व्यक्ति की मस्तिष्क की भावात्मक अथवा संवेगात्मक अवस्था द्वारा निर्धारित किया जाता है। यह क्रिया प्रेरक और संवेगात्मक हो सकती है, परंतु संपूर्ण व्यवहार में निश्चित तौर पर इसके साथ जुड़ा कुछ अर्थ होता है। इस लक्ष्य को प्राप्त करने की विधि का परिकलन ध्यानपूर्वक नहीं किया जाता है और क्रिया के इस प्ररूप में तर्कसंगत पसंदों का प्रयोग नहीं किया जाता है। इस क्रिया को किसी भी अर्थ में तर्कसंगत नहीं माना जाता है। उदाहरण के लिए माँ के द्वारा बालक को सहसा चाँटा मारना। यह क्रिया माँ के मस्तिष्क की संवेगात्मक अवस्था द्वारा अविलम्ब निर्देशित होती है।

- **परंपरागत क्रिया (Traditional Action)** – क्रिया का यह प्ररूप सामाजिक विश्वासों और रीति-रिवाजों द्वारा निर्धारित होता है। समय के बीतने के साथ-साथ समाज में प्रचलित विश्वास और रीति-रिवाज किसी व्यक्ति का लगभग दूसरा स्वरूप हो जाता है। इस तरह व्यक्ति की क्रियाएँ न्यूनाधिक नियमित होती हैं और ये क्रियाएँ विभिन्न परंपराओं से निर्देशित होती हैं।

   व्यक्ति को किसी लक्ष्य की कल्पना करने की आवश्यकता नहीं होती, बल्कि वह केवल निश्चित विश्वासों, रीति-रिवाजों अथवा परंपराओं के अनुसार कार्य करता है। इसके अतिरिक्त यह क्रिया न तो किसी मूल्य पद्धति द्वारा निर्धारित होती है और न ही प्रेरक संवेगों द्वारा निर्देशित होती है। व्यक्ति केवल सहज प्रतिक्रियाओं का पालन करता है जिन्हें पहले से मौजूद परंपराओं द्वारा पोषित और अभ्यस्त किया जा चुका होता है।

प्रश्न 11. टालकॉट पार्सन्स के क्रिया के स्वैच्छिकवादी सिद्धांत की व्याख्या कीजिए।

अथवा

इकाई कार्य क्या है? इसकी अनिवार्य विशेषताओं को बताइए।

उत्तर– टालकॉट पार्सन्स के क्रिया के स्वैच्छिकवादी सिद्धांत को 1902-1979 में विकसित किया गया। पार्सन्स की सैद्धांतिक प्रणाली ने व्यक्ति की 'आत्मनिष्ठ चेतना' को प्रमुख स्थान दिया ताकि क्रिया प्रणालियों के सामान्य सिद्धांत को निर्मित किया जा सके। उनके विश्लेषण का आरंभिक बिंदु व्यक्ति द्वारा किया जाने वाला 'इकाई कार्य' (unit act) है। उन्होंने ऐसे तरीकों की जाँच की जिनमें विभिन्न 'इकाई कार्यों' को दिशा मिलती है और वे एकजुट हो जाते हैं ताकि समाज की संस्थाओं और संरचनाओं को सृजित किया जा सके।

पार्सन्स ने देखा कि प्रत्येक वैज्ञानिक विश्लेषण कुछ लघुतम इकाई अर्थात् परमाणु, अणु, मीटर आदि को आधार मानकर आरंभ होता है। इसी प्रकार सामाजिक क्रिया के विश्लेषण के लिए मूल तत्त्व व्यक्ति द्वारा किया जाने वाला 'इकाई कार्य' है। 'इकाई कार्य' की अनिवार्य विशेषताएँ निम्नलिखित हैं–

(1) एक कर्त्ता अर्थात् एक व्यक्ति जिसके पास मस्तिष्क और शरीर है और जो किसी प्रकार की क्रिया करने में सक्षम है।

(2) एक लक्ष्य अर्थात् किसी क्रिया का प्रतिफल अर्थात् परिणाम। प्रत्येक 'व्यक्तिगत कार्य' का कुछ प्रयोजन अथवा लक्ष्य होना चाहिए। यह लक्ष्य 'क्रिया' के रुझान (दिशा) से जुड़ी भावी क्रिया है।

(3) स्थिति – एक कर्त्ता किसी स्थिति विशेष में 'कार्य' आरंभ करता है। स्थिति के दो पहलू हैं–

(क) क्रियाओं की दशाएँ जिन पर व्यक्तिगत कर्त्ता का बहुत ही कम अथवा कोई नियंत्रण नहीं होता। उदाहरण के लिए पहले से ही सुनिश्चित प्राकृतिक परिवेश अथवा सामाजिक संरचना जिसमें क्रिया निष्पादित की जाती है; और

(ख) क्रिया के साधन जिन पर व्यक्ति का कुछ नियंत्रण होता है। उदाहरण के लिए, कार्यस्थल की स्थिति में, व्यक्तिगत कर्त्ता (कामगार/कर्मचारी) का उद्यम की संरचना पर कोई नियंत्रण नहीं होता। परंतु कर्त्ता निश्चित रूप से किए जाने वाले विशिष्ट कार्यों अथवा ग्राहकों, अधीन कर्मचारियों अथवा वरिष्ठ अधिकारियों आदि के संबंध में कुछ मात्रा में नियंत्रण कर सकता है।

(4) नियामक उन्मुखीकरण (Normative Orientation) – पार्सन्स के अनुसार साधनों का यादृच्छिक आधार पर चयन नहीं किया जा सकता क्योंकि कुछ लक्ष्यों को प्राप्त करने के लिए किसी विशिष्ट कार्य के उन्मुखीकरण (रुझान) को मानकों अथवा मानदंडों द्वारा निर्धारित किया जाता है। कर्त्ता को हमेशा से सामाजिक संरचना में प्रचलित मूल्यों अथवा मानकों के ढाँचे की पहले से ही कुछ समझ होती है। चूँकि समाज वास्तविक व्यवहार के लिए 'कर्त्ताओं' को मानक नियम उपलब्ध कराता है, इसलिए सामाजिक क्रिया के प्रति नियामक उन्मुखीकरण हमेशा रहता है।

प्रश्न 12. क्रिया के स्वैच्छिकवादी सिद्धांत के अनिवार्य तत्त्वों की व्याख्या कीजिए।
[दिसम्बर-2012, प्रश्न सं.-3 (a)]

उत्तर– पार्सन्स ने स्वैच्छिकवाद को व्यक्तिगत कर्त्ताओं की विषयपरक निर्णय-निर्धारण प्रक्रिया माना परंतु उन्होंने ऐसे निर्णयों को सामाजिक संरचना द्वारा थोपे गए विभिन्न प्रकार की नियामक और स्थितिजन्य बाध्यताओं का आंशिक परिणाम माना। व्यापक रूप से कहा जाए तो स्वैच्छिकवादी क्रिया में निम्नलिखित तत्त्व हैं–

- कर्त्ता अलग-अलग व्यक्ति होते हैं;
- कर्त्ताओं में लक्ष्य प्राप्त करने वाली अंत:प्रेरणाएँ हैं;
- लक्ष्यों को प्राप्त करने के लिए कर्त्ता वैकल्पिक साधनों को उचित महत्त्व देते हैं;
- कर्त्ताओं को विभिन्न प्रकार की स्थितियों का सामना करना पड़ता है, जैसे जैविक और परिवेश संबंधी बाध्यताएँ, जो लक्ष्यों के साधनों के चयन को प्रभावित करती हैं;
- कर्त्ताओं को मूल्यों और मानकों द्वारा नियंत्रित किया जाता है, जो लक्ष्य के चयन के बारे में निर्णयों और साधनों के संबंध में की गई पसंदों को प्रभावित करते हैं; और
- क्रिया में कर्त्ता शामिल होते हैं; ये कर्त्ता विशिष्ट लक्ष्यों को प्राप्त करने के लिए उपयुक्त साधनों के बारे में विषयपरक निर्णय लेते हैं; पूरी प्रक्रिया एक स्थिति में

उपलब्ध नियमों के नियामक सेट और दशाओं से प्रभावित होती है। चित्र 1.1 स्वैच्छिकवाद की इस बुनियादी अवधारणा को प्रदर्शित करता है। रेखाचित्र में दर्शाई गई प्रक्रिया को इकाई कार्य (unit act) कहा जाता है। सामाजिक क्रिया में एक सामाजिक स्थिति के अंदर एक अथवा अधिक क्रियाओं द्वारा ऐसे इकाई कार्यों का एक अनुक्रम शामिल है।

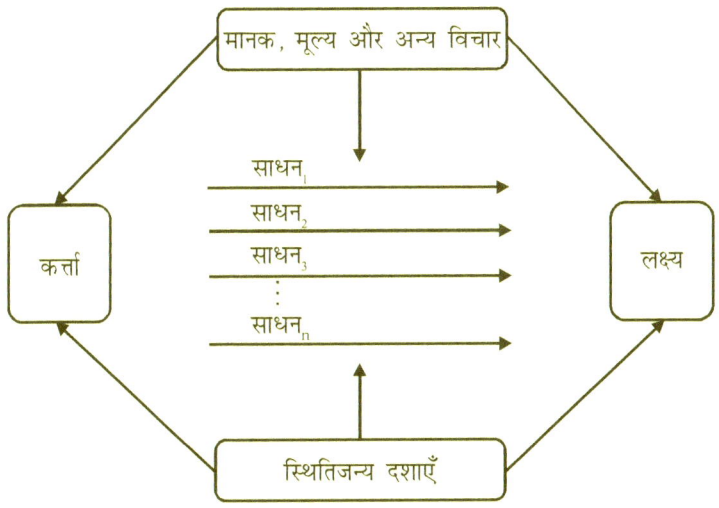

चित्र 1.1: स्वैच्छिकवादी क्रिया की इकाइयाँ

प्रश्न 13. पार्सन्स के अनुसार सामाजिक क्रिया की प्रमुख विशेषताओं का वर्णन कीजिए।

उत्तर— पार्सन्स के अनुसार सामाजिक क्रिया की निम्नलिखित विशेषताएँ हैं—

- सामाजिक क्रिया को संस्कृति और सामाजिक संरचना के मानकों और मूल्यों के ढाँचे द्वारा नियंत्रित किया जाता है।
- सामाजिक क्रिया स्वैच्छिक अथवा स्वैच्छिकवादी होती है। निस्संदेह सामाजिक क्रिया किसी स्थिति में उपलब्ध विकल्पों की एक सीमित संख्या द्वारा नियंत्रित होती है। परंतु सामाजिक कर्त्ता के पास विशेष क्रिया का चयन करने के लिए एक विकल्प होता है, जिसे वह कुछ लक्ष्यों को पूरा करने के लिए चुनता है। इस प्रकार संपूर्ण अर्थ में स्वैच्छिकवादी विशेषता कर्त्ता द्वारा निष्पादित सामाजिक क्रिया में मौजूद रहती है।
- सामाजिक क्रिया व्यक्तिपरक होती है और सामाजिक क्रिया में आंतरिक रुझान होता है। वेबर के कर्त्ता की भाँति यह व्यक्तिगत सामाजिक क्रिया के साथ विषयपरक अर्थ जोड़ता है और एक सामाजिक स्थिति में दूसरों को उचित महत्त्व देता है। परंतु साथ ही कर्त्ता की अपनी वरीयताएँ और लक्ष्य होते हैं। इस प्रकार की स्वैच्छिकवादी क्रिया के व्यक्तिगत लक्ष्यों को पूरा करने के लिए व्यक्तिगत वरीयताओं और प्रयासों द्वारा दिशा प्रदान की जाती है।

प्रश्न 14. आधुनिक लोकतंत्र की उत्पत्ति तथा उदय का वर्णन कीजिए।

अथवा

लोकतंत्र के विचार और बुनियादी पहलुओं की चर्चा कीजिए जिनका प्रचलन प्राचीन यूनान के नगर-राज्यों और गणराज्यों से था।

अथवा

प्राचीन रोमन गणराज्य पर संक्षिप्त टिप्पणी लिखिए।

[दिसम्बर-2013, प्रश्न सं.-5 (b)]

उत्तर– लोकतंत्र की विचारधारा को यूनानियों के समय से ही जाना जाता है। तथापि प्राचीन यूनान के नगर राज्यों (city-states) में प्रचलित लोकतांत्रिक आदर्श और व्यवहार (प्रथाएँ) ऐसे नहीं थे जैसे कि समकालीन लोकतांत्रिक समाजों में प्रचलित हैं। आधुनिक लोकतंत्र की जड़ों को यूरोप में पुनर्जागरण (Renaissance) और प्रबोधन अथवा ज्ञानोदय काल (Enlightenment Era) के इतिहास में पाया जा सकता है। पुनर्जागरण से आरंभ होकर राजतंत्र (monarchy), अभिजात तंत्र (aristocracy), व्यावसायिक वर्गों, चर्च और (बाद में) आम लोगों के बीच सत्ता के लिए लंबे चले संघर्षों से उभरे और विकसित हुए लोकतंत्र के मौलिक सिद्धांत, अनेक शताब्दियों में पूरे यूरोप में फैल गए। लोकतंत्र, जैसा कि आधुनिक अर्थ में समझा जाता है, मुख्य रूप से अठारहवीं और उन्नीसवीं शताब्दी के दौरान विकसित हुआ। लोकतंत्र की उदार और प्रतिनिधि संस्थाओं का वास्तविक सुदृढ़ीकरण केवल बीसवीं शताब्दी के दौरान हुआ।

व्यापक रूप से कहा जाए तो प्रगतिशील, धर्मनिरपेक्ष और उदार आदर्श और सिद्धांत जो आधुनिक लोकतंत्र के आधारों में अंतर्निहित हैं, वे हैं–व्यक्ति के अधिकार, कानून के समक्ष समानता, नागरिक स्वाधीनताएँ, भाषण (वाक), संघ और शांतिपूर्ण सभा से जुड़ी स्वतंत्रताएँ, धर्म की स्वतंत्रता, प्रजाति, जाति, महिला-पुरुष आदि पर विचार किए बिना समान अवसर, स्वतंत्र और निष्पक्ष न्यायपालिका, लोगों द्वारा शासन का प्रतिनिधि रूप आदि।

लोकतंत्र के इन बुनियादी सिद्धांतों ने समाज में 'वैयक्तिक क्रिया' के लिए असीमित क्षमता और अवसर प्रदान किया। व्यक्ति के अपने संकल्पों और पसंदों द्वारा निर्मित वैयक्तिक क्रियाएँ और जो 'संघ की स्वतंत्रता' के अधिकार में आश्रित होती हैं इन्होंने लोकतांत्रिक समाजों में स्वैच्छिकवाद के आधुनिक रूपों की अभिव्यक्ति को एक बड़ी प्रेरणा प्रदान की। वास्तव में उदार लोकतंत्र के उदय का सर्वाधिक महत्त्वपूर्ण परिणाम समाज में स्वैच्छिक संघों की अत्यधिक संवृद्धि के अनुकूल सामाजिक, आर्थिक और राजनीतिक दशाओं का पैदा होना था।

प्राचीन नगर-राज्य और गणराज्य (Ancient City-States and Republics)–

- **यूनानी नगर-राज्य (Greek City-States)–**लोकतंत्र का मूल विचार एथेंस के यूनानी नगर-राज्यों के साथ जुड़ा है। एथेंस के लोकतंत्र की महत्त्वपूर्ण संस्था 'सभा' (assembly) थी जिसमें राजनीति और शासन से जुड़े महत्त्वपूर्ण मुद्दों पर बहस होती थी और बहुमत के शासन द्वारा निर्णय लिए जाते थे। सभा में भाग लेने का अधिकार केवल एथेंस के नागरिकों के पास था। इसके अतिरिक्त नागरिकता के अधिकार केवल पुरुष, प्रौढ़ों, गैर-दास एथेंसवासियों तक सीमित थे। महिलाओं, दासों, विदेशियों, निवासी-विदेशियों (resident-aliens) को सभा में भाग लेने के अधिकार नहीं दिए गए थे। इस प्रकार, लगभग आधी जनसंख्या निर्णय निर्धारण और

शासन में भाग लेने से वंचित थी। इसी प्रकार लगभग 5वीं शताब्दी ई.पू. के आसपास, प्राचीन यूनान में बहुत से अन्य नगर-राज्यों में लोकतांत्रिक शासन किसी न किसी रूप में प्रचलित था।

नागरिकों को विभिन्न अधिकार और विशेषाधिकार प्रदान करने के बावजूद, यूनानियों ने मानवता को नागरिकों के व्यवसाय के रूप में राजनीति का विचार प्रदान किया जो निरंकुश राजाओं अथवा तानाशाहों के शासन के बिल्कुल विपरीत है। लोकतांत्रिक विचारों की उत्पत्ति जैसे नागरिकों के प्रति जवाबदेह 'शासन', जूरी द्वारा जाँच, बोलने, विचार, लेखन और उपासना आदि की नागरिक स्वतंत्रताएँ (civil liberties) यूनानी इतिहास में निहित हैं। स्वाधीनता और स्वतंत्रता की धारणाओं ने यूनानियों को उस युग में दर्शन, राजनीति, साहित्य और विज्ञान के क्षेत्रों में प्रचुर योगदान करने के लिए प्रेरित किया।

- **प्राचीन रोमन गणराज्य (Ancient Roman Republic)**–रोमन (रोमवासी) यूनानी विचारों के उत्तराधिकारी बन गए और रोमन गणराज्य के लिए आरंभिक प्रेरणा एथेंस के लोकतांत्रिक सिद्धांतों और संस्थाओं से प्राप्त हुई। प्राचीन रोमवासियों ने लोकतांत्रिक पद्धति का प्रयोग किया जिसके तीन प्रमुख निकाय (bodies) थे, अर्थात् सभा (Assembly), कोंसल (Consul) और सीनेट (Senate)। सभा रोमन नागरिकों से बनी होती थी जो फिर कोंसल के सदस्यों को चुनती थी। सीनेट सबसे शक्तिशाली विधायी निकाय (legislative body) थी जो कानूनों को मंजूरी प्रदान करती थी और मजिस्ट्रेट अथवा दंडाधिकारियों को चुनती थी। तीनों विभिन्न निकायों में नियंत्रण और संतुलन की कोई वास्तविक प्रणाली नहीं थी।

  लोकतंत्र के विभिन्न उद्देश्यों पर कार्यरत 'आश्रितों' अथवा 'अनुयायियों' (The Clientele) की अर्ध-संस्था थी। धनी और शक्तिशाली सीनेट सदस्य परिवारों ने निष्ठावान अनुयायियों का भरण-पोषण किया जिन्हें आश्रित (अनुयायी) कहा गया। इन आश्रितों (अनुयायियों) को सहायता और संरक्षण दिया जाता था और इसके बदले में उनके मतों सहित पूर्ण निष्ठा मिलती थी। इस अनुयायी प्रणाली ने धीरे-धीरे रोम में लोकतांत्रिक प्रणाली को कमजोर कर दिया। रोमन साम्राज्य जिसने अधिकांश यूरोप पर शासन किया, उसके विस्तार के साथ यह प्रणाली राजपद के अल्पतंत्र (Oligarchy of kingship), अभिजात तंत्र (aristocracy), चर्च और लोकतंत्र में बदल गई। राजतंत्र (monarchy), सामंतों और पादरियों के मनमाने शासन ने सामान्य जनता को मौलिक लोकतांत्रिक अधिकारों से वंचित कर दिया था। लोगों के जीवन को शासन की कठोर संरचना के अधीन कर दिया गया था जिसमें धर्मशास्त्रीय सिद्धांत (theological doctrine) सत्य का एकमात्र मध्यस्थ बन गया। नागरिक स्वतंत्रताओं, व्यक्तिगत स्वतंत्रता, व्यक्तिगत अधिकारों आदि लोकतंत्र की मूल धारणाओं को धार्मिक और राजनीतिक निरंकुशता की ताकत द्वारा अंततया दबा दिया गया जिसे बाद में यूरोप में पुनर्जागरण के दौरान पुनः खोजा गया।

- **प्राचीन भारतीय गणराज्य (Ancient Indian Republics)**–वास्तव में, लोकतंत्र की प्राचीनतम जानी पहचानी पद्धति गणराज्यों के रूप में प्राचीन भारत में मौजूद थी। इन गणराज्यों को 'महाजनपद' कहा जाता था जो छठी शताब्दी ई.पू. से भी

पहले कार्यरत थे। सबसे अधिक प्रभावशाली और प्रसिद्ध 'वैशाली' का गणराज्य (इस समय बिहार) था। यूनानी विद्वानों के अनुसार सिकंदर महान के समय में (चौथी शताब्दी ई.पू.), 'साबरकाय' और 'सम्बस्ती' (इस समय पाकिस्तान और अफगानिस्तान) में शासन का लोकतांत्रिक रूप प्रचलित था।

प्राचीन गणराज्यों और यूनानी नगर-राज्यों के पतन के बाद, अनेक शताब्दियों तक लोकतंत्र का कोई निशान नहीं था। लोकतंत्र के बारे में इस विलुप्त ज्ञान को यूरोप में केवल पुनर्जागरण के दौरान ही फिर से खोजा जा सका।

प्रश्न 15. यूरोप में आधुनिक लोकतंत्र के संदर्भ में पुनर्जागरण के महत्त्व को संक्षेप में स्पष्ट कीजिए।

अथवा

चौदहवीं शताब्दी के पुनर्जागरण की चर्चा कीजिए।

अथवा

पुनर्जागरण पर संक्षिप्त टिप्पणी लिखिए। [जून-2014, प्रश्न सं.-5 (क)]

उत्तर– इतिहासकारों ने चौदहवीं सदी से सोलहवीं सदी तक यूरोप में कला एवं विद्या के क्षेत्र में आए युगांतकारी एवं क्रांतिकारी परिवर्तन को 'पुनर्जागरण' (Renaissance) के नाम से पुकारा है। इटली में कला एवं विद्या के क्षेत्र में विशेष रूप से जागरण काल आया और संपूर्ण सोलहवीं सदी तक जागरण की प्रक्रिया चलती रही।

पुनर्जागरण (जिसका शाब्दिक अर्थ पुनर्जीवन है) यूरोप में सांस्कृतिक परिवर्तन और उपलब्धि का काल समझा जाता है। यह 14वीं शताब्दी के पिछले दशकों के दौरान मध्य इटली (विशेषकर फ्लोरेंस) में सांस्कृतिक आंदोलन के रूप में आरंभ हुआ और इसने यूनान और रोम के साहित्य कला और संस्कृति की प्राचीनता के साथ पश्चिम के पुनः संपर्क को अभिव्यक्त किया। इस सांस्कृतिक आंदोलन ने प्राचीन यूनानियों और रोमनों द्वारा सृजित विलुप्त ज्ञान की पुनः खोज करने और आत्मसात करने का प्रयास किया। बुद्धिजीवियों और विद्वानों ने लैटिन और ग्रीक भाषाओं के अध्ययन को पुनर्जीवित और परिष्कृत किया। इससे रोम और ग्रीक ग्रंथों की पुनः खोज और व्याख्याएँ आसान कर दी। पुनर्जागरण काल (14वीं शताब्दी के अंत से 16वीं शताब्दी तक) के दौरान समस्त यूरोप में दर्शनशास्त्र, गणित, विज्ञान, वास्तुकला, मानव शरीर-रचना विज्ञान, कला, साहित्य और काव्य के क्षेत्रों में प्रबल प्रगति की गई। वास्तव में, प्रबोधन काल के ऐतिहासिक युग ने मध्यकाल और पूर्व आधुनिक यूरोप के बीच संक्रमण को प्रभावित किया। पुनर्जागरण की आलोचनाएँ ये हैं कि यह धनी और शक्तिशाली बहुत छोटे वर्ग तक सीमित था और इसने आम लोगों की दशा में पर्याप्त परिवर्तन नहीं किया। इसके बावजूद मानववादी दार्शनिकों ने चर्च के धर्म मीमांसात्मक आदेशों से परे प्रगतिशील और धर्मनिरपेक्ष सिद्धांतों, मानव मूल्यों, वैज्ञानिक जाँच-पड़ताल आदि पर आधारित ज्ञान को सृजित करने का प्रयास किया। महत्त्वपूर्ण बात यह है कि मानववादियों ने प्राचीन यूनान में प्रचलित लोकतंत्र की अवधारणा की पुनः खोज की और यूरोप के कुछ भागों में इसे (कुछ सीमा तक) कार्यान्वित करना आरंभ किया। पुनर्जागरण के इस सांस्कृतिक आंदोलन द्वारा सृजित ज्ञान प्रणालियों ने पूरे यूरोप में अनुवर्ती शताब्दियों के दौरान लोकतांत्रिक आदर्शों और व्यवहारों के अभ्युदय में महत्त्वपूर्ण भूमिका निभाई।

प्रश्न 16. महाधिकार पत्र (Magna Carta) पर संक्षिप्त टिप्पणी लिखिए।
[दिसम्बर-2012, प्रश्न सं.-5 (a)]

अथवा

मैग्ना कार्टा पर संक्षिप्त टिप्पणी लिखिए। [दिसम्बर-2014, प्रश्न सं.-5 (b)]

उत्तर– महाधिकार पत्र (Magna Carta) (लैटिनः महा-अध्याय) शायद लोकतंत्र के इतिहास में सर्वाधिक महत्त्वपूर्ण कानूनी दस्तावेज है। यह दस्तावेज मूल रूप से 1215 ईस्वी में अधिक करों के मुद्दे पर इंग्लैंड में राजतंत्र, चर्च और शक्तिशाली सामंतों (barons) के बीच मतभेदों को दूर करने के लिए निर्मित किया गया था। लोकतांत्रिक अधिकारों और स्वतंत्रताओं के संदर्भ में इस दस्तावेज ने राजतंत्र की शक्तियों पर नियंत्रण करने की कभी समाप्त न होने वाली प्रक्रिया को आरंभ किया। यह प्रक्रिया 25 सामंतों की एक समिति के गठन से आरंभ हुई जिसकी बैठक कभी भी हो सकती थी और जो राजा की इच्छा को अस्वीकार कर सकती थी। समिति आर्कबिशपों, बिशपों, अर्लों और बड़े सामंतों की प्रतिनिधिक 'काउंसिल' की आदर्श संसद की तरह कार्य करती थी। इसका प्रतिनिधित्व व्यापक हो गया था। सदस्यता को समाज के अन्य वर्गों अर्थात् नाइट्स (knights), व्यापारी और नगरों के नागरिक (सीमित संख्या) तक बढ़ा दिया गया था। ब्रिटिश संसद के विकास को इस 'ग्रेट काउंसिल' (महा परिषद्) से देखा जा सकता है।

महाधिकार पत्र ने समाज के विभिन्न वर्गों और संस्थाओं को स्वतंत्रताएँ और अधिकार प्रदान करने में महत्त्वपूर्ण भूमिका निभाई। इसने अंग्रेजी चर्च को स्वतंत्रता की गारंटी दी, अंग्रेजी न्यायिक अधिकारों के विकास में योगदान किया। ज्यूरी (Jury), मजिस्ट्रेटी मुकद्दमों आदि का मार्ग प्रशस्त किया। अनेक शताब्दियों तक, महाधिकार पत्र का प्रभुत्व रहा और उन सामाजिक शक्तियों द्वारा इसको उद्धृत किया गया तथा उल्लेख किया गया जो लॉर्ड्स और कामान्स (Lords and Commons) के बीच संघर्षों के दौरान भी अंग्रेजी समाज में सत्ता के लिए दावा कर रही थीं। राजतंत्र की शक्ति को कम करने और फिर कठोर सामंती कानूनों को ढीला (शिथिल) करने में महाधिकार पत्र ने अंततया सामान्य कानून की नींव रखी। महाधिकार पत्र में ब्रिटिश इतिहास में बार-बार परिवर्तन, नई-नई खोजें और पुनर्व्याख्याएँ होती रहीं। इस प्रक्रिया में यह एक स्थायी प्रलेख नहीं रह गया था बल्कि इसके अनेक दस्तावेज बन गए जिन्हें सामान्य नाम अर्थात् महाधिकार पत्र से पुकारा जाता है। इसे इंगलिश अधिकार बिल (1689) का पूर्ववर्ती माना जाता है। इस एकमात्र दस्तावेज ने लोकतंत्र के ऐतिहासिक विकास में एक अनोखी भूमिका निभाई।

प्रश्न 17. 'लोकतांत्रिक' अधिकारों और मौलिक 'स्वतंत्रताओं' ने आधुनिक लोकतंत्र की नींव किस प्रकार रखी? व्याख्या कीजिए।

अथवा

लोकतांत्रिक अधिकार और मौलिक स्वतंत्रताओं की विस्तार से चर्चा कीजिए जिन्होंने लोकतंत्र का व्यापक आधार निर्मित किया।

अथवा

भारत के संविधान में निहित मौलिक अधिकारों की सूची बनाइए।

अथवा

भारत के संविधान में प्रतिष्ठापित मौलिक अधिकार पर संक्षिप्त टिप्पणी लिखिए।
[दिसम्बर-2012, प्रश्न सं.-4 (a)]

अथवा

अधिकार बिल (1689) पर संक्षिप्त टिप्पणी लिखिए।
[दिसम्बर-2013, प्रश्न सं.-4 (b)]

उत्तर– लोकतांत्रिक अधिकार और मौलिक स्वतंत्रताएँ जिन्होंने आधुनिक लोकतंत्र की नीवें रखीं, वे लोकतांत्रिक देशों के विभिन्न ऐतिहासिक विधेयकों, घोषणाओं और संविधानों में निहित हैं। लोकतंत्र के विकास में सर्वाधिक महत्त्वपूर्ण घटनाएँ निम्नलिखित हैं–

- (इंगलिश) अधिकार बिल (1689)
- संयुक्त राज्य अधिकार बिल (1789 में पूरा हुआ और 1791 में स्वीकृति मिली)
- मानव एवं नागरिक अधिकारों की घोषणा (1789)
- भारत का संविधान (1950)

लोकतांत्रिक अधिकारों और मौलिक स्वतंत्रताओं ने लोकतंत्र का व्यापक आधार निर्मित किया और लोकतांत्रिक समाजों में स्वैच्छिक संघों के अभ्युदय और विकास के लिए अनुकूल सामाजिक क्षेत्र का सृजन किया।

अधिकार बिल (1689) [Bill of Rights (1689)]–इंग्लैंड में सन् 1688 में रक्तहीन क्रांति हुई। क्रांति के परिणामस्वरूप इंग्लैंड के शासक जेम्स द्वितीय को राजसिंहासन छोड़ना पड़ा। विलियम तथा मेरी को इंग्लैंड का संयुक्त शासक मनोनीत किया गया। संसद ने शर्त भी रखी थी कि राजा संसद की अनुमति के बिना कोई कर नहीं लगा सकेगा, किसी भी कानून को समाप्त नहीं कर सकेगा। इस प्रकार सन् 1689 में संसद के अधिनियम द्वारा 'बिल ऑफ राइट्स' पारित कर दिया गया। बिल में कुछ संवैधानिक उपबंध प्रस्तुत किए गए हैं जिसके द्वारा सम्राट/सम्राज्ञी (Crown) को संसद में प्रतिनिधित्व करने वाले लोगों की सहमति की आवश्यकता पड़ती है। इसमें संसद में प्रतिनिधित्व कर रहे लोगों के बारे में अधिकारों की सूची शामिल है। वास्तव में बिल का उद्देश्य सम्राट/सम्राज्ञी के विरुद्ध केवल संसद में बैठे सांसदों के स्वतंत्रता के अधिकारों को संबोधित करना था।

इस बिल में सम्मिलित मौलिक सिद्धांत निम्नलिखित हैं–

- कानून के साथ राजसी हस्तक्षेप से स्वतंत्रता
- संसद के सदस्यों को निर्वाचित करने की स्वतंत्रता
- संसद में वाक (बोलने की) स्वतंत्रता
- मुकद्दमे के बगैर जुर्मानों और जब्तियों (forfeitures) से स्वतंत्रता
- राजा को याचिका देने की स्वतंत्रता
- क्रूर और असामान्य दंडों से स्वतंत्रता
- राजसी विशेषाधिकार द्वारा कर लगाने से स्वतंत्रता

अधिकार बिल का एक और विकल्प अधिकार का दावा अधिनियम (Claim of Right Act, 1689) था जो उस समय के स्काटलैंड के पृथक् साम्राज्य पर लागू था। निस्संदेह अधिकार का दावा अधिनियम अलग रूप में व्यक्त किया जाता था परंतु वास्तविकता में इसका व्यापक रूप से समान प्रभाव राजतंत्र की शक्तियों से संबंधित था। यह गतिविधि राजतंत्र की शक्ति और

अधिकारों को कम करने की तथा ब्रिटिश समाज की संवैधानिक राजतंत्र की तरफ प्रगति की महत्त्वपूर्ण घटना थी।

संयुक्त राज्य अधिकार बिल (1789 में पूरा हुआ और 1791 में स्वीकृति प्राप्त हुई) [United States Bill of Rights (completed in 1789 and approved in 1791)]–यह बिल इंगलिश अधिकार बिल से रूप और उद्देश्य में बिल्कुल अलग था जो ग्रेट ब्रिटेन में सम्राट/सम्राज्ञी के विरुद्ध बुनियादी रूप से सांसदों के अधिकारों को संबोधित था। तथापि इंगलिश अधिकार बिल के कुछ बुनियादी सिद्धांतों को इसमें अंगीकार किया गया था और संयुक्त राज्य में आम जनता तक इसका विस्तार किया गया था।

यह बिल वास्तव में संयुक्त राज्य संविधान के प्रथम दस संशोधनों का मूर्त रूप है। बिल की भावना में लोगों के अधिकारों को संरक्षण प्रदान करना है। इसके अतिरिक्त इसका उद्देश्य 'कांग्रेस' को नागरिकों की विभिन्न स्वतंत्रताओं को कम करने से रोकना है। इन स्वतंत्रताओं में सम्मिलित हैं–

- वाक (बोलने की) स्वतंत्रता
- प्रेस की स्वतंत्रता
- सभा की स्वतंत्रता
- धार्मिक उपासना की स्वतंत्रता
- अनुचित तलाशी और कुर्की (seizure); क्रूर और असामान्य दंड से रोकना
- कानून की उचित प्रक्रिया और निष्पक्ष ज्यूरी द्वारा तीव्र लोक मुकदमे की गारंटी देना
- स्वतंत्र न्यायपालिका की व्यवस्था

संयुक्त राज्य अधिकार बिल अमेरिकी कानून और शासन का महत्त्वपूर्ण आधार है। यह अमेरिकी लोगों द्वारा उपयोग की जा रही लोकतांत्रिक स्वतंत्रताओं और उदार संस्कृति का अनिवार्य और उत्कृष्ट प्रतीक है। यह विचारणीय है कि इतिहास में इतनी आरंभिक अवस्था में संयुक्त राज्य अधिकार बिल में उन अधिकतर मौलिक सिद्धांतों पर ध्यान दिया जिन्होंने उन्नीसवीं और बीसवीं शताब्दियों में विश्व में आधुनिक उदार लोकतंत्रों के निर्माण में योगदान किया।

संयुक्त राज्य उच्चतम न्यायालय के न्यायशास्त्र ने इस बिल का निहित अर्थ इस प्रकार बताया है–

- संघ की स्वतंत्रता को मान्यता दी गई है और इसकी वैयक्तिक स्वतंत्रता का मौलिक तत्त्व की तरह संरक्षण किया जाए;
- संघ की स्वतंत्रता को मान्यता दी गई है और इसे ऐसे कार्यकलापों में संलिप्त उद्देश्यों के लिए संरक्षित किया जाए जैसे वाक, सभा, धर्म के स्वतंत्र प्रयोग आदि। इस प्रकार, अन्य व्यक्तिगत स्वतंत्रताओं को सुरक्षित रखने के एक साधन के रूप में एकत्र होने की संवैधानिक स्वतंत्रता मौजूद है।

मानव और नागरिक अधिकारों की घोषणा (1789) [Declaration of the Rights of Man and of the Citizen (1789)]–फ्रांस की क्रांति के बाद फ्रांस की राष्ट्रीय सभा ने 1789 में 'राइट्स ऑफ मैन एंड सिटीजन' की घोषणा की। इस दस्तावेज में व्यक्त सिद्धांतों को प्रबोधन काल के दार्शनिक और राजनीतिक विचारों द्वारा प्रेरणा मिली। फ्रांसीसी क्रांति का परिणाम यह था कि इस दस्तावेज का उद्देश्य निरंकुश राजतंत्र से संवैधानिक राजतंत्र में संक्रमण पर केंद्रित

था। वास्तव में सामंतवाद की समाप्ति के तीन सप्ताह बाद इस घोषणा ने सार्वजनिक प्रभुसत्ता और समान अवसर के सिद्धांत को प्रतिपादित किया। उससे पहले राजतंत्र के राजनीतिक सिद्धांत ने राजाओं के दैवी अधिकार में विधि का स्रोत पाया था।

पूर्व-क्रांतिकारी फ्रांसीसी समाज तीन संपदाओं (estates) में बँटा हुआ था अर्थात् रोमन कैथोलिक चर्च, अभिजात वर्ग और शेष जनसंख्या (तीसरी संपदा कहा जाता है)। पहली दो संपदाओं को विशेष अधिकार प्राप्त थे। वास्तव में, अधिकार, विशेषाधिकार अथवा वंचन (अधिकारों आदि से वंचित) जन्म से ही प्राप्त होते थे। यह दस्तावेज मानव प्रकृति से संबंधित प्राकृतिक अधिकारों के सिद्धांत से प्रभावित था जो ऐसे अधिकारों को हर समय और हर स्थान पर सार्वभौमिक रूप से वैध मानता था। कानून को "सामान्य इच्छा की अभिव्यक्ति" और सामाजिक अनुबंध (जीन जैकेस रूसो के सिद्धांत पर आधारित) के रूप में देखा जाता है। इसका उद्देश्य अधिकारों की समानता को प्रोत्साहित करना और 'समाज के लिए हानिकारक कार्यों' को रोकना था।

इस दस्तावेज ने सभी फ्रांसीसी नागरिकों को 'स्वतंत्रता, संपत्ति, सुरक्षा और उत्पीड़न के विरोध' के अधिकारों की गारंटी प्रदान की। इसने सभी नागरिकों को कानून के समक्ष समान माना और सार्वजनिक गरिमाओं, स्थानों तथा व्यक्ति की क्षमता, गुणों और प्रतिभाओं के अनुसार रोजगारों के समान अवसर की भी गारंटी दी। इसने कराधान (taxation) और अपराधिक कानून के संबंध में निर्दोषता (बेगुनाही) की अवधारणा ने संदिग्ध अपराधियों को अनुचित दबाव से बचाने की गारंटी दी।

इस घोषणा में वाक स्वतंत्रता और प्रेस की स्वतंत्रता का प्रावधान है परंतु यह धर्म की स्वतंत्रता की कुछ कमजोर गारंटी प्रदान करता है।

भारत का संविधान (1950) [Constitution of India (1950)]–26 जनवरी, 1950 को भारत का संविधान लागू हुआ। यह विश्व में किसी भी लोकतांत्रिक राष्ट्र का सबसे लंबा लिखित संविधान है। इसमें शासन के मुख्य अंगों को अर्थात् कार्यपालिका (Executive), विधायिका (Legislative) और न्यायपालिका (Judiciary) को प्रतिष्ठापित किया गया है। संविधान न केवल प्रत्येक अंग की शक्तियों को स्पष्ट करता है बल्कि उनके उत्तरदायित्वों का भी वर्णन करता है।

(1) उद्देशिका अथवा प्रस्तावना (Preamble)–उदार लोकतंत्र के अनिवार्य लोकतांत्रिक आदर्श और व्यापक मानदंडों का संविधान की उद्देशिका अथवा प्रस्तावना (Preamble) में निम्न प्रकार से उल्लेख किया गया है–

हम भारत के लोग, भारत को एक संपूर्ण प्रभुत्वसंपन्न, समाजवादी, धर्म-निरपेक्ष, लोकतांत्रिक गणराज्य बनाने के लिए तथा उसके सभी नागरिकों को सामाजिक, आर्थिक और राजनीतिक न्याय; विचार, अभिव्यक्ति, विश्वास, धर्म और उपासना की स्वतंत्रता; प्रतिष्ठा और अवसर की समता प्राप्त करने के लिए तथा उन सब में व्यक्ति की गरिमा और राष्ट्र की एकता और अखंडता सुनिश्चित करने वाली बंधुता बढ़ाने के लिए दृढ़ संकल्प करते हैं।

(2) मौलिक अधिकार (Fundamental Rights)–मौलिक अधिकार संविधान प्रदत्त वे मूल अधिकार होते हैं जो व्यक्ति के व्यक्तित्व का विकास करते हैं तथा जिनकी सुरक्षा राज्य द्वारा की जाती है। मौलिक अधिकारों में निम्न तत्त्व आवश्यक रूप से पाए जाते हैं–

(क) मौलिक अधिकार नागरिकों को संविधान द्वारा दिए गए हैं।
(ख) नागरिकों के मौलिक अधिकारों को संसद द्वारा पारित कानून की सहायता से सरकार छीन नहीं सकती।
(ग) मौलिक अधिकारों को संसद के सामान्य बहुमत से संशोधित नहीं किया जा सकता।
(घ) मौलिक अधिकारों की रक्षा की जिम्मेदारी उच्चतम न्यायालय, राज्यों के उच्च न्यायालयों तथा राष्ट्रीय मानव अधिकार आयोग को सौंपी गई है।

ये अधिकार ऐतिहासिक स्रोतों जैसे इंगलिश अधिकार बिल (1689), संयुक्त राज्य अधिकार बिल (1791) और फ्रांस की 'मानव तथा नागरिक अधिकारों की घोषणा' से प्रेरित हैं। संविधान में प्रतिष्ठापित मौलिक अधिकार हैं–

(i) समानता का अधिकार
(ii) स्वतंत्रता का अधिकार
(iii) शोषण के विरुद्ध अधिकार
(iv) धर्म की स्वतंत्रता का अधिकार
(v) सांस्कृतिक और शैक्षिक अधिकार
(vi) संवैधानिक उपचारों का अधिकार
(vii) सूचना का अधिकार

प्रश्न 18. स्वैच्छिक संघों के अनिवार्य सिद्धांतों पर विस्तारपूर्वक वर्णन कीजिए।

अथवा

स्वैच्छिक संघ की उत्पत्ति एवं अर्थ की व्याख्या कीजिए।

अथवा

मानव अधिकारों की सार्वभौम घोषणा (1948) के बुनियादी स्वरूप का संक्षेप में वर्णन कीजिए।

अथवा

'संघ की स्वतंत्रता' का अधिकार पर संक्षिप्त टिप्पणी लिखिए।

[जून-2012, प्रश्न सं.-5 (a)]

अथवा

संघ-निर्माण स्वतंत्रता का अधिकार पर संक्षिप्त टिप्पणी लिखिए।

[जून-2014, प्रश्न सं.-5 (ख)]

अथवा

लोकतांत्रिक समाज में स्वैच्छिक संघों के मौलिक सिद्धांतों का वर्णन कीजिए।

[दिसम्बर-2012, प्रश्न सं.-1]

अथवा

अलाभ के सामाजिक लोकाचार पर संक्षिप्त टिप्पणी लिखिए।

[दिसम्बर-2014, प्रश्न सं.-5 (a)]

उत्तर– मौलिक लोकतांत्रिक सिद्धांतों का मूल लोकतांत्रिक समाज में स्वैच्छिक संगठनों में निहित है। संघ (association) का सिद्धांत समाज की उत्पत्ति से ही था परंतु 'संघ की स्वतंत्रता' का अधिकार केवल लोकतांत्रिक समाजों का एकमात्र प्रमाण है। अतीत में सामूहिक क्रिया का

स्वरूप गैर-स्वैच्छिक सहयोग का था जिस पर सामंतवादी समाज में रीति-रिवाजों अथवा परंपराओं का नियंत्रण था। इस प्रकार की सामूहिक क्रिया की एक महत्त्वपूर्ण विशेषता पारस्परिक बाध्यता (अनिवार्य) थी जो जन्म, जाति, व्यवसाय आदि से निर्धारित होती थी। लोकतंत्र के उदय और इससे जुड़े आर्थिक रूपांतरण ने ऐसी दशाएँ उत्पन्न कीं, जहाँ व्यक्ति लोकतांत्रिक समाज में सामाजिक कार्यों से संबंधित सामूहिक क्रिया करने के लिए स्वेच्छा से खाली समय और श्रम प्रदान कर सकते थे।

संघ की स्वतंत्रता का अधिकार (Right to Freedom of Association)—लोगों ने यूरोप में लोकतांत्रिक अधिकारों और स्वतंत्रताओं के ऐतिहासिक विकास के दौरान, 'संघ की स्वतंत्रता' का अधिकार अर्जित किया। सभी व्यक्तियों को संघ की स्वतंत्रता का कानूनी अधिकार प्राप्त था और वे सामान्य हित तथा उद्देश्य का संवर्धन करने के लिए एकजुट हो सकते थे अथवा संघ को अपनी इच्छा से छोड़ सकते थे। यह स्वतंत्रता उदार लोकतंत्र में मानक पद्धति बन गई। इस मौलिक दशा ने स्वैच्छिकवाद के आधुनिक रूपों की अभिव्यक्ति को अत्यधिक प्रोत्साहन दिया। इस प्रकार समकालीन लोकतांत्रिक समाजों में विविध प्रकार के स्वैच्छिक संघों का अभ्युदय और विकास हुआ।

नाजी जर्मनी द्वारा किए गए अत्याचारों को देखते हुए विश्व समुदाय में आम सहमति बनी कि संयुक्त राष्ट्र अधिकारपत्र में संरक्षित 'अधिकारों' को पर्याप्त रूप से स्पष्ट नहीं किया जाए। एक ऐसी सार्वभौम घोषणा जरूरी थी जो 'व्यक्ति के अधिकारों' को अभिव्यक्त और कूटबद्ध करे। अत: संयुक्त राष्ट्र महासभा द्वारा 10 दिसम्बर, 1948 को 'मानव अधिकारों की सार्वभौम घोषणा' (Universal Declaration of Human Rights) को अंगीकार किया गया। इस दस्तावेज में उद्देशिका और तीस अनुच्छेद हैं। दस्तावेज में कुछ परिवर्धनों और व्याख्याओं के साथ-साथ, यह दस्तावेज लोकतांत्रिक समाजों के ऐतिहासिक बिलों, घोषणाओं और संविधानों में निहित अधिकांश 'व्यक्तिगत अधिकारों', स्वतंत्रताओं और नागरिक स्वाधीनताओं पर बल देता है। अनुच्छेद 20 'संघ की स्वतंत्रता' से संबंधित है। इसके अनुसार—

- प्रत्येक व्यक्ति को शांतिपूर्ण सभा (एकत्र होने) और संघ का अधिकार है।
- किसी को भी संघ से जुड़ने के लिए बाध्य नहीं किया जा सकता है।

इसके अतिरिक्त, मानव अधिकारों और मौलिक स्वतंत्रताओं का संरक्षण करने के लिए, 'संघ की स्वतंत्रता' ने फिर से 'मानव अधिकारों संबंधी यूरोपीय अभिसमय' (1950) में निम्नलिखित पुनरावृत्ति पाई है—

अनुच्छेद 11 – सभा और संघ की स्वतंत्रता का अधिकार।

अनुच्छेद 11 कुछ प्रतिबंधों के अंतर्गत श्रमिक संघ बनाने के अधिकार सहित सभा और संघ की स्वतंत्रता के अधिकार का संरक्षण करता है। ये प्रतिबंध, 'कानून के अनुसार' और 'एक लोकतांत्रिक समाज में अनिवार्य' हों।

स्वैच्छिक संघ की उत्पत्ति और अर्थ (Genesis and Meaning of Voluntary Association)—सामाजिक अस्तित्व समाज में लोगों के सामूहिक प्रयास अथवा संघर्ष से निर्मित होता है। विभिन्न व्यक्ति चाहे वे किसी सामान्य हित के लिए कार्य कर रहे हों अथवा किसी व्यापक हित/लक्ष्य के लिए काम कर रहे हों, उन्हें एकजुट हो जाना चाहिए और एक साथ काम करना चाहिए। इससे तत्काल 'संघ' का तत्त्व सामने आता है। परंतु सामूहिक क्रिया और व्यक्तियों के संघ (एकजुट होना) की उससे जुड़ी आवश्यकता इतिहास में कुछ नई बात नहीं है। इतिहास में

कुछ 'सामूहिक क्रिया' का अस्तित्व जो कुछ कार्यों को करने के लिए अनेक व्यक्तियों के संघ पर आधारित होता है, समाज के उद्गम के समय से ही इसके संबंध का पता लगाया जा सकता है। इसका नया पहलू यह है कि लोकतंत्र के उदय से ही लोगों ने संघ की स्वतंत्रता का अधिकार अर्जित किया है। कुछ कार्य अथवा गतिविधियों (किसी कार्य अथवा उद्देश्य का संवर्धन करने के लिए) को निष्पादित करने के लिए एकजुट होना अथवा अलग हो जाना (अपनी स्वयं की स्वतंत्र-इच्छा के अनुसार) लोगों के कानूनी अधिकार के रूप में संघ की स्वतंत्रता केवल लोकतांत्रिक समाज का प्रमाण है। व्यक्ति की अपनी स्वतंत्र इच्छा के अनुसार किसी व्यवस्था में शामिल होने और उसको चुनने की व्यक्ति की स्वतंत्रता का यह पहलू स्वैच्छिकवाद के तत्त्व को प्रस्तुत करता है।

संघ चाहे 'सामूहिक क्रिया' के लिए ग्रामीण लोगों का हो अथवा शहरी व्यापारियों का हो पूर्व इतिहास में इसमें दो सर्वाधिक महत्त्वपूर्ण तत्त्व मौजूद नहीं थे–एक तो संघ की स्वतंत्रता का अधिकार और दूसरा स्वैच्छिकवाद। 'संघ' में प्रवेश स्वतंत्र इच्छा और पसंद का विषय नहीं था और सहभागी अपने सामाजिक और आर्थिक हितों को गंभीर रूप से दुर्बल बनाए/हानि पहुँचाए बगैर इस प्रकार की व्यवस्था से हट नहीं सकता था।

स्वैच्छिक संघ के आधुनिक रूप का अभ्युदय और अस्तित्व केवल स्वैच्छिकवाद के सामाजिक चिंतन और 'संघ की स्वतंत्रता' के अधिकार के कारण संभव हुआ है, जो आगे 'व्यक्तिगत अधिकारो' और 'मौलिक स्वतंत्रताओं' में अंत:स्थापित हैं और इनकी गारंटी उदार लोकतांत्रिक समाज में दी गई है। लोकतांत्रिक समाज में एक व्यक्ति दूसरों के साथ किसी सामूहिक क्रिया के लिए संघ में शामिल होने के लिए स्वतंत्र है और व्यक्ति अपने हितों को हानि पहुँचाए बगैर उससे हटने या उसे छोड़ने के लिए स्वतंत्र है। यदि स्वैच्छिक संघ का आधार 'बिना शर्त' परोपकारिता (altruism) अथवा पारस्परिकता (reciprocity) है तो स्वयंसेवी को एक लोकतांत्रिक समाज में अपनी स्वतंत्र इच्छा से ऐसी व्यवस्था में शामिल होने अथवा इसे छोड़ने की स्वतंत्रता है।

सामूहिक क्रिया की आधुनिक विशेषताएँ (Modern Attributes of Collective Action)–सामंतवादी समाज में सामूहिक क्रिया परंपरा से नियंत्रित थी और इतिहास में व्यक्तियों में गैर-स्वैच्छिक सहयोग के रूप में थी। दूसरों के साथ सहयोग स्वभावतया पारस्परिक था और परंपरागत सामाजिक संरचना से निर्देशित था। किसी विशेष सामाजिक व्यवस्था से हटना सामाजिक और आर्थिक अर्थों में लागत-मुक्त नहीं था। इसी प्रकार व्यापारिक अथवा व्यावसायिक गतिविधियाँ नगरों में श्रेणियों (guilds) के इर्द-गिर्द आयोजित होती थीं। स्वैच्छिक श्रम की आवश्यकता तब दिखाई दी जब ग्रामीण समुदायों के बीच प्रथागत और परंपरागत सहयोग कम हो गया और नगरों में 'श्रेणियों' की शक्ति कम हो गई।

यूरोप में व्यावसायिक पूँजीवाद के आने से तर्कसंगत स्वहित को उन आर्थिक कर्त्ताओं (economic actors) के बीच विशेष प्रकार के सहयोग की आवश्यकता पड़ी जो स्वयं ही सभी आकस्मिक व्यय प्रदान करने में प्राय: असमर्थ होते थे। पुरानी परंपराओं का स्थान धीरे-धीरे परस्पर लाभ वाली पहलों ने ले लिया। इस प्रकार की पहल अनौपचारिक सहायता के साथ-साथ वित्तीय लाभों पर आधारित थीं। इस प्रकार के सहयोगात्मक प्रयासों में शामिल होने का प्राथमिक उद्देश्य अभी भी आर्थिक था क्योंकि इन्होंने भावी अनिश्चितताओं के लिए कुछ आर्थिक सुरक्षा प्रदान की।

निःसंदेह तर्कसंगत पसंद के लिए कुछ स्वतंत्रता कार्यात्मक हुई थी परंतु अभी 'निर्गमन' (छोड़ना) पूरी तरह लागत-मुक्त (निःशुल्क) नहीं था।

उत्पादन की औद्योगिक प्रणाली ने बुनियादी तौर पर बाजार और उससे जुड़े सामाजिक संबंधों को बदल दिया। बाजार व्यक्ति की उस प्रत्येक आवश्यकता को पूरा नहीं कर सकता था जिसका ध्यान अब तक समुदाय द्वारा रखा जा रहा था। श्रमिक वर्ग के पास पूँजी और संसाधन नहीं थे जिनके साथ वे अपने श्रम को जोड़ पाएँ और 'सामूहिक वस्तुओं' अथवा सेवाओं का उत्पादन कर पाएँ। पूँजी और श्रम के बीच परस्पर विरोधों और उसके बाद समाधानों के कारण यूरोपीय समाजों में सामाजिक और नैतिक मूल्यों में मूल परिवर्तन आए।

इस प्रकार आधुनिक स्वैच्छिक संघों की प्रत्यक्ष घटना का आधार स्वैच्छिक श्रम था, वे उन्नीसवीं शताब्दी के उत्तरार्ध में स्थापित हुए और बाद में यूरोप में बीसवीं शताब्दी में तेजी से विकसित हुए। हालाँकि स्वैच्छिक संघों की अत्यधिक विविधता लोकतांत्रिक समाजों में कल्याणकारी राज्य के जन्म के बाद ही आ पाई।

लाभनिरपेक्षता के सामाजिक लोकाचार (Social Ethos of Non-Profit)–स्वयंसेवक वेतन, भुगतान अथवा वित्तीय लाभ लिए बिना स्वैच्छिक संघ के लिए कार्य करते हुए अपना श्रम अथवा समय देता है। इस प्रकार स्वैच्छिक संघ तभी बना रह सकता है और कार्य कर सकता है जब समाज में पर्याप्त आर्थिक अधिशेष (economic surplus) हो ताकि लोग अपना समय और श्रम निःशुल्क दान दे सकें। केवल अधिशेष अर्थव्यवस्था (surplus economy) ही समाज में लोगों को अधिशेष श्रम और समय को सुनिश्चित कर सकती है जो उत्तरजीविता के लिए जरूरी नियमित नौकरियों (कामकाज) अथवा व्यावसायिक कार्यों की आवश्यकताओं के अतिरिक्त है। यह स्थिति कृषक समाजों में उस स्थिति से अलग है जहाँ व्यक्ति कृषि आदि से जुड़े प्रथागत सहकारी व्यवहारों के अनुरूप कार्य किए बिना अधिक समय तक नहीं रह सकता। लोकतंत्र के उदय और पूँजीवादी अर्थव्यवस्था के रुझान ने ऐसी जीवन संबंधी परिस्थितियाँ उत्पन्न कीं जो समाज में व्यक्तियों द्वारा समय और श्रम दान देने के लिए अनुकूल थीं। इस प्रकार 'लाभनिरपेक्षता का सामाजिक लोकाचार' का यह सिद्धांत जो स्वैच्छिक संघों के मूल में निहित है मानवोचित लोकतांत्रिक आदर्शों से उत्पन्न हुआ है और जो केवल एक लोकतांत्रिक समाज में ही अच्छी प्रकार विकसित हो सकता है।

कोई व्यक्ति गतिविधि के विशिष्ट क्षेत्र (जैसे स्वैच्छिक संघ में शामिल होना) में तभी भाग लेने का निर्णय लेता है जब वह एक पसंद से दूसरी पसंद के लाभों अथवा हानियों का आकलन कर चुका होता है।

स्वैच्छिक कार्य के भुगतानों के संबंध में जमीनी वास्तविकता बिल्कुल भिन्न और असमान है। ऐसे भी स्वयंसेवक हैं जो कभी भी अपने श्रम, समय अथवा व्यावसायिक कौशलों का कोई भुगतान नहीं लेते। कुछ स्वयंसेवी संघ विशेषकर कठिन अथवा बहुत समय लगने वाले कार्य के लिए मामूली भुगतान करते हैं। इसके अतिरिक्त बड़े स्वैच्छिक संगठन भी हैं जो अन्य आधुनिक निगमों की तरह सवेतन कामगारों, वेतनभोगी विशेषज्ञों और व्यावसायिकों को नियुक्त करते हैं। फिर भी स्वैच्छिकवाद के सैद्धांतिक मूल तत्त्व को ध्यान में रखते हुए, यह आम सहमति है कि कुल मिलाकर स्वैच्छिक संघ को लोकतांत्रिक समाज में अपनी विश्वसनीयता और वैधता को बनाए रखने के लिए लाभनिरपेक्षता के सामाजिक लोकाचार का पालन करने का प्रयास करना चाहिए।

प्रश्न 19. लोकतांत्रिक समाज में स्वैच्छिक संघों की उत्पत्ति और संवृद्धि को समझाइए।

अथवा

स्वैच्छिक संघों की उत्पत्ति और संवृद्धि की विवेचना कीजिए।

[दिसम्बर-2013, प्रश्न सं.-1]

अथवा

स्वैच्छिक श्रम की धारणा पर संक्षिप्त टिप्पणी लिखिए।

[जून-2012, प्रश्न सं.-5 (b)]

अथवा

सामाजिक-राजनीतिक संकल्पवाद पर संक्षिप्त टिप्पणी लिखिए।

[दिसम्बर-2014, प्रश्न सं.-4 (a)]

उत्तर— समय के गुजरने के साथ धार्मिक परोपकार और परंपरागत धर्मार्थ आधुनिक स्वैच्छिक संघों में रूपांतरण हो गए। रूपांतरण की इस प्रक्रिया पर उस अहस्तक्षेप प्रणाली के नए सामाजिक और आर्थिक दर्शन का प्रभाव पड़ा जो पश्चिमी यूरोप में लोकतंत्र के विस्तार और व्यावसायिक पूँजीवाद के उदय के साथ उभरकर सामने आई।

लोकतांत्रिक समाज में परंपरागत परोपकार और धर्मार्थों का रूपांतरण (Transformation of Traditional Philanthropy and Charities in a Democratic Society)— स्वैच्छिक क्रिया के मुख्य प्रकार परंपरागत परोपकारी और धर्मार्थ कार्यों से उत्पन्न हुए। परोपकार और धर्मार्थ मध्यकाल से धर्म, भूस्वामियों और धनी तथा अमीर व्यापारियों का ही एकमात्र सरोकार था। सामंतवादी समाज में और बाद में व्यावसायिक युग में परोपकारी और धर्मार्थ कार्य लोगों को व्यक्तिगत स्वैच्छिक सेवा देने की अपेक्षा भूमि अथवा धन देने के साथ अधिक जुड़े थे। परोपकारी व्यक्ति उस काल में वह व्यक्ति था जो समाज के कल्याण के लिए अपना समय अथवा श्रम दान करने की अपेक्षा जन हितों के लिए भूमि, धन अथवा संपत्ति दान करता था। वास्तव में व्यक्तिगत समय अथवा श्रम देने की आधुनिक धारणा उस काल में मौजूद नहीं थी।

परंपरागत परोपकार और धर्मार्थों के स्वरूप में रूपांतरण लोकतंत्र के उदय के साथ-साथ पिछली दो शताब्दियों के दौरान हुआ है। वुलफेंडन समिति की रिपोर्ट (1978) धार्मिक परोपकार और धर्मार्थों के इस रूपांतरण का वर्णन करती है जिसे सामंतवादी अर्थव्यवस्था में अभिजात वर्ग द्वारा संरक्षण प्राप्त था और जिसके कारण ग्रेट ब्रिटेन के संदर्भ में स्वैच्छिक संघों का अभ्युदय और विकास हुआ।

सामंतवाद का व्यावसायिक अर्थव्यवस्था में संक्रमण और स्वैच्छिक संघों का विस्तार (Transition from Feudalism to Commercial Economy - Expansion of Voluntary Associations)— ऐतिहासिक रूप से जरूरत अथवा विपत्ति के समय में अधिकांश लोगों के लिए सहायता का सर्वप्रथम स्रोत एक अनौपचारिक प्रणाली के रूप में होता था जो परिवार, मित्र, पड़ोसी आदि से मिलकर बनती है। अनौपचारिक प्रणाली के अतिरिक्त, सहायता का अगला स्रोत धार्मिक परोपकार था। धार्मिक परोपकार और धर्मार्थ उस काल में जन सेवाओं के साथ निकट रूप से जुड़े रहे। शायद सभी में से सबसे महत्त्वपूर्ण ग्रेट ब्रिटेन के संदर्भ में

पितृसत्तावाद तथा संरक्षण था जिसका प्रयोग अभिजात वर्ग द्वारा जनता (जिसमें उनका कर्मीवर्ग भी शामिल था) पर किया जाता था। अभिजात वर्ग में स्थानीय धर्मार्थों पर नियंत्रण किया और पितृसत्तावाद तथा संरक्षण की अपनी प्रणाली को सुदृढ़ करने के लिए निर्धन कानून (Poor Law) प्रशासन के कार्य संचालन पर पर्याप्त प्रभाव का प्रयोग किया। तथापि, उन्नीसवीं शताब्दी के प्रारंभिक दशकों के दौरान नए व्यावसायिक और औद्योगिक वर्ग के उदय के साथ-साथ प्रगतिशील लोकतांत्रिक आदर्शों ने पुरानी व्यवस्था (old order) के समक्ष गंभीर चुनौती प्रस्तुत की।

अहस्तक्षेप प्रणाली के नए सामाजिक और आर्थिक दर्शन की विजय हुई और निर्धन कानून संशोधन अधिनियम (Poor Law Amendment Act, 1834) के द्वारा समाज में गरीबों को सहायता देने की केंद्रीय रूप से नियंत्रित प्रणाली लागू की गई। निर्णायक महत्त्व की जरूरत इसलिए उठी कि जरूरतमंद गरीबों को गैर-जरूरतमंदों से अलग किया जा सके। इस प्रकार इन आधारों पर धर्मार्थों को तर्कसंगत करने के प्रयासों से 1869 में चेरिटी ऑर्गेनाइजेशन सोसाइटी (Charity Organisation Society) की स्थापना हुई।

इन घटनाओं से स्वैच्छिक संघों के इतिहास में एक महत्त्वपूर्ण बदलाव की शुरुआत हुई। इसके बाद से, असंख्य स्वैच्छिक संगठन उन्नीसवीं शताब्दी के उत्तरार्ध में पात्र और जरूरतमंद लोगों की विभिन्न श्रेणियों के लिए कार्य करने हेतु उभरकर सामने आए। कुल मिलाकर, इस अवधि के दौरान स्वैच्छिक संघों का व्यापक विकास हुआ।

सामाजिक-राजनीतिक स्वैच्छिकवाद (Socio-Political Voluntarism)–

- **स्वयंसेवक श्रम की धारणा (Notion of Volunteer Labour)**–धार्मिक परोपकार समाज में निजी समय अथवा श्रम दान देकर स्वैच्छिक सेवा की धारणा नहीं थी। तथापि उन्नीसवीं शताब्दी के अंतिम दशकों के दौरान 'वैज्ञानिक धर्मार्थ' ब्रिटेन और संयुक्त राज्य अमेरिका दोनों में लोकप्रिय हुआ। वैज्ञानिक धर्मार्थ के विचार ने जरूरतमंद और गैर-जरूरतमंद गरीबों के बीच 'कड़े भेद' के सिद्धांत को मान्यता प्रदान की। सहायता के लिए दावेदारों की विभिन्न श्रेणियों की पृथक्ता ने व्यक्तिगत मामलों के बारे में विस्तृत जानकारी को अनिवार्य बना दिया।

  इस सिद्धांत के इर्द-गिर्द धर्मार्थों के आयोजन में इस प्रकार की सूचना की आवश्यकता पड़ी जिसे केवल श्रम सघन कार्यक्रमों द्वारा ही प्राप्त किया जा सकता था जिसमें लोगों से साक्षात्कार और उनसे मुलाकातें शामिल थीं। स्वयंसेवी श्रम इस कार्य के लिए सर्वाधिक अनुकूल था और यह केवल आर्थिक कारणों की वजह से नहीं था। स्वयंसेवक की नि:स्वार्थ छवि नैतिक मार्गदर्शन का प्रसार करने के लिए सर्वाधिक उपयुक्त थी जिसने जनता पर एक तरह की सामाजिक वैधता और नियंत्रण करने में सहायता की।
- **सामाजिक-राजनीतिक स्वैच्छिकवाद (Socio-Political Voluntarism)**–स्वयंसेवी श्रम के लिए प्रमुख बल लोकतांत्रिक अधिकारों के लिए सामाजिक और राजनीतिक संघर्षों से आया। उद्योगीकरण ने उभरते हुए लोकतांत्रिक समाजों की वर्ग संरचना में महत्त्वपूर्ण परिवर्तन उत्पन्न किए। इसने 'श्रमिक वर्ग' (कामगार वर्ग) उत्पन्न किया जिसके पास हालाँकि राजनीतिक संसाधनों की कमी थी परंतु सामंती

समाजों में कृषक-वर्ग अथवा खेतीहर मजदूरों की तुलना में कुछ नागरिक स्वतंत्रताएँ (civic freedoms) इस वर्ग के पास थीं। इनके पास संघ व सभा और संख्या बल के कुछ अधिकार (चाहे अब भी बहुत सीमित) तो थे। वे अधिकतर एक-दूसरे के आसपास के क्षेत्र में रहते थे। लोकतांत्रिक आदर्शों और सिद्धांतों के आधार में उपलब्ध इन आरंभिक लाभों ने शहरी औद्योगिक श्रमिक वर्ग के 'संघ' और संघटन में सहायता की।

उन्नीसवीं शताब्दी के दौरान, श्रमिक वर्ग के राजनीतिक स्वैच्छिकवाद का प्रयोग धीरे-धीरे, मुख्यधारा के राजनीतिक संगठनों द्वारा किया गया। राजनीतिक दलों को सदस्यों की आवश्यकता पड़ी जो अपना समय और श्रम राजनीतिक कार्यकलापों को देने के इच्छुक थे और दल के सामाजिक मोर्चे का रखरखाव करने के भी इच्छुक थे। श्रमिक वर्ग सोसाइटियों और यूनियनों के रूप में स्वैच्छिक संघ, औद्योगिक पूँजीवाद के उदय के साथ-साथ उन्नीसवीं शताब्दी के अंतिम उत्तरार्ध में, फले-फूले।

उन्नीसवीं शताब्दी के अंत के आसपास, पश्चिमी समाजों में मध्यम वर्ग के सुशिक्षित सदस्यों की संख्या में व्यापक वृद्धि हुई। इस बढ़ते हुए शिक्षित मध्यम वर्ग (नया मध्यम वर्ग) के पास सामाजिक किस्म के अन्य कार्यों को देने के लिए पर्याप्त समय था।

नए सामाजिक दर्शन ने सामाजिक-राजनीतिक कार्यकलापों के संबंध में जनता को उच्च महत्त्व दिया जिसमें लोगों ने समाज की सामान्य भलाई के लिए कार्य करते हुए अपने निजी, व्यक्तिगत हितों का परित्याग कर दिया। स्वतंत्र विचार वाले स्वयंसेवकों ने परिस्थितियों की जरूरत के अनुसार सामाजिक और राजनीतिक कार्यकलापों के लिए अपना समय और श्रम दिया परंतु अन्यथा वे एक सामान्य नागरिक की तरह रहे और एक 'आदर्श प्रतिरूप' बन गए। मध्यम वर्ग ने अस्थायी और अनौपचारिक राजनीतिक स्वैच्छिक संघों में स्वैच्छिक कार्य करना पसंद किया। इससे सामाजिक-राजनीतिक कार्य कर रहे स्वैच्छिक संघों में मध्यम वर्ग की सहभागिता में तीव्र बढ़ोतरी हुई। बीसवीं शताब्दी के पूर्वार्ध में सामाजिक और राजनीतिक परिवर्तनों से लोकतांत्रिक समाजों में इस प्रकार के स्वैच्छिक संघों में और आगे वृद्धि हुई।

अत्यधिक आर्थिक संसाधनों ने आगे विविध प्रकार के स्वैच्छिक कार्यकलापों के विकास के लिए दशाएँ उत्पन्न कीं। आधुनिक अर्थव्यवस्थाओं के रूपांतरण ने लोगों के ऐसे वर्ग को उत्पन्न किया जो अपना अतिरिक्त समय और श्रम समाज में सामाजिक और राजनीतिक प्रासंगिकता के मुद्दों के लिए देने में सक्षम हैं। इस प्रकार राजनीतिक, सांस्कृतिक, विकासात्मक, पर्यावरणीय और सावकाश संबंधी कार्यकलापों में लगे स्वैच्छिक संघों का बहुत अधिक विकास हुआ। यद्यपि स्वैच्छिकवाद के मुख्य मुद्दे इतिहास में बदल गए हैं, फिर भी एक लोकतांत्रिक समाज में स्वैच्छिक संघों के लिए मौलिक परिस्थितियाँ और अस्तित्व का आधार एक समान ही रहता है।

प्रश्न 20. लोकतांत्रिक समाज में स्वैच्छिक संघों की अनिवार्य विशेषताओं का वर्णन कीजिए। [जून-2013, प्रश्न सं.-1]

अथवा

लोकतांत्रिक समाज में स्वैच्छिक संघों का वास्तविक आधार पर संक्षिप्त टिप्पणी लिखिए। [दिसम्बर-2012, प्रश्न सं.-4 (b)]

उत्तर– आधुनिक काल में कई स्वैच्छिक संघों का उदय हुआ जो कि लोकतांत्रिक समाजों में संघ की स्वतंत्रता और सामूहिक क्रिया की आधुनिक विशेषताओं के प्रतीक हैं।

(1) परिभाषा संबंधी पहलू (Definitional Aspects)–स्वैच्छिक संघ शब्द की परिभाषाएँ व्यापक रूप से भिन्न हो सकती हैं परंतु उनमें सामान्य तौर पर समान प्रकार के तत्त्व होते हैं। स्वैच्छिक संघ का निर्माण समाज में सामान्य (साझा) हित को प्राप्त करने अथवा किसी दशा अथवा परिवर्तन को हासिल करने के लिए किया जाता है।

सदस्यता संघ की स्वतंत्रता पर आधारित होती है अर्थात् यह स्वैच्छिक होती है और यह जन्म, जाति, प्रस्थिति आदि के कारण नहीं होती। स्वैच्छिक संघों का अस्तित्व राज्य से स्वतंत्र होता है और ये आमतौर पर लाभनिरपेक्ष (non-profit) होते हैं।

सभी गैर-राज्यीय, सामान्य उद्देश्य वाले संगठन स्वैच्छिक संघ होते हैं। स्वैच्छिक संघ असांविधिक निकाय (non-statutory body) होता है। अन्य शब्दों में, इसका अस्तित्व संसद के अधिनियम से नहीं होता है। इसके बजाय इसकी उत्पत्ति लोगों के निर्णय से होती है जो किसी उद्देश्य को प्राप्त करने के लिए इसमें शामिल होते हैं। यह बाजार के कानूनों से भी स्वतंत्र होता है अर्थात् यह एक लाभनिरपेक्ष संगठन है और इसके उद्देश्य में अपने सदस्यों के लिए लाभ कमाना शामिल नहीं है। स्वैच्छिक संघ का मुख्य कार्यकलाप इसके सदस्यों के आर्थिक कार्यकलापों से संबंधित नहीं है। स्वैच्छिक संघ के अधिकांश सदस्य स्वयंसेवक (अर्थात् अवैतनिक) होते हैं परंतु बड़े संघ सवेतन कर्मचारियों को नियुक्त करते हैं। स्वैच्छिक संघ अपने कार्यकलापों को स्वैच्छिक अंशदानों के माध्यम से वित्तपोषित करते हैं। वे विभिन्न धनराशि उगाहने वाले कार्यकलापों के द्वारा अपने संसाधन बनाते हैं। परंतु उनमें से अधिकांश राज्य से भी सहायता अनुदान प्राप्त करते हैं।

स्वैच्छिक संघ आकार, संरचना, वित्तीय स्रोतों और राज्य के साथ संबंध के रूप में अलग-अलग होते हैं। कुछ छोटे होते हैं और स्थानीय समुदायों में अनौपचारिक रूप से कार्य करते हैं। दूसरे स्वैच्छिक संघ बड़े हैं जो अपने कार्यकलाप राष्ट्रीय पैमाने पर करते हैं और प्रायः इनका औपचारिक संगठनात्मक ढाँचा बन जाता है। इसके अतिरिक्त कुछ स्वैच्छिक संघ राज्य से निधियाँ (धनराशि) प्राप्त करते हैं अथवा राज्य के विभिन्न प्रकार के संरक्षण प्राप्त करते हैं। कुछ अन्य संघ राज्य से स्वतंत्र होते हैं और स्वैच्छिक अंशदानों के माध्यम से वित्त उगाहते हैं। स्वैच्छिक संघों के विविध हित और उद्देश्य होते हैं जैसे परस्पर-सहायता, किसी साझा हित का संवर्धन, समुदाय की सेवा, प्रमुख सामाजिक उद्देश्यों की प्रगति अर्थात् नागरिक स्वाधीनताएँ, विकासात्मक प्रयोजन, पर्यावरण-संरक्षण आदि।

इन सब पहलुओं के बावजूद, शोध लेखों में इन स्वैच्छिक संघों के बीच एक गुणात्मक विशिष्टता का उल्लेख किया गया है। वे संघ जो केवल अपने सदस्यों के संबंध में उनके हितों को व्यक्त करने अथवा पूरा करने के लिए विद्यमान हैं, उन्हें 'सार्थक अथवा अभिव्यंजक स्वैच्छिक संघ' (Expressive Voluntary Associations) कहा जाता है। इसके उदाहरण हैं–मनोरंजन

संबंधी और खेल-कूद संघ, सामाजिक और हॉबी क्लब, व्यावसायिक सोसाइटियाँ आदि। वे संघ जो सामाजिक परिवर्तन के साधनों के रूप में कार्य करते है, वे 'साधनपरक स्वैच्छिक संघ' (Instrumental Voluntary Associations) कहलाते हैं। इनका उद्देश्य किसी दशा को प्राप्त करना अथवा समाज में कोई परिवर्तन लाना होता है। वे सामाजिक महत्त्व के मुद्दे उठाते हैं और उनके कार्य समाज की कार्यप्रणाली को प्रभावित करते हैं। इसके उदाहरण वे स्वैच्छिक संगठन हैं जो सामाजिक कार्य; विकास, पर्यावरण, मानवतावादी उद्देश्यों गरीबों के उत्थान के लिए आर्थिक कार्यकलापों, परिवार तथा स्वास्थ्य से जुड़े मुद्दों के कार्यों में लगे हैं।

(2) लोकतांत्रिक समाज में स्वैच्छिक संघों का वास्तविक आधार (Objective Base of Voluntary Associations in a Democratic Society)—स्वैच्छिक कार्य आरंभ करने के कुछ प्रमुख स्पष्टीकरण के बारे में आमतौर पर निम्नलिखित ढंग से विचार किया गया है—

(क) राज्य द्वारा प्रायः उपेक्षित और नजरअंदाज की गई आवश्यकताएँ जिन पर तत्काल ध्यान देने और प्रेरणा प्रदान करने की आवश्यकता है।

(ख) राज्य और बाजार शक्तियों के नियमों और नीतियों पर प्रश्न करने अथवा उन्हें चुनौतियाँ देने के लिए भी स्वैच्छिक क्रिया को आरंभ किया जा सकता है।

(ग) ऐसे बहुत से कार्य करने हैं जिन्हें वैतनिक कर्मियों द्वारा नहीं किया जा सकता अथवा वे जिन्हें नहीं करेंगे।

(घ) सेवा प्रदान करना अथवा दूसरों की भलाई के लिए काम करना, व्यक्तिगत आवश्यकता को पूरी करता है, जिसे किसी व्यक्ति अथवा समूह द्वारा जरूरी माना गया है।

(ङ) स्वैच्छिक क्रिया सामाजिक प्रगति के लिए एक प्रभावशाली शक्ति है।

उपर्युक्त पहलू स्वैच्छिक संघ की बुनियाद को अच्छी तरह समझने के लिए पर्याप्त नहीं हैं। ऐसी ठोस वास्तविक दशाएँ हैं जो लोकतांत्रिक समाजों में स्वैच्छिक संघों के अस्तित्व के लिए उत्तरदायी हैं। ये दशाएँ निम्नलिखित हैं—

(i) **संघ की स्वतंत्रता (Freedom of Association)**—यह सिद्धांत प्रत्यक्ष रूप से राज्य की प्रकृति और स्वरूप से जुड़ा है। लोकतांत्रिक राज्य संघों के निर्माण करने और उनमें शामिल होने के लिए नागरिकों के अधिकार को मान्यता प्रदान करता है। जो राज्य विभिन्न विचारों, हितों, कार्यकलापों आदि की अनुमति देता है, वह स्वैच्छिक प्रयास के विकास के प्रति अनुकूल होता है।

(ii) **श्रम-दान (Donation of Labour)**—स्वैच्छिक संघों का अस्तित्व समाज में 'स्वैच्छिक श्रम' की उपलब्धता पर निर्भर है। स्वैच्छिक श्रम का प्रश्न प्रत्यक्ष रूप से अर्थव्यवस्था की स्थिति के साथ जुड़ा है। जो अर्थव्यवस्था पर्याप्त अधिशेष सृजित करती है और इसका व्यापक वितरण सुनिश्चित करती है, वह अजीविका कमाने के बुनियादी उद्देश्यों से बड़ी संख्या में लोगों को मुक्त करती है। वे लोग जिनके पास उत्तरजीविता के अपने आर्थिक कार्यों के बाद फालतू या अतिरिक्त समय होता है, वे स्वैच्छिक प्रयास के लिए अपना श्रम दान कर सकते हैं। इस प्रकार स्वैच्छिक संघों का अस्तित्व और विकास लोकतांत्रिक समाज में पाई जाने वाली आर्थिक दशाओं से जुड़ा है।

(iii) **राज्य और बाजार से परे (Beyond State and Market)**—राज्य और बाजार दोनों ही लोगों की आवश्यकताओं को पूरा नहीं कर सकते। यहाँ तक कि एक लोकतांत्रिक

राज्य को भी समाज की आवश्यकताओं को पूरा करने में अपर्याप्त समझा जाता है। कारण अनेक हो सकते हैं। एक सामान्य कारण धनराशि की कमी है। संसाधनों की कमी के कारण, राज्य सभी वस्तुएँ और सेवाएँ नहीं दे सकता।

(iv) **सामाजिक-राजनीतिक क्षेत्र (Socio-Political Space)**–लोकतांत्रिक समाज में राजनीतिक दलों द्वारा बड़ी संख्या में मुद्दे छोड़ दिए जाते हैं अथवा हाशिए पर रख दिए जाते हैं। सामाजिक सरोकार जिनमें नैतिक मूल्य (जैसे गर्भपात) अथवा चरमपंथी विचार (अर्थात् मूलभूत नागरिक स्वतंत्रताएँ) होते हैं, उन्हें आमतौर पर परंपरागत राजनीतिक दलों द्वारा कार्यसूची (एजेंडा) में शामिल नहीं किया जाता। राजनेताओं और दलों की अपनी संगठनात्मक बाध्यताएँ होती हैं और वे लोकतांत्रिक समाज में उत्पन्न होने वाली प्रत्येक समस्या पर आसानी से विचार नहीं कर सकते। इस प्रकार परंपरागत राजनीतिक संरचना के राज्यतंत्र द्वारा छोड़ा गया सामाजिक-राजनीतिक क्षेत्र स्वैच्छिक क्रिया के विस्तार के लिए सशक्त आधार तैयार करता है। वास्तव में, अधिकांश प्रगतिशील सामाजिक कार्य लोकतांत्रिक समाजों में सबसे पहले स्वैच्छिक संघों द्वारा आरंभ किए गए हैं।

(v) **विषम सामाजिक हित (Heterogeneous Social Interests)**–स्वैच्छिक संघों की पर्याप्त संख्या में मौजूदगी के लिए विषम पृष्ठभूमि और हितों वाले जनसमूह (जनसंख्या) की जरूरत है। लोकतांत्रिक समाजों के अंदर स्वामित्व, आय व्यवसाय, प्रस्थिति, वर्ग आदि के संबंध में सामाजिक विभेद विविध प्रकार के हित उत्पन्न करता है जिससे स्वैच्छिक संघों का काफी विस्तार होता है। शिक्षा और सामाजिक जागरूकता से भी स्वैच्छिक संघों के विस्तार को प्रमुख गाति मिलती है। शहरीकरण भी एक और महत्त्वपूर्ण कारक है। शहरीकरण परिवार, नातेदारी और समुदाय के परंपरागत संबंधों को कमजोर करता है। लोगों पर व्यक्तिगत और अलग-थलग जीवन जीने का दबाव आता है। अत: वे स्वैच्छिक संघों का निर्माण करने का प्रयास करते हैं और कुछ साझा हितों के इर्द-गिर्द संगठित होते हैं। ये पहलू सार्थक आधार बनाते हैं जो एक लोकतांत्रिक समाज में स्वैच्छिक संघों के अस्तित्व और विकास के लिए महत्त्वपूर्ण है। स्वैच्छिक संघ सामाजिक और सामुदायिक अंत:संपर्क का संवर्धन करते हैं और जीवन को सजीव बनाते हैं। स्वैच्छिक संघ विभिन्न वर्गों और हितों के बीच अंतराल को दूर करने में सहायता करते हैं।

प्रश्न 21. राज्य की उत्पत्ति पर चर्चा कीजिए।

अथवा

राज्य की पूर्ववर्ती अवस्थाओं का वर्णन कीजिए।

अथवा

उन परिस्थितियों को स्पष्ट कीजिए जिनके कारण पश्चिमी यूरोप में आधुनिक राज्य का अभ्युदय हुआ।

उत्तर– राज्य की उत्पत्ति का पता सभ्यता के उदय से लगाया जा सकता है। काफी लंबे समय तक लोग जीवन-यापन के लिए आखेटक (शिकारी) अथवा भोजन-इकट्ठा करने वालों के रूप

में खानाबदोश जिंदगी बिताते थे। कृषि की नई खोज और इसे व्यवहार में लाने से खेती करने वाली भूमि के बिल्कुल आसपास ही व्यवस्थित स्थायी जीवन का मार्ग प्रशस्त हुआ। बाद में भूमि पर नियंत्रण करने की प्रक्रिया के कारण भूमि के विभिन्न क्षेत्रों पर स्वामित्व और संपत्ति के अधिकार के अनेक रूप सामने आए।

परिणामस्वरूप भूमि पर नियंत्रण का अर्थ था लोगों पर नियंत्रण और इनका जीवन कृषि मजदूरी (श्रम) पर निर्भर था। इस प्रकार प्राचीन राज्यों का उदय हुआ जो निरंकुश और अस्थिर थे, भूमि के नियंत्रक (शासक) अपनी प्रजा पर मनमाने ढंग से निरंकुश शक्तियों का प्रयोग कर रहे थे। कुछ राजनीतिक सिद्धांतवादी और इतिहासकार इस प्रकार के निरंकुश शासन को 'राज्य' नहीं मानते तथा कभी-कभी इन्हें पूर्व-राज्य (proto-states) कहा जाता है।

प्राचीन काल (Ancient Period)—प्राचीन रोमन गणराज्य ने यूनानियों की राजनीतिक परंपराओं को उत्तराधिकार में प्राप्त किया और 'कानून के शासन' की अवधारणा का आगे विकास हुआ। बाद में प्राचीन रोमन गणराज्य का स्थान रोमन साम्राज्य ने ले लिया। तथापि, आधुनिक राज्य की अनेक संस्थाओं की उत्पत्ति का पता प्राचीन रोम से लगाया जा सकता है।

नगर-राज्यों की उत्पत्ति और विकास, परिवार और जनजातीय इकाइयों से हुआ जो प्राचीन यूनान में किलेबंद आबादी में एक साथ रहते थे। आमतौर पर भूमि की भौगोलिक दशाएँ पोलिस (polis) के आकार और स्वरूप को निर्धारित करती थीं ('राजनीति' (politics) शब्द की उत्पत्ति यूनानी शब्द 'पोलिस' से हुई है जिसका मूल अर्थ 'नगर' से है)। नगर की सामाजिक संरचना रक्त संबंधों पर आधारित परिवारों और कुलों अथवा गोत्रों से बनी थी (कुल में आमतौर पर धार्मिक पंथ भी शामिल होते थे)। सरल रक्त संबंधों के अतिरिक्त एक अन्य संरचना भी मौजूद थी जो मैत्रीभाव के बंधनों पर आधारित थी जिसे फ्रेटरी (phratry) कहा जाता था। मैत्रीभाव का यह नियम सैनिकों के साहचर्यों (संघों) में दिखाई देता था और वे एक ही शिविर का प्रयोग करते थे जिसे हिटीरिया (heteiria) कहा जाता था। दोनों समूह अर्थात् फ्रेटरी और हिटीरिया का जनजाति (phyle) में और आगे कुल/गोत्र में समन्वय हो गया। यूनानी नगर-राज्यों के अंदर सामाजिक संबंध नातेदारी, सैन्य और मैत्रीभाव समूहों के जटिल नेटवर्क में निहित थे जो किलेबंद ढाँचों में रहते थे। धार्मिक संप्रदायों पर आधारित सामाजिक संबंधों की यह व्यवस्था जिनकी साझा आस्था थी और जिसे पारस्परिक सैन्य सेवा से और मजबूती मिली थी, इन सभी ने प्रारंभिक (प्राचीन) यूनानी नगर-राज्यों का निर्माण किया था।

यूनानी 'नगर' (Polis) और आधुनिक राज्य में निम्नलिखित बुनियादी समानताएँ हैं–

- एक निश्चित क्षेत्र;
- एक विशिष्ट जनसंख्या;
- नागरिकता का विचार; और
- कानून के शासन की संकल्पना।

मध्यकाल (Medieval Period)—यूरोप में मध्यकाल के अंत में अर्थात् 16वीं शताब्दी से आगे एक तरह से राज्य के निर्धारित स्वरूप की मौजूदगी के बारे में लगभग एक सामान्य सर्वसम्मति है। तथापि उससे पहले, मध्य-युग के दौरान राज्य के अस्तित्व के मुद्दे के संबंध में विद्वानों द्वारा बहस की जाती रही है। एक विचारधारा इस काल में राज्य के अस्तित्व को नकारती है। परंतु अन्य विचारधारा का मानना है कि पूर्व मध्यकाल के दौरान राज्य किसी न किसी रूप में मौजूद था।

सामंतवादी व्यवस्था (feudal system) मूल रूप से सामंतों (feudal lords) और कृषि दासों (serfs) के बीच अनुबंध संबंधी अथवा पारस्परिक दायित्वों की एक कमजोर संरचना थी। एक जटिल सामाजिक सोपानक्रम का राजनीतिक संगठन पर एक विभाजनकारी प्रभाव था। राजा (सम्राट) हमेशा समुदाय पर आश्रित था। सामंती प्रबंधों के भीतर अधिकांश अनुबंध प्रतीकात्मक थे–यहाँ तक कि राजतंत्र भी। राजा की कोई विशेष संप्रभु स्थिति नहीं थी। राजा विधि का स्रोत नहीं था, बल्कि उसकी स्थिति विधि के अधीन थी। शक्तिशाली और महत्त्वपूर्ण समूह अर्थात् विशाल संपदाएँ (estates), व्यवसायी संघों (guilds), कुलीनवर्ग (nobility) और पादरीवर्ग (clergy) ने नियमों और न्यायालयों की अपनी पद्धतियों का निर्माण कर रखा था। उदाहरण के लिए चर्च के कानून का सम्मान विधिवत् रूप में किया जाता था और यह राजतंत्र की संस्था से अधिक महत्त्वपूर्ण था। अतः किसी भी प्रकार की एकात्मक संप्रभुता सामंतवादी व्यवस्था के अंतर्गत संभव नहीं थी।

मध्यकालीन समाज भिन्न प्रकार के परस्परव्यापी समूहों और परस्पर विरोधी निष्ठाओं तथा नियमों के समूह का मेल था। स्पष्ट रूप से परिभाषित क्षेत्रों में प्रतिबद्ध निष्ठावान जनसमूहों का होना एक कठिन धारणा थी। प्राधिकार का स्रोत ईश्वर था तथा सर्वाधिक शक्तिशाली संस्था पादरी वर्ग और चर्च था। अन्य सभी संयोजनों से बढ़कर चर्च के प्रति ज्यादा निष्ठा थी। नागरिक प्राधिकार की अपेक्षा चर्च अधिक महत्त्वपूर्ण और शक्तिशाली था। चर्च में कुछ सीमा तक नागरिक प्राधिकार शामिल था। चर्च और ईसाई-धर्म नागरिकता की धारणा के साथ परस्पर जुड़े थे।

राजनीति का स्रोत धर्ममीमांसा (theology) था तथा पादरीवर्ग एक विशेषाधिकार प्राप्त वर्ग था और लोगों के आध्यात्मिक एवं सांसारिक जीवन पर पोप का शासन था। इस प्रकार परस्परव्यापी समूहों की अत्यंत जटिल सोपानीकृत संरचना, अस्पष्ट प्रभुसत्तात्मक स्थिति, प्रथागत कानून का अचुनौतीपूर्ण आदेश, बिना किसी स्पष्ट रूप से निर्धारित जनसंख्या की विस्तृत क्षेत्रीय इकाइयाँ तथा चर्च और साम्राज्य की कानूनी नैतिक और धार्मिक स्थिति को थोपना आदि ये सभी दशाएँ यूरोप में मध्यकाल के अधिकांश भाग में राज्य के अस्तित्व के लिए सहायक नहीं थीं।

आधुनिक राज्य का उदय (Emergence of Modern State)–आधुनिक राज्य की उत्पत्ति मानव जाति के इतिहास से सर्वाधिक महत्त्वपूर्ण है। अनेक मुद्दे दृष्टिगत होते हैं जो आधुनिक राज्य के गठन और बोध में सम्मिलित किए गए हैं। 16वीं शताब्दी के आरंभ तक महान राजवंशों (dynasties) ने शक्ति (सत्ता) को सुदृढ़ किया। यूरोप में बाहरी खतरा कम हो गया। इसके अतिरिक्त सुधार की प्रक्रिया ने यूरोपीय राजनीति की संरचना पर प्रबल प्रभाव छोड़ा। धर्मनिरपेक्ष शक्तियों ने चर्च और पोप के प्राधिकार को चुनौती दी तथा सामंतवाद की प्राचीन संस्थाओं के बुनियादी आधार को खतरे में डाल दिया। बाद में होने वाले संघर्ष 17वीं शताब्दी के 'तीस वर्षों के युद्ध' में परिणत हो गए। 1648 में, यूरोप की संघर्षरत शक्तियों ने वैस्टफैलिया की संधि (Treaty of Westphalia) पर हस्ताक्षर किए। संधि से धार्मिक हिंसा का अंत हो गया और चर्च को सांसारिक शक्ति से वंचित कर दिया गया। तथापि धर्म राजाओं के दैवी अधिकार के रूप में, राजनीतिक भूमिका निभाता रहा। महत्त्वपूर्ण बात यह है कि संधि ने किसी भी राज्य के आंतरिक मामलों में हस्तक्षेप न करने का उदाहरण स्थापित किया। यह महत्त्वपूर्ण घटना आधुनिक राज्य के अभ्युदय में एक महत्त्वपूर्ण विशेषता थी।

बाद में राज्य विकसित होता रहा क्योंकि राजाओं ने कुलीनों और स्वतंत्र नगरों को अपने अधीन कर लिया था और विशाल संसाधन, सामाजिक प्रतिष्ठा और राजनीतिक शक्ति जमा कर

ली थी। वैस्टफैलिया की शांति के लगभग डेढ़ सौ वर्षों के बाद, फ्रांसीसी क्रांति के कारण राज्य पूर्ण रूप से आधुनिक हो गया और राज्य ने अपने अस्तित्व के औचित्य के रूप में 'राष्ट्रीय इच्छा' (national will) को मान्यता दी। बाद में नेपोलियन बोनापार्ट और फ्रांस की ग्रांड आर्मी ने यूरोप के अधिकांश भाग जीत लिए। जीते हुए क्षेत्रों और निकटवर्ती रियासतों (neighbouring principalities) ने पुरानी व्यवस्थाओं को छोड़ दिया और राष्ट्र राज्य (national state) के नए मॉडल को अपना लिया। अत: तभी से राष्ट्र राज्य पूरे विश्व में सर्वाधिक प्रभुत्वसंपन्न राजनीतिक अंग बना रहा।

प्रश्न 22. आधुनिक राज्य की अनिवार्य विशेषताएँ कौन-कौन सी हैं?

उत्तर– आधुनिक राज्य की एक महत्त्वपूर्ण विशेषता यह है कि इसका अधिकार-क्षेत्र भौगोलिक रूप से स्पष्ट क्षेत्र पर होता है। एक स्थायी जनसंख्या उस क्षेत्र में रहती है जो अधिकांशतया नागरिकों के तौर पर वर्गीकृत होती है। नागरिकों को इस प्रकार के क्षेत्र में राज्य द्वारा विभिन्न प्रकार के विशेष अधिकार और सुविधाएँ प्रदान की जाती हैं। राज्य निर्धारित क्षेत्र के अंदर आधिपत्य अथवा प्रभुत्व का दावा व्यक्त करता है। इसका अर्थ है कि राज्य का आधिपत्य सभी प्रकार के अन्य अंगों, संघों, संगठनों, समूहों, व्यक्तियों आदि पर रहता है जो इसके अधिकार क्षेत्र में या तो रह रहे होते हैं अथवा कार्य कर रहे होते हैं। इसके अतिरिक्त सभी अन्य अंगों पर राज्य की सर्वोच्चता कानून में निहित है, अत: यह विधिसम्मत है। राज्य का आधिपत्य अथवा सर्वोच्चता उन नियमों पर आधारित है जिनका सार्वभौम आधार है और जिन्हें निर्धारित क्षेत्र में मान्यता प्राप्त है। ऐसे नियमों का वास्तविक तत्त्व एवं सार्वभौम प्रभाव होता है और शासक के आकस्मिक विचारों से ये स्वतंत्र होते हैं। ऐसे नियमों/कानूनों को लोगों पर मनमाने अथवा चयनात्मक ढंग से लागू नहीं किया जा सकता। राज्य की अपनी क्षेत्रीय सीमाओं के अंदर नागरिकों के अधिकारों और कर्त्तव्यों को निर्धारित करने की राज्य की विशिष्ट शक्ति वास्तविक और विधिसम्मत होती है।

राज्य संप्रभु होता है, क्योंकि इसे अन्य राज्य एक पृथक् स्वायत्त अंग मानते हैं। यही नहीं राज्य सार्वजनिक शक्ति के रूप में पदों और भूमिकाओं, नियमों और कानूनों का मूर्त रूप है जो राज्य की सत्ता को कार्यान्वित करता है। अपनी क्षेत्रीय सीमाओं के अंदर, राज्य का सभी अन्य अंगों से ऊपर संसाधनों और शक्तियों पर अधिकतम नियंत्रण होता है। परंतु सत्ता अथवा शक्ति का राज्य का अधिकार शक्ति की साधारण धारणा से अलग है। राज्य की शक्ति उन कानूनों द्वारा नियंत्रित होती है जिन्हें मनमाने ढंग से प्रयोग नहीं किया जा सकता। शक्ति का यह एकाधिकार अत्यंत विशिष्ट उद्देश्यों अर्थात् आंतरिक व्यवस्था और बाहरी प्रतिरक्षा के रख-रखाव से जुड़ा है। विभिन्न कार्यों को करने का अंतिम प्राधिकार राज्य के पास है। राज्य की शक्ति समाज में अन्य प्रकार की शक्तियों से भिन्न है। शक्ति को प्रयोग करने की राज्य के एकाधिकार में निश्चित वैधता है और लोग इसे आवश्यक और विधिसम्मत मानते हैं।

इसके अतिरिक्त एक महत्त्वपूर्ण विशेषता जिसमें सबसे अधिक निरंतरता और निश्चितता है, वह सतत् सार्वजनिक शक्ति के रूप में राज्य की धारणा है और यह शासक और शासितों दोनों से ऊपर है। राज्य के सभी कार्यों में कानूनी सत्ता होती है और जिसे समाज में व्यक्तियों, समूहों अथवा संघों के उद्देश्यपूर्ण कार्यों से आसानी से अलग किया जा सकता है। इस प्रकार राज्य

सार्वजनिक शक्ति के रूप में पदों और भूमिकाओं, नियमों और कानूनों का मूर्त रूप है जो राज्य की सत्ता को कार्यान्वित करता है। यह राज्य को इसके अधिकार क्षेत्र के अंतर्गत अन्य व्यक्तियों अथवा अंगों के अतिरिक्त स्वायत्तता प्रदान करता है।

प्रश्न 23. राज्य की उत्पत्ति और औचित्य से संबंधित महत्त्वपूर्ण दार्शनिक मान्यताओं का उल्लेख कीजिए।

अथवा

आधुनिक राज्य की दार्शनिक मान्यताओं पर संक्षेप में टिप्पणी कीजिए।

उत्तर– राज्य की उत्पत्ति और औचित्य से संबंधित कुछ महत्त्वपूर्ण दार्शनिक मान्यताएँ निम्नलिखित हैं–

- **अलौकिक अथवा प्राकृतिक सत्ता (Supernatural or Natural Authority)**–राज्य के अस्तित्व को अलौकिक शक्ति अर्थात् 'ईश्वर' अथवा 'राजा का दैवी अधिकार' द्वारा आदेशित माना जाता है। प्राकृतिक सत्ता के संबंध में मूल विचार यह है कि व्यवस्था और सत्ता के लिए अभिकल्पित मानव आवश्यकता से स्वभावत: राज्य की उत्पत्ति हुई।

- **प्राकृतिक अधिकार (Natural Rights)**–इस सैद्धांतिक मान्यता के अनुसार व्यक्ति के कुछ बुनियादी 'प्राकृतिक' अधिकार हैं और इन प्राकृतिक अधिकारों के संरक्षण के लिए राज्य की उत्पत्ति और स्थापना हुई।

- **सामाजिक अनुबंध (Social Contract)**–सामाजिक अनुबंध का दार्शनिक सिद्धांत आधुनिक राज्य की उत्पत्ति, उद्देश्य और अस्तित्व के औचित्य तथा अनुवर्ती मानव अधिकारों को स्पष्ट करता है। अनुबंधवाद के सर्वाधिक प्रसिद्ध दार्शनिक थॉमस हॉब्स, जॉन लॉक और जीन-जेकस रूसो हैं।

- **संघर्ष (Conflict)**–इस सैद्धांतिक मान्यता के अनुसार राज्य का अभ्युदय और स्थापना किन्हीं सोचे-विचारे चेतन निर्णयों का परिणाम नहीं है। यह केवल हिंसक संघर्षों का परिणाम है जो मानव जाति के इतिहास के दौरान घटित हुए। अतीत में लोगों के विभिन्न प्रकार के समूह समाज में भूमि और अन्य संसाधनों पर हक जमाने और नियंत्रण करने के लिए एक-दूसरे से लड़ते रहते थे। शक्तिशाली विजेताओं ने 'राज्य' के रूप में अपना प्रभुत्व स्थापित किया और लोगों के कमजोर वर्गों को अपने अधीन कर लिया।

प्रश्न 24. निम्न पर संक्षिप्त टिप्पणी लिखिए–
(i) राज्य का निरंकुशवादी सिद्धांत   [जून-2012, प्रश्न सं.-5 (h)]

उत्तर– राज्य के निरंकुशवादी सिद्धांत का अर्थ और व्याख्या पाँच महत्त्वपूर्ण अवधारणाओं से जुड़े हैं–

- निरंकुश वैधानिक संप्रभुता,
- संपत्ति का स्वामित्व,
- राजा का दैवी अधिकार,

- राज्य का प्रयोजन और
- निजी राज्य की धारणा।

संप्रभुता की अवधारणा राज्य के निरंकुशवादी सिद्धांत की केंद्रीय आधार थी। राज्य के मौजूद रहने के लिए इसमें एक संप्रभु होना जरूरी है और यह सम्राट के रूप में था। कानून का स्रोत संप्रभु (शासक) था जो कानून से ऊपर था और अपने क्षेत्र में उसका संपूर्ण प्रभुत्व था। संप्रभु (शासक) की शक्ति और सत्ता का एकमात्र स्रोत ईश्वर था। संप्रभुता संपदा की धारणा से जुड़ी थी। राज्य को संप्रभु (शासक) की संपदा माना जाता था।

राजा के दैवी अधिकार को सशक्त धार्मिक महत्त्व प्राप्त था और शासक एक प्रकार से 'नश्वर ईश्वर' बन गया था। राज्य के प्रयोजन के सिद्धांतों के मजबूत होने से शासक को धार्मिक-नैतिक परिवेश प्राप्त था जिसके द्वारा उसके कार्य राज्य के सर्वोत्तम हितों में सदैव न्यायसंगत ठहराए जाते थे। शासक की इच्छा स्वाभाविक रूप से राज्य का हित हो गया था। निरंकुशवाद की प्रमुख धारणा सम्राट के रूप में थी। राज्य की पहचान शासक के वास्तविक रूप से थी। ज्ञातव्य है कि बाद में बीसवीं शताब्दी में 'निर्वैयक्तिक राज्य' (impersonal state) की स्थापना मूल रूप से सोलहवीं शताब्दी के इस वैयक्तिक राज्य में उत्पन्न हो गई थी। राज्य का पहला और सर्वाधिक शक्तिशाली निरंकुशवादी सिद्धांत फ्रांस में विकसित हुआ।

(ii) बहुलवाद की अवधारणा

उत्तर– बहुलवाद का मूलभूत दार्शनिक सिद्धांत ज्ञान के विभिन्न सिद्धांतों अथवा सामाजिक यथार्थ को समझने के लिए परिप्रेक्ष्यों की पहचान है। उदाहरण के लिए नीतिपरक बहुलवाद बहुविध नीतिपरक लक्ष्यों अथवा उद्देश्यों के अस्तित्व को मानता है, समाज में व्यक्ति अथवा समूह जिनको प्राप्त करने का प्रयास करते हैं। इसी प्रकार सांस्कृतिक बहुलवाद विविध सामाजिक प्रथाओं और रीति-रिवाजों को उचित महत्त्व देता है, जिनका पालन किसी राज्य के अधिकार-क्षेत्र में विभिन्न जातीय समूहों द्वारा किया जाता है। इसके अतिरिक्त, राजनीतिक बहुलवाद एक ऐसा सिद्धांत है जिसमें सामाजिक जीवन को समूहों के संदर्भ में देखा जाता है। इसका मानना है कि प्राथमिक अंग सामाजिक अथवा राजनीतिक समूह हैं जो न तो किसी केंद्रीय सत्ता अर्थात् राज्य द्वारा सृजित किए जाते हैं और न ही अपने अस्तित्व के लिए इन पर बिल्कुल निर्भर हैं। व्यक्ति की प्राथमिक निष्ठा किसी अमूर्त राज्य के प्रति नहीं होती बल्कि वह विभिन्न समूहों जैसे श्रमिक संघों, धार्मिक समूहों, स्थानीय क्लबों और स्वैच्छिक संघों के प्रति होती है। परिणामस्वरूप बहुलवादी एक अत्यंत केंद्रीकृत और एकीकृत कानूनी अथवा राजनीतिक व्यवस्था की आवश्यकता को नकारते हैं। अनेक बहुलवादी संप्रभुता और राज्य के परंपरागत विचार के आलोचक भी हैं। बहुलवादी व्यापक रूप से राज्य की भूमिका को निम्न प्रकार से देखते हैं–

- राज्य समाज में प्रतियोगी समूहों के लिए एक निर्णायक के रूप में कार्य करता है।
- राज्य संस्थागत शक्ति और सत्ता का प्रतिरूप है।
- राज्य प्रतिनिधिक और प्रतियोगी बहुलवादी लोकतंत्र का अभिरक्षक है।
- राज्य अपने स्वयं के हितों से ऊपर उठकर कार्यवाही और कार्य करता है और किसी समूह अथवा वर्ग के प्रति कोई विशेष महत्त्व प्रदर्शित नहीं करता।
- राज्य एक मध्यस्थ के रूप में कार्य करता है और विभिन्न प्रकार के समूहों के हितों में संतुलन बनाने का प्रयास करता है।

- राज्य समाज के हितों को पूरा करते समय प्रमुख संस्थाओं के कार्य संचालन का समन्वय करता है।
- राज्य सौहार्द बढ़ाने और विभिन्न समूहों के प्रतिस्पर्धी हितों से उत्पन्न होने वाले संघर्षों के समाधान का मूल कार्य करता है।
- सरकारी शक्ति का पृथक्करण: प्रतिस्पर्धी सरकारी एजेंसियों, प्रभाग और शाखाओं की बहुलता, राजनीतिक दलों का अस्तित्व, निर्णय निर्धारण में व्यक्तियों/समूहों की भागीदारी।
- इन भूमिकाओं का कार्य निष्पादन राज्य को अपने नियमों को स्थापित करने और समाज में व्यवस्था बनाने में सक्षम बनाता है। व्यक्तियों और समूहों का बहुलवाद के दर्शन में प्रमुख महत्त्व है।

(iii) जॉन लॉक का 'सामाजिक अनुबंध' सिद्धांत

उत्तर– जॉन लॉक का 'सामाजिक अनुबंध' का सिद्धांत एक स्वाभाविक, अनिवार्य मानव तार्किकता की उनकी समझ के साथ जुड़ा है जिससे 'प्राकृतिक कानून' का निर्माण होता है। उन्होंने अत्याचार के विरुद्ध विद्रोह के व्यक्तिगत अधिकार के पक्ष में तर्क दिया है। उनका विश्वास था कि एक प्रकार का राज्य स्थापित करने के लिए व्यक्तियों ने एक-दूसरे के साथ अनुबंध (सामाजिक अनुबंध शुरू किया) कर लिया। अत: उन्हें राज्य में बदलाव लाने अथवा यहाँ तक कि राज्य को समाप्त करने का अधिकार होता है। इसी कारण से जॉन लॉक को उदारवाद (liberalism) का एक प्रमुख विचारक माना जाता है। लॉक के लिए, मनुष्य स्वाभाविक रूप से नेक होता है और लालच और बुराई की तरफ एकमात्र प्रवृत्त नहीं होता है।

(iv) कल्याणकारी राज्य की अवधारणा

उत्तर– ऐसी राज्य-व्यवस्था, जिसमें नागरिकों के लिए बहुत सारी सामाजिक सेवाओं की व्यवस्था की जाती है, जैसे कि सामाजिक सुरक्षा, नि:शुल्क शिक्षा, उचित दरों पर परिवहन, ईंधन, खाद्य सामग्री आदि की आपूर्ति, सार्वजनिक स्वास्थ्य, निर्धन-सहायता आदि। कल्याणकारी राज्य की धारणा का उदय सबसे पहले ग्रेट ब्रिटेन में द्वितीय विश्व युद्ध के दौरान हुआ था। कल्याणकारी राज्य का विकास आधुनिक युग में औद्योगिकीकरण और शहरीकरण से पैदा होने वाली परिस्थितियों का सामना करने के लिए हुआ है। राज्य के अपने नागरिकों के प्रति देश की सुरक्षा, शांति और प्रशासन के अतिरिक्त कुछ और भी कर्त्तव्य तथा उत्तरदायित्व हैं और वे कर्त्तव्य तथा उत्तरदायित्व हैं–नागरिकों का अधिक-से-अधिक कल्याण करना, इस बात की व्यवस्था करना कि उनके रहन-सहन तथा खान-पान का अच्छा स्तर रहे, उनके भौतिक, बौद्धिक तथा नैतिक विकास के समस्त साधन यथेष्ट मात्रा में सुलभ हों, उनकी तथा उनके बच्चों की शिक्षा का समुचित प्रबंध हो। कभी सरकार अपने नागरिकों को मामूली कीमत पर सेवा या वस्तु मुहैया कराती है, तो कभी व्यक्तियों को अपनी जरूरतों के मुताबिक स्वयं मुहैया करना होता था या किसी गैर-सरकारी लोगों या संस्थाओं के द्वारा पूर्ण मूल्य पर संभव होता था, जैसे–भारत में स्वास्थ्य और शिक्षा की सुविधा।

(v) राज्य का संवैधानिक सिद्धांत

उत्तर– संविधानवाद के प्रादुर्भाव का वास्तविक आधार राज्य के निरंकुशवादी सिद्धांत द्वारा प्रस्तुत किया गया था। निरंकुशवाद के अंतर्गत एक उच्च केंद्रीकृत और क्षेत्रीय रूप से एकीकृत राज्य (unified state) स्थापित किया गया था। तथापि सार्वजनिक लोकतांत्रिक आदर्शों के उदय

से, पूँजीवाद के उत्पन्न होने के साथ-साथ अधिक से अधिक स्वतंत्र प्रशासन की संवृद्धि से और बाद में 'राष्ट्रीय संप्रभुता' की धारणा से, राज्य की एक अलग सोच की आवश्यकता पैदा हुई।

18वीं शताब्दी में अमेरिका और फ्रांस में संविधान की सर्वाधिक प्रमुख अवधारणा उत्पन्न हुई। यह एक लिखित दस्तावेज का विचार था जिसमें मौलिक अधिकार और स्वतंत्रताएँ निहित हों। प्राचीन अधिकारों के रहस्यवाद के बारे में किसी प्रकार का संकेत किए बिना यह एक तर्कसंगत संविधानवाद था जिसने आधुनिक युग में अधिकारों और स्वतंत्रताओं का प्रत्यक्ष तर्क और बचाव प्रस्तुत किया। संविधानवाद का इस प्रकार का विचार 'व्यक्ति के अधिकारों' के बारे में जानकारी का एक स्रोत बन गया और बाद में मानव अधिकारों की घोषणाओं और अभिसमयों का उदय हुआ।

इससे पहले संविधानवाद का विचार इतिहास में इस शब्द के किसी अन्य महत्त्वपूर्ण अर्थ से जुड़ा हुआ था। संविधानवाद को अधिकतर एक सांस्थानिक प्रबंध समझा जाता था जिसने सत्ता की विविधता को सुनिश्चित किया हुआ था तथा जिसमें सहज और व्यवस्थित परिवर्तन भी किया जा सकता था ताकि स्वाधीनता, समानता और व्यक्तिगत अधिकारों के मूलभूत मूल्यों की सुरक्षा की जा सके। इस प्रकार के प्रबंध शक्तियों की पृथकता, नियंत्रणों और संतुलनों, एक समतुल्य संविधान और संघवाद (federalism) से जुड़े थे। संविधानवाद के इस अर्थ में ऐसे कई विचार और सिद्धांत शामिल थे जिनका इतिहास में अभ्युदय और विकास हुआ। संविधानवाद सार्वजनिक संप्रभुत्ता के सिद्धांतों, व्यक्तिगत अधिकारों, लोकतांत्रिक मताधिकार और प्राचीन उत्कृष्ट उदारवाद के साथ धीरे-धीरे विकसित हुआ। संविधानवाद का विचार विभिन्न शासन प्रणालियों (राजतंत्र अथवा अन्य) के साथ रह सकता है। तथापि 19वीं शताब्दी से ही राज्य के संवैधानिक सिद्धांत का निस्संदेह उदारवाद और आधुनिक लोकतंत्र के रूपों के साथ सर्वाधिक शक्तिशाली घनिष्ठ संबंध था।

प्रश्न 25. कल्याणकारी राज्य के सिद्धांतों का वर्णन कीजिए।

उत्तर– कल्याणकारी राज्य के संबंध में लगातार महत्त्वपूर्ण व्याख्याएँ और अध्ययन होते रहे हैं। फ्रेड सी. पेम्पल और जॉन बी. विलियम्स (1989) ने इन सिद्धांतों का व्यापक रूप से निम्नलिखित वर्गीकरण किया है–

(1) माँग-आधारित सिद्धांत जिनमें समूहों और वर्गों की खर्च की बाहर से उत्पन्न माँगों पर ध्यान दिया जाता है; और

(2) राज्य-केंद्रित अथवा आपूर्ति सिद्धांत जिनमें उन राज्यों की विशेषताओं पर विचार किया जाता है, जो खर्च की आपूर्ति को स्वतंत्र रूप से निर्धारित करते हैं।

(1) माँग सिद्धांत (Demand Theories)–माँग सिद्धांतों को उद्योगीकरण सिद्धांत; उच्च एकाधिकार पूँजीवाद के नवमार्क्सवादी सिद्धांत; श्रमिक वर्ग-सामाजिक लोकतंत्र सिद्धांत और हित समूह राजनीति सिद्धांत के रूप में श्रेणीबद्ध किया गया है।

(क) उद्योगीकरण सिद्धांत (Industrialisation Theory)–कल्याणकारी राज्य के कार्यों की संवृद्धि और विस्तार उद्योगीकरण की प्रक्रिया की प्रत्यक्ष आवश्यकताओं और आर्थिक विकास में इसके योगदान से जुड़ा है। यह तर्क प्रस्तुत किया जाता है कि उद्योग की प्रौद्योगिकीय आवश्यकताएँ उद्योगीकृत समाजों के आर्थिक और सामाजिक संस्थाओं के स्वरूप को निर्धारित करती हैं। उद्योगीकरण के प्रभाव के अंतर्गत समाज एकत्र होने लगते हैं और अधिकाधिक एक

जैसे हो जाते हैं। अन्य सभी संस्थाओं की तरह राज्य प्रौद्योगिकी के बाहरी कमानों का प्रत्युत्तर देता है और सभी औद्योगिक राष्ट्रों में एक विशिष्ट रूप ग्रहण कर लेता है। राज्य के कार्य प्रौद्योगिकीय विकास को सुगम बनाने तथा उत्पादन के लिए अपेक्षित जटिल प्रक्रियाओं के लिए स्थायी माहौल प्रदान करने के लिए विनियामक हो जाते हैं।

(ख) उच्च एकाधिकार पूँजीवाद के नव-मार्क्सवादी सिद्धांत (Neo-Marxist Theories of Advanced Monopoly Capitalism)—परंपरागत मार्क्सवादी सिद्धांत ने राज्य को एक ऐसा उपकरण माना जो प्रभावशाली वर्ग द्वारा नियंत्रित था और मुख्य रूप से श्रमिक वर्ग का दमन करता था। इसके विपरीत, जब कल्याणकारी राज्य और सामाजिक समानता से संबंधित मुद्दों को समझते हैं तो नव-मार्क्सवादी सिद्धांत परंपरागत मार्क्सवादी सिद्धांत से महत्त्वपूर्ण पहलुओं में भिन्न होते हैं। विभिन्न प्रकार के सिद्धांतों के बावजूद, उनका केंद्र बिंदु वर्ग संघर्ष (class conflict), समाज में उत्पादन संबंधों और पूँजीवादी राज्य की प्रकृति और स्वरूप पर होता है।

उच्च एकाधिकार पूँजीवाद के अंतर्गत राज्य बढ़ती हुई सक्रिय भूमिका निभाता है। राज्य पूँजीवाद के उत्पादन कार्यों के लिए अत्यंत महत्त्वपूर्ण है। इस संदर्भ में राज्य दो प्रमुख लेकिन विरोधाभासी कार्य करता है–

(i) राज्य निजी पूँजी के संचय में सहायता करता है। राज्य पूँजीवादी वर्ग के लाभों को बढ़ाने के लिए श्रम की उत्पादकता के उच्चतर स्तरों को बनाए रखना सुनिश्चित करता है। राज्य इस उद्देश्य को शिक्षा, सामाजिक बीमा, अनुसंधान और विकास, परिवहन-व्यवस्था, संचार और अन्य निवेशों आदि सभी की लागतों में आर्थिक सहायता देकर पूरा करता है।

(ii) राज्य सामाजिक सामंजस्य बनाए रखने में निर्णायक भूमिका निभाता है। पूँजी संचय के लिए स्थायी और शांतिपूर्ण दशाएँ उत्पन्न करता है और पूँजीवादी व्यवस्था की वैधता सुनिश्चित करता है। इस प्रकार राज्य जनसाधारण के अनुत्पादक भागों पर खर्चा करता है, उदाहरण के लिए सार्वजनिक सहायता, खाद्य और आवास आर्थिक सहायता (सब्सिडी) और बेरोजगारी भत्ता। राजनीतिक रूप से इस प्रकार के खर्चे बाहरी जनसाधारण (जो पूँजीवाद की उत्पादन प्रक्रिया में शामिल नहीं है) की नाराजगी को नियंत्रित करने में सहायता करते हैं। यह घरेलू बाजारों में माँग को भी बढ़ाता है।

(ग) श्रमिक वर्ग - सामाजिक लोकतंत्र सिद्धांत (Working Class - Social Democracy Theory)—इस सिद्धांत का मानना है कि अर्थव्यवस्था के पूँजीवादी प्रभुत्व की अपेक्षा श्रमिक वर्ग की राजनीतिक शक्ति कल्याणकारी राज्य की संवृद्धि के लिए वास्तविक आधार है। जैसा कि एकाधिकार पूँजीवाद के अनुसार, कल्याण पर खर्च पूँजीवादी वर्ग के प्रभुत्व को कायम करने का साधन है। इसके विपरीत, यह सिद्धांत मानता है कि कल्याण पर होने वाला खर्च लोकतांत्रिक संघर्षों के माध्यम से श्रमिकों द्वारा प्राप्त राजनीतिक शक्ति का परिणाम है। इसमें संदेह नहीं कि बाजार व्यवस्था श्रमिकों को पूँजी के नियंत्रण के अधीन कर सकती है परंतु लोकतांत्रिक समाज श्रमिकों को राजनीतिक शक्ति प्राप्त करने के लिए सामाजिक और राजनीतिक अवसर प्रदान करते हैं ताकि पूँजी के प्रभुत्व का विरोध किया जा सके। इस प्रकार श्रमिकों द्वारा प्राप्त की गई राजनीतिक शक्ति मुख्य रूप से कल्याण पर होने वाले खर्च की प्रकृति और स्वरूप को

निर्धारित करती है। इससे बाजारों के हानिकारक प्रभावों की क्षतिपूर्ति हो जाती है। वास्तव में सामाजिक लोकतांत्रिक सिद्धांत को मार्क्सवादी सिद्धांतों का राजनीतिक रूप माना जा सकता है।

(घ) हित-समूह राजनीति सिद्धांत (Interest-Group Politics Theory)–इस सिद्धांत के अनुसार, कल्याणकारी राज्य आरंभ से ही समाज के व्यवस्थित वर्गों की दबाव-समूह राजनीति के प्रभाव और शक्ति को अभिव्यक्त करता है। अन्य सिद्धांतों के विपरीत इस सिद्धांत में निम्नलिखित दो अनिवार्य धारणाएँ हैं–

(i) जनसांख्यिकीय और आर्थिक परिवर्तन समूह संसाधनों और कल्याण संबंधी खर्च के लिए माँगों की संरचना को प्रभावित करते हैं; और

(ii) लोकतांत्रिक राजनीतिक संस्थान समाज में विभिन्न दबाव समूहों के हितों और माँगों को पूरा करने में सहायक होते हैं। उद्योगीकरण, विशिष्ट अर्थव्यवस्था जनसांख्यिकीय परिवर्तनों के साथ विभिन्न समूहों की सामूहिक राजनीतिक क्रिया के लिए अवसर और क्षमता सृजित करते हैं। ये समूह आयु, मूलवंश, भाषा, व्यवसाय, क्षेत्र आदि जैसे वर्गरहित और प्रदत्त मापदंडों पर आधारित होते हैं। प्रतिनिधिक लोकतंत्र (मतदान आदि) में, इस प्रकार के समूहों के विविध हित वर्ग सीमाओं को पार कर जाते हैं और इन्हें तोड़ देते हैं तथा वर्गों की संगठन क्षमता को कम कर देते हैं, जैसा कि परंपरागत मार्क्सवादी सिद्धांत में स्पष्ट रूप से व्यक्त किया है, अर्थात् श्रमिक वर्ग अथवा पूँजीवादी वर्ग। इन समूहों के लिए यह तर्कसंगत है कि वे समाज की सामूहिक भलाई की अपेक्षा उनके अपने विशेष हित में कार्य करते हैं। इन समूहों के विशेष हित के कार्यकलापों पर आधारित सामूहिक राजनीतिक क्रिया विशिष्ट माँगे करती हैं और कल्याणकारी राज्य की नीतियों और कार्यक्रमों को पर्याप्त रूप से प्रभावित करती हैं। हित-समूह की विशिष्ट माँगों के दबाव के सम्मिलित प्रभाव से कल्याणकारी खर्च में असाधारण वृद्धि हो जाती है।

(2) राज्य केंद्रित सिद्धांत (कल्याणकारी राज्य के आपूर्ति आधारित सिद्धांत) [State Centered Theories (Supply Based Theories of Welfare State)]–कल्याणकारी राज्य के आपूर्ति आधारित सिद्धांत अनेक विशेषताओं पर विचार करते हैं, जो कल्याणकारी खर्च की प्रकृति और सीमा को स्वतंत्र रूप से प्रभावित कर सकती हैं। कल्याण संबंधी खर्च पर राज्य की संरचनाओं के प्रमुख प्रभाव निम्नलिखित हैं–

(क) राज्य के केंद्रीकृत और कॉर्पोरेटवादी संगठन में सामाजिक कल्याण खर्च से जुड़ी वांछित नीतियों को कार्यान्वित करने की अपेक्षित योग्यता होती है। कल्याणकारी राज्य में उच्च केंद्रीकृत कार्पोरेट विशिष्ट वर्ग समाज के प्रसारित और पृथक् वर्गों से उत्पन्न होने वाली कल्याण खर्च की अनुचित माँगों का आसानी से विरोध अथवा उपेक्षा कर सकता है। शोध लेखों से पता चलता है कि वे कल्याणकारी राज्य जिनमें निर्णय निर्धारण बहुत ज्यादा केंद्रीकृत होता है, वे कल्याण के खर्च का विस्तार करने में सफल होते हैं। इसके विपरीत जो कल्याणकारी राज्य उपराष्ट्रीय/क्षेत्रीय इकाइयों के परिसंघों से बने होते हैं, वे कल्याणवाद की बुनियादी कार्यसूची को कार्यान्वित करने में अक्षम होते हैं और इस प्रकार कल्याणकारी खर्च में कमी आ जाती है।

(ख) प्रशासनिक एजेंसियों की अफसरशाही क्षमता से कल्याणकारी राज्य द्वारा किए गए कल्याण खर्च में वृद्धि हो जाती है। अफसरशाही का एकमात्र लक्ष्य अपने बजट में विस्तार करना होता है, इसलिए अफसरशाही कल्याणकारी खर्च के उद्देश्यों को प्राप्त करने का प्रयास करती है।

(ग) कर लगाने या कराधान के संबंध में कल्याणकारी राज्य का दर्शन और संरचना कल्याणकारी खर्च को प्रभावित करते हैं। कल्याणकारी राज्य, जो प्राथमिक रूप से प्रत्यक्ष करों/वेतन पाने वालों की कटौतियों पर निर्भर करते हैं, उन्हें सतत् कल्याण संबंधी खर्च के लिए अधिक धनराशि उगाहने में कठिनाइयों का सामना करना पड़ता है। दूसरे, जो राज्य अप्रत्यक्ष करों की व्यवस्था अपनाते हैं (जिसकी लागत करदाताओं को दिखाई नहीं देती) वे सामान्य तौर पर अधिक धनराशि उगाहने और कल्याणकारी खर्च को बढ़ाने की लाभप्रद स्थिति में होते हैं।

(घ) राज्य की अन्य आवश्यकताओं के प्राथमिक तथ्यों पर विचार करते हुए सामाजिक कल्याण पर सीमाएँ लागू की जाती हैं। उदाहरण के लिए, कल्याणकारी खर्च को रक्षा और सैन्य बजटों, वेतनभोगी नौकरशाहियों आदि के लिए बजट आदि के साथ सीधे मुकाबला होता है।

प्रश्न 26. सामाजिक कल्याण और विकास के बहुलवादी ढाँचे में स्वैच्छिक संगठनों के महत्त्व का वर्णन कीजिए।

अथवा

बहुलवादी ढाँचे में सामाजिक आवश्यकताओं को पूरा करने की वुल्फेंडन समिति की चार प्रणालियों के बारे में बताइए।

अथवा

बहुलवादी ढाँचे में स्वैच्छिक संगठनों की भूमिका पर चर्चा कीजिए।

अथवा

समाज की सामाजिक आवश्यकताओं को पूरा करने की अनौपचारिक, वाणिज्यिक, सांविधानिक और स्वैच्छिक प्रणालियों के प्रमुख पक्षों का वर्णन कीजिए।

[दिसम्बर-2014, प्रश्न सं.-1]

उत्तर— 1970 के दशक के मध्य में कल्याणकारी राज्य के पीछे हटने और सामाजिक कल्याण के सार्वभौम विचार का विघटन होने से पश्चिम यूरोप के अधिकांश देशों में स्वैच्छिक संगठनों का तेजी से विस्तार हुआ। राज्य के समकक्ष स्वैच्छिक संगठनों की भूमिका प्रत्येक देश में अलग-अलग थी। ग्रेट ब्रिटेन के मामले में वुल्फेंडन समिति की रिपोर्ट (1978) में राज्य की भूमिका को पूरी तरह से अस्वीकार न करते हुए, कल्याणकारी सेवाओं के प्रभावी वितरण के लिए बहुलवादी ढाँचे की आधारशिला रखी।

वुल्फेंडन समिति ने स्वैच्छिक संगठनों की भूमिका की जाँच-पड़ताल करते समय दो मूलभूत सरोकारों पर ध्यान दिया—

(1) महत्त्वपूर्ण सामाजिक आवश्यकताओं को पूरा करने में सामूहिक क्रिया को मजबूत करना, और

(2) संस्थाओं के बहुलवादी विन्यास का रखरखाव।

समिति की रिपोर्ट बिल्कुल भी राज्य विरोधी नहीं थी। इसमें दृष्टि यह थी कि स्वैच्छिक क्षेत्र में सुधार और विस्तार किया जाए। ऐसा कोई निहितार्थ नहीं था कि स्वैच्छिक संगठन कल्याणकारी राज्य के सांविधानिक उपबंधों का स्थान लें। समिति ने स्वास्थ्य देखभाल, आवास, कल्याण, आय के न्यूनतम मानदंडों और पर्यावरण संरक्षण तथा अन्य मुद्दों के संबंध में महत्त्वपूर्ण सामाजिक

आवश्यकताओं की पूर्ति करने के लिए सामूहिक क्रिया की शक्ति को प्रोत्साहित करने पर विचार किया। बहुलवादी ढाँचे को विशिष्ट सामाजिक आवश्यकताओं को पूरा करने की इसकी प्रभावकारिता को ध्यान में रखकर विकसित किया गया और साथ ही समाज के सुचारु संचालन के लिए इसके प्रभावों (निहितार्थों) पर विचार किया गया।

सामाजिक आवश्यकताओं को पूरा करने की वुल्फेंडन समिति की चार प्रणालियाँ हैं–

(1) अनौपचारिक प्रणाली (Informal System)–अनौपचारिक प्रणाली परिवार, मित्रों और पड़ोसियों से बनी होती है और इसे पहले से निश्चित मान लिया जाता है। इसलिए जब सामाजिक सेवाओं की व्यवस्थाओं के बारे में विमर्श किया जाता है तो यह अपेक्षाकृत उपेक्षित रह जाती है। जरूरतमंद लोगों को अनौपचारिक सहायता की भारी मात्रा में जरूरत है और इस प्रकार की सहायता के उपलब्ध न होने से कल्याणकारी सेवाओं की अन्य प्रणालियों पर अत्यधिक भार पड़ेगा। अनौपचारिक प्रणाली का योगदान मुख्य रूप से तीन प्रकार का है–

(क) छोटी उम्र वालों और कमजोरों, बीमारों, विकलांगों और वृद्धों की देखभाल के लिए दी जाने वाली सामाजिक सहायता;

(ख) परिवार के सदस्यों में भौतिक संसाधनों के संबंध में दी जाने वाली सहायता जैसे मकान, फर्नीचर, वाहन आदि खरीदना; और

(ग) संकट के समय, बालकों के पालन-पोषण, तनावपूर्ण वैवाहिक संबंधों और ऐसी ही समस्याओं संबंधी सलाह और भावात्मक मदद (समर्थन)।

(2) व्यावसायिक प्रणाली (Commercial System)–बाजार व्यवस्था के समर्थक व्यावसायिक रूप से संगठित प्रणाली में सामाजिक सहायता को अनौपचारिक प्रणाली के विकल्प के रूप में देखते हैं। सैद्धांतिक रूप से यह सच है कि खुले बाजार से विभिन्न सेवाएँ प्राप्त की जा सकती हैं; जैसे शिक्षा, स्वास्थ्य, पेंशन, आवास, सामाजिक देखभाल और अन्य आवश्यकताएँ। तथापि वास्तविक व्यवहार में, एक सीमित धनी वर्ग इन सेवाओं के लिए भुगतान कर सकता है। अधिकांश लोग आवास (घर) आदि पर अपने जीवन-काल में एक बार खर्च कर सकते हैं। इससे अधिक व्यावसायिक क्षेत्र कुछ और प्रदान नहीं कर सकता जो कि समाज के सभी वर्गों की पहुँच के भीतर हो। यह देखने की बात है कि व्यावसायिक प्रणाली सामाजिक आवश्यकताओं को उपलब्ध कराने का एक सही साधन नहीं है और इसका महत्त्वपूर्ण ढंग से तब तक विस्तार नहीं हो सकता जब तक आबादी के आम वर्ग को पर्याप्त रूप से उचित क्रय शक्ति हासिल नहीं हो जाती।

(3) सांविधिक प्रणाली (Statutory System)–सामाजिक सेवाएँ प्रदान करने वाले कल्याणकारी राज्य के संस्थान ने मुख्य स्थान प्राप्त कर लिया था और पूँजीवाद के उदय होने के साथ ही यह दृढ़तापूर्वक स्थापित हो गया। सांविधिक व्यवस्थाओं की इस प्रणाली के कुछ लाभ हैं, जैसे सार्वभौम समावेशन; अल्पसंख्यकों और संवेदनशील वर्गों द्वारा उठाए गए जोखिमों में भागीदारी; समतामूलक विकास; मानकीकृत सेवाएँ उपलब्ध कराना; समेकित नियोजन और निर्वाचित प्रतिनिधियों द्वारा नियंत्रण।

इस प्रणाली की कुछ प्रमुख हानियाँ भी हैं–

(क) सेवाओं की कुल लागत बहुत अधिक हो जाती है क्योंकि राज्य का सेवा क्षेत्र बड़े पैमाने पर नियमित वेतनभोगी कर्मियों को नियुक्त करता है। इसके अतिरिक्त यह सेवा क्षेत्र उच्च लागत निवेशों का प्रयोग करता है (उदाहरण के लिए, स्वास्थ्य क्षेत्र)।

(ख) अधिकांश सेवाएँ बड़े पैमाने के कार्यों के माध्यम से सृजित की जाती हैं और इनमें एकाधिकारवादी विशेषताएँ होती हैं जैसे कठोर अधिकारी तंत्र परिवर्तन और नवीकरण का प्रतिरोध करते हैं।

(ग) सैद्धांतिक रूप से, कल्याणकारी सेवाएँ निर्वाचित प्रतिनिधियों के अधीन होती हैं। तथापि सेवा एजेंसियों की जटिलताओं के कारण व्यवहार में सार्वजनिक नियंत्रण प्राप्त करना कठिन होता है। प्रयोगकर्त्ता बहुत दूरी पर होते हैं और निर्वैयक्तिक हो जाते हैं और सेवाओं के नीति-निर्धारण और कार्यान्वयन में शायद ही प्रत्यक्ष सहभागिता करते हैं।

(घ) अफसरशाही कार्यविधियों और व्यावसायिक विशेषज्ञता के भेष में प्रणाली सेवाओं के वितरण में प्रत्यक्ष सार्वजनिक सहभागिता के विरुद्ध रहती है। इस प्रणाली में केवल सेवाओं के सीमांत और नगण्य क्षेत्रों को छोड़कर स्वैच्छिक सहभागिता को बहुत कम प्रोत्साहित किया जाता है। इसके अतिरिक्त कल्याणकारी राज्य सेवा प्रदाता के रूप में पितृसत्तात्मक प्रस्थिति बनाए रखता है और नागरिकों को ग्राहकों और सेवाओं के प्राप्तकर्त्ताओं के अतिरिक्त कुछ नहीं समझा जाता।

(4) **स्वैच्छिक प्रणाली** (The Voluntary System)—अनौपचारिक प्रणाली और कल्याणकारी राज्य की नीति के सांविधिक उपबंध सामाजिक कल्याण और समाज के विकास सरोकारों पर ध्यान देने में प्रमुख भूमिका निभाते हैं, जबकि व्यावसायिक प्रणाली अधिकांश जनसंख्या के लिए दूर ही रहती है। इस संदर्भ में बहुलवादी ढाँचे के अंतर्गत स्वैच्छिक क्षेत्र को अनौपचारिक और सांविधिक प्रणालियों के पूरक, अनुपूरक और विस्तार के रूप में देखा जाता है। इसलिए, स्वैच्छिक प्रणाली को कल्याणकारी राज्य और सामाजिक संरचनाओं के बहुलवादी ढाँचे में एक महत्त्वपूर्ण संस्था के रूप में समझा जाना चाहिए। स्वैच्छिक क्षेत्र के लिए अनौपचारिक और सांविधिक प्रणाली के साथ रचनात्मक रूप से अंत: संपर्क करने हेतु निम्नलिखित मूलभूत पहलुओं की पहचान की गई है–

(क) **स्वैच्छिक और सांविधिक प्रणालियों के संबंध** (The Relationship of the Voluntary and Statutory Systems)—कल्याणकारी राज्य द्वारा प्रदान की जाने वाली सामाजिक सेवाओं के संबंध में स्वैच्छिक क्षेत्र निम्नलिखित योगदान कर सकता है–

- (i) **कल्याणकारी सेवाओं का विस्तार** (Extension of Welfare Services)—स्वैच्छिक क्षेत्र कल्याणकारी राज्य द्वारा प्रदान की जाने वाली सामाजिक सेवाओं का अनेक प्रकार से विस्तार करने का प्रयास कर सकता है। इसे नवीनीकरण, सांविधिक सेवाओं के विकल्प विकसित करके (बालकों, विकलांगों, वृद्धों के लिए आवासीय देखभाल, आवास संघ आदि); लोगों को एकजुट करके; नए विचार और संसाधनों का सृजन करके और सांविधिक निकायों को सीधी सहायता प्रदान करके प्राप्त किया जा सकता है।

- (ii) **सांविधिक सेवाओं की गुणवत्ता बढ़ाना** (Enhancing the Quality of Statutory Services)—वैकल्पिक रुचियों को प्रस्तुत करके, स्वैच्छिक क्षेत्र कल्याणकारी राज्य द्वारा प्रदान की जाने वाली सामाजिक सेवाओं की एकाधिकारवादी स्थिति को चुनौती दे सकता है। स्वैच्छिक संगठनों का सांविधिक निकाय के साथ मिलकर कार्य करने से एकाश्मक शक्ति के दुरुपयोगों को रोका जा सकता है और इस प्रकार उच्च मानक की सेवाओं को प्रोत्साहित किया जा सकता है। अंत में, स्वैच्छिक संगठन स्वतंत्र

महत्त्वपूर्ण दबाव समूहों के रूप में काम करने की एक अच्छी स्थिति में होते हैं। समुचित प्रभाव से राज्य द्वारा प्रदान की जाने वाली सामाजिक सेवाओं में सुधार हो सकता है।

(iii) **सामाजिक सेवाओं के एकमात्र प्रदाता के रूप में स्वैच्छिक संगठन (VOs as Sole Providers of Social Services)**—कल्याणकारी राज्य हो सकता है कि समाज में कुछ वर्गों पर कम ध्यान दें अथवा उनकी कई महत्त्वपूर्ण सामाजिक आवश्यकताओं की उपेक्षा करें। सांविधिक निकाय कुछ आवश्यकताओं (उदाहरण के लिए, विद्यालय-पूर्व शिक्षा) को कम प्राथमिकता देते हों अथवा उनकी भागीदारी (उदाहरण के लिए, कुछेक प्रकार की सलाह/परामर्श) अनुपयुक्त समझते हों। ऐसी स्थिति में स्वैच्छिक संगठनों के लिए उन क्षेत्रों में सामाजिक सेवाओं के एकमात्र प्रदाताओं के रूप में भाग लेने की बहुत गुंजाइश होती है जिन्हें कल्याणकारी राज्य द्वारा उपेक्षित किया जाता है।

(ख) **कल्याणकारी राज्य योजना और स्वैच्छिक क्षेत्र (Welfare State Planning and The Voluntary Sector)**—स्वैच्छिक संगठनों की अनिवार्य विशेषताएँ सहज, तात्कालिक और स्वायत्त स्वैच्छिक क्रियाएँ होती हैं। परंतु ये विशेषताएँ किसी भी प्रकार से सेवा के प्रभावकारी वितरण, मानदंडों के रखरखाव और कार्यों के समन्वय को सुनिश्चित नहीं करती हैं। चूँकि सामाजिक सेवाओं को उपलब्ध कराने की एकमात्र जिम्मेदारी कल्याणकारी राज्य की होती है इसलिए सांविधिक निकायों को राष्ट्रीय और स्थानीय स्तरों पर स्वैच्छिक क्षेत्र की कमियों की क्षतिपूर्ति करनी चाहिए।

(ग) **स्वैच्छिक क्षेत्र और अनौपचारिक प्रणाली के बीच संबंध (The Relationship between the Voluntary Sector and the Informal System)**—स्वैच्छिक संगठनों और अनौपचारिक प्रणालियों के बीच सहजीवी संबंध है। उन स्थितियों में जहाँ अनौपचारिक प्रणाली अपर्याप्त है, वहाँ पर स्वैच्छिक संगठनों की संवृद्धि की अधिक गुंजाइश हो जाती है, उदाहरण के लिए बालकों के लिए प्रारंभिक विद्यालय, किराएदार संघ, निवासी कल्याण संघ।

(घ) **बहुलवादी ढाँचा और स्वैच्छिक क्षेत्र (The Pluralist Framework and Voluntary Sector)**—स्वैच्छिक क्षेत्र के योगदान से सामाजिक और राजनीतिक संस्थानों के बहुलवादी स्वरूप को प्रोत्साहन मिलता है क्योंकि स्वैच्छिक संगठनों में समाज के सब तरह के लोगों को प्रत्यक्ष भागीदारी के लिए आमंत्रित करने की क्षमता है। उच्च राजनीतिक, आर्थिक और सामाजिक संस्थाओं द्वारा शासित आधुनिक कल्याणकारी राज्य में आम लोग प्रायः समाज को आकार देने में कोई रचनात्मक भूमिका निभाने में असमर्थ होते हैं। ढीले नियंत्रण वाली अनौपचारिक प्रणाली और कठोर संरचना वाली सांविधिक प्रणाली के बीच सामाजिक परिवेश में, स्वैच्छिक क्षेत्र लोगों की सहभागिता के लिए एक विकल्प और रुचि प्रदान करता है एवं लोगों को समाज में उनकी सामाजिक आवश्यकताओं और विकास की जरूरतों को पूरा करने के लिए उपाय तलाशने के अवसर प्रदान करते हैं।

प्रश्न 27. स्वैच्छिक संगठन क्या-क्या कार्य करते हैं? स्वैच्छिक क्षेत्र राज्य की मुख्य विकास संबंधी कार्यसूची को किस प्रकार प्रभावित करता है?

उत्तर— स्वैच्छिक संगठन कई तरह के कार्य करते हैं जैसे कमजोर वर्गों की आवश्यकताओं को अभिव्यक्त करते हैं; दूरदराज के क्षेत्रों में विकास के साधन सृजित करते हैं; सोचने के ढंग में परिवर्तन को प्रोत्साहित करते हैं; भेदभाव से लड़ते हैं; पर्यावरण संबंधी सरोकारों पर ध्यान देते हैं; विकलांगों और अक्षम व्यक्तियों को सेवाएँ प्रदान करते हैं और भूमिहीनों को सहायता प्रदान करते हैं। स्वैच्छिक क्षेत्रों की क्षमता प्रत्येक देश में अलग-अलग होती है और इसी प्रकार राज्य और बाजार के संस्थानों के साथ इसके संबंधों में भी विविधता होती है।

स्वैच्छिक क्षेत्र की क्षमता भली-भाँति से मान्य है, क्योंकि यह राज्य को ऐसी प्राथमिकताएँ जारी रखने के लिए प्रोत्साहित करती है जिनकी सामान्य तौर पर उपेक्षा की जाती है। यह राज्य की संस्थाओं को विकास के उद्देश्यों को हासिल करने में सहायता करती है। एक बड़ा स्वैच्छिक क्षेत्र जिसका राज्य के साथ अंत:संपर्क होता है, वह अपने स्वयं के विकास प्रयासों और कार्यक्रमों पर एक महत्त्वपूर्ण गुणक प्रभाव हासिल करने में सफल होता है। स्वैच्छिक क्षेत्र के प्रभाव के अंतर्गत राज्य की विकास संबंधी कार्यसूची को बढ़ा दिया जाता है और इस बढ़ोतरी पर विभिन्न अध्ययनों में विशेष ध्यान दिया गया है। स्वैच्छिक क्षेत्र राज्य की मुख्य विकास संबंधी कार्यसूची को निम्न प्रकार से प्रभावित कर सकता है—

- सरकारी सहायता एजेंसियों अथवा राज्य संस्थानों को स्वैच्छिक क्षेत्र के अंतर्गत विकसित किए गए सफल दृष्टिकोणों को अपनाने के लिए प्रेरित करना;
- राज्य कार्यक्रमों के अंतर्गत लोगों में उनके अधिकारों और विशेषाधिकारों के बारे में जागरूकता फैलाना और उन्हें इनकी जानकारी देना;
- स्थानीय विचारों और अनुभवों के एक माध्यम के रूप में कार्य करते हुए राज्य कार्यक्रमों को लोगों की आवश्यकताओं के अनुकूल बनाना;
- सांविधिक निकायों के साथ परिचालन संबंधी सहयोग/भागीदारी करना;
- राष्ट्रीय और अंतर्राष्ट्रीय संस्थानों की स्थानीय विकास नीतियों और कार्यनीतियों पर प्रभाव डालना; और
- प्रभावकारी विकास कार्यनीतियों के निर्माण और कार्यान्वयन में राज्य और दान-दाता एजेंसियों की सहायता करना।

प्रश्न 28. राज्य की तुलना में स्वैच्छिक क्षेत्र की क्षमता पर संक्षिप्त टिप्पणी लिखिए।

अथवा

स्वैच्छिक क्षेत्र की वे प्रमुख विशेषताएँ बताइए जो विकास प्रक्रिया के प्रति इसकी उपयुक्तता को बढ़ाती हैं?

उत्तर— हाल ही में स्वैच्छिक क्षेत्र ने विकास के 'माँग पक्ष' (demand side) पर भी गंभीर रूप से ध्यान देना आरंभ कर दिया है। स्वैच्छिक संगठन समुदायों को उनकी वरीयताओं और सरोकारों को अभिव्यक्त करने, स्थानीय लोगों को अपना मत व्यक्त करने, उनकी लेन-देन की स्थिति को मजबूत करने, सूचना प्रौद्योगिकी, नेटवर्किंग और पक्ष समर्थन कौशल आदि में तकनीकी दक्षता प्रदान करने में सक्षम बना रहे हैं। इस प्रकार समाज के गरीबों और सुविधावंचित वर्गों का सशक्तिकरण कर रहे हैं। स्वैच्छिक संगठन सिविल समाज के सक्रिय पथप्रदर्शक के रूप में उभरे हैं। आम जनसमुदाय के संगठन में स्वैच्छिक क्षेत्र के प्रयासों से पारदर्शिता, जवाबदेही, अभिव्यक्ति

की स्वतंत्रता और निर्णय लेने के मुद्दों पर बड़े रूप में राज्य की विकास कार्यसूची में मुख्य ध्यान दिया गया है।

स्वैच्छिक क्षेत्र की प्रमुख विशेषताएँ जो विकास प्रक्रिया के प्रति इसकी उपयुक्तता को बढ़ाती हैं, वे हैं–स्वैच्छिक क्षेत्र का महत्त्वपूर्ण पैमाना और आकार; दूरदराज के क्षेत्रों में लोगों तक पहुँचने की क्षमता; लक्ष्यों को प्राप्त करने की नवीन विधियाँ जो अन्यथा सांविधिक निकायों के लिए कठिन है; लचीलापन; गरीबों और समाज के कमजोर वर्गों की स्थानीय आवश्यकताओं को पूरा करने की योग्यता और सहभागी दृष्टिकोण को प्रोत्साहित करना। चूँकि स्वैच्छिक क्षेत्र की भूमिका राज्य के विकास प्रयासों के लिए अनुपूरक होती है, इसलिए यह पूर्ण विकास प्रक्रिया को सहज रूप से अधिक पारदर्शी, जवाबदेह और सहभागी बनाती है। राज्य के संबंध में निहितार्थ निम्नलिखित हैं–

- स्वैच्छिक संगठनों की पहुँच और क्षमता के कारण, राज्य संस्थाएँ देशीय लोगों, महिलाओं, खाद्य सुरक्षा, जरूरतमंद बालकों और वृद्ध व्यक्तियों तथा अन्य कमजोर समूहों से संबंधित मुद्दों पर ध्यान देते समय स्वैच्छिक संगठनों को वरीयता देते हैं।
- सामाजिक और राजनीतिक रूप से संवेदनशील क्षेत्रों (वन, मरुस्थल अथवा शहरी मलिन बस्तियों) में पर्यावरण संबंधी मुद्दों पर ध्यान देने के विषय में स्वैच्छिक क्षेत्र की राज्य के ऊपर तुलनात्मक रूप से बेहतर स्थिति होती है।
- सहभागी दृष्टिकोण और आम जनसमुदाय के संघटित होने से स्वैच्छिक क्षेत्र राज्य स्तर के विकास नियोजन करने के लिए अनुभवी व्यक्तियों और प्रतियोगी परिप्रेक्ष्य उपलब्ध करवाता है।
- बाजार सुधारों के कारण कल्याणकारी राज्य के पीछे हटने से विकास की प्रक्रिया में स्वैच्छिक क्षेत्र के लिए अधिक परिचालन क्षेत्र उपलब्ध हुआ है।

प्रश्न 29. स्वैच्छिक संगठनों और राज्य के बीच प्रकार्यात्मक संबंध को स्पष्ट कीजिए। [दिसम्बर-2013, प्रश्न सं.-3 (a)]

उत्तर– स्वैच्छिक क्षेत्र राज्य के लिए अपने रिश्ते के संदर्भ में बदलता रहा है। यदि विकास के लिए राज्य की प्रतिबद्धता कमजोर है तो स्वैच्छिक संगठनों को विकास प्रक्रिया में सार्थक योगदान करने में कठिनाई होती है। इसके अतिरिक्त दमनकारी राज्य समाज के शोषित वर्गों का साथ देने वाले स्वैच्छिक संगठनों की भागीदारी पर आमतौर पर विश्वास नहीं करते। उन परिस्थितियों में जहाँ राज्य समाज के सभी वर्गों के लिए विकास के लिए मजबूत प्रतिबद्धता प्रदर्शित करता है, वहाँ स्वैच्छिक क्षेत्र अपनी क्षमता को प्रभावकारी ढंग से राज्य के साथ मजबूत सहयोगात्मक संबंध में बदल देता है। प्रबल प्रवृत्ति यह है कि अधिक से अधिक स्वैच्छिक संगठन राज्य के साथ सहयोगात्मक संबंध और सहभागिता स्थापित कर रहे हैं। यदि यह परस्पर विश्वास और स्वैच्छिक संगठनों की स्वायत्तता पर आधारित है तो इस प्रकार के संबंध को स्वस्थ माना जाता है। स्वैच्छिक क्षेत्र की एक विशेष स्तर की वित्तीय स्वायत्तता राज्य के साथ स्वस्थ संबंध बनाने के लिए महत्त्वपूर्ण होती है। फलस्वरूप, राज्य को आम जनसमुदाय के परिप्रेक्ष्यों, विकास के सरोकारों और अनुभवों का ज्ञान होता है। इसके फलस्वरूप राज्य विकास की नीतियों और कार्यनीतियों के निर्माण में स्वैच्छिक क्षेत्र के प्रतिनिधियों को शामिल करने लगता है। सही सहयोग का आधार न केवल प्रतिस्पर्धी विकल्पों को प्रदान करने पर बल्कि विकास की प्रक्रिया के लिए अनुपूरक योगदान करने पर भी निर्भर करता है।

अविश्वास और अनसाझे उद्देश्यों से राज्य और स्वैच्छिक क्षेत्र के बीच तनाव, मनमुटाव और अंतत: प्रतिकूल संबंध उत्पन्न होते हैं। इसके विपरीत, यदि ये संबंध अच्छे हैं तो स्वैच्छिक संगठनों को विकास में ठेकेदारी करने के स्तर पर भागीदार बनने के खतरे का सामना करना पड़ता है। स्वैच्छिक क्षेत्र राज्य की विकास कार्यसूची को बिना किसी आलोचना के स्वीकार करने की ओर प्रवृत्त होता है और राज्य की संस्थाओं की इच्छा के अनुसार आमतौर पर अंतरालों अथवा कमियों की पूर्ति करने में ही संतुष्ट रहता है। स्वैच्छिक क्षेत्र राज्य के विकास प्रतिमान पर प्रश्न उठाने की क्षमता खो देता है और समाज में विकास कार्यक्रमों की नीतियों, नियोजन और कार्यान्वयन में आम जनसमुदाय के परिप्रेक्ष्यों को पहुँचाने में बिल्कुल असफल हो जाता है।

राज्य निम्नलिखित नीति उपायों के माध्यम से स्वस्थ संबंध के लिए अनुकूल वातावरण पैदा कर सकते हैं–

- राज्य संस्थाओं की जनता के प्रति जवाबदेही;
- सामाजिक नीतियों को एक स्वस्थ सिविल समाज के निर्माण का प्रयास करना चाहिए;
- कर लगाने की (कराधान) नीतियाँ – स्वैच्छिक संगठनों को प्रोत्साहन प्रदान करना;
- स्वैच्छिक संगठनों की सहायता करने और सुविधा प्रदान करने के लिए विनियम;
- भ्रष्टाचार, प्रतिबंधात्मक कानूनों और कार्यविधियों को समाप्त करना;
- अच्छी उपलब्धियों के रिकॉर्ड वाली स्वैच्छिक संस्थाओं के साथ राज्य का सहयोग, इस प्रकार स्वैच्छिक संगठन अपनी कार्यसूची के प्रति ईमानदार और अपने क्षेत्रों के प्रति जवाबदेह रहते हैं;
- सार्वजनिक परामर्शों में स्वैच्छिक संगठनों को कार्य देना, सरकारी आयोगों में कार्य करने के लिए उनके नेताओं को आमंत्रित करना, सूचना का प्रचार-प्रसार करना आदि;
- राज्य को परस्पर सम्मान के आधार पर समन्वय के तरीके बनाने चाहिए और स्वैच्छिक क्षेत्र पर अनावश्यक रूप से हावी नहीं होना चाहिए;
- स्वैच्छिक संगठनों की आवश्यकताओं के अनुसार श्रमशक्ति के प्रशिक्षण में सहायता करना; और
- स्वैच्छिक क्षेत्र की स्वतंत्रता और स्वायत्तता से समझौता किए बगैर कार्य-निष्पादन के आधार पर राज्य निधियों (state funds) की व्यवस्था करना।

प्रश्न 30. उन मुख्य कारकों को सूचीबद्ध कीजिए जो राज्य और स्वैच्छिक क्षेत्र के बीच कार्यात्मक संबंध में बाधा पहुँचाते हैं।

उत्तर– राज्य और स्वैच्छिक क्षेत्र के बीच कार्यात्मक संबंध में बाधा पहुँचाने वाले मुख्य कारक निम्नलिखित हैं–

- स्वैच्छिक क्षेत्र की पृथकता और राज्य के साथ बातचीत की इच्छा न होना;
- राजनीतिक अविश्वास और वैचारिक मतभेदों का वातावरण;
- संसाधनों तक स्वैच्छिक क्षेत्र की पहुँच के प्रति अफसरशाही की ईर्ष्या का निराधार संदेह;

- सफल स्वैच्छिक संगठनों को अधिक धनराशि (निधि) का प्रवाह उन्हें ढीला बनाता है और काम में कमी आती है;
- स्वैच्छिक संगठनों द्वारा संकुचित लक्ष्य विशेष पर बल देना, कभी-कभी संपूर्ण विकास के राज्य के व्यापक लक्ष्य के प्रतिकूल होता है;
- स्वैच्छिक संगठनों के काम करने के झूठे दावे;
- विकास कार्यसूची के प्रति राज्य की कमजोर प्रतिबद्धता, जैसे सेवाओं में सुधार करना, गरीबी उन्मूलन, भ्रष्टाचार और भाई-भतीजावाद के कारण उत्पन्न अन्य समस्याएँ गंभीर बाधाएँ हैं;
- राजनीतिक संदेह और स्वैच्छिक क्षेत्र का दमन;
- स्वैच्छिक संगठनों द्वारा प्राप्त की जाने वाली विदेशी दानराशि पर संदेह; और
- अफसरशाही की यह सोच कि स्वैच्छिक क्षेत्र उनके अधीन है और अपेक्षा करना कि स्वैच्छिक क्षेत्र अपने कार्यक्रमों को उसकी इच्छाओं के अनुरूप बना लें।

प्रश्न 31. लाभनिरपेक्ष संगठन की अनिवार्य विशेषताएँ बताइए।

उत्तर– लाभनिरपेक्ष संगठन की अनिवार्य विशेषताएँ निम्नलिखित हैं–

- **राज्य से स्वतंत्र (Independent of State)**–लाभनिरपेक्ष संगठन संवैधानिक अथवा सांस्थानिक रूप से राज्य से स्वतंत्र होना चाहिए। यह लाभार्थ संगठन अथवा राज्य की किसी संस्था द्वारा नियंत्रित नहीं होना चाहिए। राज्य से स्वतंत्रता का स्वरूप और सीमा व्यावहारिक रूप में राज्य और लाभनिरपेक्ष संगठन के बीच आवश्यक रूप से गतिशील संबंध है। शोध लेखों से पता चलता है कि धनराशि देने अथवा अन्य वित्तीय तंत्रों के माध्यम से लाभनिरपेक्ष क्षेत्र पर हमेशा राज्य के नियंत्रण का कुछ संबंध रहा है। स्वतंत्रता और निर्भरता के बीच सीमा किस प्रकार निर्धारित की जाए? आदर्श रूप से यह तर्क दिया जाता है कि स्वतंत्रता का मुख्य संकेतक वह तरीका है जिसमें लाभनिरपेक्ष संगठन अपने स्वयं के संविधान पर नियंत्रण करता है और अपने निश्चित लक्ष्यों, उद्देश्यों और ध्येयों के अनुरूप संसाधन आबंटन के बारे में निर्णय करता है।
- **औपचारिक संगठन (Formal Organisation)**–लाभनिरपेक्ष संगठन में एक औपचारिक संगठन होना चाहिए जिसमें एक चार्टर, संविधान अथवा नियमों का समूह हो तथा सार्वजनिक निकाय (कर प्राधिकरणों सहित) के साथ पंजीकृत हो और संभवत: कंपनी कानून आदि के अंतर्गत संस्थापित हो।
- **स्वशासी (Self-Governing)**–लाभनिरपेक्ष संगठन स्वशासी निकाय होना चाहिए जिसके अपने स्वयं के निर्णय-निर्धारण ढाँचे होने चाहिए। लाभनिरपेक्ष संगठनों का संरक्षकों (दानदाता अथवा ग्राहक) द्वारा नियंत्रण मुख्य रूप से उचित माना जाता है। परंतु कुछ लाभनिरपेक्ष संगठनों पर निदेशकों के स्वस्थायी बोर्ड द्वारा नियंत्रण किया जाता है और जो 'पारस्परिक' के विपरीत 'उद्यमशील' कहलाते हैं तथा जिन पर संगठन के संरक्षकों का नियंत्रण होता है।
- **'लाभ' का अवितरण (Non-distribution of 'Profit')**–लाभनिरपेक्ष संगठन की सर्वाधिक मूलभूत विशेषता 'लाभ के अवितरण की बाध्यता' है। एक लाभनिरपेक्ष

संगठन सदस्यों, कर्मचारियों, निदेशकों अथवा ट्रस्टियों (न्यासियों) में अपने निवल लाभों (net profits) को वितरित नहीं कर सकता, जिनका इस संगठन पर नियंत्रण रहता है। निस्संदेह लाभ कमाए जा सकते हैं परंतु इस प्रकार के लाभों का लाभनिरपेक्ष संगठन में फिर से निवेश करना होता है। न्यासी लाभों में कोई रुचि प्रदर्शित नहीं कर सकते क्योंकि लाभों के पुनर्वितरण पर आमतौर पर राज्य द्वारा विशिष्ट बाध्यताएँ थोप दी जाती हैं।

- **स्वैच्छिकवाद (Voluntarism)**–स्वैच्छिकवाद लाभनिरपेक्ष संगठन की एक महत्त्वपूर्ण विशेषता है। इसका अर्थ है कि जो व्यक्ति इस प्रकार का संगठन स्थापित करने के लिए एकत्र होते हैं, उन्हें अपनी पसंद और स्वतंत्र इच्छा के अनुसार सदस्य होना चाहिए। किसी भी व्यक्ति को सदस्य, संरक्षक अथवा सहभागी बनने के लिए मजबूर नहीं किया जाना चाहिए।

प्रश्न 32. लाभनिरपेक्ष संगठन क्या होते हैं? इनके परिभाषा संबंधी पहलुओं को संक्षेप में समझाइए।

उत्तर— साधारण भाषा में लाभनिरपेक्ष संगठन वे संगठन हैं जिनका उद्देश्य लाभ कमाना नहीं होता है। पीटर डोबकिन हॉल (1987) ने लाभनिरपेक्ष संगठन की अत्यंत व्यापक परिभाषा व्यक्तियों के निकाय (समूह) के रूप में प्रस्तुत की है, जो निम्नलिखित तीन उद्देश्यों में से किसी के लिए इकट्ठे होते हैं–

- वे जन कार्य करना जिनके लिए माँग की जाती है, जो राज्य अथवा लाभार्थ संगठन पूरा करने के इच्छुक नहीं होते;
- वे जनकार्य पूरा करना जो आमतौर पर राज्य द्वारा प्रत्यायोजित (सौंपे) किए जाते हों; और
- लाभ क्षेत्र अथवा अन्य लाभनिरपेक्ष संगठनों के लिए राज्य की नीतियों के स्वरूप और चरित्र को प्रभावित करना।

पीटर डोबकिन हॉल के अनुसार लाभनिरपेक्ष संगठन कुछ विशिष्ट वैचारिक, राजनीतिक, सामाजिक और आर्थिक दशाओं के अंतर्गत मौजूद रहते और विकसित होते रहते हैं जिन्हें विशिष्ट ऐतिहासिक प्रक्रियाओं और अनुभवों द्वारा निरूपित किया जाता है। वैचारिक दशा से तात्पर्य है कि लाभनिरपेक्ष संगठन को स्थापित करने वाले व्यक्ति राज्य की इच्छा को लोगों की सामूहिक इच्छा (सामान्य इच्छा) की तरह मानते हैं। यह दृष्टिकोण कि संप्रभुता लोगों की सामूहिक इच्छा में निवास करती है, इसे सांस्थानिक और वैधानिक रूप में राजनीतिक अभिव्यक्ति मिलती है जैसे निगमन के अनुदान, कर में छूट और विनियम जो लाभनिरपेक्ष संगठनों को दान करने के लिए व्यक्तियों को प्रोत्साहन प्रदान करते हैं। इस अर्थ में लाभनिरपेक्ष क्षेत्र एक अलग प्रक्रिया है, जिसकी जड़ें लोकतंत्र और पूँजीवाद में निहित हैं।

प्रश्न 33. समकालीन लाभनिरपेक्ष संगठनों की प्रमुख विशेषताएँ बताइए।

अथवा

लाभनिरपेक्ष संगठनों की प्रमुख विशेषताएँ बताइए।

[जून-2012, प्रश्न सं.-4 (b)]

उत्तर– किसी देश का संविधान, कानूनी और न्यायिक प्रणाली और विनियामक संस्थाएँ लाभनिरपेक्ष संगठनों के स्वरूप और विशेषताओं को प्रभावित करते हैं। समकालीन लाभनिरपेक्ष संगठनों की विशेषताएँ जो लोकतांत्रिक समाजों में 1970 के दशक से उभरकर सामने आई हैं, वे निम्नलिखित हैं–

- वे मुख्य रूप से उद्यमशील कार्यकलापों और वस्तुओं और सेवाओं के उत्पादन में कार्यरत हैं।
- उत्पादनकारी कार्यकलाप को आयोजित करते समय वे अपने संसाधनों को स्वयंसेवकों, दान राशियों, सार्वजनिक निधियों और अन्य स्रोतों से सृजित करते हैं और बाजारोन्मुख होते हैं।
- समाज सेवाओं और वस्तुओं के उत्पादन को प्रदान करते समय वे नवीनताएँ दर्शाते हैं जैसे अलग-थलग पड़े और कमजोर वर्गों को सेवाएँ प्रदान करना और समाज के दबे हुए लोगों का सशक्तिकरण करना।
- वे विशेषकर बेरोजगार युवाओं के लिए नौकरियाँ और प्रशिक्षण के अवसरों का सृजन करने में योगदान करते हैं।
- वे स्थानीय समुदायों के साथ मजबूत संपर्क स्थापित करते हैं और उनके उत्थान का प्रयास करते हैं।
- सिद्धांत रूप में वे लाभ वितरित नहीं करते हैं। परंतु वे स्पष्ट सामाजिक लक्ष्यों को प्राप्त करने का प्रयास करते समय 'अवितरणात्मक बाध्यता' के अंधाधुंध शिकार नहीं बनते। वे भागीदारों (सदस्य, संरक्षक और अन्य) को समान प्रतिनिधित्व तथा संगठन के लोकतांत्रिक प्रबंधन और नियंत्रण को महत्त्व देते हैं।

इसके अतिरिक्त, परंपरागत लाभनिरपेक्ष संगठनों की तुलना में समकालीन संगठनों में ये विशेषताएँ भी होती हैं–

- ये अधिक स्वतंत्र होते हैं और स्वायत्तता दर्शाते हैं, क्योंकि वे संसाधनों की बहुलता पर निर्भर होते हैं तथा स्वतंत्र संगठनों के तौर पर अनुबंधों के माध्यम से राज्य के साथ संबंध रखते हैं।
- सुविधावंचित वर्गों के लिए रोजगार के अवसर सृजित करने के लिए अधिक संवेदनशील होते हैं। इसी कारण वे आमतौर पर लाभार्थ व्यावसायिक संगठनों के साथ सहयोग में गहरी रुचि प्रदर्शित करते हैं।
- स्वामित्व को स्पष्ट करने के लिए सजग रहते हैं, इस प्रकार आत्म प्रबंधन में सदस्यों की भागीदारी सुनिश्चित करते हैं।
- आमतौर पर आकार में छोटे होते हैं तथा स्थानीय समुदायों में अंत:स्थापित होते हैं।
- नई सेवाओं (इन सेवाओं की अन्य संगठनों द्वारा उपेक्षा की जाती है) के सृजन में रुचि लेते हैं और सामाजिक आवश्यकताओं को पूरा करने के लिए नवीनता लाने के इच्छुक होते हैं।
- पक्ष समर्थन के प्रति रुचि नहीं रखते हैं अथवा पक्ष समर्थन को गौण कार्य के रूप में मानते हैं।

प्रश्न 34. लाभनिरपेक्ष संगठनों के सैद्धांतिक दृष्टिकोणों को विस्तारपूर्वक समझाइए।

अथवा

वीसब्रोड का 'राज्य की विफलता' के दृष्टिकोण की अवधारणा को समझाइए। वीसब्रोड के सिद्धांत की दो प्रमुख आलोचनाएँ कौन-कौन सी हैं?

अथवा

लाभनिरपेक्ष संगठनों के आर्थिक दृष्टिकोणों की विवेचना कीजिए।

[जून-2013, प्रश्न सं.-1]

अथवा

लाभनिरपेक्ष संगठनों के सामाजिक दृष्टिकोण पर प्रकाश डालिए।

अथवा

लाभनिरपेक्ष संगठनों के समाजशास्त्रीय दृष्टिकोणों में 'विश्वास' के तीन प्रकारों का वर्णन कीजिए।

उत्तर– 1970 के दशक के अंत तक लाभनिरपेक्ष क्षेत्र के आयामों पर मुश्किल से कोई नियमित अध्ययन हुए थे। आरंभिक सैद्धांतिक रुचि इस अनुभूति से उत्पन्न हुई कि वस्तुओं और सेवाओं के उत्पादन की प्रक्रिया में लाभनिरपेक्षता की अपनी विशिष्ट गतिशीलता और पर्याप्त उपस्थिति (अनेक संगठन) थी और इसने समाज में रोजगार के अवसर पैदा किए। तभी से विभिन्न समाजों में लाभनिरपेक्ष क्षेत्र के वास्तविक आधार, आयाम और सामाजिक तथा आर्थिक प्रासंगिकता का विश्लेषण करने के प्रयास किए गए हैं। लाभनिरपेक्ष संगठनों के कुछ महत्त्वपूर्ण दृष्टिकोण निम्नलिखित हैं–

(1) आर्थिक दृष्टिकोण (Economic Approaches)–लाभनिरपेक्ष संगठनों के मौजूद आर्थिक दृष्टिकोणों को 'राज्य विफलता' और 'अनुबंध विफलता' की अवधारणाओं के आधार पर व्यापक रूप से दो श्रेणियों में विभाजित किया जा सकता है–

(क) वीसब्रोड का 'राज्य की विफलता' का दृष्टिकोण (Weisbrod's Approach of 'State Failure')–'राज्य की विफलता' की अवधारणा का लाभनिरपेक्ष संगठन के अभ्युदय के आधार के रूप में वीसब्रोड (Weisbrod) (1977, 1988) द्वारा विकसित किए गए सिद्धांत में विचार किया गया है। जिसे 'सार्वजनिक वस्तु' सिद्धांत ('Public goods' Theory) भी कहा जाता है। वीसब्रोड का अनिवार्य तर्क है कि समाज में 'माँग' के प्रत्युत्तर में राज्य के लिए सभी सार्वजनिक वस्तुओं की आपूर्ति करना आमतौर पर संभव नहीं हैं। राज्य हमेशा समाज की आवश्यकता के अनुसार वस्तुओं की संपूर्ण गुणवत्ता और मात्रा के लिए अपर्याप्त व्यवस्था ही करेगा। राज्य के पास कभी भी विविध प्रकार की गुणात्मक वस्तुओं और सेवाओं का उत्पादन करने के लिए उपाय, संसाधन और साधन नहीं होंगे जिनकी आवश्यकता समाज में लोगों की रुचियों, वरीयताओं और पसंदों को पूरा करने के लिए पड़ती है। मूल रूप से राज्य कुछ ही सार्वजनिक वस्तुएँ और उनमें से बहुत कम प्रकार की वस्तुएँ प्रदान कर सकता है, क्योंकि राज्य विभिन्न सामाजिक, राजनीतिक और आर्थिक दबावों और सीमाओं के अधीन होता है। उदाहरण के लिए कमी का कारण राज्य की राजनीतिक उपयुक्तता में देखा जाता है। शासन में बने रहने के लिए सरकार को 'मध्यम मतदाता' की सार्वजनिक वस्तुओं और सेवाओं की माँग को अवश्य पूरा करना होता है। सरकार सार्वजनिक वस्तुओं और सेवाओं की लागत को पूरा करने के लिए करों की वसूली

करेगी। परंतु समाज में हमेशा ऐसे भी लोग होते हैं जो अपनी आवश्यकताओं की पूर्ति से अधिक मात्रा में सार्वजनिक वस्तुओं और सेवाओं के उत्पादन के लिए करों का भुगतान करते हैं। दूसरी तरफ ऐसे अन्य लोग हैं जिनके लिए उच्चकोटि की सार्वजनिक वस्तुएँ अथवा सेवाएँ अपर्याप्त रूप से उपलब्ध हैं, जो उनकी रुचियों, वरीयताओं अथवा पसंदों के उपयुक्त हों। पूरे परिप्रेक्ष्य के संदर्भ में देखा जाए तो सरकार द्वारा दी जाने वाली निजी वस्तुओं की आपूर्ति में कमी आ जाएगी। वीसब्रोड के अनुसार अपूरित माँग निजी क्षेत्र में वस्तुओं और सेवाओं के उत्पादन के लिए एक प्रतिक्रिया उत्पन्न करेगी। सार्वजनिक वस्तुओं और सेवाओं के मामले में ये लाभनिरपेक्ष संगठन ही हैं जो सार्वजनिक वस्तुओं के निजी उत्पादन के द्वारा अवशिष्ट माँग को पूरा करने के साधन का प्रतिनिधित्व करते हैं। अत: लोकतांत्रिक और पूँजीवादी समाजों में लाभनिरपेक्ष संगठन अस्तित्व में आते हैं। दूसरी तरफ ऐसे भी लाभनिरपेक्ष संगठन हैं जो केवल अपने सदस्यों की माँग को पूरा करने के लिए वस्तुओं का उत्पादन करते हैं।

वीसब्रोड के सिद्धांत को दो प्रमुख आलोचनाओं के साथ चुनौती दी गई है—

(i) बहुत से लाभनिरपेक्ष संगठनों द्वारा उत्पादित की गई वस्तुएँ और सेवाएँ सार्वजनिक वस्तुओं और सेवाओं के अधिकार क्षेत्र के लिए नहीं होती हैं। इसके बजाय, वे निजी वस्तुओं और सेवाओं को व्यक्त करती हैं जो राज्य, निजी लाभार्थ व्यवसाय और लाभनिरपेक्ष संगठनों के बीच सीधी प्रतिस्पर्धा को सामने लाती हैं। ऐसी प्रतिस्पर्धा का सार्वजनिक वस्तुओं के सिद्धांत से मेल खाना मुश्किल होता है, जिसको समाज में लाभनिरपेक्ष संगठनों के लिए एक विशिष्ट स्थान प्राप्त है।

(ii) यह स्पष्ट नहीं है कि राज्य द्वारा व्यवस्थित सार्वजनिक वस्तुओं की जो अधिक माँग है, उसे आवश्यक रूप से लाभार्थ व्यापार संगठनों की अपेक्षा लाभनिरपेक्ष संगठनों द्वारा ही क्यों पूरा किया जाना चाहिए। प्रश्न का मुद्दा है कि यह इतना बाध्यकारी क्यों है कि सार्वजनिक वस्तुओं की लाभनिरपेक्ष संगठन द्वारा निजी आधार पर आपूर्ति करने की आवश्यकता पड़ती है। आधुनिक समाजों में जहाँ व्यक्ति विवेकपूर्ण ढंग से कार्य करते हैं और वांछित लक्ष्यों को प्राप्त करने के लिए सक्षम साधनों का प्रयोग करते हैं तथा माना जाता है कि मुफ्तखोरी की समस्या को काबू किया जा सकता है, वहाँ लाभार्थ उद्यमों द्वारा सार्वजनिक वस्तुओं की अच्छी तरह आपूर्ति की जा सकती है।

(ख) हंसमन का 'अनुबंध विफलता' का दृष्टिकोण (Hansmann's Approach of 'Contract Failure')—हंसमन (1987) पहले व्यक्ति थे जिन्होंने एक ऐसा सिद्धांत विकसित किया जिसने बाजार के 'अनुबंध विफलता' के आयामों पर ध्यान दिया। हंसमन ने 'अनुबंध विफलता' को साधारण अनुबंध संबंधी साधनों के माध्यम से वस्तुओं की गुणवत्ता का पता लगाने की उपभोक्ता की मजबूरी के रूप में देखा। चूँकि उपभोक्ता सामान्यतया वस्तुओं की आपूर्ति की गुणवत्ता के वांछित स्तर (जिसके लिए उन्होंने भुगतान किया है) पर निगरानी रखने और आकलन करने में अक्षम रहते हैं, यह प्रक्रिया विशेष प्रकार की बाजार विफलता को व्यक्त करती है। 'अनुबंध विफलता' तब होती है जब उपभोक्ताओं के पास उन्हें आपूर्ति की गई वस्तुओं और सेवाओं की मात्रा अथवा गुणवत्ता का निर्धारण करने का कोई साधन नहीं होता। उदाहरण के लिए सेवाओं की गुणवत्ता का जैसे चिकित्सा देखभाल, नर्सिंग होम, बालकों के लिए दिवस देखभाल केंद्र आदि के मामले में साधारणतया पता नहीं लगाया जा सकता। ऐसी परिस्थितियों में

लाभार्थ व्यापार फर्म निर्धारित कीमत पर निम्न गुणवत्ता/मात्रा की सेवाएँ अथवा वस्तुएँ आपूर्ति करने का प्रयास करेंगी, इस प्रकार अधिक-से-अधिक लाभ उठाने के अवसर पैदा होते हैं। चूँकि लाभनिरपेक्ष संगठन इस मूल मान्यता पर कार्य करते हैं कि सदस्यों अथवा संरक्षकों द्वारा किसी भी तरह का लाभ नहीं लिया जा सकता है, इसलिए उपभोक्ता उत्पादों की गुणवत्ता/मात्रा के बारे में आश्वस्त रहते हैं। लाभनिरपेक्ष संगठन किसी भी प्रकार के लाभ से प्रेरित नहीं होते, जबकि व्यापार संगठनों में ग्राहकों को धोखे में रखा जाता है। इस संबंध में लाभनिरपेक्ष संगठन लाभार्थ व्यापार संगठनों से ज्यादा विश्वसनीय हैं। 'अनुबंध विफलता' दृष्टिकोण में दान-आश्रित लाभनिरपेक्ष संगठनों के लिए एक विशेष समर्थन होता है जो केवल परोपकार और दान पर निर्भर करते हैं। यहाँ प्रमुख दान-दाता है और एजेंट वह माध्यम है जिसे धनराशि की व्यवस्था का कार्य सौंपा जाता है।

लाभनिरपेक्ष संगठन एक विशेष तरह की बाजार विफलता का सुधार कर सकते हैं जो लाभार्थ व्यापार संगठनों पर नियंत्रण करने की उपभोक्ता की अक्षमता से उत्पन्न होती है। चूँकि लाभनिरपेक्ष संगठन की देख-रेख और नियंत्रण सदस्यों और संरक्षकों द्वारा किया जाता है, इसलिए ग्राहक वस्तुओं और सेवाओं की पर्याप्त रूप से उच्च गुणवत्ता के प्रति आश्वस्त होते हैं। लेकिन ऐसी स्थिति में जहाँ प्राथमिकता यह हो कि ग्राहक कम से कम कीमत का भुगतान करें तो वहाँ लाभनिरपेक्ष संगठन सहकारी समितियों के आर्थिक कार्यों जैसी समानता प्राप्त कर लेते हैं। दूसरी तरफ उत्पादों की उच्च गुणवत्ता को बनाए रखने के संबंध में प्रमुख लक्ष्य को परस्पर लाभनिरपेक्ष संगठनों की स्थापना के माध्यम से प्राप्त किया जाता है।

इस दृष्टिकोण की मुख्य आलोचनाएँ ये हैं कि लाभनिरपेक्ष संगठनों के प्रबंधक बेइमानी से धन कमाने के अन्य उपाय खोज सकते हैं, जैसे मनमाने ढंग से अपने वेतन, अन्य सुविधाएँ आदि बढ़ाना। इसके अतिरिक्त, ग्राहकों को आमतौर पर यह जानकारी नहीं होती कि कोई विशेष संस्था लाभनिरपेक्ष संगठन है अथवा लाभार्थ संगठन। अंत में काफी हद तक यह स्पष्ट ही है कि लोग लाभ कमाने वाले व्यापार संगठनों की अपेक्षा लाभनिरपेक्ष संगठनों को दान देते हैं परंतु अनुबंध विफलता सिद्धांत यह स्पष्ट नहीं करता कि लोग आखिर दान देना क्यों चाहते हैं।

(2) समाजशास्त्रीय दृष्टिकोण (Sociological Approaches)–समाजशास्त्रीय दृष्टिकोण हेल्मेट के. एनहियर और जेरमी केंडल (2000) द्वारा प्रस्तुत किए गए थे। समाजशास्त्रीय दृष्टिकोण लाभनिरपेक्ष संगठनों के अस्तित्व का विश्लेषण करते समय 'विश्वास' और 'तर्कशक्ति' की धारणाओं का पूरी तरह से एक भिन्न निरूपण प्रस्तुत करते हैं। इस विश्लेषण में लाभनिरपेक्ष संगठनों के संदर्भ में 'तर्कशक्ति' और 'विश्वास' के समाजशास्त्रीय अर्थों और व्याख्याओं के निहितार्थों की समीक्षा की गई है।

समाजशास्त्रीय दृष्टिकोण समाज में अन्य सहयोगी व्यक्तियों के अभिप्रेरण और व्यवहार में स्पष्ट विश्वास रखने की व्यक्ति की योग्यता पर पर्याप्त बल देते हैं। यह तर्क दिया जाता है कि हमेशा पूर्व-तर्कसंगत (pre-rational) और पूर्व-विद्यमान (pre existing) विश्वास होता है जो सभी अनुबंधों के मूल में रहता है। प्रत्येक अनुबंध के अपने अनेक अनकहे तर्क हैं जिन्हें आमतौर पर वास्तविक रूप नहीं दिया जाता अथवा जिन्हें सामान्य अनुबंध के विवरणों में औपचारिक आकार नहीं दिया जाता है। इस प्रकार के अव्यक्त तर्कों को आमतौर पर व्यक्तियों द्वारा अनुबंध संबंधी लेन-देन के संदर्भ में माना, समझा और पालन किया जाता है। अतः विश्वास की समाजशास्त्रीय समझ में अनुमानित विश्वसनीयता का तत्त्व है जो लाभनिरपेक्ष संगठनों के आर्थिक

दृष्टिकोणों के तर्कसंगत चयन मॉडलों में अंतर्निहित विश्वास के 'तर्कपूर्ण' अथवा 'जोखिम भरी' धारणाओं से पूरी तरह भिन्न होता है। आर्थिक मॉडलों में तर्कशक्ति की धारणा अनिश्चितता की परिस्थितियों में केवल एक व्यक्तिनिष्ठ संभाव्यता परिकलन है। उपभोक्ता साधारण रूप से यह आकलन करने का प्रयास करते हैं कि क्या आपूर्तिकर्त्ता अनुबंध की वचनबद्धता का सम्मान करेंगे और उनकी अपेक्षाओं के अनुसार वस्तुओं का वितरण करेंगे अथवा नहीं।

इस समाजशास्त्रीय व्याख्या में विश्वास और लाभनिरपेक्ष संगठनों की जानकारी के महत्त्वपूर्ण निहितार्थ हैं। विश्वास की उत्पत्ति बाजार स्थल द्वारा मध्यस्थता की जाने वाली परस्पर लाभ की अंत:क्रियाओं के द्वारा नहीं होती। इसके बजाय विश्वास को मानक सामाजिक संरचना में निहित देखा जाता है। बाजार से हटकर यह सामाजिक विशिष्टता एक महत्त्वपूर्ण आयाम है जो विश्वास की संवृद्धि को सरल बनाता है। वास्तव में यह बाजार तर्क (market logic) का अभाव है जो विश्वास को वास्तविक अभ्युदय (विकास) और मजबूती प्रदान करता है।

भरोसे की हित आधारित अवधारणा के विपरीत विश्वास का आधार साझे सामाजिक मूल्यों में है जो व्यक्तियों में अनुबंध के संबंध में अंतर्निहित है। तीन प्रकार के विश्वास हैं जो समय के साथ-साथ परिवर्तन के साध्य हैं–

(क) विशेषता-आधारित विश्वास व्यक्ति के साथ जुड़ा होता है जो पृष्ठभूमि और नृजातीयता (ethnicity) जैसी विशेषताओं पर निर्भर करता है।

(ख) प्रक्रिया-आधारित विश्वास अतीत अथवा वर्तमान विनिमयों (लेन-देन) से जुड़ा होता है जैसे कि व्यक्ति की साख अथवा उपहारों के आदान-प्रदान से प्रमाणित है।

(ग) संस्थानिक रूप से आधारित विश्वास सांस्थानिक प्रबंधों पर आधारित होता है जैसे प्रमाणपत्र, फॉर्म की विशेषताएँ और कानूनी बाध्यताएँ।

सामाजिक और आर्थिक व्यवहार औपचारिक और अनौपचारिक प्रतिबंधों की विस्तृत प्रणाली के अधीन था। प्रणाली ने पूर्वानुमान को संवर्धित और प्रोत्साहित किया जिसने बदले में पर्याप्त रूप से विश्वास पर निर्भरता को कम किया। यह पूर्वानुमान की कमी और सामाजिक और आर्थिक संबंधों में घनिष्ठता का अभाव है जो विश्वास के लिए अधिक महत्त्व, प्रासंगिकता और आवश्यकता को प्रोत्साहित करता है। परंपरागत समाजों की अपेक्षा आधुनिक समाज में सामाजिक संबंध अधिक पूर्वानुमानरहित होते हैं क्योंकि उनमें शायद ही प्रतिबंध लगाने की कोई प्रणाली है और व्यक्तियों में घनिष्ठता का कोई सामान्य आधार ही है। इसलिए आधुनिक समाज अधिकाधिक सांस्थानिक विश्वास पर निर्भर करता है तथा विशेषताओं पर आधारित विश्वास (परिवार, संबंधियों अथवा मित्रों द्वारा सृजित) पर कम आश्रित है। प्रतिबंधों के किन्हीं ठोस उपायों के अभाव में आधुनिक समाज में पूर्वानुमान के निम्न स्तर प्रदर्शित होने लगते हैं।

प्रश्न 35. लाभनिरपेक्ष संगठनों और बाजार के बीच संबंध को समझाइए।

अथवा

लाभनिरपेक्ष संगठनों की कार्यप्रणाली की विवेचना बाजार संरचना के संबंध में कीजिए। [जून-2012, प्रश्न सं.-1]

अथवा

लाभनिरपेक्ष संगठन और बाजार पर संक्षिप्त टिप्पणी लिखिए।

उत्तर– बाहरी तौर पर यह प्रतीत होता है कि लाभनिरपेक्ष संगठन स्वायत्त होते हैं और उनकी कार्यप्रणाली बाजार शक्तियों से स्वतंत्र होती है, लेकिन लाभनिरपेक्ष संगठनों की कार्यप्रणाली और कार्यनिष्पादन बहुत सीमा तक बाजार संरचना की गतिशीलता द्वारा निर्धारित होती है। लाभनिरपेक्ष संगठनों की कानूनी प्रस्थिति कराधान ढाँचा, वित्त के स्रोत और अन्य विशेषताओं के संबंध में एक अनोखी स्थिति होती है। तथापि आधुनिक अर्थव्यवस्था में उनका पूरा कार्यनिष्पादन बाजार स्थिति में 'पूँजी निर्माण' की व्यापक प्रक्रिया द्वारा पर्याप्त रूप से प्रभावित होता है। लाभार्थ व्यापार संगठनों की तरह लाभनिरपेक्ष संगठन भी समाज में वस्तुओं और सेवाओं के उत्पादन, वितरण और विपणन में लगे होते हैं। रिचर्ड स्टाइनबर्ग (1987) ने बाजार के संदर्भ में लाभनिरपेक्ष संगठनों की कार्यप्रणाली का गहन विश्लेषण प्रस्तुत किया है।

स्टाइनबर्ग के अनुसार शोध लेखों की समीक्षा से स्पष्ट है कि पृथकता में लाभनिरपेक्ष संगठनों की कार्यप्रणाली को देखकर उनके व्यवहार और कार्यनिष्पादन का पर्याप्त रूप से विश्लेषण नहीं किया जा सकता। लाभनिरपेक्ष संगठन दान, सदस्यता, ग्राहकों, बिक्री और अन्य कार्यों को जुटाने के लिए बाजार में एक-दूसरे के साथ हमेशा प्रतिस्पर्धा करते हैं। दूसरी तरफ कुल मिलाकर लाभनिरपेक्ष क्षेत्र प्रबुद्ध श्रम, बिक्री, वस्तुओं और सेवाओं के लागत-निर्धारण तथा अन्य कारकों के संबंध में बाजारों में लाभनिरपेक्ष निजी क्षेत्र और प्रयोजित सार्वजनिक क्षेत्र के साथ प्रतिस्पर्धा करता है। बाजार में प्रतिस्पर्धा की पहचान अंत:क्षेत्रक सहयोग (धनराशि एकत्र करने वाले प्रचार आदि) और पूँजी के अंतरक्षेत्र अंतरण (कार्पोरेट दान, राज्य अनुदान आदि) से होती है। लाभार्थ व्यापार संगठनों के विपरीत लाभनिरपेक्ष संगठन दानराशियाँ पाते हैं और धनराशि एकत्र करने के अभियानों के माध्यम से वित्त प्राप्त करते हैं। लाभनिरपेक्ष संगठन बाजार संरचना के निम्नलिखित पहलुओं के केंद्र में कार्यान्वित होता है–

(1) विनियामक परिवेश (Regulatory Environment)–लाभनिरपेक्ष संगठन न केवल आपस में बल्कि आगत और निर्गत बाजारों (input and output markets) दोनों में लाभार्थ व्यापार संगठनों और राज्य द्वारा संचालित सार्वजनिक क्षेत्र के साथ प्रतिस्पर्धा करते हैं। निस्संदेह, सभी तीनों क्षेत्र समान बाजारों में प्रतिस्पर्धा करते हैं। हालाँकि वे एक जैसे नियमों और विनियमों से नियंत्रित नहीं होते। बाजार ढाँचे की जानकारी विनियामक तंत्रों के उचित विवरण के बिना अधूरी रहती है। राज्य सामान्य तौर पर वैध बाध्यकारी शक्ति के एकाधिकार का प्रयोग करता है जिसका मूल संवैधानिक ढाँचे में है तथा समाज में बड़ी संख्या में नागरिक जिसका समर्थन करते हैं। इसलिए, इसके पास अपनी आवश्यकताओं के अनुसार संसाधन जुटाने की पर्याप्त स्वतंत्रता है।

(2) वित्तीय संसाधन (Financial Resources)–लाभ के लिए व्यापार संगठन ऋण के माध्यम से आरंभिक पूँजी उगाहते हैं और बाजार में वस्तुओं तथा सेवाओं की बिक्री के द्वारा सतत् वित्त सृजित करते हैं। लाभनिरपेक्ष संगठन अनुदानों और दानों से प्रारंभिक निधियाँ प्राप्त करते हैं और उपहारों, देयराशियों, सदस्यता शुल्क तथा वस्तुओं और सेवाओं की बिक्री के माध्यम से वित्त की पूर्ति करते रहते हैं। दान और धर्मार्थ चंदे आमतौर पर लाभार्थी व्यापार संस्थाओं को नहीं दिए जाते क्योंकि दानदाता यह संदेह करते हैं कि उनके दान का दुरुपयोग स्टॉक धारक लाभांशों को बढ़ाने के लिए होता है। चूँकि लाभनिरपेक्ष संगठन, अवितरणात्मक बाध्यता के अधीन होते हैं, इसलिए दानदाता आश्वस्त हो जाते हैं कि उनका धन धर्मार्थ लक्ष्यों और उद्देश्यों का संवर्धन करने के लिए उपयोग किया जाएगा। लाभनिरपेक्ष संगठनों द्वारा अंतरित देय राशियों, सदस्यता/संबद्धता

शुल्कों के माध्यम से वित्तीय स्रोतों को एकत्र करने का कार्य लाभार्थ क्षेत्र की वित्तीय संरचना के सादृश्य नहीं है।

(3) **श्रम बाजार (Labour-Market)**—लाभार्थ और लाभनिरपेक्ष संगठनों के बीच श्रम के स्रोत और दशा के संबंध में महत्त्वपूर्ण अंतर है। सर्वप्रथम, लाभनिरपेक्ष संगठनों के लिए श्रम का शक्तिशाली और संभाव्य स्रोत स्वैच्छिक श्रम है जिसका प्रचलन लाभार्थ संगठनों में नहीं है। दूसरे, सवेतन श्रम (paid labour) के संदर्भ में लाभार्थ और लाभनिरपेक्ष संगठनों में तुलनीय रोजगारों के लिए वेतन ढाँचों में पर्याप्त रूप से अंतर है। तीसरे लाभनिरपेक्ष और लाभार्थ संगठनों के लिए श्रम संघों के प्रभावों में बहुत अंतर होता है।

सामान्य रूप से यह प्रतीत होता है कि स्वैच्छिक श्रम के लिए कोई धनराशि खर्च नहीं होती और लाभनिरपेक्ष संगठन के लिए कोई लागत नहीं आती। तथापि, स्वयंसेवकों के लिए निम्नलिखित चार प्रमुख प्रोत्साहन और निजी लाभ हैं—

(क) समुदाय के लिए किए जाने वाले कार्य से प्राप्त होने वाली प्रसन्नता और संतुष्टि;
(ख) समाज में विशेष प्रकार के श्रेष्ठ और अच्छे कार्य के साथ जुड़ी प्रतिष्ठा;
(ग) धर्मार्थ वस्तुओं और सेवाओं की कार्य प्रणाली और वितरण पर डाला गया निजी प्रभाव; और
(घ) कौशल और ज्ञान प्राप्त करना, जिससे भावी रोजगार में स्वैच्छिक श्रमिकों को सहायता मिलती है।

शोध लेखों के अध्ययन से पता चलता है कि अनेक बार दानदाता स्वैच्छिक श्रमिकों के रूप में काम करते हुए किसी विशेष संगठन को अपनी धनराशि देने से पहले प्रतियोगी लाभनिरपेक्ष संगठनों की गुणवत्ता और कार्यकुशलता के बारे में जानकारी एकत्र करते हैं। इसके अतिरिक्त स्वैच्छिक श्रमिक भूमिका प्रतिरूप (role model) के रूप में कार्य करते हैं और अन्य व्यक्तियों को समाज द्वारा मान्य सेवाओं को समय, श्रम और धन देने के लिए प्रेरित करते हैं। इस अर्थ में, अवैतनिक स्वैच्छिक श्रम की भरपाई की जा सकती है लेकिन यह क्षतिपूर्ति लाभनिरपेक्ष संगठन से सीधे भुगतान द्वारा नहीं होती।

प्रश्न 36. लाभनिरपेक्ष संगठनों की भावी संभावनाओं को स्पष्ट कीजिए।

अथवा

लाभनिरपेक्ष संगठनों की भावी संभावनाओं से जुड़े अनिवार्य पहलुओं का वर्णन कीजिए।

उत्तर— लाभनिरपेक्ष संगठनों की रचना सुपरिभाषित नियमों की अपेक्षा उच्च कोटि के 'विश्वास' पर अत्यधिक निर्भर करती है। इस प्रकार संगठनात्मक मॉडल कमजोर रहता है। स्वामित्व या तो सही ढंग से स्पष्ट नहीं होता अथवा आमतौर पर भागीदारों की बहुलता की साझेदारी होती है। लोकतांत्रिक नियंत्रण (ग्राहकों, सदस्यों, समुदाय के प्रतिनिधियों द्वारा) का यह लाभ उनके भावी रूपांतरण में बाधा बन सकता है। विविध हितों से उत्पन्न होने वाले संघर्ष भविष्य में बदलते हुए सामाजिक आर्थिक परिवेशों की तेजी से प्रतिक्रिया देने की अपनी क्षमता को क्षति पहुँचा सकते हैं।

लाभनिरपेक्ष संगठनों (उनके प्रबंधन सहित) का अब भी आधुनिक अर्थव्यवस्थाओं में सार्वजनिक और लाभार्थ संस्थाओं के मुकाबले अपनी सटीक भूमिका के बारे में बहुत सीमित ज्ञान

और जागरूकता है। प्रबंधन की क्षमताओं को उद्देश्यों की बहुलता के साथ गति बनाए रखने के लिए तेजी से विकसित होना चाहिए और सामाजिक लक्ष्यों और आर्थिक बाधाओं के समेकन उद्देश्यों के प्रयास करने चाहिए।

लाभनिरपेक्ष संगठनों में सामान्य झुकाव समरूपी विशेषताएँ प्राप्त करना है। इससे भावी अनुकूलन के लिए उपयुक्त नवीन विशेषताओं के विकास में बाधा उत्पन्न होती है। मुख्य खतरा यह है कि आर्थिक प्रतिस्पर्धा के दबाव के अंतर्गत लाभनिरपेक्ष संगठन 'संबद्ध कामगार' कंपनियों में परिवर्तित हो सकते हैं। एकमात्र उद्देश्य अपने सदस्यों/कर्मचारियों के हितों की रक्षा करना/संवर्धन करना हो जाता है, इस प्रकार समुदाय के साथ संबंधों की अनदेखी हो जाती है। इसके अतिरिक्त सार्वजनिक आर्थिक सहायता पर निर्भरता से स्वायत्तता और 'पुनर्वितरण लक्षण' को हानि पहुँचती है और यह लाभनिरपेक्ष संगठनों की भावी दिशा को अनिश्चित और अस्पष्ट बनाती है।

आधुनिक समाजों में प्रभावशाली सामाजिक लोकाचार राज्य के ढाँचों और लाभार्थ क्षेत्रों के संबंध में यह मानता है कि उनके पास सामाजिक और सामुदायिक सेवाओं की कुल माँग को पूरा करने की पर्याप्त क्षमता है। इस प्रकार का लोकाचार लाभनिरपेक्ष क्षेत्र की संभावी भूमिका को कम कर देता है। लाभनिरपेक्ष संगठनों को ज्यादा-से-ज्यादा यह समझा जाता है कि ये अल्पकालिक समाधान प्रदान कर रहे हैं। कई बार इन्हें यह समझा जाता है कि ये राज्य की नीतियों और आर्थिक सहायताओं पर अनावश्यक रूप से निर्भर हैं। सामान्य दृष्टि से प्रतीत होता है कि लाभनिरपेक्ष संगठनों को केवल ऐसी समस्याओं पर ध्यान देने के लिए सक्रिय होना चाहिए जिन पर राज्य अथवा लाभार्थ क्षेत्र द्वारा या तो ध्यान नहीं दिया जाता है अथवा उनकी अपेक्षा की जाती है।

विविध श्रेणियों के लाभनिरपेक्ष संगठनों के बीच संबंध भी अस्पष्ट होता है। सामाजिक और श्रमिक लोक नीतियाँ अभी भी आधुनिक समाजों में बहुत सीमा तक असंबद्ध हैं।

आधुनिक समाजों में लाभनिरपेक्ष संगठनों की कार्यप्रणाली के लिए उपयुक्त कानूनी ढाँचे अब भी अपर्याप्त हैं। अधिकांशतया कानूनी ढाँचे 'कंपनी' रूपों के अस्तित्व को अनुकूल बनाने के लिए तैयार किए गए हैं। उद्यमशील लाभनिरपेक्ष संगठनों की संवृद्धि के अनुकूल कानूनी उपबंधों को आधुनिक राज्यों द्वारा अभी तक व्यवहार में नहीं लाया गया है। यह स्थिति सामाजिक उद्यमों की पुनरुत्पत्ति की गुंजाइश को सीमित करती है। राज्य की नीतियों में लाभनिरपेक्ष संगठनों को पूरी कानूनी मान्यता दी जानी चाहिए। राज्य की इस प्रकार की नीतियों के उद्देश्य निम्नलिखित होने चाहिए—

- सफल लाभनिरपेक्ष संगठनों की पुनरावृत्ति का संवर्धन करना।
- सर्वाधिक नवीन लाभनिरपेक्ष संगठनात्मक समाधानों को समेकित करना।
- नए लाभनिरपेक्ष संगठनों के विस्तार को प्रोत्साहित करना।
- लाभनिरपेक्ष संगठनों के बीच समरूपता से बचने के लिए दशाएँ उत्पन्न करना।
- उपभोक्ता अधिकारों के संरक्षण के लिए कानूनी ढाँचे सृजित करना।

अध्याय 2

स्वैच्छिक संगठनों की मूल विशेषताएँ
(BASIC FEATURES OF VOLUNTARY ORGANISATIONS)

भूमिका

ग्रामीण विकास के लिए स्वैच्छिक संगठनों को उत्प्रेरक अभिकर्त्ता माना जाता है। एक लोकतांत्रिक राष्ट्र और समाज में स्वैच्छिक संगठनों का विशिष्ट स्थान होता है। एक स्वैच्छिक संगठन का निर्माण तब होता है जब समान हितों वाले कुछ लोग अपनी इच्छा से एकजुट होकर एक विशेष उद्देश्य, लक्ष्य अथवा ध्येय की प्राप्ति के लिए कार्य करने को सहमत होते हैं। लोगों का यह समूह अपने सदस्यों के बीच अनौपचारिक संबंधों के आधार पर एक छोटे संगठन के रूप में कार्यरत रह सकता है। ऐसा स्वैच्छिक संगठन औपचारिक संगठनों की सुविकसित संरचनात्मक विशेषताओं के बगैर काम कर सकता है।

प्रश्न 1. औपचारिक संगठन क्या होते हैं? औपचारिक संगठनों के लाभ व दोषों को सूचीबद्ध कीजिए।

उत्तर— जब संगठनों का निर्माण किसी उद्देश्य के साथ किया जाता है तो उन्हें औपचारिक संगठन कहते हैं। यदि किसी व्यावसायिक संस्था में सदस्यों के कार्यक्षेत्र और स्थिति को निश्चित करके उनके कार्यों, दायित्वों, अधिकारों तथा आपसी संबंधों को स्पष्ट कर दिया जाए जो ऐसे संगठन को औपचारिक संगठन कहते हैं। इस प्रकार के संगठन में निर्धारित नियमों तथा कार्य प्रणालियों का कठोरता से पालन किया जाता है। यह संगठन बुनियादी तौर पर व्यक्तियों का सोच-समझ कर बनाया गया समूह होता है जो समाज में कुछ निश्चित मूल्यों, उद्देश्यों अथवा लक्ष्यों की प्राप्ति का प्रयास करता है। किसी भी आधुनिक समाज में औपचारिक संगठन का सर्वाधिक प्रचलित रूप नौकरशाही है। **बर्नार्ड** के अनुसार, "किसी संगठन को उस स्थिति में औपचारिक कहा जाएगा जबकि दो या दो से अधिक व्यक्तियों की क्रियाओं को चेतनापूर्वक, निर्दिष्ट लक्ष्य की प्राप्ति हेतु समन्वित किया जाता है।"

औपचारिक संगठन के लाभ (Benefits of Formal Organisation)— औपचारिक संगठन के निम्नलिखित प्रकार्यात्मक पक्ष हैं—

- यह संगठन संस्थागत उद्देश्यों को प्राप्त करने में सहायक सिद्ध होता है।
- सत्ता, अधिकारों, अवस्थितियों, दायित्व, जवाबदेही के स्पष्ट होने से कार्य निष्पादन की कुशलता में वृद्धि होती है।
- कार्य छूटने या उसके दोहराव की संभावना कम हो जाती है।
- इन संगठनों में कोई भी व्यक्ति अपनी असफलता के दोष को दूसरे के सिर नहीं मढ़ सकता।
- व्यक्तिगत टकराहट में कमी आती है।

औपचारिक संगठन के दोष (Defects of Formal Organisation)— औपचारिक संगठन एक लाभप्रद संगठन है किंतु इसमें निम्नलिखित दोष भी पाए जाते हैं—

- नियमों के अंतर्गत कार्य करने से कर्मचारियों में पहल शक्ति का ह्रास होता है।
- औपचारिक संगठन में यंत्र की तरह कार्य करना पड़ता है।
- एकरसता इस संगठन का मुख्य दोष है जो कर्मचारियों में नैराश्य भाव को जन्म देती है और कुंठा उत्पन्न करती है।
- संगठन में हितों की उपेक्षा की संभावना बराबर बनी रहती है।
- व्यक्ति एवं संगठन के उद्देश्यों में समानता का प्राय: अभाव पाया जाता है।

प्रश्न 2. वेबर की नौकरशाही संबंधी अवधारणा पर विस्तारपूर्वक चर्चा कीजिए।

अथवा

नौकरशाही की प्रमुख विशेषताओं का वर्णन कीजिए।

अथवा

एक आदर्श प्ररूप की नौकरशाही की बुनियादी विशेषताएँ कौन-कौन सी हैं?

अथवा

नौकरशाही (अधिकारी-तंत्र) का आदर्श प्रारूप पर संक्षिप्त टिप्पणी लिखिए।

[दिसम्बर-2014, प्रश्न सं.-5 (c)]

अथवा

करिश्माई अधिकार पर संक्षिप्त टिप्पणी लिखिए।

[जून-2014, प्रश्न सं.-5 (ग)]

उत्तर– किसी भी आधुनिक समाज में औपचारिक संगठन का सर्वाधिक प्रचलित रूप नौकरशाही है। नौकरशाही की बुनियादी विशेषताओं का उल्लेख करते हुए, मैक्स वेबर ने औपचारिक संगठनों के विश्लेषण के लिए विधिवत श्रेणियाँ बनाने का पहला प्रयास किया। वास्तव में, संगठनों की औपचारिक संरचनात्मक विशेषताओं के अधिकांश अध्ययनों की शुरुआत मैक्स वेबर के काम से हुई है। 'शक्ति' और 'सत्ता' की प्रकृति में वेबर की रुचि और 'तर्कसंगतिकरण' की प्रक्रिया को पहले से महत्त्व देने के कारण ही आधुनिक संगठनों की संरचना के बारे में एक समझ पैदा की है। वेबर का तर्क था कि सामाजिक, आर्थिक, राजनीतिक और प्रशासनिक क्षेत्रों में विभिन्न गतिविधियों का नौकरशाही समन्वय तो आधुनिक युग की एक स्पष्ट विशेषता है। ऐसी विविधतापूर्ण गतिविधियों के नौकरशाही गठन की जड़ें आगे तर्कसंगतिकरण की प्रक्रिया में होती हैं और यह आधुनिक पश्चिमी समाजों की विशिष्टता है। व्यक्तियों की एक बड़ी संख्या की क्रियाओं का नौकरशाही समन्वय तो आधुनिक किस्म के संगठनों की एक महत्त्वपूर्ण संरचनात्मक विशेषता बन गई है।

सत्ता संरचनाओं की प्रकृति (Nature of Authority-Structures)–वेबर ने शक्ति और सत्ता के बीच भेद बताते हुए, सत्ता-संबंधों के संदर्भ में संगठनों की विशेषताओं का निर्धारण किया। 'शक्ति' वह योग्यता है जिससे व्यक्तियों को आदेशों के पालन के लिए बाध्य किया जाता है, चाहे वे प्रतिरोध भी करें। 'सत्ता' का यह अर्थ होता है कि जिन व्यक्तियों को आदेश दिए गए हैं वे उसका स्वेच्छा से पालन करें। सत्ता की व्यवस्था में, अधिक महत्त्व के या वरिष्ठ पद पर कार्य करने वाले व्यक्ति/व्यक्तियों के आदेशों को अधीनस्थ भूमिका निभाने वालों अथवा कनिष्ठों द्वारा वैध माना जाता है। सत्ता के वैधीकरण के ढंग के आधार पर, वेबर ने शुद्ध अथवा आदर्श सांगठनिक प्ररूपों के तीन किस्म बताए हैं–'करिश्माई', 'पारंपरिक' और 'तर्कसंगत कानूनी।' ये शुद्ध किस्में मूलभूत भेद की द्योतक हैं और इनमें से प्रत्येक की अभिव्यक्ति एक विशेष प्रशासनिक साधन अथवा संगठन में होती है।

(1) 'करिश्माई सत्ता' पर संरचित संगठन (Organisation Structured upon 'Charismatic Authority')–'करिश्माई सत्ता' का उपयोग नेता के व्यक्तिगत करिश्मे द्वारा होता है। करिश्मा से वेबर का तात्पर्य व्यक्ति की ऐसी किसी भी योग्यता (गुण) से है जिससे वह अन्य साधारण व्यक्तियों से हटकर दिखाई देता है। उदाहरण के लिए, एक करिश्माई धार्मिक अथवा राजनीतिक नेता के बारे में लोग ऐसा मानते हैं कि उसमें कुछ असाधारण (अतिमानवीय) शक्ति अथवा गुण मौजूद हैं। ऐसी स्थिति में एक संगठन बुनियादी तौर पर करिश्माई नेता और उसके कुछ शिष्यों द्वारा निर्मित होता है। शिष्य आमतौर पर करिश्माई नेता और जनसाधारण के बीच मध्यस्यता का काम करते हैं। संगठन का अस्तित्व एक अकेले व्यक्ति के व्यक्तिगत गुणों पर निर्भर करता है। सत्ता के आदेश करिश्माई नेता की प्रेरणा पर आधारित होते हैं। जब करिश्माई नेता की मृत्यु हो जाती है, तो उत्तराधिकार की समस्या खड़ी हो जाती है। इसलिए, इस प्ररूप के संगठन

में एक अंतर्निहित स्थिरता होती है। अब, यदि उत्तराधिकार आनुवंशिक होता है, तो संगठन का रूप पारंपरिक हो जाता है। किंतु यदि उत्तराधिकार कुछ नियमों से तय होता है, तो संगठन का चरित्र नौकरशाही हो जाता है।

(2) पारंपरिक सत्ता पर आधारित संगठन (Organisation Based on Traditional Authority)—पारंपरिक सत्ता की जड़ें पूर्वदृष्टांत, प्रचलन और रीति-रिवाजों में होती हैं। अतीत में जो कुछ भी हुआ या घटा है, उसे एक पारंपरिक संगठन में पवित्र माना जाता है; पूर्वदृष्टांत और रीति-रिवाजों को परम पावन माना जाता है और कोई भी व्यक्ति उनका उल्लंघन नहीं कर सकता। एक पारंपरिक संगठन के भीतर, विभिन्न व्यक्तियों/समूहों के अधिकारों और अपेक्षाओं का निर्धारण रीति-रिवाजों की एक व्यवस्था द्वारा होता है। उत्तराधिकार में प्राप्त प्रस्थिति ही नेता के वैध सत्ता का आधार बनती है। सत्ता के क्षेत्र और प्रकृति की सीमाओं का निर्धारण रीति-रिवाजों की व्यवस्था से होता है। एक करिश्माई नेता के विपरीत, पारंपरिक संगठन में नेता की भूमिका में सत्ता निहित होती है, वह उसके व्यक्तित्व का हिस्सा नहीं होती। एक पारंपरिक सत्ता की व्यवस्था में, वास्तविक संगठन इन दो में से कोई एक रूप ग्रहण कर सकता है–

(क) एक पैतृक सांगठनिक रूप जिसमें विभिन्न अधिकारियों के साथ नेता के निजी सेवकों जैसा व्यवहार होता है। वे अपने अस्तित्व, आजीविका, पारिश्रमिक आदि के लिए नेता पर निर्भर होते हैं।

(ख) एक सामंती सांगठनिक रूप जिसमें अधिकारियों को अपेक्षिक स्वायत्तता मिली होती है और उनके पास आय के अपने स्रोत होते हैं। संगठन का सामंती रूप भौतिक आधार में जमा होता है जिनमें पदवियाँ, जागीरें, भूमि-स्वामित्व लाभार्थी आदि होते हैं। इस प्रकार का संगठन रीति-रिवाजों और प्रचलित अधिकारों तथा कर्त्तव्यों की व्यवस्था पर निर्मित होता है। सबसे बड़ी बात तो यह है कि इसमें करिश्माई नेता के प्रति निष्ठा का हमेशा एक पारंपरिक संबंध होता है।

(3) नौकरशाही (तर्कसंगत-कानूनी सत्ता) संगठन [Bureaucratic (Rational-Legal Authority) Organisation]—वेबर के अनुसार, नौकरशाही संगठन तो आधुनिक समाजों की एक प्रमुख विशेषता है। एक नौकरशाही संगठन सत्ता की 'तर्कसंगत-कानूनी' व्यवस्था पर निर्मित होता है। तार्किकता से आशय यह होता है कि साधनों का निर्माण उचित परिकलन के माध्यम से किया जाए जिससे कुछ निश्चित विशिष्ट लक्ष्य प्राप्त किए जा सकें। संगठन का निर्माण कुछ विशिष्ट कार्य करने के लिए होता है। संगठन का प्रत्येक घटक अधिकतम कार्य निष्पादन प्राप्त करने की दिशा में योगदान करता है। 'कानूनी' से तात्पर्य यह है कि सत्ता का प्रयोग निर्दिष्ट नियमों और विनियमों की व्यवस्था के माध्यम से हो। सत्ता एक 'पद' में निहित होती है, जिस पर समय विशेष में कोई व्यक्ति आसीन होता है।

वेबर के अनुसार, नौकरशाही संगठन तकनीकी दृष्टि से सर्वाधिक सक्षम संगठन होता है। विभिन्न कार्य नियमनिष्ठा और रफ्तार से संपन्न किए जाते हैं और निर्णयों को फाइलों में दर्ज किया जाता है, जिससे निरंतरता बनी रहे। आदेशों के पालन में कड़ी अधीनता का सिद्धांत लागू किया जाता है। इससे टकराव में कमी आती है और भौतिक तथा व्यक्तिगत लागत न्यूनतम हो जाती है। संगठन नौकरशाही प्रशासन के माध्यम से कार्यकुशलता को उच्चतम स्तर तक ले जाने का प्रयास करता है।

आदर्श प्ररूप की नौकरशाही की मुख्य विशेषताएँ (Main Features of Ideal Type of Bureaucracy)—मैक्स वेबर ने एक आदर्श प्ररूप की शुद्ध नौकरशाही का निर्माण

किया। उनका मानना था कि प्रशासन की नौकरशाही पद्धति सभी औपचारिक संगठनों की सक्षम कार्यप्रणाली के लिए आवश्यक होती है। नौकरशाही की एक आदर्श अवधारणा में कुछ बुनियादी विशेषताएँ होती हैं। नौकरशाही की ये विशेषताएँ सभी औपचारिक संगठनों में भिन्न-भिन्न अंशों में अभिव्यक्त होती हैं। अधिकांश सामाजिक, राजनीतिक, आर्थिक और स्वैच्छिक संगठन अपने लक्ष्यों, उद्देश्यों, संरचना और कार्यों के अनुसार अपनी पारंपरिक और नौकरशाही विशेषताओं का समावेश कर लेते हैं। एक आदर्श प्ररूप की नौकरशाही की बुनियादी विशेषताएँ इस प्रकार हैं–

(1) विशिष्ट आधिकारिक पदों के लिए आधिकारिक रूप में नामित विभिन्न सांगठनिक कार्य।

(2) संगठन के भीतर एक स्पष्ट श्रम-विभाजन।

(3) कार्यों का संबंध विशेषज्ञता से होता है और व्यक्तियों की भर्ती विशेष आधिकारिक पदों के उपयुक्त तकनीकी योग्यताओं के आधार पर की जाती है।

(4) सत्ता की श्रेणीबद्धता, जिसमें 'अधिकारी' (वरिष्ठ) ऊँचे स्तरों पर काम करते हैं और अधीस्थ नीचे स्तर पर। प्रत्येक आधिकारिक पद की सत्ता की प्रकृति और कार्यक्षेत्र सुस्पष्ट और सीमित होते हैं।

(5) नियमों, प्रक्रमों और विनियमों की एक औपचारिक व्यवस्था, जिससे गतिविधियों में तालमेल सुनिश्चित होता है और संगठन की एकता, निरंतरता और स्थिरता को बढ़ावा मिलता है।

(6) एक सार्वजनिक लोकाचार वाले आधिकारिक पदों का अवैयक्तिक होना। कर्मचारियों से संबंधित फैसला उनके कार्यनिष्पादन और कार्यों के आधार पर होता है, उनके व्यक्तिगत गुणों के आधार पर नहीं।

(7) कार्यावधि की सुरक्षा और मनमानी बर्खास्तगी से संरक्षण। इससे संगठन के भीतर तटस्थ निर्णय करने की प्रक्रिया सुनिश्चित होती है।

(7) कार्यनिष्पादन और योग्यताओं के आधार पर निम्न से उच्चतर पदों पर विधिवत् प्रोन्नति।

प्रश्न 3. संगठनों के मुख्य परिप्रेक्ष्यों का वर्णन कीजिए।

अथवा

रोडा लुईस ब्लूमबर्ग द्वारा प्रतिपादित संगठन के मुख्य मॉडल कौन-कौन से हैं?

अथवा

संगठन के विभिन्न मॉडलों की चर्चा कीजिए।

अथवा

संगठन का तर्कसंगत प्रणाली मॉडल पर संक्षिप्त टिप्पणी लिखिए।

[दिसम्बर-2012, प्रश्न सं.-5 (c)]

उत्तर– रोडा लुईस ब्लूमबर्ग (1987) के विचार में संगठन के तीन मुख्य मॉडल हैं– तर्कसंगत, प्राकृतिक और मुक्त प्रणाली। ये बुनियादी तौर पर सामान्य परिप्रेक्ष्य अथवा प्रत्याशाएँ हैं जो संगठनों के अध्ययन के और अधिक विशिष्ट दृष्टिकोणों को दिग्दर्शित करती हैं। वास्तव में, ये संगठनों के विशाल क्षेत्र को समझने के लिए व्यापक ढाँचे होते हैं। इनके विस्तृत स्वरूप को इस प्रकार व्यक्त कर सकते हैं–

- **तर्कसंगत प्रणाली मॉडल (The Rational Systems Model)** – यह सांगठनिक मॉडल 'तर्कसंगत-कानूनी' सत्ता पर निर्मित होता है। यह मॉडल नौकरशाही संबंधी

वेबर की व्याख्या के अनुरूप है। तर्कसंगत परिप्रेक्ष्य में संगठन के औपचारिक और पर्याप्त रूप से निर्धारित आधिकारिक संरचना पर जोर दिया जाता है। यह संरचना इस ढंग से बनाई जाती है कि पदाधिकारी एक अवैयक्तिक तरीके से निर्दिष्ट नियमों और प्रक्रमों के अनुसार कार्य करते हैं। पदाधिकारियों के कर्त्तव्यों और दायित्वों को औपचारिक तौर पर नामित किया जाता है और उनके स्वीकृत व्यवहार के लिए तर्कसंगत दिशा-निर्देश तैयार किए जाते हैं। विभिन्न पदों में निहित सत्ता कानूनी और आधिकारिक होती है, इसलिए संगठन के भीतर उन्हें वैध माना जाता है। सत्ता के विभिन्न पदों पर सुयोग्य व्यक्तियों की भर्ती की जाती है जिससे उचित प्रशासन बनाए रखा जा सके। निम्न पदों पर आसीन व्यक्ति सत्ता को स्वीकार करते हैं और क्रमव्यवस्था में अपने से ऊँचे पदों पर बैठे अधिकारियों के आदेशों का पालन करते हैं। तर्कसंगत प्रणाली मॉडल में किसी अस्पष्टता की गुंजाइश नहीं होती है, क्योंकि एक औपचारिक संगठन उचित ढंग से तर्कसंगत बनाए गए लिखित नियमों और निर्दिष्ट आधिकारिक जिम्मेदारियों के अनुसार संरचित होता है और कार्य करता है।

- **प्राकृतिक प्रणाली मॉडल (The Natural Systems Model)**—उपर्युक्त तर्कसंगत परिप्रेक्ष्य को अनेक सिद्धांतकार अपर्याप्त मानते हैं, क्योंकि इस मॉडल में औपचारिक संगठनों के भीतर अनौपचारिक संरचनाओं के अस्तित्व होने की अभिकल्पना नहीं की जाती है। तर्क यह दिया जाता है कि लगभग प्रत्येक औपचारिक संगठन अपनी कार्य प्रणाली के दौरान धीरे-धीरे अनौपचारिक संरचनाओं को जन्म देते हैं। आधिकारिक दायित्वों का निर्वाह करते समय, एक संगठन में व्यक्ति भी एक-दूसरे के साथ संपर्क करते हैं। इस प्रकार के पारस्परिक संपर्क के फलस्वरूप ऐसे आपसी संबंध बनते हैं जो संगठन द्वारा निर्धारित सुस्पष्ट औपचारिक दिशा-निर्देशों से परे होते हैं। इस प्रकार आधिकारिक पदों पर बैठे व्यक्तियों में धीरे-धीरे औपचारिक संरचनाओं के भीतर काम करने के अनाधिकारिक अतिरिक्त/संशोधित तंत्र विकसित हो जाते हैं। औपचारिक तथा अनौपचारिक दोनों संरचनाएँ मिलकर आपस में क्रिया करने वाली एक संयुक्त समष्टि का रूप ले लेती हैं, और इस प्रकार एक प्राकृतिक कार्यात्मक प्रणाली का निर्माण होता है।

- **मुक्त प्रणाली मॉडल (The Open Systems Model)**—यह परिप्रेक्ष्य इस समझ पर आधारित है कि संगठन ऐसी बंद प्रणालियाँ नहीं होती जो सामाजिक परिवेश के बाहरी प्रभावों से पूरे तौर पर रक्षित हों। बल्कि संगठन तो मुक्त प्रणालियाँ होती हैं और वे अपने कार्मिक और संसाधन समाज के अन्य स्रोतों से प्राप्त करती हैं (जो उनके अपने संसाधनों से परे होते हैं)। यह मुक्त प्रणाली उस परिवेश को प्रमुख महत्ता देती है, जिसमें संगठन निर्मित हुआ है अथवा कार्यरत है। यह प्रणाली संगठन के निर्माण और कार्यप्रणाली को केवल आंतरिक संरचना के संदर्भ में ही नहीं बल्कि उन पर पड़ने वाले बाहरी प्रभावों के संदर्भ में भी देखती है। एक संगठन अन्य संबंधित संगठनों के ताने-बाने के भीतर अस्तित्वमान होता है। ये संगठन समाज में विद्यमान और भी अन्य सामाजिक, आर्थिक, राजनीतिक संगठनों के साथ परस्पर क्रिया करते हैं। आधुनिक समाज के कुल परिदृश्य में देखें तो, अनेकानेक

स्वैच्छिक संगठनों की मूल विशेषताएँ   67

प्रकार के संगठन प्रत्यक्ष अथवा अप्रत्यक्ष तौर पर एक-दूसरे से बंधे अथवा एक-दूसरे पर निर्भर होते हैं।

प्रश्न 4. संगठनों से जुड़ी अवधारणाओं के अनुसार विभिन्न संगठनों को वर्गीकृत कीजिए।

अथवा

'प्राथमिक लाभार्थी' की अवधारणा के आधार पर संगठनों का वर्गीकरण कीजिए।

अथवा

सेवा संगठन पर संक्षिप्त टिप्पणी लिखिए।   [दिसम्बर-2012, प्रश्न सं.-5 (d)]

अथवा

परस्पर लाभ संगठन पर संक्षिप्त टिप्पणी लिखिए।

[दिसम्बर-2013, प्रश्न सं.-5 (c)]

उत्तर— संगठनात्मक सिद्धांतकारों ने विशिष्ट मानदंडों पर आधारित दृष्टिकोण विकसित किए हैं, जिससे भिन्न-भिन्न वर्गीकरण पैदा हुए हैं। उदाहरण के लिए, 'मुनाफे' या 'लाभ' के मानदंड को लागू करते हुए, संगठनों को कारोबारी और लाभनिरपेक्ष संगठनों में वर्गीकृत किया जा सकता है। उसी प्रकार, संगठनों के अध्ययन के दृष्टिकोणों में विविध प्रकार के मानदंडों को लागू किया गया है जैसे, 'शक्ति और अनुपालन', 'सांगठनिक अस्तित्व', 'सांगठनिक प्रभावशीलता' प्रौद्योगिकी आदि। इन अवधारणाओं के अनुसार संगठनों का वर्गीकरण निम्नलिखित प्रकार से किया गया है–

(1) **'प्राथमिक लाभार्थी' की अवधारणा (Concept of 'Primary-Beneficiary')**— पीटर ब्लो और डब्ल्यू रिचर्ड स्कॉट (1962) ने संगठनों के विश्लेषण के लिए जो मूल मान्यता प्रयुक्त की वह है "कूई बोनो (cui bono) - किसको लाभ होता है।" उन्होंने एक संगठन में विभिन्न श्रेणियों के भागीदारों के बीच से 'प्राथमिक लाभार्थी' की पहचान करने की कोशिश की थी। उनके अनुसार किसी भी औपचारिक संगठन के संदर्भ में व्यक्तियों की चार श्रेणियाँ होती हैं–सदस्य अथवा साधारण भागीदार; मालिक अथवा प्रबंधक; ग्राहक अथवा 'संपर्क में जनता' (वे लोग जो तकनीकी दृष्टि से संगठन से बाहर होते हुए भी लगातार उसके संपर्क में रहते हैं); और आम जनता, अर्थात् जिस समाज में संगठन कार्यरत है उस समाज के सदस्य।

ब्लो और स्कॉट के अनुसार, हालाँकि इसमें सभी पक्षों को लाभ होता है, फिर भी एक पक्ष को हुआ फायदा संगठन के अस्तित्व का वास्तविक कारण बनता है। जैसे, एक कारोबारी संगठन का अस्तित्व पूरे तौर पर मालिक के 'लाभ' अर्जन के हित से बंधा होता है। यदि कारोबार में लगातार घाटा होता है तो मालिक संगठन (अर्थात् कंपनी) को बंद कर देगा। इस प्रकार, 'प्राथमिक लाभार्थी' की पहचान करते हुए ब्लो और स्कॉट ने निम्नलिखित चार प्रकार के संगठनों का वर्गीकरण प्रस्तुत किया है–

(क) **परस्पर लाभ संगठन (Mutual-benefit Organisations)**—एक परस्पर लाभ संगठन में, प्राथमिक लाभार्थी साधारण सदस्यों की श्रेणी से होते हैं। संगठन की संरचना इस प्रकार की रखी जाती है कि सामान और सेवाओं का उत्पादन उसके सदस्यों के लाभ अथवा कल्याण के लिए हो। आदर्श स्थिति में, आंतरिक संरचना का इस प्रकार परिकल्पित किया जाता है कि परस्पर लाभ संगठन के भीतर पूरा लोकतंत्र बना रहे। किंतु व्यवहार में अल्पसंख्य कुलीन वर्ग में

शक्ति संकेंद्रित होने की प्रवृत्ति होती है और इस तरह के संगठनों का प्रबंधन अंतत: अल्पतंत्र द्वारा किया जाता है। इसके उदाहरण हैं–ट्रेड यूनियन, क्लब, व्यावसायिक संगठन आदि।

(ख) कारोबारी (व्यावसायिक) संगठन (Business Organisations)–किसी भी कारोबारी या व्यावसायिक संगठन में, प्राथमिक लाभार्थी संगठन का मालिक होता है। कारोबारी संगठन का एकमात्र उद्देश्य क्योंकि 'लाभ' या मुनाफा कमाना होता है, इसलिए सांगठनिक संरचना को एक प्रतियोगी परिवेश में कार्य क्षमता को अधिकतम करने की दिशा में गतिमान किया जाता है। इसके उदाहरण हैं–औद्योगिक फर्म, कंपनी, बैंक आदि।

(ग) सेवा संगठन (Service Organisations)–सेवा संगठनों के प्राथमिक लाभार्थी 'ग्राहक' अथवा संपर्क में रहने वाली जनता होती है। सेवा संगठनों की संरचना इस प्रकार की बनाई जाती है कि उसमें संगठन की प्रशासनिक आवश्यकताओं से ऊपर ग्राहक के हितों अथवा कल्याण को प्राथमिक महत्त्व मिले। सेवा देने वाले पेशेवरों के स्वार्थ को द्वैतीयक माना जाता है क्योंकि सेवा संगठन का एक मात्र लक्ष्य ग्राहकों की संतुष्टि होती है।

'संपर्क में जनता' का यह अर्थ है कि बाहरी व्यक्तियों और संगठन के बीच हमेशा एक नियमित परस्पर क्रिया अथवा संपर्क होता है। ये बाहरी व्यक्ति वास्तव में उस संगठन की संरचना का हिस्सा नहीं होते। किंतु वे संगठनों की सीमाओं को पार तो करते ही हैं, नवीनतम विचार लेकर आते हैं और अंतत: सेवा संगठनों की संरचना और कार्यप्रणाली को प्रभावित करते हैं। इसके उदाहरण हैं–सामाजिक कार्य अभिकरण, स्कूल और अस्पताल आदि।

(घ) सार्वजनिक हित संगठन (Commonweal Organisations)–ब्लो और स्कॉट के अनुसार, किसी भी सार्वजनिक हित संगठन की प्राथमिक लाभार्थी आम जनता होती है। संगठन की संरचना इस तरह की बनाई जाती है कि उससे समाज में आम जनता की सेवा हो। 'लाभार्जन' अथवा 'मुनाफा कमाने' जैसी धारणाएँ इन संगठनों के अस्तित्व के लिए प्रासंगिक नहीं हैं। इस तरह के संगठनों की संरचना इस प्रकार की रखी जाती है कि वह असाधारण कार्यनिष्पादन को बढ़ावा दे सकें।

(2) सदस्यता और लाभ/अलाभ की धारणा (Membership and Notion of Profit/Non-profit)–वेस्ट्रम और समाहा (1984) ने जटिल संगठनों के अपने विश्लेषण में सदस्यता की प्रकृति से संबंधित सिद्धांतों और 'लाभ' की धारणा का प्रयोग किया था। उनका तर्क था कि–

(क) पूर्णकालिक सदस्यों वाले संगठन अंशकालिक सदस्यों वाले संगठनों से भिन्न होते हैं; और

(ख) जिन संगठनों का मूल सरोकार 'लाभ' होता है वे लाभनिरपेक्ष अथवा अलाभकारी संगठनों से भिन्न होते हैं।

इन दो मान्यताओं, अर्थात् सदस्यता की प्रकृति और लाभ की धारणा के आधार पर, उन्होंने संगठनों को तीन मुख्य प्रकारों में वर्गीकृत किया है–

(i) **नौकरशाही (Bureaucracy)**–यह एक पूर्णकालिक, लाभनिरपेक्ष संगठन होता है जिसका निर्माण एक विशिष्ट उद्देश्य के लिए किया जाता है। जैसे कि, राज्य के मामलों को चलाने के लिए गठित नौकरशाही विभिन्न पदाधिकारियों को पूर्णकालिक रोजगार देती है और राज्य द्वारा बनाए गए कानूनों के अनुसार कार्य करती है। राज्यगत नौकरशाही

जिस धन पर चलती है उसे करों, शुल्कों आदि के रूप में जनता से एकत्र किया जाता है।

(ii) **उद्यम (Enterprise)**—इस परिप्रेक्ष्य के अनुसार उद्यम एक पूर्णकालिक लाभार्जनकारी संगठन होता है। बुनियादी तौर पर, एक उद्यम की स्थापना सामान अथवा सेवाएँ उत्पादित करके अथवा दूसरे संगठनों में लाभजनक निवेश के द्वारा पैसा कमाने (लाभार्जन) के लिए की जाती है। उद्यम का यह वर्गीकरण कमोबेश कारोबारी संगठनों जैसा ही होता है, क्योंकि इस प्रकार के लाभार्जनकारी प्रक्रमों के प्राथमिक लाभार्थी अंतत: संगठन के मालिक होते हैं।

(iii) **स्वैच्छिक संघ (Voluntary Association)**—वेस्ट्रन और समाहा ने स्वैच्छिक संघ को एक अंशकालिक संगठन के रूप में परिभाषित किया है जो मूल रूप में अनिवार्यत: लाभनिरपेक्ष भी होती है। एक स्वैच्छिक संघ के सदस्य संगठन के लिए पूर्णकालिक प्रतिबद्धता नहीं दिखाते। एक स्वैच्छिक संघ अपेक्षित रूप में प्रमुखत: एक सेवा उन्मुख संगठन होता है।

एक आदर्श किस्म के स्वैच्छिक संगठन में सदस्यों से अपेक्षित होता है कि वे श्रम, समय, व्यावसायिक विशेषज्ञता और भावी दृष्टि के संदर्भ में संगठन के प्रति योगदान करें। उदाहरण के लिए अधिकांश धर्मार्थ और जनसेवा संगठन समाज के कल्याण अथवा निस्स्वार्थ सेवा के प्रति समर्पित रहते हैं, किंतु व्यवहार में स्वैच्छिक संगठनों के बीच व्यापक भिन्नताएँ होती हैं। बड़े स्वैच्छिक संगठन तो उसे चलाने के लिए पूर्णकालिक सवेतन कामगार, कर्मचारी अथवा पेशेवर लोग रखते हैं।

(3) शक्ति और अनुपालन (Power and Compliance)—अमिताई एजियोनी (1961) द्वारा विकसित यह दृष्टिकोण 'शक्ति' और अनुपालन की दो जुड़वा अवधारणाओं पर आधारित है। एजियोनी के अनुसार, शक्ति (अधिकार) दूसरे व्यक्ति को प्रोत्साहित या प्रभावित करने की योग्यता है कि वह संगठन में अपने निर्देशों का पालन करे। अनुपालन उन लोगों के बीच संबंध को निर्धारित करता है जिनके पास शक्ति अथवा अधिकार हैं और जिनके ऊपर संगठन के भीतर अधिकार चलाया जाता है। इस संबंध में अधीनस्थ व्यक्ति आदेश मानता है अथवा उनका पालन करता है। यही उन्मुखता संगठन में व्यक्ति की संलिप्तता और प्रतिबद्धता को निर्धारित करती है।

एजियोनी ने शक्ति के तीन प्रकार दिए हैं—'दमनशील', 'आर्थिक लाभकारी', और 'मानकीय', जिनमें से प्रत्येक विशिष्ट व्यवहार संबंधी प्रभाव (संलिप्तता और प्रतिबद्धता) उत्पन्न करता है जैसे 'पृथक्कारी', 'परिकलनात्मक' और 'नैतिक।'

(क) दमनशील शक्ति का संबंध धमकी अथवा शारीरिक दंड से होता है। जैसे कि जेल एक दमनशील संगठन है, जो कैदियों में पृथक्कारी, नकारात्मक प्रभाव पैदा करता है।

(ख) आर्थिक लाभकारी शक्ति का आधार संगठन के भौतिक संसाधनों (वित्त, परिसंपत्ति, सेवा) पर नियंत्रण जमाने में निहित होता है। वेतन, भत्तों आदि के तर्कसंगत वितरण से संगठन के भीतर परिकलनात्मक व्यवहार संबंधी प्रभाव उत्पन्न होते हैं।

(ग) मानकीय शक्ति का आधार सांकेतिक पुरस्कार देने में निहित होता है, जिनसे सदस्यों की प्रतिष्ठा अथवा मान्यता में वृद्धि होती है और इस तरह इससे संगठन के भीतर नैतिक व्यवहार संबंधी प्रभाव उत्पन्न होते हैं।

(4) 'समग्र संस्था' की अवधारणा (Concept of 'Total Institution')—इर्विंग गॉफमैन (1961) की 'समग्र संस्था' की अवधारणा का संबंध एक आदर्श (एकदम विपरीत) प्ररूप से है, जो एक संगठन द्वारा व्यक्ति पर किए गए सर्वांगीण नियंत्रण पर आधारित होती है। इस किस्म के संगठन में, 'संपर्क में जनता' वस्तुत: व्यक्ति होते हैं, जैसे पागलखानों में बंद पागल अथवा छात्रावासों और सैनिक अकादमी में रहने वाले छात्र। यहाँ मूलभेद यह होता है कि इनमें व्यक्ति को सोने, खेलने और काम करने के लिए अलग जगह पाने का अधिकार नहीं होता है। व्यक्ति के सारे कार्यकलाप संगठन के परिसर में ही होते हैं।

(5) प्रौद्योगिकी (Technology)—जोन वुडवर्ड (1965) का तर्क था कि किसी संगठन की संरचना को निर्धारित करने के संदर्भ में प्रौद्योगिकी सर्वाधिक महत्त्वपूर्ण होती है। यह दृष्टिकोण श्रेणीबद्धता, आकार, आधिकारिक पद, सदस्य संख्या आदि द्वारा निर्धारित विभिन्न संरचनाओं को प्रमुख महत्त्व नहीं देता। बल्कि यह संगठन के भीतर संरचना तथा उससे बनने वाले मानव संबंधों को प्रभावित करने वाले स्वतंत्र कारक के रूप में प्रौद्योगिकी की प्रकृति पर जोर देता है। वुडवर्ड के अध्ययन ने इस क्षेत्र में आगे के अनुसंधान की नींव रखी जिसने आकस्मिकता के सिद्धांत (contingency theory) को जन्म दिया। आकस्मिकता के सिद्धांत की मूल मान्यता यह है कि किसी कार्य विशेष के लिए सर्वोत्तम संगठन कार्य की प्रकृति पर निर्भर करता है।

बाद में, इस परिप्रेक्ष्य पर काम करने वाले विद्वानों ने प्रौद्योगिकी की पारिभाषिक विशेषताओं को 'संगठन में किया गया काम' के रूप में माना। प्रौद्योगिकी का तात्पर्य यह है कि व्यक्ति यांत्रिक औजारों की सहायता से या बिना उनकी सहायता के एक वस्तु की प्रकृति को बदलने में सक्षम हो।

प्रश्न 5. स्वैच्छिक संगठनों की संरचना की मूल विशेषताओं का वर्णन कीजिए।

अथवा

स्वैच्छिक संगठनों की संरचना की बुनियादी विशेषताओं को स्पष्ट कीजिए।

[दिसम्बर-2012, प्रश्न सं.-1]

अथवा

स्वैच्छिक संगठनों (वीओज) की संरचना की बुनियादी विशेषताओं की व्याख्या कीजिए। [दिसम्बर-2013, प्रश्न सं.-1]

अथवा

स्वैच्छिक संगठनों की संरचना की मूलभूत विशेषताओं की व्याख्या कीजिए।

[दिसम्बर-2014, प्रश्न सं.-1]

उत्तर— स्वैच्छिक संगठनों की संरचना की मूल विशेषताएँ निम्नलिखित हैं–

- **उद्देश्य (Objectives)**—एक स्वैच्छिक संगठन के निर्माण और अस्तित्व के लिए सबसे जरूरी होती है उद्देश्यों की पहचान। उद्देश्यों का संभावी स्रोत आपसी हित के अथवा स्थानीय समुदाय से जुड़े अथवा समाज के व्यापक हित से संबंधित मुद्दे अथवा समस्याएँ हो सकती हैं। ये उद्देश्य समान मानसिकता वाले व्यक्तियों को आधार प्रदान करते हैं कि वे एकजुट हों और एक स्वैच्छिक संगठन बनाएँ। उद्देश्य एक ऐसी महत्त्वपूर्ण संरचनात्मक विशेषता है जो स्वैच्छिक संगठन के संविधान को

प्रभावित करती है और उसकी समग्र कार्य प्रणाली को निर्देशित करती है। छोटे स्वैच्छिक संगठनों के उद्देश्य आमतौर पर सीमित होते हैं और समुदाय के आसपास की स्थानीय आवश्यकताओं अथवा समस्याओं पर केंद्रित होते हैं। उदाहरण के लिए, उद्देश्य किसी शहरी बस्ती के निवासियों से संबंधित हो सकते हैं, अथवा उनका सरोकार किसी गाँव में स्वच्छता से अथवा किसी ग्रामीण क्षेत्र में स्थानीय सड़क की मरम्मत से हो सकता है।

- **सदस्यता (Membership)**—सदस्यता आधार की प्रकृति, चरित्र, आकार और भौगोलिक विस्तार से स्वैच्छिक संगठन की संरचना प्रभावित और निर्धारित होती है। कुछ स्वैच्छिक संगठनों का निर्माण उनके सदस्यों के हितों की अभिव्यक्ति अथवा पूर्ति के लिए होता है, जैसे सामाजिक और अभिरुचि क्लब, स्थानीय खेल-कूद संघ, पेशेवर संस्थाएँ आदि। ये अभिव्यंजक स्वैच्छिक संगठन (Expressive Voluntary Organisations) कहलाते हैं और इनका गठन आमतौर पर सदस्यों की अल्प तथा सीमित संख्या द्वारा किया जाता है। इनके सदस्य समुदाय के किसी विशेष तबके से होते हैं, जैसे युवा, पेशेवर वर्ग, किसी विशेष अभिरुचि से जुड़े व्यक्ति आदि। ऐसे स्वैच्छिक संगठनों की सदस्य संख्या कम होने के नाते उनकी समग्र संरचना उसके सदस्यों के आपसी अनौपचारिक संबंधों पर आधारित होती है। ऐसे संगठनों में औपचारिक संरचना से जुड़ी नौकरशाही विशेषताओं को न्यूनतम रखा जाता है। इनमें हमेशा एक प्रकार की न्यूनतम औपचारिक संरचना होती है, जैसे पदाधिकारी, आधारभूत नियम, संविधान आदि। किंतु, छोटे स्वैच्छिक संगठनों के अधिकांश मामलों का संचालन उसके सदस्यों के आपसी व्यक्तिगत संबंधों के आधार पर अनौपचारिक तरीके से होता है।

प्रत्येक स्वैच्छिक संगठन सदस्यता की मंजूरी के लिए अपने विशेष नियम, योग्यता (पात्रता) के मानदंड और व्यावसायिक योग्यताएँ निर्धारित करता है अथवा आयु, धार्मिक विश्वास, नृजातीय पहचान और स्थान जैसी शर्तें निर्धारित करता है। कुछ विभिन्नताओं के होते हुए मुख्य प्रकार की सदस्यताएँ होती हैं—संस्थापक सदस्य, आजीवन सदस्य, साधारण सदस्य, अस्थायी सदस्य, मानद या मानसेवी सदस्य आदि। इसके अतिरिक्त, सदस्य मात्र स्वयंसेवक, सवेतन कामगार/कुशल श्रमिक, अर्ध पेशेवर, वैज्ञानिक (विशेषज्ञ), पेशेवर आदि होते हैं। स्वैच्छिक संगठन के भीतर भागीदारी, सत्ता, प्रभाव, योगदान आदि के रूप में, प्रत्येक प्रकार की सदस्यता का एक विशेष संरचनात्मक स्थान और महत्त्व होता है। सभी प्रकार की सदस्यता स्वैच्छिक संगठन की आंतरिक संरचना की प्रकृति और चरित्र पर जबरदस्त प्रभाव डालती है।

- **कार्यकारिणी परिषद् (Executive Council)**—प्रशासनिक और प्रबंधकीय कार्यों के निष्पादन के संदर्भ में, कार्यकारिणी परिषद् को स्वैच्छिक संगठन की संरचना का एक महत्त्वपूर्ण घटक माना जाता है। कार्यकारिणी परिषद् में एक नौकरशाही संगठन की अधिकांश विशिष्ट संरचनात्मक विशेषताओं का समावेश होता है। इसमें पेशेवर समेत सभी कामगारों, श्रम-विभाजन, पदाधिकारियों की श्रेणीबद्धता होती है। सत्ता

संबंधों की संरचना कमोबेश एक नौकरशाही की तरह होती है। कार्यकारिणी परिषद् आमतौर पर निर्णयों और नीतियों के क्रियान्वयन के लिए जिम्मेदार होती है ताकि स्वैच्छिक संगठन द्वारा तय किए गए लक्ष्यों को प्राप्त किया जा सके।

- **आम सभा (General Body)**–सिद्धांत रूप में, आम सभा एक स्वैच्छिक संगठन की संरचना की सशक्त घटक होती है। आम सभा में स्वैच्छिक संगठन के सभी सदस्य आते हैं। परम सत्ता आम सभा में निहित होती है। सभी प्रमुख नीतियों, वित्तीय निर्णयों, क्रियान्वयन की कार्यनीतियों आदि के लिए आम सभा की अंतिम स्वीकृति और मंजूरी जरूरी होती है। शासी निकाय की प्रकृति और गठन (चुनाव), कार्यकारिणी परिषद्, सत्ता संबंधों की संरचना, संविधान में किसी भी परिवर्तन संबंधी निर्णयों के लिए आम सभा के अंतिम आदेश की अनिवार्यता होती है। आम सभा क्योंकि सभी सदस्यों की सामूहिक इच्छा को प्रदर्शित करती है, इसलिए स्वैच्छिक संगठन की संरचना में विकेंद्रीकृत लोकतांत्रिक विशेषता का प्रदर्शन होता है।
- **संविधान (Constitution)**–एक स्वैच्छिक संगठन अपने उद्देश्यों की पूर्ति के लिए कुछ नियमों और विनियमों के अनुसार कार्य करता है। साझा मूल्यों के आधार पर नियम और विनियम सदस्यों की सर्वसम्मति से बनाए जाते हैं। ये नियम और विनियम संगठन की स्थापना के समय, स्वैच्छिक संगठन के व्यापक उद्देश्यों को ध्यान में रखकर बनाए जाते हैं। फिर, इन नियमों और विनियमों को पर्याप्त रूप में संहिताबद्ध करके एक लिखित दस्तावेज में दर्ज कर दिया जाता है, जो उस स्वैच्छिक संगठन का संविधान होता है।
- **शासी निकाय (Governing Body)**–शासी निकाय एक स्वैच्छिक संगठन के समग्र ढाँचे का शीर्ष संरचनात्मक घटक होता है। शासी निकाय के पास स्वैच्छिक संगठन के कुल प्रशासनिक तथा प्रबंधकीय कार्यों को देखने की सत्ता होती है। शासी निकाय का आकार संगठन की प्रकृति, लक्षण, आकार और भौगोलिक विस्तार के अनुसार भिन्न-भिन्न होता है। शासी निकाय के पदाधिकारियों का निर्वाचन अथवा चयन स्वैच्छिक संगठन के समस्त सदस्यों की सर्वसम्मति से होता है। शासी निकाय के पदाधिकारियों का कार्यकाल संविधान में निर्दिष्ट नियमों के अनुसार होता है। शासी निकाय महत्त्वपूर्ण प्रशासनिक निर्णय करता है और स्वैच्छिक संगठन के सुचारु ढंग से कार्य निष्पादन को सुनिश्चित करता है।

प्रश्न 6. स्वैच्छिक संगठनों की संरचना को प्रभावित करने वाली प्रक्रियाओं की विवेचना कीजिए।

अथवा

स्वैच्छिक संगठनों की संरचना को अत्यंत प्रभावित करने वाली प्रक्रियाओं को स्पष्ट कीजिए। [जून-2013, प्रश्न सं.-2]

अथवा

लक्ष्य विस्थापन पर संक्षिप्त टिप्पणी लिखिए। [दिसम्बर-2014, प्रश्न सं.-4 (d)]

उत्तर– स्वैच्छिक संगठनों की संरचना को प्रभावित करने वाली प्रमुख प्रक्रियाएँ हैं–

(1) औपचारिकीकरण (Formalisation)–प्रारंभिक तौर पर एक स्वैच्छिक संस्था की स्थापना तब होती है जब अलग-अलग व्यक्ति एक समूह के रूप में किसी साझा हित को पाने की कोशिश में एकजुट होते हैं। मूल रूप में, वे एक उद्देश्य, विचार अथवा लक्ष्य के प्रति वचनबद्धता से बंधे होते हैं। समय के साथ ऐसा ढीला-ढाला संगठन औपचारिक संगठनों की नौकरशाही विशेषताएँ ग्रहण कर लेता है। **सिल्स** के अनुसार, स्वैच्छिक संगठनों के इतिहास के अध्ययनों से यह पता चला है कि औपचारिकीकरण की प्रक्रिया धीरे-धीरे एक स्वैच्छिक संगठन के उद्विकास के दौरान उसकी संरचना को प्रभावित करती है। इन अध्ययनों में सदस्यों की संख्या, कुल वार्षिक आमदनी, कुल वार्षिक खर्च, संगठन की संपत्ति का मूल्य और प्रशासनिक कर्मचारियों की संख्या जैसे परिमाणात्मक कारकों का विश्लेषण किया गया है। यह तथ्य सामने आया है कि एक स्वैच्छिक संगठन के विकास में दो चक्र होते हैं–'संवृद्धि का चक्र' और 'औपचारिकीकरण का चक्र।'

सदस्य संख्या एक ऐसे बिंदु पर कम होने लगती है, जो दोनों चक्र को अलग करती है। वार्षिक आमदनी कभी-कभी 'औपचारिकीकरण के चक्र' के दौरान गिरने लगती है। वार्षिक खर्च और सांगठनिक संपत्ति का मूल्य जैसे अन्य कारक धीरे-धीरे दोनों चक्रों के दौरान बढ़ते जाते हैं। इसका मतलब यह हुआ कि स्वैच्छिक संगठन के विकसित होते जाने के साथ कार्यालयों की संख्या, आधिकारिक पद, सवेतन कर्मचारी और पारिश्रमिक पाने वाले पेशेवरों या व्यावसायिकों में वृद्धि होती है और इससे अंततः संगठन संरचना का जबरदस्त रूपांतरण हो जाता है। इसके परिणामस्वरूप, स्वैच्छिक संगठन द्वारा नियुक्त पदाधिकारियों, कर्मचारियों और स्टाफ के वेतन पर आने वाला खर्च बढ़ जाता है। इस तरह, औपचारिकीकरण की इस प्रक्रिया के दौरान, स्वैच्छिक संगठन स्वभावतः औपचारिक संगठन की समस्त नौकरशाही विशेषताएँ ग्रहण कर लेता है।

औपचारिकीकरण (नौकरशाहीकरण) की ऐसी ही प्रक्रिया स्वैच्छिक संगठनों में भी देखी गई हैं जो सामाजिक आंदोलनों का संस्थागत रूप ग्रहण कर लेते हैं। स्वैच्छिक संगठनों के जीवन चक्र में निम्नलिखित तीन मुख्य चरण देखे गए हैं–

(क) प्रारंभिक चरण (Incipient Phase)–स्वैच्छिक संगठन (सामाजिक आंदोलन) के जीवन चक्र का यह प्रारंभिक चरण है। करिश्माई नेता एक लक्ष्य सामने रखता है। अनुयायी एक छोटी संख्या में उस लक्ष्य की प्राप्ति के लिए मिलकर काम करते हैं।

(ख) सांगठनिक चरण (Organisational Phase)–इस चरण के दौरान, स्वैच्छिक संगठन अपने कार्यों का विस्तार करता है, अपने आप को मजबूत करता है और पूरे तौर पर स्थापित हो जाता है।

(ग) स्थिर चरण (Stable Phase)–इस चरण में, स्वैच्छिक संगठन (यदि बचा रह गया तो) की संरचना स्वभावतः औपचारिक संगठन में पाई जाने वाली व्यावसायिक, नौकरशाही और रूढ़िगत विशेषताएँ ग्रहण कर लेती है।

(2) अल्पसंख्यकों का शासन (Minority Rule)–स्वैच्छिक संगठनों की स्थापना संघ की स्वतंत्रता के मूलभूत सिद्धांत पर होती है। ये भी अधिकतर लोकतांत्रिक समाजों में फलते-फूलते हैं। इसके अतिरिक्त, स्वैच्छिक संगठनों के संविधान, नियम और उपनियम ऐसे होते हैं जो सदस्यों की लोकतांत्रिक भागीदारी को प्रोत्साहित करते हैं। जिन समाजों में ये विद्यमान होते हैं उनका

लोकतांत्रिक लोकाचार भी स्वैच्छिक संगठनों के मामलों में सदस्यों की स्वतंत्र और सुचारु भागीदारी में सहायक होता है। किंतु जैसे-जैसे स्वैच्छिक संगठनों का विकास होता है और वे अपने कार्यों का विस्तार करते हैं, जमीनी सच्चाई कुछ अलग ही रूप में सामने आती है। स्वैच्छिक संगठन में सदस्यों की रुचि आमतौर पर समाप्त होने लगती है और सदस्यों की वास्तविक भागीदारी कम हो जाती है। अंतत: स्वैच्छिक संगठनों पर स्वभावत: अल्पतंत्र का कठोर कानून हावी हो जाता है। दूसरे शब्दों में, सत्ता मुट्ठी भर व्यक्तियों के हाथों में आ जाती है, जो स्वैच्छिक संगठन पर शासन चलाते हैं। एक स्वैच्छिक संगठन की संरचना अक्सर ऐसे आयाम ग्रहण कर लेती है, जो अल्पतंत्र के आपसी हितों को बढ़ावा देने अथवा साधने में सहायक होते हैं। स्वैच्छिक संगठन अल्पसंख्य निदेशकों और बहुसंख्य सदस्यों में विभाजित हो जाता है, जो अन्य किसी भी बड़े औपचारिक संगठन की तरह ही निर्देश प्राप्त करते हैं। अल्पतंत्र नेतृत्व के काम संभाल लेता है और स्वैच्छिक संगठन में वास्तविक सत्ता उसी की चलती है।

(3) लक्ष्य विस्थापन (Goal Displacement)—स्वैच्छिक संगठनों की स्थापना कुछ उद्देश्यों अथवा लक्ष्यों की प्राप्ति के लिए की जाती है। स्थापना के समय, एक स्वैच्छिक संगठन लक्ष्यों के विषयों में एक स्पष्ट कथन रखता है। किंतु इसका यह अर्थ नहीं होता कि संगठन के नियम, विनियम और कार्यविधियाँ इन ध्येयों की प्राप्ति की गारंटी देंगे अथवा उन्हें सुनिश्चित करेंगे। शोध कार्यों से पता चला है कि नियम और कार्यविधियाँ अक्सर संगठन को लक्ष्यों से अलग कर देते हैं अथवा उनमें बाधक बन जाते हैं।

सिल्स (1957) के अनुसार, अपने ध्येयों की प्राप्ति के लिए संगठन कुछ कार्यविधियाँ अथवा साधन तय करते हैं। इन कार्यविधियों के पालन करने के क्रम में, वे अधीनस्थ अथवा सदस्य – जिन्हें सत्ता और कार्य सौंपे गए हैं–इन्हें सांगठनिक लक्ष्यों की प्राप्ति के लिए साधन न मानकर अक्सर इन्हें साध्य ही मान बैठते हैं।

अन्य सभी औपचारिक संगठनों की तरह, विकास और विस्तार के साथ, स्वैच्छिक संगठन की संरचना भी स्वभावत: नौकरशाही की विशेषताएँ ग्रहण कर लेती है जिससे मूल लक्ष्य बाधित अथवा स्थापित होते हैं। लक्ष्य विस्थापन पर कठोर नौकरशाही ढाँचे के प्रभाव के निम्नलिखित निहितार्थ होते हैं–

(क) भागीदारों के बीच एक स्वैच्छिक संगठन में उच्च प्रस्थिति के पदों पर बने रहने की प्रवृत्ति का विकास: पदाधिकारी उन गतिविधियों को सर्वाधिक महत्त्व देने लगते हैं जिनसे उनके अपने हितों को बढ़ावा मिलता है। इसके परिणामस्वरूप लक्ष्योन्मुख गतिविधियाँ पीछे रह जाती हैं और अंतत: प्रारंभिक लक्ष्य विस्थापित हो जाते हैं।

(ख) नियमों की कठोरता और उनका कड़ाई से पालन करवाए जाने के कारण स्वैच्छिक संगठन के भागीदारों में कार्यविधियों का पालन करने की एक दास प्रवृत्ति बन जाती है। नियमों और कार्यविधियों के प्रति संवेदनशीलता इस हद तक बढ़ जाती है कि अंतत: नियमों और कार्यविधियों का पालन करना ही अपने आप में लक्ष्य बन जाता है।

(ग) स्वैच्छिक संगठनों के भीतर अनौपचारिक संरचनाओं का विकास ही लक्ष्य विस्थापन का एक और स्रोत है। अनौपचारिक संरचनाएँ (नौकरशाही कार्यविधियों को अलग रखते हुए) दक्षता प्रदान करती हैं और स्वैच्छिक संगठन में वे लक्ष्य की प्राप्ति में सहायक होती हैं। किंतु, ऐसी अनौपचारिक संरचनाओं को कुछ हद तक लक्ष्य विस्थापन करने वाली भी माना जाता है।

(4) लक्ष्य अनुक्रम (Goal Succession)–'अल्पसंख्यक शासन' (अल्पतंत्र) और 'लक्ष्य विस्थापन' दो नकारात्मक स्थितियों की व्याख्या करती हैं, जो स्वैच्छिक संगठनों की संरचना में 'संगठन निर्माण' की प्रक्रिया के फलस्वरूप पैदा होती हैं। इन विचारों को अन्य विद्वानों ने चुनौती दी है। संगठनों के कुछ सिद्धांतकारों ने इस मान्यता को भ्रामक माना है कि एक अल्पतंत्र सोच-समझ कर एक संगठन की कार्यप्रणाली को प्रभावित कर सकता है और उसकी सफलता को रोक सकता है। व्यापक तर्क यह है कि 'अल्पतंत्र का कठोर नियम' केवल कुछ ही परिस्थितियों में सही बैठता है और यदि यह सही बैठे, फिर भी ये संभावनाएँ रहती हैं कि स्वैच्छिक संगठन में अन्य लोकतांत्रिक मूल्य भी साथ-साथ बढ़ जाते हैं। ऐल्विन डब्ल्यू. गोल्डनर (1961) का विचार है कि लोकतांत्रिक प्रक्रिया को क्षति पहुँचाने वाली अंतर्निहित प्रवृत्तियाँ तानाशाही ढाँचों को बाधित करने का भी बराबर सामर्थ्य रखती हैं। लोकतंत्र के कठोर नियम के बिना अल्पतंत्र का कठोर नियम भी नहीं हो सकता। स्वैच्छिक संगठनों के संदर्भ में इसे सरल बनाने की दृष्टि से हम कह सकते हैं कि पूरा तर्क यह है कि तानाशाही अल्पसंख्य शासन को जन्म देने वाली 'संगठन निर्माण' की प्रक्रियाएँ एक स्वैच्छिक संगठन के भीतर अन्य लोकतांत्रिक संरचनाएँ बनाने का बराबर सामर्थ्य रखती हैं। इस प्रकार की नई लोकतांत्रिक संरचनाओं में अल्पसंख्य शासन के प्रभावों को समाप्त करने का पर्याप्त सामर्थ्य हो सकता है।

प्रश्न 7. प्रशासन और प्रबंधन के पारंपरिक दृष्टिकोण की व्याख्या कीजिए।

अथवा

नौकरशाही (अधिकारी-तंत्र) प्रशासन की मूलभूत विशेषताएँ बताइए।

[दिसम्बर-2014, प्रश्न सं.-4 (b)]

अथवा

नौकरशाही प्रशासन की विभिन्न सीमाबद्धताएँ बताइए।

अथवा

प्रशासनिक प्रबंधन के प्रमुख सिद्धांत बताइए।

अथवा

पोस्डकार्ब से आप क्या समझते हैं?

अथवा

हेनरी फायोल द्वारा प्रतिपादित प्रबंधन के चौदह आम सिद्धांतों को सूचीबद्ध कीजिए।

अथवा

नौकरशाही प्रशासन की मूल विशेषताएँ बताइए।

[दिसम्बर-2012, प्रश्न सं.-4 (c)]

उत्तर– प्रशासन और प्रबंधन स्वैच्छिक संगठन के प्रभावी और कुशल कामकाज में एक महत्त्वपूर्ण भूमिका निभाते हैं। ये मुद्दे स्वैच्छिक संगठनों के अस्तित्व तथा सफलता के लिए महत्त्वपूर्ण हैं। विभिन्न संरचनाओं वाले विशिष्ट लक्ष्यों को प्राप्त करने का प्रयास करने वाले और विभिन्न परिवेशों में काम करने वाले संगठनों की प्रशासन तथा प्रबंधन संबंधी माँगे बिल्कुल भिन्न होती हैं। प्रशासन तथा प्रबंधन संबंधी मुद्दे और आवश्यकताएँ कारोबारी उद्यमों, राज्य की नौकरशाही और स्वैच्छिक संगठनों में काफी अलग होती हैं। एक कारोबारी संगठन के लिए अच्छे प्रबंधन की जाँच उतनी समस्यामूलक नहीं होती क्योंकि उसके लक्ष्य बिल्कुल स्पष्ट होते हैं, अर्थात् मुनाफा

बढ़ाना और संगठन की आर्थिक स्थिति को दुरुस्त बनाए रखना। राज्य के मामलों को शासित करने वाले नौकरशाही संगठन का प्रशासन अधिक जटिल होता है क्योंकि वह बदलते सामाजिक-राजनीतिक संदर्भों से प्रभावित होता है। इसके विपरीत, एक स्वैच्छिक संगठन को चलाने के लिए आवश्यक प्रशासनिक और प्रबंधन योग्यताएँ हमेशा करिश्माई नेतृत्व, भागीदारी, सदस्यों की संतुष्टि, आंतरिक लोकतंत्र को बनाए रखने और ऐसी ही अन्य विशेषताओं पर निर्भर होती हैं।

इन भिन्नताओं के बावजूद, प्रशासन और प्रबंधन के मूलभूत सिद्धांत समान होते हैं और विभिन्न तरह से सभी प्रकार के संगठनों पर लागू होते हैं।

नौकरशाही प्रशासन (Bureaucratic Administration)–नौकरशाही आधुनिक समाज की एक महत्त्वपूर्ण विशेषता है। हालाँकि नौकरशाही प्रणाली की यूरोप और एशिया में एक लंबी ऐतिहासिक पृष्ठभूमि है। सबसे पहले मैक्स वेबर (1864-1920) ने नौकरशाही की मूल विशेषताओं का विश्लेषण किया था। नौकरशाही का विश्लेषण करते हुए, वेबर ने उन प्रशासनिक विशेषताओं की पहचान की थी जो सत्ता के तर्कसंगत कानूनी संबंधों पर आधारित एक विशिष्ट प्रकार के संगठन में पाई जाती हैं। वेबर का विचार था कि प्रशासन का नौकरशाही स्वरूप प्रशासन की अन्य व्यवस्थाओं की अपेक्षा अधिक सक्षम होता है। इस प्रकार का प्रशासन आधिकारिक पदों के निर्वैयक्तिकरण पर निर्भर करता है। तर्कसंगत-कानूनी व्यवस्था पर आधारित सत्ता आधिकारिक पदों पर बैठे व्यक्तियों में नहीं बल्कि श्रेणीबद्ध तरीके से व्यवस्थित पदों में निहित होती है। नौकरशाही प्रशासन प्रशासनिक कार्यों के प्रभावी समन्वयन के लिए स्पष्टतया निर्धारित नियमों, विनियमों और प्रक्रियाओं पर निर्भर होता है।

तार्किकता के सिद्धांत से निर्णय करने की प्रक्रिया में एक उच्च स्तर की परिकलनीयता और पूर्वानुमान आ जाता है। शुद्धता, स्थिरता, अनुशासन और कार्य की विश्वसनीयता के संदर्भ में, नौकरशाही प्रशासन को अन्य प्रकार के प्रशासन से श्रेष्ठ माना जाता है। इसके अतिरिक्त कार्यकुशलता, कार्य परिचालन के कार्यक्षेत्र और संगठन के भीतर सभी प्रकार के प्रशासनिक कार्यों में इसे औपचारिक रूप में लागू करने के कारण भी यह श्रेष्ठ होता है। नौकरशाही प्रशासन की सर्वाधिक महत्त्वपूर्ण विशेषताएँ एक नौकरशाही की अनिवार्य संरचना में दिखाई देती हैं। इन विशेषताओं को संक्षेप में इस प्रकार प्रस्तुत किया जा सकता है–

- एक 'नौकरशाही' की प्रशासनिक संरचना पदों के श्रेणीबद्ध (पिरामिडीय) विन्यास से बनी होती है, जिनमें से प्रत्येक पद में विशिष्ट सत्ता और वैध शक्तियाँ निहित होती हैं।
- श्रम विभाजन की व्यवस्था, अर्थात् प्रत्येक पद में सत्ता, जिम्मेदारियों और कर्त्तव्यों से संबंधित एक स्पष्ट अधिकार क्षेत्र होता है।
- व्यवहार और कार्यविधियों के औपचारिक लिखित नियम और सभी प्रशासनिक कार्यों में उनका समान अनुप्रयोग।
- आधिकारिक पदों का अवैयक्तिक स्वरूप; कार्य निष्पादन का पदाधिकारियों की व्यक्तिगत विशेषताओं से कोई संबंध नहीं होता।
- निष्पक्षता और तटस्थता एक नौकरशाही प्रशासन के विशिष्ट लक्षण होते हैं।
- पदाधिकारियों के चयन और पदोन्नति का आधार योग्यता, तकनीकी क्षमता और व्यावसायिक योग्यताएँ होती हैं। नौकरशाही प्रशासन में प्रदत्त सामाजिक प्रस्थिति और पक्षपाती निष्ठाओं का कोई अर्थ नहीं होता।

नौकरशाही प्रशासन की सीमाबद्धताएँ (Limitations of Bureaucratic Administration) –

- एक कठोर नौकरशाही तथा पैने निरीक्षण (विशेषकर औद्योगिक संगठनों में) के परिणामस्वरूप वरिष्ठों और अधीनस्थों में अवैयक्तिक तनाव और विरोधाभास पैदा हो जाता है।
- नियमों तथा श्रेणीबद्ध सत्ता के माध्यम से नियंत्रण करने पर (जिसका उद्देश्य विश्वसनीयता और पूर्वानुमेयता बढ़ाना होता है) एक संगठन के भीतर व्यवहार संबंधी कठोरता आ जाती है। पदाधिकारियों में 'सुरक्षात्मकता' की एक आम प्रवृत्ति बन जाती है – इसलिए वे जोखिमपूर्ण अथवा प्रवर्तनकारी निर्णय करने को अनिच्छुक रहते हैं।
- अधिकार सौंपने से नौकरशाही प्रशासन की उप-इकाइयों में संकीर्ण (स्वार्थ-परक) प्रवृत्ति बन जाती है।
- सदस्यों में समूचे प्रशासन अथवा अन्य इकाइयों के समूहों की तुलना में एक उप-इकाई के लक्ष्यों को प्राथमिकता देने की प्रवृत्ति बन जाती है।
- उप-इकाइयों के लक्ष्यों को पूरा करने के प्रयास में विरोधाभास और प्रतिस्पर्धा की स्थिति बन जाती है, जिससे नौकरशाही प्रशासन की कुल उपलब्धि पर प्रतिकूल प्रभाव पड़ता है।

वैज्ञानिक प्रबंधन (Scientific Management) – 'वैज्ञानिक प्रबंधन' की अवधारणा ने प्रशासन और प्रबंधन की सोच को बहुत अधिक प्रभावित किया है। वैज्ञानिक प्रबंधन में तार्किकता, प्रत्याशिता, विशेषीकरण और तकनीकी क्षमता पर अधिक जोर दिया जाता है। पेशे से इंजीनियर, फ्रेडरिक डब्ल्यू टेलर (1856-1915), वैज्ञानिक प्रबंधन के मौलिक प्रवर्तक और साधक थे। उन्होंने वैज्ञानिक प्रबंधन की अवधारणा का विकास उत्पादन की एक औद्योगिक व्यवस्था में 'शॉप-स्तर' पर कार्य प्रक्रियाओं के विधिवत् और गहन आनुभाविक विश्लेषण के द्वारा किया। टेलर के प्रबंधकीय चिंतन का लक्ष्य उत्पादन प्रक्रिया के भीतर 'व्यवस्था' और 'सक्षमता' लाना और कामगारों तथा पर्यवेक्षकों के बीच 'हितों की पारस्परिकता' को मान्यता देना था।

टेलर ने आकलन किया कि कामगारों को बुनियादी तौर पर अपना प्रबंधन स्वयं करने के लिए छोड़ दिया जाता था – जैसे औजारों का चयन करना और प्रत्येक कार्य/क्रिया को पूरे तौर पर अपनी समझ और अनुभव के आधार पर करना। वह इसे उत्पादन के लिए एक तर्करहित और अक्षम व्यवस्था मानते थे। इसलिए, उन्होंने यह सिद्धांत दिया कि प्रत्येक कार्य का वैज्ञानिक विश्लेषण उस कार्य की प्रकृति, उसमें लगने वाले समय और श्रम, समुचित औजारों के चयन और अन्य विशेषताओं को ध्यान में रखते हुए किया जाना चाहिए। उत्पादन में कार्य-प्रक्रियाओं को अच्छी तरह से तर्कसंगत बनाया जाना चाहिए (उसे प्रत्याशितता देने के लिए हिसाब लगाना चाहिए)। कार्य-प्रक्रियाओं का ज्ञान रखने वाले पर्यवेक्षकों/प्रबंधकों को शॉप-स्तर के उत्पादन के पर्यवेक्षण के लिए तैयार अथवा प्रशिक्षित किया जाना चाहिए। इससे औद्योगिक संगठन में व्यवस्था, शुद्धता और सक्षमता आएगी।

टेलर की वैज्ञानिक प्रबंधन की अवधारणा का आधुनिक प्रबंधकीय चिंतन पर गहरा प्रभाव पड़ा। किंतु इसमें प्रशासन और प्रबंधन का कोई व्यापक सिद्धांत प्रस्तुत नहीं किया गया था। टेलर

की अवधारणा शॉप-स्तर की गतिविधियों तक और उत्पादन प्रक्रिया में पर्यवेक्षकीय भूमिकाओं के पुनर्निर्धारण तक ही सीमित रही। इसमें औद्योगिक संगठनों की समग्र प्रशासनिक संरचनाओं पर कोई ध्यान नहीं दिया गया। वास्तव में, वैज्ञानिक प्रबंधन का ऐसा सीमित अनुप्रयोग संगठनों की संपूर्ण सक्षम तथा प्रभावी कार्यप्रणाली के बारे में एक ठोस समझ विकसित करने के लिए पर्याप्त नहीं था।

वैज्ञानिक प्रबंधन की सीमाबद्धताओं के बावजूद इसका प्रशासन तथा प्रबंधन के प्राथमिक तथा मूलभूत सिद्धांत के रूप में 'सक्षमता' को आम मान्यता देने में बहुत बड़ा योगदान रहा है। इसके अतिरिक्त, वैज्ञानिक प्रबंधन के मार्गदर्शक मूल्यों और पद्धतियों ने अत्यधिक महत्त्वपूर्ण संरचनाओं के विकास को प्रेरित किया है, जैसे–प्रशासनिक/कार्यकारी सत्ता का केंद्रीकरण, जवाबदेही, योग्यता व्यवस्थाओं की स्थापना, विरोधाभासों की समाप्ति आदि। इसलिए, प्रशासन तथा प्रबंधन की आधुनिक व्यवस्थाओं के विकास में इसका योगदान रहा है।

प्रशासनिक प्रबंधन (प्रशासनिक स्कूल (शाखा) के सिद्धांत) [Administrative Management (Principles of Administrative School)]—एक फ्रांसीसी खनन इंजीनियर हेनरी फायोल (1841-1925) को आधुनिक प्रबंधन का जनक कहा जाता है, क्योंकि उन्होंने एक समूचे संगठन पर लागू होने वाले प्रशासनिक सिद्धांतों का विकास किया था। फायोल का मानना था कि प्रशासन एक प्रक्रिया है जिसे संगठन के सभी स्तरों पर चलाया ही जाना चाहिए। फायोल ने नियोजन, संगठन, आदेश, समन्वयन और नियंत्रण की प्रबंधन के मूल तत्त्वों के रूप में पहचान की। बाद में, सिद्धांतकारों ने इन तत्त्वों के आधार पर निम्नलिखित सात प्रबंधन कार्यों की रूपरेखा तैयार की, जो अंग्रेजी में पोस्डकोर्ब (POSDCORB) के संक्षिप्त नाम से प्रसिद्ध हुई–

- **नियोजन (Planning)**—एक संगठन और लक्ष्यों को प्राप्त करने के लिए लागू किए जाने वाली पद्धतियों में की जाने वाली गतिविधियों की एक व्यापक रूपरेखा का विकास।
- **संगठन (Organising)**—सत्ता की एक औपचारिक संरचना को व्यवस्थित रखना जिससे कार्य का उपविभाजन निश्चित हो–अर्थात् विभागों, कार्यालयों, ब्यूरो, अभिकरणों आदि का गठन।
- **कर्मचारी भर्ती (Staffing)**—इसका संबंध कार्मिकों/कर्मचारियों की भर्ती एवं प्रशिक्षण और काम के अनुकूल वातावरण को बनाए रखने से होता है।
- **निर्देशन (Directing)**—इसका संबंध संगठन का नेतृत्व करने, निर्णय करने और संगठन नीतियों और प्रक्रियाओं के आधार पर उनके कार्यान्वयन से होता है।
- **समन्वयन (Coordination)**—कार्य प्रक्रिया के तत्त्वों अथवा विभिन्न गतिविधियों में अंतर्संबंध और समरसता बनाने का महत्त्वपूर्ण और प्रभावी काम।
- **रिपोर्ट संप्रेषण (Reporting)**—वरिष्ठ अधिकारियों को कार्य की प्रगति अथवा स्थिति की जानकारी देने की प्रक्रिया और पद्धति–जैसे आँकड़ा संग्रह और सूचना प्रबंधन।
- **बजट निर्माण (Budgeting)**—वित्तीय नियोजन, वित्त का लेखा-जोखा और नियंत्रण के कामों से इसका संबंध होता है।

मूल तत्त्वों की पहचान कर लेने के बाद, फायोल ने प्रबंधन के चौदह आम सिद्धांतों की रूपरेखा प्रस्तुत की—

- श्रम विभाजन,
- सत्ता,
- अनुशासन,
- आदेश की एकरूपता,
- निर्देशन की एकरूपता,
- व्यक्तिगत हितों को आम हितों के अधीन करना,
- पारिश्रमिक,
- केंद्रीकरण अथवा विकेंद्रीकरण,
- सोपान शृंखला,
- व्यवस्था,
- न्यायोचित,
- सेवा अवधि का स्थायित्व,
- पहल और
- प्रबंधन द्वारा अपने कर्मचारियों का मनोबल अनिवार्य रूप में बनाए रखना (espirt de corps)।

हेनरी फायोल के काम के आधार पर गुलिक और उर्विक (1937) ने आगे योगदान करते हुए प्रशासन तथा प्रबंधन के कार्यों से संबंधित सिद्धांतों का विकास किया। ये इस प्रकार हैं—

- प्रबंधन द्वारा समन्वयन (निगरानी और नियंत्रण) ही तर्कसंगत और सक्षम प्रशासन की कुंजी है।
- प्रशासन की संरचना तैयार करते समय चार मूल मानदंडों को ध्यान में रखना चाहिए–(1) उसका उद्देश्य क्या है, (2) कार्य-प्रक्रियाएँ, (3) व्यक्ति और वस्तुएँ, और (4) कार्य स्थल। इन्हीं मानदंडों के अनुसार श्रम-विभाजन और प्रशासनिक इकाइयों का विशेषीकरण किया जाना चाहिए।
- यह आवश्यक है कि आदेश अथवा निर्देश की एकरूपता को केवल एक ही पर्यवेक्षक बनाकर रखे। सक्षम तथा प्रभावी समन्वयन के लिए, पदक्रम के शीर्ष पर एकरूपी आदेश होना चाहिए। अलग-अलग तरह के आदेश से भ्रम और विरोधाभास पैदा होता है, जिससे अंतत: कर्मचारियों के काम और मनोबल पर प्रतिकूल प्रभाव पड़ता है।
- शीर्ष प्रशासन को लक्ष्यों और आम नीतियों के निर्धारण पर ध्यान केंद्रित करना चाहिए। निचले स्तर के प्रबंधन को क्रियान्वयन की प्रक्रिया में कार्यरत रहना चाहिए। पदक्रम के विभिन्न स्तरों पर सत्ता के साथ-साथ करने वाले कार्यों की जिम्मेदारी के बीच तालमेल भी निहित होना चाहिए।
- प्रभावकारी निर्देशन और सक्षम कार्यप्रणाली के लिए नियंत्रण का एक संकीर्ण दायरा वांछनीय होता है। यदि एक अकेला अधिकारी बड़ी संख्या में अधीनस्थों का निर्देशन अथवा पर्यवेक्षण करता है, तो उससे अक्षमता और भ्रम पैदा होता है।

- व्यवस्थित नियोजन एक अत्यंत महत्त्वपूर्ण और आवश्यक प्रशासनिक कार्य है।
- प्रशासन को ऐसी स्थितियाँ पैदा करनी चाहिए जिससे कामगारों के साथ उचित और न्यायसंगत व्यवहार हो। कर्मचारियों में पहल तथा जिम्मेदारी को प्रोत्साहित करने के लिए उन्हें उपयुक्त प्रोत्साहन देना चाहिए। प्रबंधन को कर्मचारियों का मनोबल बनाए रखना चाहिए ताकि संगठन के भीतर समरसता बनी रहे।

प्रश्न 8. प्रशासन तथा प्रबंधन के मानव संबंध विषयक दृष्टिकोण तथा समन्वयी दृष्टिकोण की व्याख्या कीजिए।

अथवा

प्रशासन और प्रबंध का मानव व्यवहार दृष्टिकोण पर संक्षिप्त टिप्पणी लिखिए।

[जून-2014, प्रश्न सं.-4 (ग)]

उत्तर– **मानव संबंध विषयक दृष्टिकोण (Human Relations Approach)–** एल्टन मेयो और चेस्टर बर्नार्ड ने प्रशासन तथा प्रबंधन के मानव संबंध विषयक दृष्टिकोण के निर्धारण में महत्त्वपूर्ण योगदान किया है। इन दृष्टिकोणों के बुनियादी पहलुओं से हम विभिन्न प्रकार के संगठनों के प्रशासन तथा प्रबंधन में उनके उपयोग को निम्नलिखित प्रकार से समझ सकेंगे–

(1) एल्टन मेयो: हॉथॉर्न अध्ययन (Elton Mayo: Hawthorne Studies)– एल्टन मेयो (1880-1949) और उनके सहयोगियों ने शिकागो, अमेरिका की वेस्टर्न इलेक्ट्रिक कंपनी के हॉथॉर्न प्लांट (संयंत्र) में व्यापक अनुसंधान किया, जो 'हॉथॉर्न अध्ययन' (Hawthorne Studies) के नाम से जाना जाता है। इन अध्ययनों में काफी रूढ़िवादी किस्म के वैज्ञानिक प्रबंधन प्रयोगों में 'कार्य संबंधी दशाओं' के बारे में अनुसंधान किया गया। इन प्रयोगों का अभिप्राय उत्पादकता पर कार्य संबंधी दशाओं के प्रभाव का पता लगाना था। इन अध्ययनों से मूल निष्कर्ष यह निकला कि कार्य संबंधी दशाओं और उत्पादकता के बीच कोई कार्यकारण संबंध नहीं था। इसके बजाय मानवीय कारक और कंपनी, नौकरी तथा अन्य मुद्दों के प्रति कर्मचारियों का रुख ही उत्पादन में बढ़ोतरी के लिए महत्त्वपूर्ण थे।

हॉथॉर्न अध्ययनों के साथ प्रशासन तथा प्रबंधन के समूचे दर्शन में आमूलचूल रूपांतरण का एक युग शुरू हुआ। प्रशासन तथा प्रबंधन से एक सामाजिक व्यवस्था के रूप में संगठन पर और अधिक ध्यान देने की अपेक्षा थी। इसका अर्थ यह हुआ कि प्रशासन तथा प्रबंधन को अब केवल औपचारिक संरचनाओं पर निर्भर नहीं रहना चाहिए, जैसा कि नौकरशाही अथवा वैज्ञानिक प्रबंधन में होता है। इसके बजाय, प्रशासन तथा प्रबंधन को चाहिए कि वे सामाजिक-मनोवैज्ञानिक कारकों, कर्मचारियों के व्यवहार और अनौपचारिक संरचनाओं की भूमिका (संगठन में समूहों के बीच अनौपचारिक संबंधों) को बराबर का महत्त्व दें। हॉथॉर्न अध्ययनों से यह निष्कर्ष निकला कि कर्मचारियों के व्यवहार को उनकी भावनाओं (गैर-तर्कसंगत कारकों) से अलग नहीं किया जा सकता। इस तरह की भावनाएँ व्यक्ति के इतिहास, समाजीकरण, पिछले अनुभवों और संगठन में वर्तमान स्थिति से अनुकूलित होती हैं। इसलिए, किसी कार्य स्थल में कर्मचारियों के व्यवहार को समझने (व्याख्या तथा पूर्वानुमानित करने) के लिए प्रशासन तथा प्रबंधन के लिए यह सर्वाधिक महत्त्वपूर्ण होता है कि वे मात्र एक आर्थिक तथा तकनीकी संरचना के रूप में संकल्पित संगठन के सीमित विचार को त्याग दें। इसके बजाय, प्रशासन तथा प्रबंधन को चाहिए कि वे संगठन को

एक जटिल सामाजिक संरचना के रूप में देखें, जो व्यक्तियों की अनुभूतियों, संवेगों तथा भावनाओं में आधारित मानव संबंधों का पेचीदा जाल है। इस प्रकार, हॉथॉर्न अध्ययनों ने प्रशासन तथा प्रबंधन के एक मानव संबंध विषयक दृष्टिकोण की नींव रखी। इस दृष्टिकोण में सांगठनिक परिवेश में मानव प्रकृति पर ध्यान केंद्रित किया गया और संगठन में प्रतिस्पर्धा के ऊपर सहयोग के साथ-साथ व्यक्तिवाद के ऊपर परस्पर निर्भरता को महत्त्व दिया गया।

(2) चेस्टर बर्नार्ड: मानव संबंध विषयक परिप्रेक्ष्य (Chester Barnard: The Human Relations Perspective)–चेस्टर बर्नार्ड (1886-1961) का तर्क था कि संगठन अपना काम करने के लिए सदस्यों द्वारा किए गए 'योगदानों' और संगठनों द्वारा दिए गए 'प्रलोभनों' के बीच एक 'संतुलन' बनाकर रखते हैं। संगठन के प्रति किए गए 'योगदानों' (अथवा निवेशों) का संबंध सदस्य की संतुष्टि और अनुभूति से होता है कि संगठन के साथ उनके संबंध से उन्हें लाभ हो रहा है। इस तरह, सदस्यों से आवश्यक योगदान प्राप्त करने के लिए, संगठनों के लिए यह अनिवार्य हो जाता है कि वे उन्हें 'विशिष्ट' तथा 'सामान्य' दोनों प्रकार के प्रलोभन उपलब्ध कराएँ। 'विशिष्ट प्रलोभनों' से बर्नार्ड का आशय था–

(क) भौतिक लाभ - जैसे धन तथा अनुकूल कार्य संबंधी दशाएँ;

(ख) व्यक्तिगत प्रोत्साहन - जैसे अधिकार तथा प्रतिष्ठा बढ़ाने वाले पुरस्कार;

(ग) निष्ठा की भावनाएँ और महत्त्वपूर्ण 'उद्देश्यों' और 'आदर्शों' का अनुसरण और व्यक्तिगत मान बढ़ाने वाले प्रोत्साहन।

बर्नार्ड के अनुसार, 'सामान्य प्रलोभनों' का संबंध एक कार्य परिवेश में सदस्यों की सामाजिक-मनोवैज्ञानिक अवस्था से होता है–

(क) संगठन के भीतर सदस्यों के बीच सौहार्दपूर्ण सामाजिक संबंध;

(ख) व्यक्ति की मनोवृत्तियों, कार्य की आदतों और विधियों के साथ कार्य दशाओं का संबंध;

(ग) निर्णय निर्धारण की प्रक्रिया में सार्थक भागीदारी; और

(घ) समान मूल्यों, उद्देश्यों तथा लक्ष्यों वाले व्यक्तियों के साथ काम करने की अनुभूति।

सत्ता की स्वीकार्यता (Acceptance of Authority)–प्रशासन तथा प्रबंधन के प्रति बर्नार्ड का एक महत्त्वपूर्ण योगदान 'सत्ता की स्वीकार्यता' संबंधी उनकी धारणा है। पारंपरिक दृष्टिकोण में, सत्ता एक संगठन के भीतर विद्यमान पदक्रम में नीचे से ऊपर के क्रम में औपचारिक आधिकारिक पदों में निहित होती है। बर्नार्ड का तर्क था कि सत्तावादी अथवा प्रामाणिक होने के लिए आदेश इस प्रकार होने चाहिए–

(क) स्पष्ट रूप में कहे गए और समझे जाने योग्य;

(ख) संगठन के लक्ष्यों और उद्देश्यों के अनुरूप;

(ग) कर्मचारियों के व्यक्तिगत हितों के अनुकूल;

(घ) उपलब्ध संसाधनों में ही करने योग्य कार्य; और

(ङ) जिनमें अनावश्यक लागत अथवा जोखिम न हो।

समन्वयी दृष्टिकोण (Integrative Approaches)–'मानव संबंध' के परवर्ती चरण में, औपचारिक तथा अनौपचारिक संबंधों की व्यापक व्यवस्थाओं के रूप में संगठनों को उनकी 'समग्रता' में समझने में कहीं अधिक व्यापक रुचि देखी गई। प्रशासनिक तथा प्रबंधकीय सिद्धांत में, संगठनों के भीतर तकनीकी, सामाजिक और मनोवैज्ञानिक दशाओं को सुधारने के लिए

प्रभावकारी हस्तक्षेप के लिए प्रमुख क्षेत्रों की पहचान के प्रयास किए गए। उन्होंने प्रशासन तथा प्रबंधन के समन्वयी दृष्टिकोणों का विकास किया, जिनमें सारा ध्यान सांगठनिक मुद्दों के कुछ अपेक्षाकृत अधिक प्रभावशील क्षेत्रों पर केंद्रित था। जैसे–

(1) निर्णय निर्धारण की प्रक्रिया पर ध्यान देना (Focus on Process of Decision-making)–इस दृष्टिकोण का मूल तर्क यह है कि 'पारंपरिक दृष्टिकोणों' के साथ 'सामाजिक संबंधों' को समन्वित करने का सर्वाधिक प्रभावकारी तरीका है निर्णय निर्धारण की प्रक्रिया पर एकाग्रता। इसका उद्देश्य होता है कि मानव संबंधों (गैर-तर्कसंगत व्यवहार) के साथ पारंपरिक दृष्टिकोणों (नौकरशाही) की तर्कसंगत मान्यताओं का तालमेल बैठाना।

इस उद्देश्य की प्राप्ति के लिए, हर्बर्ट ए. साइमन (1957) ने सीमित अथवा 'परिबद्ध तार्किकता' का प्रतिपादन किया। साइमन का मानना था कि सीमित तार्किकता की समझ से सांगठनिक यथार्थ की बेहतर व्याख्या की जा सकती है, जिसमें साइमन के अनुसार निम्नलिखित विशेषताएँ होती हैं–

(क) सदस्य (अथवा कर्मचारी) एक संगठन के बुनियादी मूल्यों अथवा लक्ष्यों के बारे में अक्सर असहमति व्यक्त करते हैं।

(ख) निर्णय निर्धारक आमतौर पर अपने निर्णयों के समस्त संभावी विकल्पों अथवा परिणामों के बारे में नहीं जानते।

(ग) समस्याओं के प्रति प्रबंधकीय अनुक्रिया प्रायः पूर्वसंकल्पित धारणाओं से प्रभावित होती है।

(घ) समस्याओं की पहचान और फिर उनके अनुवर्ती समाधान आमतौर पर संगठनों के लक्ष्यों और भावी दृष्टि के विपरीत आंतरिक अनौपचारिक समूहों के मूल्यों और उद्देश्यों से प्रभावित होते हैं।

(ङ) निर्णय निर्धारकों के पास कभी संपूर्ण जानकारी नहीं होती और इसके अतिरिक्त उनके पास उपलब्ध जानकारी के विश्लेषण की केवल सीमित क्षमता होती है।

(2) सांगठनिक मनोविज्ञान (Organisational Psychology)–इस दृष्टिकोण में निहित मूल धारणा यह है कि विभिन्न औपचारिक संरचनाएँ (जैसे कि नौकरशाही में) कर्मचारी अथवा कामगारों के कार्य निष्पादन पर प्रतिकूल प्रभाव डालती हैं। निर्वैयक्तिकरण, श्रम विभाजन, कार्य विशेषज्ञता, कड़ा निरीक्षण और ऐसी ही अन्य विशेषताएँ एक औपचारिक संगठन में कर्मचारियों के बीच अलगाव और निराशा का भाव पैदा करती हैं। इसलिए यह बेहद महत्त्वपूर्ण हो जाता है कि इस प्रकार की समस्याओं (अलगाव) की प्रकृति को समझा जाए और कर्मचारियों और प्रबंधन के बीच सामाजिक-मनोवैज्ञानिक संवाद को बेहतर करके इनका समाधान किया जाए।

(3) संगठन विकास (Organisation Development)–निरीक्षण और प्रबंधन की समस्याओं में संगठन मनोविज्ञान परिप्रेक्ष्य के एक महत्त्वपूर्ण अनुप्रयोग को संगठन विकास कहा जाता है। संगठन विकास के समन्वयी दृष्टिकोण का उद्देश्य आमतौर पर संगठन के समग्र प्रशासन और प्रबंधन में कार्यक्रमों के एक नियोजित बदलाव की रूपरेखा तैयार करना होता है। इस उद्देश्य की प्राप्ति के लिए संगठन के भीतर संरचनात्मक अथवा व्यवहारात्मक संशोधन किए जाते हैं। संगठन विकास के अंतर्गत निम्नलिखित कारकों से संबंधित कमियों में सुधार करने पर ध्यान दिया जा सकता है–

(क) संगठन और उसके परिवेश के बीच संबंधों की प्रकृति;

(ख) संगठन के भीतर अंतरसमूह संबंधों की गतिशीलता;
(ग) कर्मचारी और औपचारिक प्रबंधकीय संरचना के बीच कार्यात्मक संबंध; और
(घ) अंतर्वैयक्तिक संबंध।

(4) मुक्त व्यवस्था वाला ढाँचा (The Open-Systems Framework)—मुक्त व्यवस्था दृष्टिकोण में समूचे सामाजिक परिवेश के भीतर संगठनों के अस्तित्व और कार्यप्रणाली की संकल्पना की जाती है। इसमें संगठन की सामाजिक तथा प्रौद्योगिकीय विशेषताओं के बीच अंतर्संबंधों पर जोर दिया जाता है, जिन्हें मुक्त व्यवस्थाओं के रूप में लिया जाता है, क्योंकि उनका अस्तित्व और उनकी सफलता मानव तथा भौतिक संसाधनों की प्राप्ति के लिए बाहरी परिवेश (तथा अन्य संगठनों) के साथ नियमित लेन-देन पर निर्भर करती है।

मुक्त व्यवस्था ढाँचे में, संगठन को चलाने के लिए प्रशासनिक तथा प्रबंधकीय कार्य अनेक महत्त्वपूर्ण उप-व्यवस्थाओं पर निर्भर करते हैं। प्रत्येक उप-व्यवस्था की विशेषता समूची व्यवस्था में उसकी भूमिका में निहित होती है। प्रत्येक उप-व्यवस्था अनेक कार्य करती है। प्रशासनिक संरचना इस प्रकार बनाई जाती है कि वह संगठन की अन्य सभी उप-व्यवस्थाओं की गतिविधियों का समन्वयन करे और उनमें अंतर्संबंध स्थापित करे। ये उप-व्यवस्था निम्नलिखित हैं—

(क) उत्पादन संबंधी अथवा तकनीकी उप-व्यवस्थाएँ (Production or Technical sub-systems)—निवेश को प्राथमिक उत्पादन का रूप देने के लिए बनाई गई मानव तथा यांत्रिक प्रक्रियाएँ, जिन्हें लाइन ऑपरेशन भी कहा जाता है।

(ख) सहायक उप-व्यवस्थाएँ (Supportive sub-systems)—
  (i) कच्चे माल की प्राप्ति तथा वितरण में कार्यरत उप-व्यवस्थाएँ; और
  (ii) वे उप-व्यवस्थाएँ जिनकी विशेषज्ञता बाहरी परिवेश से संबंध बनाए रखने की होती है। उदाहरण के लिए बाजार अनुसंधान, विज्ञापन, जन संपर्क आदि।

(ग) रख-रखाव संबंधी उप-व्यवस्थाएँ (Maintenance sub-systems)—संगठन के मानव संसाधन आधार के रख-रखाव के लिए मानव कौशल की नियमित आपूर्ति को सुनिश्चित करती हैं।

(घ) समायोजक उप-व्यवस्थाएँ (Adaptive sub-systems)—पूर्व प्रत्याशा प्रस्तुत करती हैं और परिवेश में आए बदलावों तथा नई माँगों (नियोजन, अनुसंधान और विकास) के अनुसार कार्य करती हैं।

(ङ) प्रबंधकीय उप-व्यवस्थाएँ (प्रशासनिक संरचना) (Managerial sub-systems)—इनकी प्राथमिक भूमिका होती है अन्य उप-व्यवस्थाओं के साथ समन्वय और अंतर्संबंध स्थापित करना – विरोधाभास को दूर करना, संसाधनों का आबंटन, आंतरिक लक्ष्यों और बाहरी परिवेश के बीच संबंध रखना।

प्रश्न 9. स्वैच्छिक संगठनों के प्रशासन और प्रबंधन में शामिल सैद्धांतिक और व्यावहारिक मुद्दों का आकलन कीजिए।

अथवा

स्वैच्छिक और सवेतन कार्य की दोहरी प्रकृति पर संक्षिप्त टिप्पणी लिखिए।

[जून-2013, प्रश्न सं.-5 (c)]

उत्तर— स्वैच्छिक संगठनों के प्रशासन और प्रबंधन में शामिल कुछ सैद्धांतिक और व्यावहारिक मुद्दे हैं—

(1) लोकतंत्र के मुद्दे (Issues of Democracy)–प्रशासन तथा प्रबंधन के पास स्वैच्छिक संगठन में आंतरिक लोकतंत्र बनाए रखने के लिए भावी दृष्टि, लोकाचार और प्रतिबद्धता होनी चाहिए। इसके अतिरिक्त, उसमें एक लोकतांत्रिक समाज में उठने वाले मुद्दों पर कार्य करने की योग्यता भी होनी चाहिए।

(क) आंतरिक लोकतंत्र (Internal Democracy)–छोटे स्वैच्छिक संगठन कम-से-कम वेतनभोगी कर्मचारी रखते हैं; उनकी आवश्यकता आमतौर पर सरल प्रशासनिक कार्यों तक सीमित होती है। प्रशासक की भूमिका संगठन के नेता (संस्थापक) से जुड़ी होती है। अधिकांश प्रशासनिक कार्य सदस्यों द्वारा स्वेच्छा से किए जाते हैं। अधिकांश गतिविधियाँ अनौपचारिक संबंधों के आधार पर चलाई जाती हैं और छोटे संगठनों में आंतरिक स्वतंत्रता कोई अधिक महत्त्वपूर्ण मुद्दा नहीं होता।

जब स्वैच्छिक संगठनों के आकार, सदस्य संख्या और भौगोलिक विस्तार में बढ़ोतरी होती है, तो वे अपने कार्य के लिए सुविकसित 'नौकरशाही' पर निर्भर करते हैं। नौकरशाही में कठोर और सत्तावादी ढंग से काम करने की अंतर्निहित प्रवृत्ति होती है। 'संघ की स्वतंत्रता' का लोकाचार लोकतंत्र की दिशा में प्रयास करता है और इस तरह स्वैच्छिक संगठनों की लोकतांत्रिक कार्यप्रणाली की उचित माँगे उठती हैं। इस संरचनात्मक तनाव पर काबू पाना और परिणामतः आंतरिक लोकतंत्र बनाए रखना प्रशासकों और प्रबंधकों के लिए एक असल चुनौतीपूर्ण काम होता है। प्रभावी ढंग से निर्णय निर्धारण और कार्यान्वयन के लिए प्रशासन को सत्ता सौंपने, तीव्र संचार, सूचना की साझेदारी और सदस्यों की नियमित भागीदारी को सुनिश्चित करना चाहिए। सत्ता की श्रेणीबद्ध संरचना पर अत्यधिक निर्भर करने की बजाय, प्रबंधन को स्वैच्छिक संगठनों के भीतर अनौपचारिक संबंधों को प्रोत्साहित करना चाहिए। स्वैच्छिक संगठनों को उनके सदस्यों द्वारा लोकतांत्रिक आधार पर चलाया जाता है, इसलिए प्रशासकों में सदस्यों के लोकतांत्रिक लोकाचार से निपटने के लिए आवश्यक कौशल होने चाहिए। प्रशासन को स्वैच्छिक संगठनों के भीतर एक उदारवादी और लोकतांत्रिक संस्कृति सुनिश्चित करने के लिए पर्याप्त क्षमता दिखानी चाहिए।

(ख) लोकतांत्रिक समाज से उठने वाले मुद्दे (Issues Arising from Democratic Society)–स्वैच्छिक संगठनों की कार्यप्रणाली में लोगों के साथ सीधे व्यवहार करना शामिल होता है। उदाहरण के लिए कारोबारी संगठन तो बाजार के माध्यम से समाज से अप्रत्यक्ष रूप में व्यवहार करता है। लोकतांत्रिक समाजों का बहुलवादी स्वरूप (नृजातीय, धार्मिक पहचान, जाति, वर्ग, जनजाति आदि) होने के कारण स्वैच्छिक संगठनों के प्रशासन से की जाने वाली माँगे अथवा अपेक्षाएँ असाधारण होती हैं। प्रशासकों प्रबंधकों में कार्यक्रमों के सफल कार्यान्वयन के लिए सामाजिक एकीकरण को सुगम बनाने के लिए क्षमताएँ होनी चाहिए। इसके अतिरिक्त, लोकतांत्रिक समाजों में स्वैच्छिक संगठनों का उदय मूलतः समाज में अनौपचारिक व्यवस्था (परिवार, मित्रों और पड़ोसियों के पारंपरिक संबंध) के कमजोर होने की प्रतिक्रिया स्वरूप हुआ है। साथ ही, वे लोकतांत्रिक समाज में विविध प्रकार के नए प्रगतिशील विचारों के प्रदाता-स्रोत के रूप में भी उभरे हैं। स्वैच्छिक संगठनों के प्रशासकों में विकास से संबंधित मुद्दों को समझने की योग्यता होनी चाहिए। ये मुद्दे विकास, पर्यावरण और महिला-पुरुष संबंधी होते हैं और एक लोकतांत्रिक समाज में इन मुद्दों के सामाजिक एवं अर्ध-राजनीतिक निहितार्थ होते हैं।

(2) कानूनी ढाँचा (Legal Framework)–अधिकांश समाजों में कानूनी ढाँचा स्वैच्छिक संगठनों की जटिल यथार्थता से काफी पिछड़ा हुआ है। कानूनों में उन्नीसवीं शताब्दी का

सामाजिक लोकाचार (उदाहरणार्थ, धर्मार्थ कानून) और भाषा परिलक्षित होते हैं, जो स्वैच्छिक क्षेत्र के हाल में उभरते सरोकारों को समायोजित करने के लिए उपयुक्त नहीं हैं। अनेक बार वे स्वैच्छिक संगठनों के भागीदारी स्वरूप का ही निषेध करते हैं। कराधान के कानूनों का विकास इस क्षेत्र के हितों के अनुसार नहीं हुआ है। पर्यावरण संबंधी सरोकारों, महिला-पुरुष संबंधी मुद्दों और मानवाधिकारों का प्रचार-प्रसार करने वाले स्वैच्छिक संगठनों का अपने अस्तित्व के लिए अनेक मंत्रालयों/राज्य संस्थाओं से पाला पड़ता है। यह क्षेत्र स्वैच्छिक संगठनों के प्रशासकों और प्रबंधकों के लिए विशिष्ट चुनौती होता है।

(3) स्वैच्छिक और सवेतन-कार्य की दोहरी प्रकृति (Dual Nature of Voluntary and Paid-Work)—स्वयंसेवक और सवेतन कामगार/कर्मचारी/व्यावसायिक आदि स्वैच्छिक संगठन में साथ-साथ काम करते हैं। दोनों श्रेणियों के लोकाचार, कार्यशैली, प्रतिबद्धता आदि एक-दूसरे से भिन्न होती हैं। प्रशासन को संगठन के भीतर इस प्रकार की विषमजातीय कार्य से पैदा होने वाली प्रतिकूल स्थितियों से समझौता करने के लिए परिवर्तनकारी तरीके खोजने पड़ते हैं। उदाहरण के लिए स्वयंसेवक एक लक्ष्य और उत्साह के साथ काम करते हैं और उपलब्धि के ऊँचे मानदंड स्थापित करते हैं, जबकि सवेतन कर्मचारी ऐसे मानदंड की अक्सर अनदेखी कर देते हैं। स्वयंसेवक कार्य करने के लिए अपना समय स्वयं निर्धारित करते हैं और अपनी काम संबंधी स्वतंत्रता पर गर्व करते हैं। सवेतन-कर्मचारी कभी-कभी स्वयंसेवकों से ईर्ष्या करने लगते हैं। प्रबंधकों को अक्सर एक स्वैच्छिक संगठन में सौहार्दपूर्ण कार्य व्यवस्था बनाए रखने में कठिनाई होती है।

(4) राज्य के साथ संबंध (Relationship with State)—अधिकांश स्वैच्छिक संगठनों (उदाहरण के लिए गैर-सरकारी संगठनों) को राज्य से वित्तीय सहायता मिलती है। 'देखभाल तथा कल्याण' की गतिविधियों में लगे संगठनों के राज्य के साथ संबंध आमतौर पर सुविधाजनक होते हैं। किंतु, 'बदलाव और विकास' में लगे स्वैच्छिक संगठनों को विशेष परेशानी होती है, क्योंकि उनकी विचारधाराएँ, विकास संबंधी परिप्रेक्ष्य और संवेदनशील मुद्दों का उनका चयन राज्य की दृष्टि, नीतियों और विकास के प्रति वचनबद्धता से भिन्न होता है। ऐसे स्वैच्छिक संगठनों के प्रबंधकों में ऐसे कौशल होने जरूरी हैं, ताकि वे राज्य की माँगों और सांगठनिक हितों के बीच संतुलन बना सकें। एक और कारक है—राज्य से वित्तीय सहायता (अनुदान-सहायता) प्राप्त करने के लिए स्वैच्छिक संगठनों के बीच होड़ लगी रहती है। ऐसी होड़ में सफलता के लिए राज्य की संस्थाओं के साथ कारगर सांठगांठ के लिए कूटनीतिक कौशलों की जरूरत होती है। स्वैच्छिक संगठनों के पास क्योंकि अपने स्वयं की थोड़ी बहुत धनराशि होती है, इसलिए संसाधन संघटन स्वैच्छिक संगठनों के प्रशासन तथा प्रबंधन के लिए हमेशा एक मुश्किल काम होता है।

(5) दानदाताओं पर निर्भरता (Dependence on Donors)—अधिकांश स्वैच्छिक संगठनों को व्यावसायिक संस्थानों, मर्यादित (लिमिटेड) कंपनियों, प्रतिष्ठानों और अन्य ऐसी ही संस्थाओं से धनराशि मिलती है। दानदाता अक्सर ऐसी शर्तें लगा देते हैं जो स्वैच्छिक संगठनों की नीतियों और कार्यनीतियों पर असर डालती हैं। अनेक बार तो दानदाता यह सुनिश्चित कर लेते हैं कि उनका पैसा कर्मचारियों के वेतन अथवा अन्य अनुत्पाद कार्यों पर खर्च न हो। इससे स्वैच्छिक संगठनों के आंतरिक प्रबंधन के लिए मुश्किलें खड़ी हो जाती हैं और इससे स्वैच्छिक क्षेत्र की स्वतंत्रता को समझौता करना पड़ता है। स्वैच्छिक संगठनों के प्रशासन तथा प्रबंधन के लिए यह एक बेहद संवेदनशील और प्रभावित होने वाला क्षेत्र है।

(6) **बदलते लक्ष्य (Shifting-Goals)**—निश्चित रूप से, स्वैच्छिक संगठनों के लक्ष्य हमेशा ही सामाजिक प्रकृति के होते हैं। वे समाज की देखभाल, कल्याण, बदलाव और विकास के कार्यों में लगे होते हैं। सामाजिक-राजनीतिक बदलाव लक्ष्यों की प्रासंगिकता/अप्रासंगिकता को प्रभावित करते हैं। इसके अतिरिक्त वित्तदाता अभिकरणों की प्राथमिकताओं में बदलाव अथवा राज्य की नीतियों में बदलाव का भी स्वैच्छिक संगठनों के मौजूदा लक्ष्यों पर प्रतिकूल प्रभाव पड़ता है। कभी-कभी कोई स्वैच्छिक संगठन अपनी पिछली उपलब्धि की समीक्षा करता है और अपने पुराने लक्ष्यों को छोड़कर नए लक्ष्यों को चुनने का निर्णय करता है। यहाँ ये निहितार्थ महत्त्वपूर्ण हैं कि लक्ष्यों में बदलाव का अर्थ होता है स्वैच्छिक संगठन का आमूलचूल पुनर्गठन। यह स्वैच्छिक क्षेत्र में प्रशासन तथा प्रबंधन के समक्ष आया एक असाधारण काम/माँग होती है, जो समाज के अन्य संगठनों/क्षेत्रों में इतनी आम नहीं होती।

(7) **पक्ष-समर्थन (Advocacy)**—स्वैच्छिक संगठन, अनेक बार, अपने उद्देश्यों अथवा लक्ष्यों से संबंधित मुद्दों का समर्थन करने में लग जाते हैं जैसे कि स्वास्थ्य, शिक्षा और विकास और इसी तरह के अन्य कार्य। किंतु, राजनीतिक स्वैच्छिकवाद में लगे स्वैच्छिक संगठनों में पक्ष समर्थन महत्त्वपूर्ण हो जाता है। ऐसे संगठनों के प्रशासक/प्रबंधक समाज में सक्रिय दबाव समूहों का निर्माण करते हैं। उनसे अपेक्षित होता है कि वे कमोबेश राजनीतिक नेताओं के समान ही भूमिकाएँ निभाएँगे। अर्ध-राजनीतिक प्रकृति की इन भूमिकाओं का प्रबंधन के मूल सिद्धांतों से बिल्कुल भी मेल नहीं बैठता। किंतु, राजनीतिक स्वैच्छिकवाद में लगे, ऐसे स्वैच्छिक संगठनों के प्रशासन और प्रबंधन से यह अपेक्षित होता है कि वे अपने उद्देश्यों की प्राप्ति के लिए एक राजनीतिक प्रकृति की विशिष्ट महारत (योग्यता) हासिल करेंगे।

(8) **वैधता (Legitimacy)**—स्वैच्छिक संगठनों का श्रेष्ठ नैतिकता और आचार का दावा परोपकारिता के मूलभूत सिद्धांत में निहित होता है। स्वैच्छिक संगठन की गतिविधियों और कार्य-निष्पादन को लाभार्थियों तथा समाज की दृष्टि में पाक-साफ ही होना चाहिए। प्रशासन को वित्तदाता अभिकरणों के समक्ष एक विश्वसनीय लेखा प्रस्तुत करना होता है। प्रशासकों और प्रबंधकों को स्वैच्छिक संगठन के महत्त्वपूर्ण मूल्यों के पालन का प्रयास करना चाहिए। उनकी क्रियाएँ और निर्णय ऐसे होने चाहिए जो स्वैच्छिक अभिकरण के सदस्यों को उचित और सही लगें।

प्रश्न 10. स्वैच्छिक संगठनों के संदर्भ में प्रशासन की महत्त्वपूर्ण जिम्मेदारियाँ कौन-कौन सी हैं?

उत्तर— एक जिम्मेदार प्रशासन स्वैच्छिक संगठन की प्रभावी कार्यप्रणाली और सफलता के लिए बेहद आवश्यक है। नियमित कार्यों को निपटाने की सामान्य जिम्मेदारियों के बावजूद स्वैच्छिक संगठनों के अस्तित्व संबंधी अन्य महत्त्वपूर्ण मुद्दे भी हैं। प्रशासन की प्राथमिक जिम्मेदारी निम्नलिखित स्थितियों को सुनिश्चित करने की होती है–

- सदस्यों की स्वतंत्रता और आंतरिक अनुशासन के बीच संतुलन;
- स्वैच्छिक संगठन की स्वतंत्रता संबंधी मुद्दों और बाहरी निगरानी के बीच संतुलन;
- लाभार्थियों द्वारा की गई जागरूक आलोचनाओं पर सकारात्मक ढंग से ध्यान देने की कार्यविधि;
- यह जाँच करना कि स्वैच्छिक संगठन अपने लक्ष्यों के संदर्भ में नैतिक दृष्टि से सही काम कर रहा है;

- बदले हुए सामाजिक-राजनीतिक परिवेश अथवा अन्य परिस्थितियों में लक्ष्यों में आवश्यकता अनुसार परिवर्तन;
- उन पुराने लक्ष्यों का त्याग जो अप्रासंगिक हो गए हैं और स्वैच्छिक संगठन को जिन्हें अब प्राप्त करना आवश्यक नहीं है;
- स्वैच्छिक संगठन ज्ञान, कौशल और नई-नई आवश्यकताओं के मामलों में अद्यतन हो;
- स्वैच्छिक संगठन की वित्तीय सेहत (स्थिति);
- सांविधिक निकायों की तुलना में बेहतर और कम लागत वाली सेवाओं की व्यवस्था;
- स्वैच्छिक संगठन के भीतर और अन्य स्वैच्छिक संगठनों के संदर्भ में भी, कार्यों की व्यर्थ पुनरावृत्ति की समाप्ति;
- कार्य निष्पादन की निगरानी और मूल्यांकन की कार्यविधि; और
- स्वैच्छिक संगठनों की सेवाएँ प्राप्त करने वाले और उपभोक्ता/दान देने वाले उसके कार्य से समुचित रूप में संतुष्ट हों।

प्रश्न 11. स्वैच्छिक अभिकरण प्रशासन और प्रबंधन की प्रभावशीलता को बढ़ाने वाले प्रमुख पहलुओं की व्याख्या कीजिए।

अथवा

स्वैच्छिक संगठनों के प्रशासन तथा प्रबंधन में सुधार करने के संबंध में मानव संसाधन विकास तथा प्रशिक्षण द्वारा उठाए गए मुद्दों का विवेचन कीजिए।

अथवा

वीओज के प्रशासन और प्रबंधन को बेहतर बनाने में मानव संसाधन विकास और प्रशिक्षण की भूमिका स्पष्ट कीजिए। [जून-2013, प्रश्न सं.-3 (b)]

उत्तर— स्वैच्छिक क्षेत्र में तेजी से विकास होने के कारण स्वैच्छिक संगठनों की गतिविधियों में वृद्धि और विविधता आ गई है। कॉलिन बॉल और लीथ डुन (1995) ने अनेक विकसित और विकासशील देशों में स्वैच्छिक संगठनों की वास्तविकता का अनुसंधान और विश्लेषण किया है। उन्होंने स्वैच्छिक संगठनों की समकालीन वास्तविकता के संदर्भ में मानव संसाधन विकास (Human Resource Development; HRD) तथा प्रशिक्षण; समीक्षा, निगरानी तथा मूल्यांकन; जानकारी की साझेदारी और नेटवर्किंग और गठबंधन निर्माण से संबंधित कुछ प्रासंगिक मुद्दों की पहचान की है।

(1) मानव संसाधन विकास और प्रशिक्षण (Human Resource Development and Training)— प्रशासकों में स्वयंसेवकों, वेतन कर्मचारियों, मंडल सदस्यों, साधारण सदस्यों, लाभार्थियों तथा अन्य लोगों के दल की रचनात्मक ऊर्जाओं को जुटाने की योग्यता होनी चाहिए। उनमें बहुत प्रयोजन गुण होने चाहिए; जैसे दल को प्रेरित करना, सांगठनिक गतिविधियों का प्रबंधन और समाज के लोगों के साथ काम करने के आवश्यक कौशल। वित्तपोषण की अनिश्चित प्रकृति के कारण उनमें असुरक्षित परिस्थितियों में काम करने की क्षमता भी होनी चाहिए। प्रभावशील प्रशासन के लिए, मानव शक्ति के व्यक्तिगत गुणों को मानव संसाधन विकास और प्रशिक्षण के माध्यम से मजबूत करने की आवश्यकता होती है।

प्रबंधन प्रशिक्षण के महत्त्व को अधिकाधिक स्वैच्छिक संगठन पहचान रहे हैं जो स्वैच्छिक क्षेत्र में एक विशिष्ट कार्य के तौर पर उभर रहा है। इसके अतिरिक्त, मंडलों/शासी निकायों, सदस्यों, स्वयंसेवकों और लाभार्थियों की मानव संसाधन विकास और प्रशिक्षण संबंधी आवश्यकताओं की भी पहचान की जा रही है, जिसका उद्देश्य स्वैच्छिक संगठनों के प्रशासन तथा प्रबंधन में सुधार करना है। ऐसा इसलिए है क्योंकि यह माना जा रहा है कि विशिष्ट प्रबंधकों, योग्य तथा सक्षम कर्मचारियों, समुचित प्रशिक्षण प्राप्त स्वयंसेवकों, जागरूक तथा समर्थ लाभार्थियों का एक ठोस मानव संसाधन आधार बनाना अत्यंत महत्त्वपूर्ण है। इसके साथ ही, स्वैच्छिक संगठन अपने कर्मचारियों तथा स्टाफ (संगठन के भीतर और बाहरी अभिकरणों में भी) के प्रशिक्षण के लिए समय और संसाधन देने की आवश्यकता को अधिकाधिक पहचान रहे हैं।

अनेक स्वैच्छिक अभिकरणों में सत्ता का केंद्रीकरण हो गया है और प्रशासन कार्यप्रणाली के मामले में तानाशाह हो गए हैं। लोगों का कल्याण और लोकतांत्रिक आचरण पीछे छूट गए हैं, क्योंकि अब वे समाज के वंचित लोगों के साथ नहीं खड़े होते। यह प्रवृत्ति वास्तविक भागीदारी वाले अधिकांश स्वैच्छिक संगठनों की प्रतिकूलता का द्योतक है। इसलिए तर्क यह दिया जाता है कि स्वैच्छिक संगठनों को अपना हित देखने वाले विशिष्ट वर्ग और ऊँचे वेतन पाने वाले पेशेवरों के बजाय निःस्वार्थ प्रशासकों और समर्पित व अभिप्रेरित स्वयंसेवकों पर निर्भर करना चाहिए।

मानव संसाधन विकास तथा प्रशिक्षण को 'व्यावसायिकवाद' और स्वयंसेवक की निःस्वार्थ सेवा के बीच संतुलन बनाना होता है। स्वैच्छिक अभिकरण को बेहतर बनाने के लिए, मानव संसाधन विकास और प्रशिक्षण को निम्नलिखित रूप से न्यायसंगत मिश्रण का प्रयास करना चाहिए–

(क) कर्मचारी विकास में पर्याप्त निवेश करना;

(ख) व्यावसायिकवाद प्रोत्साहित करना;

(ग) आधुनिक प्रशासनिक तथा प्रबंधकीय क्षमताओं का पोषण;

(घ) कर्मचारियों/कामगारों को आवश्यक कौशल प्रदान करना; और

(ङ) पर्याप्त वेतन और पारिश्रमिक के द्वारा प्रतिधारण करना।

इसके साथ-साथ, प्रशिक्षण में निम्नलिखित तत्त्वों को शामिल करना:

(च) स्वैच्छिकता के अनिवार्य तत्त्व;

(छ) समाज की निःस्वार्थ सेवा के सामाजिक लोकाचार;

(ज) मानव हित के 'उद्देश्यों' और कल्याणकारिता के लिए प्रतिबद्धता;

(झ) समाज के वंचित वर्गों के प्रति संवेदनशीलता और समर्पण;

(ञ) 'बाजार' के तर्क में अंतर्निहित 'व्यक्तिवाद' की प्रवृत्ति का प्रतिरोध; और

(ट) लोकतांत्रिक संस्कृति के प्रगतिशील लोकाचार और 'सामूहिकता' (सहयोग को अथवा टीम कार्य) के मूल्यों को प्रेरित करना।

(2) समीक्षा, निगरानी और मूल्यांकन (Reviewing, Monitoring and Evaluation)–स्वैच्छिक संगठनों के प्रशासनिक कार्यनिष्पादन की निगरानी और मूल्यांकन अत्यंत महत्त्वपूर्ण हैं, क्योंकि वे अपनी प्रकृति स्वरूप लगातार बदलाव और विकास की प्रक्रिया में से गुजर रहे हैं। निगरानी और मूल्यांकन का महत्त्व प्रशासनिक और प्रबंधकीय अनुभव और विशेषज्ञता के काम में लाने के लिए भी होता है, क्योंकि अन्यथा ये गुण संगठन अथवा उनके भीतर के कार्य संबंधी परिवेश में हो रहे तीव्र बदलावों के कारण गंवा दिए जाते हैं।

स्वैच्छिक संगठनों के प्रशासन तथा प्रबंधन अब अपना स्वयं का मूल्यांकन और निगरानी करने के महत्व को अधिकाधिक पहचान रहे हैं। अधिकाधिक स्वैच्छिक संगठन अपनी गतिविधियों और कार्यनिष्पादन की लगातार निगरानी और मूल्यांकन के लिए अपनी कार्यविधियों को व्यवस्थित कर रहे हैं। हालाँकि निगरानी और मूल्यांकन अभी भी केवल विशिष्ट परियोजनाओं अथवा कार्यक्रमों तक ही सीमित हैं। स्वैच्छिक संगठनों की कुल समीक्षाओं अथवा व्यापक मूल्यांकनों की प्रवृत्ति अभी भी अपनी शैशवावस्था में है। इस प्रवृत्ति को प्रोत्साहित करने की जरूरत है, क्योंकि यह स्वैच्छिक क्षेत्र के प्रबुद्ध प्रशासन तथा प्रबंधन के प्रगतिशील विकास के लिए अत्यंत महत्त्वपूर्ण है। कुछ स्वैच्छिक संगठन छोटे स्वैच्छिक संगठनों/गैर-सरकारी संगठनों को उनके मूल्यांकन कार्य करने में सहायता कर रहे हैं अथवा उनके कार्यनिष्पादन के बारे में विचार करने में मदद कर रहे हैं। ब्रिटेन की धर्मार्थ मूल्यांकन सेवाएँ और भारत में सोसाइटी फॉर पार्टिसिपेटरी रिसर्च इन एशिया (PRIA) इसके उदाहरण हैं।

(3) सूचना की साझेदारी (Information Sharing)–स्वैच्छिक संगठनों के बीच सूचना (जानकारी) और अनुभवों की साझेदारी की, स्वैच्छिक क्षेत्र में प्रशासनिक तथा प्रबंधकीय प्रभावशीलता बढ़ाने में महत्त्वपूर्ण भूमिका होती है। किंतु, स्वैच्छिक संगठनों के बारे में उपलब्ध सूचना बहुत कम होती है; यह क्षेत्र अभी अपनी शैशवावस्था में ही है। स्वैच्छिक संगठन अधिकतर ऐसी न्यूनतम जानकारी देते हैं जो पंजीकरण आदि के लिए आवश्यक होती है। अधिक से अधिक, वे ऐसी सीमित वित्तीय जानकारी देते हैं जो संबंधित नियामक अधिकारियों को संतुष्ट करने के लिए जरूरी होती है।

अधिकांश स्वैच्छिक संगठन अपने कार्य के संबंध में गोपनीयता बनाए रखते हैं या वे अनजाने में ही अपने अनुभवों को दूसरे संगठनों के साथ बाँटने के महत्त्व को नहीं समझते हैं। इसमें कुछ वस्तुगत बाधाएँ भी हैं; क्योंकि सूचना एकत्र/प्रदान और प्रकाशित करने के लिए अतिरिक्त संसाधनों की जरूरत होती है। स्वैच्छिक संगठनों के पास या तो आवश्यक संसाधन नहीं होते या फिर वे इसे केवल पैसे की बर्बादी मानते हैं। प्रशासन में यह गलत धारणा बनी हुई है कि सूचना एकत्र और प्रकाशित करना फालतू का खर्च है जिससे स्वैच्छिक संगठन को कोई लाभ नहीं होता। स्वैच्छिक संगठनों के प्रशासन तथा प्रबंधन को यह समझना चाहिए कि सूचना की व्यापक साझेदारी के स्वैच्छिक क्षेत्र के सही विकास के लिए दीर्घकालिक सुपरिणाम होते हैं। राज्य और वित्तदाता अभिकरणों को भी यह जान लेना चाहिए कि प्रशिक्षण, निगरानी, मूल्यांकन तथा अन्य गतिविधियों से संबंधित सूचना स्वैच्छिक संगठनों की आवश्यकता है, न कि केवल एक फिजूल खर्च।

(4) नेटवर्किंग तथा गठबंधन का निर्माण (Networking and Alliance Building)–नेटवर्किंग तथा गठबंधन बनाने से स्वैच्छिक संगठन के प्रशासन तथा प्रबंधन के लिए साझा हितों की पहचान, सूचना की साझेदारी, एक-दूसरे की मदद करना और साझा लक्ष्यों की प्राप्ति के लिए उपलब्ध संसाधनों के इस्तेमाल को अधिकतम सीमा तक ले जाना संभव हो जाता है। इस प्रक्रिया से, स्वैच्छिक संगठनों के कुल कार्यों के प्रभाव को बढ़ाने के लिए सहकारी कार्यनीतियाँ बनाने में सहायता मिलती है। स्वैच्छिक संगठनों के अनेक नेटवर्क स्थानीय, क्षेत्रीय, राष्ट्रीय तथा अंतर्राष्ट्रीय स्तरों पर होते हैं। कुछ नेटवर्क तो बस एक सामान्य स्तर पर स्वैच्छिक संगठनों को जोड़ने वाले होते हैं, जबकि अन्य विशेषज्ञ क्षेत्रों से संबंधित होते हैं। स्वास्थ्य, शिक्षा, अक्षमताओं से ग्रसित जन समुदाय और अन्य ऐसे ही क्षेत्रों में सक्रिय नेटवर्क मौजूद हैं। दूरसंचार

तथा सूचना प्रौद्योगिकी के क्षेत्रों में हुए विकास के फलस्वरूप स्वैच्छिक संगठनों के बीच नेटवर्कों के प्रभाव का दायरा बढ़ गया है।

वित्तदाता अभिकरण और अंतर्राष्ट्रीय निकाय भी स्वैच्छिक क्षेत्र में नेटवर्कों के महत्त्व को मान रहे हैं। गठबंधन निर्माण और नेटवर्क केवल बदलाव के पक्ष-समर्थन तक ही सीमित नहीं हैं, बल्कि वे स्वैच्छिक संगठनों से भी आगे निकल कर अन्य संगठनों के साथ संपर्क बना रहे हैं। अंतर्राष्ट्रीय नेटवर्क के उदाहरण हैं–

(क) थर्ड वर्ल्ड इंफॉर्मेशन नेटवर्क (TWIN);

(ख) डेवलपिंग आल्टरनेटिव्स फॉर विमेन ऑफ ए न्यू इरा (DAWN);

(ग) डिसेबल्ड पीपल्स इंटरनेशनल (DPI); राष्ट्रीय नेटवर्क के उदाहरण हैं–ब्रिटेन में, कम्युनिटी बिजनेस मूवमेंट और भारत में, एसोसिएशन ऑफ वॉलंटरी एसेंसीज फॉर रूरल डवलपमेंट-एवार्ड (AVARD)।

प्रश्न 12. स्वैच्छिक गतिविधियों की ऐतिहासिक उत्पत्ति और मूल स्रोतों का वर्णन कीजिए।

अथवा

स्वैच्छिक गतिविधियों की ऐतिहासिक उत्पत्ति स्पष्ट कीजिए।

[जून-2012, प्रश्न सं.-3 (b)]

अथवा

स्वैच्छिक गतिविधियों की ऐतिहासिक उत्पत्ति और मूल स्रोत पर विवेचना कीजिए।

अथवा

स्वैच्छिक गतिविधियों की उत्पत्ति की चर्चा कीजिए।

[जून-2013, प्रश्न सं.-3 (a)]

अथवा

स्वैच्छिक गतिविधियों की ऐतिहासिक उत्पत्ति और विकास का वर्णन कीजिए।

[जून-2014, प्रश्न सं.-3 (ख)]

अथवा

वीओज की देखभाल और कल्याण गतिविधियों पर संक्षिप्त टिप्पणी लिखिए।

[जून-2013, प्रश्न सं.-5 (d)]

उत्तर– भारत में समकालीन स्वैच्छिक संगठनों की मौजूदा गतिविधियों की ऐतिहासिक उत्पत्ति और उनके मूल स्रोतों का अत्यधिक महत्त्व है। आज स्वैच्छिक संगठन जिन गतिविधियों में कार्यरत हैं उनकी जड़ें या मूल स्रोत इतिहास में परोपकार तथा धर्मार्थ के कार्यों में देखे जा सकते हैं। बाद में स्वैच्छिक संगठन की गतिविधियों के विकास पर लोकतंत्र और कल्याणकारी बहुलता का प्रभाव पड़ा है। इन गतिविधियों का आगे और रूपांतरण हुआ है जो स्वैच्छिक संगठनों द्वारा आधुनिक राज्य के विकास संबंधी परिप्रेक्ष्यों के विकल्प तैयार करने की इच्छा और कोशिशों के कारण हुआ है। कॉलिन बॉल और लीथ डुन (1995) ने भारत सहित विकसित तथा विकासशील देशों में गैर-सरकारी संगठनों की वास्तविकता का विश्लेषण किया है।

स्वैच्छिक संगठनों की वर्तमान सभी गतिविधियों के मूल स्रोत 'औपनिवेशिक' भारत में उन्नीसवीं शताब्दी के दौरान उभरने वाले परोपकारी कार्यों और समाज सुधार आंदोलनों में देखे जा

सकते हैं। सामाजिक पुनर्निर्माण तथा ग्राम-उत्थान संबंधी गाँधी के दर्शन, समाज सुधार आंदोलनों और स्वाधीनता के बाद ग्राम विकास पर लक्षित योजना प्रक्रिया अपनाने से इन गतिविधियों को नया रूप मिला। विशेषकर बीसवीं शताब्दी के अंतिम तीन दशकों के दौरान, भारतीय राज्य के विकास संबंधी दृष्टिकोणों के विकल्पों की स्वैच्छिक संगठनों की तलाश के कारण इनकी गतिविधियों में और रूपांतरण हुआ। स्वैच्छिक संगठनों की इन गतिविधियों को मोटे तौर पर 'देखभाल और कल्याण' और 'परिवर्तन और विकास' की श्रेणियों में रखा जा सकता है।

(1) **देखभाल और कल्याण (Care and Welfare)**—आज अनेक स्वैच्छिक संगठन लोगों की 'देखभाल और कल्याण' संबंधी गतिविधियों में सम्मिलित हैं। 'देखभाल और कल्याण' का मूल दर्शन औपनिवेशिक भारत में उन्नीसवीं शताब्दी में विकसित हुए परोपकारी और धर्मार्थ कार्यों से प्राप्त हुआ है। प्रारंभिक प्रेरणा उन परोपकारी व्यक्तियों (आमतौर पर धार्मिक भावना और पवित्रता से संपन्न) से प्राप्त हुई जो आमतौर पर बाढ़, अकाल, महामारी तथा अन्य विपदाओं के समय धर्मार्थ तथा राहत के कार्य में लगते थे। परोपकार के स्वैच्छिक प्रयास 19वीं शताब्दी के उत्तरार्ध में अधिक संगठित हो गए और 20वीं शताब्दी में भी चलते रहे। ईसाई धर्म प्रचारकों (मिशनरी) सहित अनेक धार्मिक समूहों ने समाज सेवा के कार्यों के आयोजन में महत्त्वपूर्ण भूमिका निभाई और औपनिवेशिक समाज में कल्याण कार्य करने के लिए संस्थाओं, धर्मार्थ (खैराती) संगठनों अथवा कल्याणकारी संगठनों की स्थापना की। परोपकार में अंतर्निहित 'देखभाल और कल्याण' के लोकाचार को बीसवीं शताब्दी के दौरान और अधिक ठोस व सशक्त आधार मिला।

(2) **परिवर्तन और विकास (Change and Development)**—परोपकारी लोग केवल धर्मार्थ कल्याण के कामों में संतुष्ट होकर नहीं बैठ गए। उन्होंने दूसरे दृष्टिकोणों की जरूरत को समझा और उन्नीसवीं शताब्दी के दौरान वे पक्ष-समर्थन और सामाजिक तथा राजनीतिक कार्यों में सम्मिलित होने लगे। इस प्रकार, कल्याणकारी सेवाओं के प्रावधान से और अधिक रणनीतिक किस्म की गतिविधियों का विकास हुआ, जिनका लक्ष्य औपनिवेशिक समाज में संरचनात्मक परिवर्तन लाना था। इसके परिणामस्वरूप (धर्मनिरपेक्ष प्रकृति के) स्वैच्छिक प्रयास शुरू हुए जिनका लक्ष्य परिवर्तन समर्थन करके और उस दौर के मुद्दों के बारे में जन चेतना पैदा करके प्रतिगामी स्थितियों के गहरे कारणों का समाधान करना था।

समाज सुधारकों और राष्ट्रीय नेताओं ने इस दौर में ग्रामीण भारत की विकट सामाजिक और आर्थिक समस्याओं में गहरी रुचि दिखाई। राष्ट्रीय स्वाधीनता संग्राम में गाँधी जी का शामिल होना और सामाजिक पुनर्निर्माण के उनके सपने का लक्ष्य ग्रामीण क्षेत्रों की सर्वसाधारण जनता का उत्थान करना था। जनता के संघटन के इस युग में व्यापक स्तर पर स्वैच्छिक कार्य हुए जिनका लक्ष्य, विशेषकर ग्राम विकास के क्षेत्र में, लोगों की सामाजिक और आर्थिक स्थिति में सुधार करना था। उस दौरान अक्सर ऐसे बहुत सारे स्वैच्छिक संगठन बन गए, जो आकार में तो छोटे थे किंतु औपनिवेशिक समाज में परिवर्तन और विकास के लिए अभिप्रेरित थे। वे स्वास्थ्य और शैक्षिक सेवाएँ देने में सक्रिय रहे और उन्होंने ग्राम विकास के क्षेत्र में भी महत्त्वपूर्ण पहल की। बीसवीं शताब्दी की शुरुआत होते-होते, अनेक स्कूल, कॉलेज, धर्मार्थ औषधालय और कल्याण संस्थाएँ स्थापित हो गईं। अधिक महत्त्वपूर्ण यह पहलू है कि स्वैच्छिक संगठन अधिकाधिक पक्ष-समर्थन

और सामाजिक-राजनीतिक सक्रियता में जुट गए। समकालीन स्वैच्छिक संगठनों का यह दूसरा ऐतिहासिक मूल स्रोत है।

स्वैच्छिक संगठनों के उपर्युक्त दोनों ऐतिहासिक मूल स्रोतों को दो मुख्य तरीकों में अभिव्यक्ति मिलती है, जिन तरीकों से स्वैच्छिक संगठन अपने लक्ष्य प्राप्त करने का प्रयास करते हैं–'देखभाल और कल्याण' संबंधी गतिविधियों के माध्यम से और समाज में 'परिवर्तन और विकास' को बढ़ावा देने की दिशा में उद्यत गतिविधियों के माध्यम से। ये दोनों प्रकार्य आपस में पृथक् नहीं हैं, बल्कि वे तो एक-दूसरे से जुड़े और संबद्ध रहते हैं। अनेक स्वैच्छिक संगठन इन दोनों ही प्रकार्यों में सम्मिलित रहते हैं और बहुप्रकार्यात्मक प्रकृति के होते हैं; अर्थात् वे समाज में अनेक भूमिकाएँ निभाते हैं। इस सैद्धांतिक पहलू को स्पष्ट करने के लिए निम्नलिखित उदाहरण इस प्रकार है–

एक व्याख्यात्मक उदाहरण: एक्शन इंडिया महिला कार्यक्रम (An Illustrative Example: Action India Women's Programme)–

(क) 'एक्शन इंडिया' की स्थापना वर्ष 1974 में कुछ मध्यमवर्गीय महिलाओं और पुरुषों ने मिलकर की थी, जो सुगमकर्त्ताओं की भूमिका निभाते थे। वे गरीब महिलाओं को एकजुट कर अपने इलाके में छोटे समूह बनाने को प्रेरित करते थे।

(ख) ऐसा पहला समूह 'सबला महिला' के नाम से बना। इस समूह ने बिचौलिए (दलाल) की मदद के बिना कसीदाकारी उत्पादन का काम किया और उत्पादनों को बेचा। उसके बाद महिलाओं के स्वास्थ्य और प्रजनन संबंधी अधिकारों के बारे में जागरूकता और शिक्षा की शुरुआत की गई।

(ग) वर्ष 1984 से, बस्तियों (मलिन बस्ती) की महिलाओं को स्वास्थ्यकर्मियों के तौर पर भर्ती और प्रशिक्षित करके, एक 'सामुदायिक स्वास्थ्यकर्मी' परियोजना तैयार की गई।

(घ) वर्ष 1990 में, एक बाल एवं युवा कार्यक्रम शुरू किया गया, जिसका लक्ष्य था अनेक प्रकार के सामाजिक, राजनीतिक और सांस्कृतिक मुद्दों के प्रति जागरूकता के माध्यम से सामुदायिक कार्य को बढ़ावा देना। जैसे शिक्षा, धर्मनिरपेक्ष विचार, निर्वाचक लोकतंत्र तथा राजनीति, आर्थिक पहलू, नौकरशाही कार्यप्रणाली, महिला-पुरुष संबंध, स्वास्थ्य और पोषण आदि। ये सारे मुद्दे समानता और स्वतंत्रता की व्यापक अवधारणा में निहित थे।

प्रश्न 13. स्वैच्छिक संगठनों के बीच विविधता के स्वरूप को स्पष्ट कीजिए।

उत्तर– स्वतंत्रता के पश्चात् भारत में स्वैच्छिक संगठनों में भारी संवृद्धि हुई है। कल्याण तथा विकास संबंधी गतिविधियों में लगे ये स्वैच्छिक संगठन देश के विभिन्न हिस्सों में फैले हुए हैं। संरचना, विशेषताओं, अवस्थिति, दृष्टिकोणों और उद्देश्यों के संदर्भ में इनमें काफी भिन्नता है। अधिकांश स्वैच्छिक संगठनों का आकार और कार्यक्षेत्र छोटा है जबकि कुछ संगठन आकार, सदस्य संख्या, लक्ष्यों और भौगोलिक विस्तार (क्षेत्रीय अथवा राष्ट्रीय) के संदर्भ में बड़े हैं। उनमें से अनेक स्थानीय समुदायों में आधिकारिक स्तर पर लोगों के बीच सीधे काम कर रहे हैं। एक श्रेणी विशेष के कुछ स्वैच्छिक संगठन स्वैच्छिक क्षेत्र में अनुसंधान, प्रलेखीकरण और प्रशिक्षण संबंधी सहायक कार्यों में लगे हैं। कई स्वैच्छिक संगठन ग्रामीण क्षेत्र में कल्याणकारी गतिविधियों और विकास कार्यक्रमों के कार्यान्वयन में लगे हैं। उनमें से अनेक विकास संबंधी अनुभवों की पुनरावृत्ति और विस्तार में लगे हैं, जबकि कुछ संगठन विकास के नए दृष्टिकोणों के प्रवर्तन, प्रयोग (परीक्षण) और प्रदर्शन की ओर भी ध्यान दे रहे हैं।

कुछ विशिष्ट स्वैच्छिक संगठन पक्ष समर्थन और सामाजिक सक्रियता को बढ़ावा देने का प्रयास कर रहे हैं – लोगों को समाज में हो रहे अन्याय और अधिकारों के हनन के विरुद्ध संघटित कर रहे हैं। कुछ ऐसे (भारतीय) स्वैच्छिक संगठन भी हैं जो अंतर्राष्ट्रीय स्तर पर विद्यमान और कार्यरत हैं, जबकि कुछ अन्य संगठन विदेशों में स्थित अंतर्राष्ट्रीय स्वैच्छिक संगठनों के विस्तरण अथवा शाखाएँ हैं। अधिकांश स्वैच्छिक संगठनों को राज्य अथवा निजी क्षेत्र से अनुदान सहायता मिलती है और वे सरकार तथा कारोबारी या व्यावसायिक प्रतिष्ठानों के सहयोग से कार्य करते हैं। कुछ स्वैच्छिक संगठन अंतर्राष्ट्रीय वित्तदाता संस्थाओं से संपर्क स्थापित करने के लिए आपस में होड़ कर रहे हैं। कुछ अन्य संगठन हैं जो बाहरी दाताओं से संपर्क बनाने से बचते हैं और राज्य, बाजार तथा अन्य सामाजिक संस्थाओं के समक्ष स्वाधीन बने रहने के लिए संघर्षरत हैं। इसमें कोई आश्चर्य की बात नहीं है कि भारत में स्वैच्छिक संगठनों की यह विविधता इतनी व्यापक, जटिल और व्यापित है कि इसका कोई स्पष्ट वर्गीकरण नहीं किया जा सकता। स्वैच्छिक संगठनों की इस जटिलता और विविधता में एक समान और साझा आधार अंतर्निहित है, जिसके मूल स्रोत समाज में मनुष्य की स्थिति को सुधारने और उन्नत करने की उनकी इच्छाशक्ति और लक्ष्य में मौजूद हैं। जी.पी.एच. की पुस्तकों का मुख्य उद्देश्य ज्ञान के साथ-साथ अच्छे नम्बर दिलाना है।

प्रश्न 14. भारतीय राज्य और स्वैच्छिक संगठनों के बीच संबंधों तथा उनका ग्राम विकास की प्रक्रिया में भागीदारी को स्पष्ट कीजिए।

अथवा

ग्राम विकास के संदर्भ में स्वैच्छिक संगठनों और भारतीय राज्य के बीच संबंध का वर्णन कीजिए। [दिसम्बर-2014, प्रश्न सं.-3 (b)]

अथवा

सातवीं पंचवर्षीय योजना के दौरान की गई घोषणा के अनुसार ग्राम विकास कार्यक्रमों में भाग लेने के लिए एक स्वैच्छिक/गैर-सरकारी संगठन में क्या विशेषताएँ होनी जरूरी हैं?

उत्तर– स्वैच्छिक संगठनों का प्रमुख कार्य प्रारंभ में देखभाल और कल्याण संबंधी (गरीबों, बीमारों, बेसहारा और विकलांगों की सेवा जैसी) गतिविधियाँ करना था, जिन्हें राज्य अक्सर अनदेखा कर देता था। आज जिन सार्वजनीन और विशेषीकृत सेवाओं को निश्चित मानकर चला जाता है, उनमें से अनेक सेवाओं के सूत्रधार मूल रूप में स्वैच्छिक संगठन ही थे। स्वैच्छिक संगठनों ने प्रारंभ में जिन क्षेत्रों में सफल योगदान दिया, बाद में उन्हें राज्य की नीतियों और विकास कार्यक्रमों में शामिल कर लिया गया। इस प्रक्रिया में राज्य ने कठिन क्षेत्रों में लक्ष्य प्राप्ति के लिए स्वैच्छिक संगठनों के सामर्थ्य को पहचाना। इस प्रकार राज्य और स्वैच्छिक संगठनों के बीच सर्वसम्मति और अनुबंध पर आधारित एक घनिष्ठ संबंध बन गया। राज्य और स्वैच्छिक संगठनों दोनों ने ही सेवाएँ प्रदान करने, विकास कार्यक्रमों के कार्यान्वयन की योजना बनाने और संसाधन संघटन के क्षेत्रों में भागीदारों के तौर पर काम करने की जरूरत को समझा। कल्याण और विकास संबंधी गतिविधियों का स्तर बढ़ा, तो राज्य ने हमेशा ही स्वैच्छिक संगठनों की भूमिका को स्वीकार किया और ऐसा विशेषकर वहाँ हुआ जहाँ गति और लचीलेपन अथवा अतिरिक्त संसाधनों की जरूरत थी।

भारतीय राज्य और स्वैच्छिक संगठन: ग्राम विकास की प्रक्रिया में भागीदार (Indian State and Voluntary Organisations: Partners in the Process of Rural Development)—स्वाधीनता पश्चात्, प्रारंभ से ही स्वैच्छिक कार्य को योजनाबद्ध विकास की प्रक्रिया में उचित मान्यता दी गई थी। भारतीय राज्य हमेशा ही विस्तार और सामुदायिक परियोजनाओं, स्थानीय विकास कार्यों, समाज कल्याण और श्रमदान में जन सहयोग का आकांक्षी रहा है। तीसरी पंचवर्षीय योजना के समय से यह समझा जा चुका था कि समाज के सर्वाधिक कमजोर वर्गों की सहायता के लिए सामुदायिक संसाधन बढ़ाने की दिशा में स्वैच्छिक प्रयास का महत्त्वपूर्ण योगदान हो सकता है। छठी पंचवर्षीय योजना (1980-85) के दौरान जन संगठनों की भागीदारी पर फिर से जोर दिया गया। जामखेड़ शिशु एवं स्वास्थ्य देखभाल परियोजना, महाराष्ट्र; भारत एग्रो इंडस्ट्रीज फाउंडेशन (पशुपालन और सामाजिक वानिकी); स्वरोजगार महिला संघ (सेवा) जैसे स्वैच्छिक संगठनों की सफलता की कहानियों (अनुभवों) ने राज्य की सोच को खूब प्रभावित किया। सातवीं पंचवर्षीय योजना (1985-1990) में, विकास कार्यक्रमों को लागू करने के लिए स्वैच्छिक संगठनों का प्रभावी सहयोग माँगा गया। यह घोषणा की गई कि ग्राम विकास कार्यक्रमों में भाग लेने के लिए एक स्वैच्छिक संगठन/गैर-सरकारी संगठन में निम्नलिखित विशेषताएँ होनी चाहिए—

- वह एक लाभनिरपेक्ष कानूनी संस्था हो;
- कम-से-कम तीन वर्षों से ग्रामीण क्षेत्र में स्थापित और कार्यरत हो;
- समुदाय और विशेषकर कमजोर वर्गों की सामाजिक और आर्थिक आवश्यकताओं की पूर्ति करे;
- लचीला हो, उसमें कार्यक्रमों के लागू करने के लिए पेशेवर सक्षमता और कौशल हो;
- उसके पदाधिकारी किसी राजनीतिक दल के निर्वाचित सदस्य न हों;
- वह ग्राम विकास के उद्देश्य के लिए संवैधानिक और अहिंसक तरीके से कार्य करने में सक्षम हो;
- भारत के सभी नागरिकों (धर्म, जाति, पंथ, महिला-पुरुष अथवा प्रजाति के आधार पर भेदभाव न करते हुए) के लिए खुला या उसमें पहुँच हो; और
- धर्मनिरपेक्ष और लोकतांत्रिक मूल्यों के लिए प्रतिबद्ध हो।

नीति में किया गया यह प्रावधान स्वैच्छिक संगठनों के विकास और विस्तार में एक ऐतिहासिक मोड़ था। आठवीं योजना (1992-97) के दौरान, विशेषकर शिक्षा (विशेषत: साक्षरता), स्वास्थ्य, परिवार नियोजन, भूमि सुधार, सक्षम भूमि उपयोग, लघु सिंचाई, वाटरशेड प्रबंधन, बंजर भूमि बहाली, वनीकरण, पशुपालन, दुग्ध उत्पादन, मछली पालन और रेशम उत्पादन जैसे क्षेत्रों में स्वैच्छिक संगठनों की भागीदारी को प्रोत्साहित करने के प्रयास किए गए।

नौवीं पंचवर्षीय योजना (1997-2002) में, स्व-सहायता समूहों और पंचायती राज संस्थाओं जैसे जन भागीदारी निकायों को मजबूत बनाने के प्रयास किए गए और साथ ही स्वैच्छिक संगठनों/गैर-सरकारी संगठनों की भागीदारी बढ़ाने की भी कोशिश की गई। इस पूरी प्रक्रिया के परिणामस्वरूप भारतीय राज्य और स्वैच्छिक संगठनों के बीच एक स्वस्थ भागीदारी का निर्माण हुआ। राज्य ने विकास की प्रक्रिया में स्वैच्छिक क्षेत्र की विशेष क्षमता और योगदान को पूरे तौर पर स्वीकार किया।

प्रश्न 15. विकास की प्रक्रिया में स्वैच्छिक संगठनों/गैर-सरकारी संगठनों की आपेक्षिक वरीयताओं की संक्षिप्त विवेचना कीजिए।

अथवा

स्वैच्छिक क्षेत्र की आपेक्षिक वरीयताएँ और कमियाँ बताइए।

उत्तर– स्वैच्छिक क्षेत्र प्रोत्साहन पाने का अधिकारी है क्योंकि इसमें आपेक्षिक वरीयताएँ होती हैं, क्योंकि स्वैच्छिक संगठन/गैर-सरकारी संगठन–

- समाज के गरीब और वंचित वर्गों के अधिक निकट होते हैं;
- उनके पास ऐसे कर्मचारी होते हैं जो व्यवहार के स्तर पर अत्यधिक अभिप्रेरित और परोपकारी होते हैं;
- समुदाय और संसाधनों को संघटित करने में समर्थ होते हैं और उनके पास स्वयंसेवक होते हैं;
- लोगों की भागीदारी सुनिश्चित करने में अधिक प्रभावी होते हैं;
- नियमों से कम बाधित होते हैं; अपनी संरचना और कार्यों में गैर-नौकरशाही, अनौपचारिक और लचीले होते हैं।
- प्रवर्तन की अधिक संभावनाएँ रखते हैं;
- एक बहु-क्षेत्रक ढाँचे में काम करना अधिक पसंद करते हैं; और
- सामाजिक संघटन करने में उत्प्रेरक की भूमिका निभाते हैं।

इस रिपोर्ट में स्वैच्छिक संगठनों/गैर-सरकारी संगठनों की कुछ कमियाँ भी बताई गई हैं। जैसे–

- वे ऐसे ढंग से आपस में सहयोग नहीं कर पाते जिससे एक सुसंबद्ध नीति के निर्माण में सुविधा हो;
- उनमें जवाबदेही और पारदर्शिता की कमी होती है; और
- वे छोटे पैमाने पर कार्य करते हैं।

प्रश्न 16. ग्राम विकास के संदर्भ में वर्तमान गतिविधियों और संबंधित मुद्दों का वर्णन कीजिए।

अथवा

स्वैच्छिक संगठनों द्वारा ध्यान दिए जाने वाले कुछ महत्त्वपूर्ण मुद्दे और उनकी कुछ महत्त्वपूर्ण क्रियाओं की उदाहरण सहित व्याख्या कीजिए।

अथवा

सहकारी समितियाँ और स्व-सहायता समूह पर संक्षिप्त टिप्पणी लिखिए।

[दिसम्बर-2013, प्रश्न सं.-5 (d)]

अथवा

'सहकारी समितियाँ' पर संक्षिप्त टिप्पणी लिखिए।[जून-2012, प्रश्न सं.-5 (d)]

उत्तर– स्वैच्छिक संगठनों द्वारा ध्यान दिए जाने वाले कुछ महत्त्वपूर्ण मुद्दे व कुछ महत्त्वपूर्ण क्रियाएँ निम्नलिखित हैं–

- **साक्षरता और शिक्षा (Literacy and Education)**–पिछले कुछ समय से शिक्षा में उन्नति स्वैच्छिक संगठनों के लिए एक प्राथमिकता का क्षेत्र रहा है। राज्य की

नीति 'सभी के लिए शिक्षा' के समूचे संदर्भ में, स्वैच्छिक संगठनों ने 'प्राथमिक शिक्षा' को सभी के लिए अनिवार्यतः उपलब्ध कराने पर विशेष जोर दिया है। इसके अतिरिक्त अपने अनुभव के आधार पर, स्वैच्छिक संगठनों ने समुदाय आधारित शिक्षा को प्रमुख महत्त्व दिया। आजकल अनेक स्वैच्छिक संगठन ग्रामीण क्षेत्रों में 'सर्व शिक्षा अभियान' में भी सम्मिलित हैं। उदाहरण–वर्ष 1980 में ही 'एजुकेशन एंड सोशल वेलफेयर सेंटर' नाम का एक स्वैच्छिक संगठन, साक्षरता और शिक्षा को बढ़ावा देने के लिए गुजरात में स्थापित हो गया था।

- **स्वास्थ्य देखभाल (Health Care)**–स्वास्थ्य देखभाल के सभी तीन आयाम - रोकथाम, संवर्धन और उपचार भारत में स्वैच्छिक संगठनों का प्रमुख सरोकार रहे हैं। विशेष रूप में, दूर-दराज के गाँवों में गरीबों और सुविधावंचितों को स्वास्थ्य की प्राथमिक देखभाल सुविधा प्रदान करने में आधारिक स्तर के स्वैच्छिक संगठनों का एक महत्त्वपूर्ण योगदान रहा है। स्वैच्छिक संगठन केवल गाँवों में स्वास्थ्य संबंधी सुविधाएँ प्रदान करने से ही संतुष्ट नहीं हुए बल्कि, उन्होंने तो इस प्रयोजन के लिए अतिरिक्त प्रयास किए कि सरकार की स्वास्थ्य सेवाओं के लाभ जन साधारण तक भी पहुँचें। स्वैच्छिक संगठनों ने माँग की है कि सरकार बड़े अस्पतालों के बजाय प्राथमिक स्वास्थ्य देखभाल सुविधाएँ और प्राथमिक स्वास्थ्य केंद्रों को प्राथमिकता दे। स्वैच्छिक संगठनों/गैर-सरकारी संगठनों ने माता-शिशु स्वास्थ्य देखभाल पर और जोर दिया और सामुदायिक स्वास्थ्य पर भी ध्यान केंद्रित किया है। इस तरह, सामुदायिक स्वास्थ्य के रोकथाम, संवर्धन और उपचार संबंधी पहलू स्वैच्छिक संगठनों का प्रमुख ध्येय बन गए हैं।
- **कौशल-प्रशिक्षण और रोजगार (Skill-Training and Employment)**– स्वैच्छिक संगठनों ने यह समझ लिया कि ग्रामीण जनता की उन्नति के लिए रास्ते बनाने के लिए मात्र शिक्षा ही पर्याप्त नहीं होगी। इस बात की तब और पुष्टि हो गई जब ग्रामीण समाज के कमजोर वर्गों के संबंध में औपचारिक शिक्षा व्यवस्था के सीमाकारी पक्षों पर विचार किया गया। इसलिए, उन्होंने 'निरक्षर' और 'अकुशल' लोगों को प्रशिक्षण कार्यक्रमों के माध्यम से कौशल सिखाने के प्रयास किए। इसका मुख्य उद्देश्य उन्हें लाभदायक रोजगार और स्व-रोजगार के लायक बनाना था। उदाहरणस्वरूप, वर्ष 1986 मे तमिलनाडु में स्थापित 'रूरल एसोसिएशन फॉर इंटिग्रेटेड डेवलपमेंट' ने ग्रामीण युवाओं, विशेषकर शारीरिक रूप से विकलांग और कमजोर वर्गों के युवाओं को कौशल प्रशिक्षण और स्वरोजगार देने का काम किया।
- **सहकारी समितियाँ और स्व-सहायता समूह (Cooperatives and Self-Help Groups)**–आधारिक स्तर पर सक्रिय संगठनों का एक महत्त्वपूर्ण मुद्दा है लोगों को एक साथ काम करने और संसाधनों का मिल-बाँटकर उपयोग करने के लायक बनाना, जिससे कि वे अपनी आवश्यकताओं को अपने आप पूरा करने योग्य बन जाएँ। स्वैच्छिक संगठनों/गैर-सरकारी संगठनों के इसी उद्देश्य के फलस्वरूप सहकारी समितियाँ बनीं। स्वैच्छिक क्षेत्र ने आगे स्व-सहायता समूह की अवधारणा पर अपना ध्यान लगाया ताकि गाँवों के गरीबों, विशेषकर महिलाओं में आत्मनिर्भरता

की स्थितियाँ पैदा की जा सकें। स्वैच्छिक संगठनों ने स्व-सहायता समूहों को एक वैकल्पिक दृष्टिकोण के रूप में लिया, जिसके माध्यम से महिलाओं को ऋण सुविधाओं को आसानी से उपलब्ध विकल्प बनाने की प्रक्रिया में सम्मिलित किया जा सकता था। स्व-सहायता समूह की अवधारणा के माध्यम से, स्वैच्छिक संगठनों ने स्व-निर्भरता की नींव रखने का प्रयास किया और इस प्रकार ग्रामीण महिलाओं के सशक्तिकरण और विकास की जारी प्रक्रिया में महत्त्वपूर्ण योगदान किया। सरकार ने स्व-सहायता समूहों को बढ़ावा देने के लिए राष्ट्रीय महिला कोष का गठन किया है।

- **आवास और स्वच्छता (Housing and Sanitation)**–अनेक स्वैच्छिक संगठन ग्रामीण क्षेत्रों में आवास और स्वच्छता दशाओं को सुधारने के प्रयास कर रहे हैं क्योंकि अधिकांश परिवार जिस तरह से रह रहे हैं उसमें आवास और स्वच्छता की दशाएँ बहुत खराब हैं। स्व-रोजगार के संदर्भ में आवास का महत्त्व इसलिए बढ़ जाता है क्योंकि आवास रहने का स्थान भी होता है और व्यवसाय से संबंधित काम करने का भी। देश के अनेक हिस्सों में, स्वैच्छिक संगठनों ने पूरे समुदाय के साथ मिलकर इंदिरा आवास योजना जैसी आवास योजनाओं को तैयार किया और कार्यान्वित किया है। ये समाज के कमजोर वर्गों के लिए सरकारी आवास योजनाएँ हैं। उदाहरण–नेशनल बहाईज चैरिटेबल सोसाइटी, दिल्ली (स्थापना 1984) ग्रामीण आवास, स्वच्छता और पेयजल आपूर्ति से जुड़े मुद्दों पर ध्यान देती है।
- **कमजोर वर्गों का सशक्तिकरण (Empowerment of Weaker Sections)**–प्रारंभिक दौर में, स्वैच्छिक संगठनों की गतिविधियाँ गरीबों की मात्र बेहतरी और कल्याण की दिशा में लक्षित होती थीं। किंतु, अनुभव के आधार पर स्वैच्छिक संगठनों/गैर-सरकारी संगठनों ने यह समझा कि उन्हें कमजोर वर्गों, विशेषकर अनुसूचित जातियों और अनुसूचित जनजातियों के सशक्तिकरण के लिए एक विशेष ढंग से काम करना चाहिए। फिर उनकी समझ में यह भी आया कि कमजोर वर्गों को सशक्त तभी बनाया जा सकता है जब इन सुविधावंचित वर्गों की पहुँच संसाधनों तक हो और उन पर इनका नियंत्रण भी हो।
- **महिलाओं का सशक्तिकरण (Empowerment of Women)**–महिला सशक्तिकरण प्रक्रिया का लक्ष्य महिलाओं को समाज में आत्मनिर्भर और स्वाधीन बनाना है। स्वैच्छिक संगठनों ने इस बात को समझा कि महिलाओं का सशक्तिकरण सुनिश्चित किए बगैर विकास और समता का लक्ष्य प्राप्त नहीं किया जा सकता। इसलिए उन्होंने एक ऐसा सामाजिक परिवेश बनाने के लिए संघर्ष किया जिसमें महिलाएँ अपनी बेहतरी के लिए (व्यक्तिगत अथवा सामूहिक रूप में) अपने विकल्प स्वयं चुनें और अपने निर्णय स्वयं करें। उदाहरण–गुजरात में वर्ष 1972 में स्थापित सेल्फ एमप्लाएड वीमेन ऑर्गेनाइजेशन 'सेवा' (SEWA) महिलाओं के सशक्तिकरण - स्वरोजगार, सहकारी समितियों, कानूनी सहायता और गरीब महिलाओं का क्षमता निर्माण के लिए काम करती हैं।
- **पर्यावरण संरक्षण (Environmental Protection)**–स्वैच्छिक संगठन, विशेषकर पिछले तीन दशकों में, पर्यावरण से जुड़े मुद्दों के प्रति अधिकाधिक जागरूक और

सक्रिय हुए हैं। उन्होंने पर्यावरण संबंधी शिक्षा के प्रसार के लिए महत्त्वपूर्ण प्रयास किए हैं। स्वैच्छिक संगठन/गैर-सरकारी संगठन समुदायों और समाज की सामाजिक चेतना पैदा करने के लिए पूरे तौर पर प्रतिबद्ध हैं और साथ ही वे सभी प्रकार के पर्यावरणीय ह्रास और पारिस्थितिकीय गड़बड़ियों पर अंकुश लगाने के लिए भी प्रयासरत हैं। स्वैच्छिक संगठनों ने पर्यावरण पर 'हानिकारक प्रभाव' डालने वाली परियोजनाओं और औद्योगिकीकरण की प्रक्रियाओं को चुनौती देने के लिए सामाजिक क्रिया का अधिकाधिक सहारा लिया है। उदाहरण–मध्य प्रदेश में वर्ष 1988 में स्थापित 'पर्यावरण परिषद्' पर्यावरण संरक्षण के लिए सक्रिय और समर्पित है।

- **अनुसंधान और प्रलेखन (Research and Documentation)**–कुछ स्वैच्छिक संगठनों ने हाल ही के समय में अपनी सक्रियता में अनुसंधान और प्रलेखन को मिलाने का प्रयास किया है। कुछ स्वैच्छिक संगठन आँकड़े एकत्र करने, सूचना का प्रसार करने और सामग्री का संकलन करने में लगे हैं, जिनका संबंध प्राथमिकता समूहों/क्षेत्रों अथवा विशिष्ट स्वैच्छिक संगठनों/गैर-सरकारी संगठनों की कार्य प्रणाली और योगदान अथवा स्वैच्छिक क्षेत्र के कार्यनिष्पादन से है। राज्य की नीतियों और कार्यक्रमों से संबंधित जानकारी का प्रसार स्वैच्छिक अभिकरण प्रिंट और इलेक्ट्रॉनिक माध्यमों से करते हैं। उदाहरण–तमिलनाडु में वर्ष 1988 में स्थापित स्वामीनाथन रिसर्च फाउंडेशन - ग्राम प्रौद्योगिकी, पर्यावरण, कृषि और जैव विविधता से संबंधित अनुसंधान और प्रलेखन में कार्यरत है।

- **पक्ष-समर्थन और मताग्रह (Advocacy and Lobbying)**–राष्ट्रीय, अंतर्राष्ट्रीय, क्षेत्रीय और स्थानीय स्तरों पर अनेक नीतियाँ और कार्यक्रम बनाए और तैयार किए जाते हैं। सामान्य नागरिक आमतौर पर इन नीतियों अथवा कार्यक्रमों के प्रभाव का आकलन करने की स्थिति में नहीं होते हैं, क्योंकि या तो उनमें ज्ञान और जानकारी का अभाव होता है या फिर वे अपने ही कामों में व्यस्त होते हैं। इसलिए, अनेक स्वैच्छिक संगठन ऐसी नीतियों और कार्यक्रमों और समुदायों अथवा समाज पर उनके परिणामों की समीक्षा और निगरानी के प्रति समर्पित हैं। वे राष्ट्रीय और अंतर्राष्ट्रीय नीतियों और कार्यक्रमों में बदलावों के लिए पक्ष-समर्थन, प्रचार अभियान और मताग्रह का भी सहारा लेते हैं।

प्रश्न 17. ग्रामीण क्षेत्रों में सामाजिक रूपांतरण के संदर्भ में वीओज के महत्त्वपूर्ण मुद्दों की चर्चा कीजिए। [दिसम्बर-2012, प्रश्न सं.-3 (b)]

अथवा

स्वैच्छिक संगठन मानवाधिकारों को कितना महत्त्व देते हैं, संक्षेप में स्पष्ट कीजिए।

उत्तर– स्वैच्छिक संगठनों का विकास विभिन्न चरणों में समाज की सामाजिक, आर्थिक एवं राजनीतिक स्थितियों के अनुसार हुआ है। स्वैच्छिक संगठनों के ग्रामीण सामाजिक रूपांतरण के लिए महत्त्वपूर्ण मुद्दों की पहचान इस प्रकार की गई है–

- **पंचायती राज संस्थाओं की प्रभावशील कार्यप्रणाली (Effective Functioning of Panchayati Raj Institutions)**–लोकतांत्रिक विकेंद्रीकरण और स्थानीय

स्वशासन तो भारतीय राज्य के प्रमुख सरोकारों के रूप में उभरे हैं। वर्ष 1992 में 73वें संविधान संशोधन अधिनियम के बनने के बाद से राज्य पंचायती राज संस्थाओं को शक्ति संपन्न करने की दिशा में संयुक्त प्रयास कर रहा है। उसके बाद, अनेक राज्य सरकारों ने भी पंचायती राज संस्थाओं से संबंधित विधान बनाए हैं। हालाँकि ये बहुत साहसिक कदम हैं, फिर भी जमीनी वास्तविकता बहुत जटिल है। आधारिक स्तर पर सुविधावंचित वर्गों के सशक्तिकरण की दिशा में अभी बहुत कुछ करने की जरूरत है। इसलिए, अनेक स्वैच्छिक संगठनों/गैर-सरकारी संगठनों ने पंचायती राज संस्थाओं की वास्तविक कार्यप्रणाली से जुड़े मुद्दों को प्राथमिकता दी है। उनका मुख्य उद्देश्य स्थानीय शासन के भीतर, विशेषकर गाँव के स्तर पर, विद्यमान असंतुलनों को सही करना है। अनुसूचित जातियों और महिलाओं जैसे सुविधावंचित वर्गों की भागीदारी और प्रतिनिधित्व से जुड़े मुद्दों का पंचायती राज संस्थाओं की उचित कार्यप्रणाली के लिए अत्यधिक महत्त्व है।

- **जनजातीय स्वशासन (Tribal Self-Rule)** – अनुसूचित जनजातियाँ परंपरा और आधुनिकीकरण के बीच घोर दुविधा में फँसी हैं। औद्योगिकीकरण और आधुनिकीकरण की प्रक्रियाएँ उनकी परंपराओं, रीति-रिवाजों, सांस्कृतिक अस्मिताओं और परिवेश के लिए घातक सिद्ध हो रही हैं। स्वैच्छिक संगठनों/गैर-सरकारी संगठनों ने ऐतिहासिक दृष्टि से अनुसूचित जनजातियों की समस्याओं की असाधारण प्रकृति के बारे में भरपूर अनुभव जमा कर लिया है।

  अपनी कल्याण तथा विकास संबंधी गतिविधियों के अतिरिक्त स्वैच्छिक संगठन/गैर-सरकारी संगठन जनजातीय क्षेत्रों में स्वशासन को मजबूत बनाने में अधिकाधिक दिलचस्पी दिखा रहे हैं। अनेक स्वैच्छिक संगठन जनजातीय स्वशासन के लिए अनुसूचित जनजातियों के बीच काम कर रहे हैं, और साथ ही वे उनके स्वशासन में निहित स्वार्थों के अनुचित हस्तक्षेपों को समाप्त करने का प्रयास भी कर रहे हैं।

- **बंधुआ मजदूरों की पहचान और पुनर्वास (Identification and Rehabilitation of Bonded Labourers)** – अनेक स्वैच्छिक संगठन और सामाजिक कार्यकर्त्ता प्रमुख तौर पर बंधुआ मजदूरों की मुक्ति के लिए काम कर रहे हैं, वे जनमत बना रहे हैं, बंधुआ मजदूरों की पहचान कर रहे हैं, और सरकार-प्रायोजित पुनर्वास कार्यक्रमों के दायरे में उनकी मुक्ति और पुनर्वास करवा रहे हैं। कुछ स्वैच्छिक संगठनों ने बंधुआ मजदूरी प्रथा उन्मूलन अधिनियम 1976 के प्रावधानों को लागू करने की दिशा में महत्त्वपूर्ण योगदान किया है।

- **न्यायालय के माध्यम से सामाजिक क्रिया (Social Action through Court)** – ग्रामीण क्षेत्रों में जो सामाजिक-आर्थिक और राजनीतिक स्थितियाँ हैं, उनमें गरीबों को अक्सर झूठे मामलों में फँसा दिया जाता है, क्योंकि वे गरीब और निरक्षर हैं, इसलिए वे अदालत में अपने मामले पेश नहीं कर पाते हैं। कुछ स्वैच्छिक संगठन न्यायालयों के माध्यम से सामाजिक क्रिया को काम में ले रहे हैं। हाल की सर्वाधिक असाधारण उपलब्धि जनहित याचिका (Public Interest Litigation;

PIL) अथवा विधिक पक्ष-समर्थन का आगमन है। नि:शुल्क कानूनी सहायता कार्यक्रम का सही आकलन किए जाने की जरूरत है ताकि इसे मजबूत किया जा सके।

- **लोगों और अन्य अभिकरणों के बीच मध्यस्थ (Mediators between People and other Agencies)**–स्वैच्छिक संगठन एक तरफ लोगों और दूसरी तरफ विकास कर्मियों/दानदाता अभिकरणों के बीच अधिकाधिक मध्यस्थ की भूमिका निभा रहे हैं। कुछ स्वैच्छिक संगठन कार्पोरेट से आर्थिक सहायता प्राप्त करने और इस प्रकार प्राप्त धन को स्वैच्छिक संगठनों को हस्तांतरित करने की प्रक्रिया में भी मध्यस्थों की भूमिका निभा रहे हैं। इस भूमिका को निभाते समय आमतौर पर वे यह सुनिश्चित कर लेते हैं कि वे लोगों के हितों और सम्मान के साथ कोई समझौता नहीं करेंगे। निकट भविष्य में, स्वैच्छिक संगठनों की इस मध्यस्थ भूमिका का और भी विस्तार होने जा रहा है।
- **परिसंपत्तियों और संसाधनों तक पहुँच (Access to Assets and Resources)**–अनेक स्वैच्छिक संगठनों ने कल्याणकारी कार्यों से शुरुआत की और फिर सामुदायिक विकास तथा सामाजिक क्रिया की ओर बढ़े। अपने अनुभव के आधार पर उन्होंने समाज की मौजूदा सामाजिक आर्थिक संरचना में समस्या के मूल स्रोत को पहचाना है - जो परिसंपत्तियों और संसाधनों का असमान वितरण है। अनेक स्वैच्छिक संगठन इस कोशिश में जुटे हैं कि (जहाँ भी संभव हो) सुविधावंचित लोगों की उचित पहुँच परिसंपत्तियों और संसाधनों तक हो सके। यह मुद्दा भविष्य में स्वैच्छिक संगठनों के एजेंडा में महत्त्वपूर्ण स्तर पर बना रहेगा।
- **नागरिक समाज का निर्माण (Building Civil Society)**–पिछले पाँच दशकों में स्वैच्छिक क्षेत्र ने जो अनुभव प्राप्त किया है, उसके आधार पर धीरे-धीरे ऐसे व्यापक नागरिक समाज के निर्माण का प्रयास हो रहा है जो देश के नागरिकों से जुड़े मुद्दों पर काम करने के लिए हमेशा तैयार होगा। इस संदर्भ में मुख्यत: दो प्रक्रियाएँ काम कर रही हैं। पहली प्रक्रिया नेटवर्किंग (मंचों और संघों) और विभिन्न स्तरों पर गठबंधन बनाने के महत्त्वपूर्ण कार्य से संबंधित है, जिसका उद्देश्य नागरिक समाज की नीवों को मजबूत बनाना है। यह प्रयास काफी हद तक यह सुनिश्चित करने के लिए है कि लोकतांत्रिक राज्य और समाज बुनियादी तौर पर लोगों के पक्ष में काम करें। दूसरी प्रक्रिया नागरिक समाज को राज्य और बाजार के बीच माध्यम के रूप में प्रस्तुत करने से संबंधित है। स्वैच्छिक संगठन भविष्य में एक सामाजिक नागरिक समाज बनाने के इस एजेंडा की ओर अधिकाधिक आकर्षित होंगे और यह स्थिति अंतत: सामान्य समाज और ग्रामीण समाज में सामाजिक रूपांतरण करने की दिशा में महत्त्वपूर्ण साबित हो सकती है।
- **मानवाधिकार (Human Rights)**–1990 के दशक से अनेक स्वैच्छिक संगठनों ने मानवाधिकार के मुद्दों को प्रमुखता दे रखी है। वास्तव में, मानवाधिकार के मुद्दे अनेकानेक स्वैच्छिक संगठनों के उद्देश्यों, कार्यनीतियों, गतिविधियों/कार्यक्रमों और भावी दृष्टि में छाए हुए हैं। कुछ स्वैच्छिक संगठनों ने तो मानवाधिकारों के उल्लंघन की पहचान, अधिकारों की रक्षा के उपायों, नेटवर्किंग तंत्र और अन्य मानवाधिकार

संगठनों और मानवाधिकार मंचों के साथ सहयोग के लिए अलग प्रकोष्ठ तक बना दिए हैं। हालाँकि मानवाधिकार के मुद्दे अभी अपनी आरंभिक अवस्था में हैं, फिर भी स्वैच्छिक क्षेत्र में उनके दायरे का अभी और विस्तार होगा।

प्रश्न 18. स्वैच्छिक संगठनों की आवश्यकताओं के संदर्भ में संसाधनों की प्रकृति और महत्ता की विवेचना कीजिए।

अथवा

स्वैच्छिक संगठनों के कामकाज में वित्तीय संसाधनों की भूमिका के बारे में बताइए।

अथवा

वीओज/एनजीओज के संदर्भ में 'संसाधन' शब्द का क्या तात्पर्य है?

उत्तर— स्वैच्छिकता की भावना के अनुरूप चलने के लिए, आदर्श रूप में, एक स्वैच्छिक संगठन से अपेक्षा होती है कि वह अपने सदस्यों की मदद से अपने स्वयं के आंतरिक समाधान सृजित करे। किंतु आधुनिक समाजों में सामाजिक समस्याओं (देखभाल, कल्याण, परिवर्तन और विकास) का आकार इतना बड़ा और बहुपक्षीय है कि आंतरिक संसाधन आमतौर पर स्वैच्छिक संगठनों के अस्तित्व और सफलता के लिए अपर्याप्त साबित हुए हैं।

इसलिए, स्वैच्छिक संगठन हमेशा दबाव में रहते हैं और आधुनिक राज्य तथा समाज के दायरे में रहकर संसाधनों के संघटन के लिए विभिन्न रास्ते तलाशते हैं।

ऐतिहासिक दृष्टि से देखें, तो समाज में स्वैच्छिकवाद की वित्तीय आवश्यकताओं को व्यक्तिगत अथवा धार्मिक परमार्थ, परोपकार और दान द्वारा पूरा कर दिया जाता था। व्यक्तिगत अथवा धार्मिक परोपकारी और धर्मार्थ, स्वैच्छिक संगठनों के समक्ष एक पितृसत्तात्मक संबंध बनाकर रखते थे। किंतु, लोकतंत्र के उत्थान और आधुनिक राज्य के आगमन के साथ, स्वैच्छिक संगठनों की संरचनात्मक अवस्थिति में भारत समेत सभी वर्तमान समाजों में एक आमूलचूल रूपांतरण हुआ है। जिन सामाजिक, आर्थिक और राजनीतिक परिवेश में ये संगठन काम करते हैं, उन्होंने लोकतांत्रिक राज्य और समाज के अन्य संगठनों और संस्थाओं के साथ उनके संबंध की प्रकृति और विस्तार को काफी बदल दिया है। विशेष रूप से वित्त संसाधनों के संदर्भ में यह तर्क दिया जाता है कि भारत समेत समकालीन लोकतांत्रिक समाजों में वित्तपोषण एवं दानदाता अभिकरणों ने सहजीवी संबंध बना लिए हैं। इन वित्तपोषक और दानदाता अभिकरणों में राज्य की संस्थाएँ, निजी क्षेत्र की कंपनियाँ, व्यापारिक प्रतिष्ठान और निगम, न्यास और फाउंडेशन, विदेशी सरकारी अभिकरण, अंतर्राष्ट्रीय एनजीओज, द्विपक्षीय तथा बहुपक्षीय सहायता और विकास अभिकरण शामिल हो सकते हैं।

स्वैच्छिक क्षेत्र और भारतीय राज्य के आपसी वित्तीय संबंध ने धीरे-धीरे परस्पर लाभकारी भागीदारी का रूप ले लिया है क्योंकि ये दोनों ही समाज में परिवर्तन और विकास की प्रक्रिया में कार्यरत हैं। स्वैच्छिक क्षेत्र के पास भारत में आधुनिक लोकतांत्रिक राज्य के वित्तीय संसाधनों पर दावा करने के लिए एक ठोस सैद्धांतिक आधार और औचित्य है।

वीओज/एनजीओज से अलग नाम वाले 'नागरिक समाज संगठनों' (Civil Society Organisations) के संदर्भ में संसाधनों के संबंध में राष्ट्रमंडल एशिया क्षेत्रीय परामर्श (Commonwealth Asia Regional Consultation)-2003 (भारत समेत) की रिपोर्ट में बताया गया है—

- किसी भी राष्ट्र के सभी–मानव, वित्तीय और आधारिक ढाँचागत – संसाधन सभी लोगों के हैं, और सरकार तथा सीएसओ दोनों की इन संसाधनों के प्रयोग और वितरण में, सभी के लाभ के लिए पूरक भूमिकाएँ हैं।

- सरकार को आत्म-निर्भरता और स्व-स्थायित्व की दिशा में बढ़ने के सीएसओज के प्रयासों में उनका समर्थन करना चाहिए। इसे करने का एक तरीका यह है सीएसओज को परिसंपत्तियों का हस्तांतरण कर दिया जाए। इसी प्रकार, सरकार को मानव तथा वित्तीय संसाधन आधार बनाने की दिशा में सीएसओज के प्रयासों का समर्थन करना चाहिए।

- सीएसओज को अन्य सीएसओज के साथ उपलब्ध संसाधनों की साझेदारी करनी चाहिए, क्योंकि सभी के पास विभिन्न स्तरों का कौशल, मानव संसाधन, वित्तीय क्षमताएँ और आधारिक ढाँचागत परिसंपत्तियाँ होती हैं, जिन्हें दूसरों के साथ मिल-बाँटकर खूब बढ़ाया जा सकता है।

किंतु, राज्य के संसाधनों पर स्वैच्छिक क्षेत्र का यह दावा इतना सरल नहीं है जितना कि सैद्धांतिक रूप में तर्क दिया जाता है; बल्कि व्यवहार में यह दावा गंभीर विकृतियों के साथ अभिव्यक्त होता है, जो स्वैच्छिक क्षेत्र को तुरंत ही भारतीय राज्य के समक्ष एक द्वैतीयक तथा अधीनस्थ स्थिति में पहुँचा देती हैं। आधुनिक भारतीय राज्य के पास समाज में कराधान की विस्तृत व्यवस्था के माध्यम से राजस्व संघटित करने की कानूनी वैधता, वैध सत्ता और निर्विवाद अधिकार क्षेत्र होता है। राज्य जब कर राजस्व का पूर्ण संरक्षक बन जाता है तो, वीओज/एनजीओज समेत, समाज में कार्य कर रहे अन्य संस्थाओं/संगठनों को अपने विशिष्ट वित्तीय दावे उन नियमों, विनियमों और कार्यविधियों के माध्यम से करने होते हैं जिन्हें आधुनिक राज्य ने इन्हीं उद्देश्यों के लिए बनाया है। सभी आधुनिक राज्यों की तरह, भारतीय राज्य को स्वैच्छिक क्षेत्र के सही और वैध दावों को उचित मान्यता देने में कोई कठिनाई नहीं है कि क्योंकि दोनों का ही एजेंडा एक प्रगतिशील, समतामूलक, लोकतांत्रिक और मानवीय समाज की दिशा में लक्षित होता है। यह विशुद्ध रूप में आधुनिक भारतीय राज्य की उत्पत्ति और स्वैच्छिक संगठनों की संरचनात्मक अवस्थिति से जुड़े ऐतिहासिक कारणों से ही है कि स्वैच्छिक क्षेत्र भारतीय राज्य के समक्ष अपेक्षाकृत अलाभकारी वित्तीय स्थिति में अवस्थित है।

परिवर्तन और विकास की प्रक्रिया में एक प्रभावशील और सफल भागीदार होने की स्वैच्छिक क्षेत्र की वास्तविक क्षमता को यह अलाभकारी वित्तीय स्थिति बाधित कर रही है। राज्य की परिवर्तनशील और अल्पकालीन वित्तपोषण (उदाहरणार्थ, वार्षिक वित्तपोषण) की नीतियाँ स्वैच्छिक संगठनों की विकास से संबंधित उनकी कार्यनीतियों की दीर्घकालीन योजना में लगने की योग्यता को बाधित कर देती हैं।

अधिकांश स्वैच्छिक संगठन गंभीर वित्तीय अभावों का सामना करते हैं क्योंकि राज्य से पर्याप्त निधि प्राप्त नहीं होती। राज्य से मिलने वाली सहायता अनुदान आमतौर पर अपर्याप्त होती है और यह भी कभी कम और कभी ज्यादा होती रहती है। अनेक छोटे वीओज/एनजीओज में वित्तपोषण की जटिल कार्यविधियों की प्रकृति और स्रोतों के बारे में जानकारी का अभाव होता है। अनियमित वित्तीय सहायता के कारण, अनेक स्वैच्छिक संगठन नष्ट हो जाते हैं और अन्य अनेक संगठन समाज को कोई योगदान किए बगैर सीमित संसाधनों में जैसे-तैसे बने रहते हैं। कुछ स्वैच्छिक

संगठन केवल उधारी पर जीवित रहते हैं, और उससे पैदा होने वाला ऋण संकट उनके काम पर गंभीर प्रभाव डालता है। इन पहलुओं के बावजूद भारत में स्वैच्छिक क्षेत्र परिपक्व हो चुका है और राज्य के संसाधनों पर अपने दावे को अधिकाधिक जता रहा है। यह क्षेत्र सशक्त हो गया है और राज्य के विभिन्न मंचों और संस्थाओं में अपना प्रभाव दर्ज कर रहा है। नियोजन की प्रक्रिया में भाग लेकर और ग्राम विकास की नीतियों और कार्यनीतियों में अंत:क्षेप करके, यह स्वैच्छिक क्षेत्र को पर्याप्त वित्तीय सहायता तथा धन आबंटन करने के लिए राज्य पर अधिकाधिक दबाव बनाने में सफल रहा है।

निजी क्षेत्र के साथ स्वैच्छिक क्षेत्र का वित्तीय संबंध अंशत: परोपकार द्वारा नियंत्रित होता है जिसमें कंपनियाँ दानदाता अभिकरणों की भूमिका निभाती हैं। अंशत: यह संबंध अन्य अनेक कारकों द्वारा निर्धारित होता है जो निजी क्षेत्र को वीओज/एनजीओज को समर्थन देने और उनके साथ काम करने के लिए प्रभावित और अभिप्रेरित करता है। उदाहरण के लिए, भारत जैसे लोकतांत्रिक समाज में स्वैच्छिक क्षेत्र को वित्तीय समर्थन (सहायता) देने का निजी क्षेत्र का व्यवहारिक विचार, विकास की सामाजिक और राजनीतिक संवेदनशीलताओं से प्रभावित होता है। जहाँ तक विदेशी वित्तपोषण का संबंध है, तो यह भी वित्तपोषण का एक अस्थिर और अनिश्चित स्रोत है। इसके अतिरिक्त, यह चयनात्मक होता है, जिसमें दान दाताओं की वैचारिक प्रवृत्ति प्रमुख होती है, और भारत में यह आमतौर पर राज्य और समाज की शंका से प्राप्त होता है। विदेशी दानदाता अभिकरण और भारतीय राज्य, दोनों की ही शर्तें इतनी कठिन और कठोर होती हैं कि छोटे स्वैच्छिक संगठन आमतौर पर विदेशी वित्तपोषण तक अपनी पहुँच ही नहीं बना पाते हैं वास्तव में, सर्वाधिक आदर्श और सक्षम संसाधन आधार समुदाय को होना चाहिए जहाँ स्वैच्छिक संगठन अपनी गतिविधियों में लगा होता है। किंतु, ग्रामीण क्षेत्रों का सामाजिक-आर्थिक विकास अभी भी इस चरण में है जो स्थानीय समुदायों से पर्याप्त संसाधन संघटित करने में सक्षम और सहायक है।

संसाधन शब्द का संबंध मानव संसाधनों, भौतिक और वित्तीय संसाधनों से होता है। एक संगठन चलाने के लिए आवश्यक मानव संसाधनों का संबंध समय अथवा श्रम के स्वैच्छिक दान, सवेतन कुशल या अकुशल श्रम स्वैच्छिक अथवा नियुक्त पेशेवरों, विशेषज्ञों और अन्य जनशक्ति से होता है। वित्तीय संसाधनों में नकद और मुद्रा संबंधी परिसंपत्तियाँ शामिल होती हैं। वित्तीय संसाधनों का संबंध भूमि, भवनों, उपकरणों, औजारों, मशीनों, दवाइयों, भोजन आदि से होता है।

ऐसे संसाधन जो स्वैच्छिक दान के रूप में प्राप्त होते हैं और वे संसाधन जो स्वैच्छिक संगठनों द्वारा भुगतान करके प्राप्त किए जाते हैं, उनके बीच एक मूल अंतर किया जा सकता है। वीओज/एनजीओज नकद और अन्यथा दोनों रूपों में स्वैच्छिक अंशदान प्राप्त करने को स्वतंत्र होते हैं। उन्हें मानव अथवा भौतिक संसाधन प्राप्त करने के लिए अपनी निधि से भुगतान करने अथवा पैसा खर्च करने की भी स्वतंत्रता होती है। स्वैच्छिक संगठनों में अनेक लोग विशुद्ध रूप में बिना वेतन के काम करते हैं, जिन्हें स्वयंसेवक कहा जाता है।

उदाहरण के लिए—सामुदायिक परियोजनाओं में स्वयंसेवी जिस श्रम का दान करते हैं इसे भारत में अक्सर 'श्रमदान' कहा जाता है। वीओज/एनजीओज ऐसे प्रशासनिक, प्रबंधकीय अथवा अन्य कार्य जिनके लिए विशिष्ट विशेषज्ञता की जरूरत होती है उनके लिए भाड़े पर काम करने वाले अथवा सवेतन कर्मचारी, पेशेवर अथवा विशेषज्ञ भी नियुक्त करते हैं।

इस स्वैच्छिक दान की श्रेणी में, एक और भेद किया जा सकता है—

- संसाधन जो उपहार के रूप में (नकद अथवा वस्तुएँ) प्राप्त किए जाते हैं, किंतु जिनके इस्तेमाल के लिए कोई विशिष्ट शर्तें नहीं होतीं, उन्हें दान कहा जाता है।

- वे संसाधन जिन्हें स्वैच्छिक संगठन दाता अभिकरण से उनके उपयोग की कुछ शर्तों के साथ प्राप्त करता है।

उदाहरण के लिए, ऐसे दान देने वाली संस्था यह उल्लेख कर सकती है कि स्वैच्छिक संगठन (प्राप्त करने वाला संगठन) इसका इस्तेमाल वेतन अथवा विकास परियोजनाओं के लिए करेगा। ऐसे स्वैच्छिक दानों (संसाधनों) को आमतौर पर अनुदान कहा जाता है।

वीओज/एनजीओज द्वारा इस्तेमाल किया जाने वाला अधिकांश धन स्वैच्छिक दान के रूप में चंदे अथवा अनुदान के माध्यम से प्राप्त किया जाता है। वीओज/एनजीओज या तो सदस्यता शुल्क के माध्यम से या फिर समाज में समूल्य सामान अथवा सेवाएँ प्रदान करके भी संसाधन संघटित करते हैं। इन संसाधनों को आमतौर पर स्वत:जनित संसाधन कहा जाता है। वीओज/एनजीओज स्वयं द्वारा निर्मित उत्पादों-शिल्प, खाद्य सामग्री, शुभकामना कार्ड प्रकाशन आदि को बेचकर अपने संसाधन संघटित कर सकते हैं। वे अन्य संस्थाओं की ओर से समूल्य पेशेवर परामर्श, सलाहकार सेवाएँ देकर और स्वास्थ्य तथा शिक्षा परियोजनाएँ कार्यान्वित करके भी संसाधन संघटित कर सकते हैं। वीओज/एनजीओज आमतौर पर सामान (वस्तुओं) अथवा सेवाओं के उत्पादन और विपणन की सरल प्रक्रियाओं में कार्यरत होते हैं।

प्रश्न 19. वीओज/एनजीओज के वित्तपोषण के मुख्य स्रोतों की चर्चा कीजिए।

[जून-2012, प्रश्न सं.-2]

अथवा

वीओज/एनजीओज का राज्य वित्तपोषण पर संक्षिप्त टिप्पणी लिखिए।

[दिसम्बर-2013, प्रश्न सं.-4 (d)]

अथवा

वीओज/एनजीओज को विदेशी/अंतर्राष्ट्रीय दान पर संक्षिप्त टिप्पणी लिखिए।

[जून-2013, प्रश्न सं.-4 (c)]

अथवा

भारत में स्वैच्छिक संगठनों के वित्तीयन के प्रमुख स्रोतों की चर्चा कीजिए।

[जून-2014, प्रश्न सं.-1]

उत्तर– एनजीओज छोटे हों या बड़े उन्हें काम करने के लिए बजट की जरूरत होती है। स्वैच्छिक क्षेत्र के वित्तपोषण के मुख्य स्रोत आधुनिक भारतीय राज्य की संस्थाएँ रही हैं–केंद्रीय, राज्यस्तरीय और स्थानीय शासी निकाय, निगम, कंपनियाँ, कारोबारी संगठन, न्यास प्रतिष्ठान और विदेशी संस्थाएँ और अंतर्राष्ट्रीय गैर-सरकारी संगठन आदि। इसके अतिरिक्त वीओज/एनजीओज के वित्तीय सहायता के अन्य स्रोत भारतीय समाज में व्यक्तियों और समुदायों के अंशदान से संबंधित हैं।

(1) राजकीय वित्तपोषण (State Funding)–भारतीय राज्य 1950 के प्रारंभ से ही स्वैच्छिक गतिविधियों को वित्तीय सहायता देने के लिए प्रावधान बना रहा है। ये प्रावधान बहुलवादी कल्याण के दर्शन और परिवर्तन तथा विकास, विशेषकर ग्राम विकास के लिए लोकतांत्रिक राज्य की प्रतिबद्धता के परिणाम हैं। मानव संसाधन, सामाजिक न्याय तथा सशक्तिकरण, ग्राम विकास, जल संसाधन, विज्ञान तथा प्रौद्योगिकी और अन्य विभिन्न सरकारी मंत्रालय केंद्र-प्रायोजित विकास

कार्यक्रमों के माध्यम से वीओज/एनजीओज को वित्तीय सहायता और अनुदान सहायता देते रहे हैं। यह अनुमान है कि बीस से भी अधिक मंत्रालयों/विभागों के अंतर्गत संचालित ऐसे लगभग ढाई सौ विकास योजनाएँ और कार्यक्रम हैं जिनमें वीओज/एनजीओज शामिल हैं। केंद्र सरकार के आठ प्रमुख मंत्रालयों के माध्यम से, दसवीं पंचवर्षीय योजना के दौरान, स्वैच्छिक क्षेत्र के लिए ₹2878 करोड़ का आबंटन किया गया है। राज्य सरकारें और अन्य संबंधित विभाग/संस्थाएँ भी स्वैच्छिक क्षेत्र को वित्तीय सहायता दे रही हैं।

(2) **कंपनियों का अंशदान (Contribution of Companies)**—कारोबारी या व्यापारिक संगठन हमेशा ही कमोबेश अंशों में समुदायों के कल्याण में शामिल रहे हैं। 1960 के दशक से अधिकाधिक व्यापारिक संगठन विकास की गतिविधियों में कार्यरत हैं, जिसका कारण सरकार द्वारा कंपनियों को करों में दिया जाने वाला प्रोत्साहन और छूट है। पिछले दशक के दौरान व्यापारिक संगठन अपने सामाजिक दायित्वों के प्रति अधिक सचेत हुए हैं। अधिकाधिक निगम निकाय और व्यापारिक कंपनियाँ सामाजिक पहल कर रही हैं और ग्राम विकास से संबंधित परियोजनाओं में वीओज/एनजीओज के माध्यम से शामिल हो रही हैं। वीओज/एनजीओज को वित्तीय सहायता और अन्य संसाधन देने की प्रवृत्ति बढ़ रही है; जो इस प्रकार है—

(क) नकद तथा वस्तुओं (वीओज/एनजीओज की आवश्यकताओं को ध्यान में रखते हुए कंपनियों द्वारा निर्मित वाहन, कंप्यूटर, दवाएँ तथा अन्य उत्पादों का दान देना) के रूप में सीधा दान।

(ख) वीओज/एनजीओज द्वारा आयोजित कार्यक्रमों का प्रायोजन, जिनमें कंपनियाँ अपने उत्पादों अथवा सेवाओं के प्रचार के बदले में पैसा देती हैं।

(ग) विकास परियोजनाओं के वास्तविक कार्यान्वयन में वीओज/एनजीओज के साथ भागीदारी।

(घ) कंपनियाँ अपने कर्मचारियों को प्रोत्साहित करती हैं कि वे वीओज/एनजीओज को जानकारी और कौशल उपलब्ध कराएँ।

(ङ) अनेक बार कंपनियाँ सहायक उपकरणों के उत्पादन को आगे वीओज/एनजीओज को सौंप देती हैं।

(3) **भारतीय न्यास और प्रतिष्ठान (Indian Trusts and Foundations)**—अधिकांश धर्मार्थ न्यास और प्रतिष्ठान आमतौर पर समाज के कल्याण और विकास से संबंधित अपनी ही परियोजना और कार्यक्रम चलाते हैं। वे विभिन्न वीओज/एनजीओज को विकास कार्य चलाने के लिए (थोड़ी मात्रा में ही सही) अंशदान भी देते हैं। कुछ सुविख्यात धर्मार्थ न्यास और प्रतिष्ठान हैं; टाटा ट्रस्ट, गाँधी शांति प्रतिष्ठान, आगा खां फाउंडेशन, इंफोसिस फाउंडेशन आदि। धर्मार्थ न्यासों और प्रतिष्ठानों द्वारा स्वैच्छिक क्षेत्र को दिए जाने वाले धन का भी कोई विश्वसनीय अनुमान उपलब्ध नहीं है।

(4) **धार्मिक संगठन (Religious Organisations)**—धार्मिक संगठनों को जनता से कितना दान प्राप्त होता है और कितना दान वे वीओज/एनजीओज को देते हैं इस संबंध में किसी प्रकार के आँकड़े उपलब्ध नहीं हैं। किंतु धार्मिक संगठनों के पास बहुत धन होता है जो वीओज/एनजीओज की गतिविधियों के लिए वित्त का एक अच्छा स्रोत हो सकता है।

(5) **व्यक्तिगत दान (Individual Donations)**—व्यक्तिगत दानदाता स्वैच्छिक संगठनों को केवल धन ही नहीं देते, बल्कि उनकी गतिविधियों को बल देने के लिए उन्हें समय, श्रम और

कौशल का दान भी करते हैं। व्यक्तियों द्वारा किया गया अधिकांश मुद्रा के रूप में दान भारत में स्वैच्छिक संगठनों और धार्मिक संगठनों को जाता है। स्वयंसेवी विभिन्न शैक्षिक पृष्ठभूमि और आय समूहों के होते हैं। तथापि सामुदायिक विकास की गतिविधियों में धन और श्रम का दान करने वाले अधिकांश स्वयंसेवी ग्रामीण क्षेत्रों के निम्न तथा मध्यम आय वर्गीय परिवारों के होते हैं।

(6) सामुदायिक अंशदान (Community Contributions)–सामुदायिक अंशदान भी व्यक्तिगत दान की श्रेणी में आते हैं, क्योंकि अंततः व्यक्ति ही तो नकद, वस्तु, श्रम, समय अथवा कौशल का दान करते हैं। यहाँ अंतर यह है कि इस प्रकार के अंशदान समुदाय द्वारा किसी विकास परियोजना अथवा कार्यक्रम के कार्यान्वयन के लिए सामूहिक रूप में किए जाते हैं। ग्रामीण क्षेत्रों में सक्रिय छोटे वीओज/एनजीओज को अनाज, खाद्य सामग्री, स्थानीय परिवहन, स्थान आदि के रूप में अभी भी सामुदायिक अंशदान प्राप्त होता है।

(7) अप्रवासी भारतीय: डायसपोरा (Non Resident Indians: The Diaspora)– पिछले दशक के दौरान से अप्रवासी भारतीय स्वैच्छिक क्षेत्र को वित्तपोषण का एक नया सशक्त स्रोत बनकर उभरे हैं। भारी संख्या में भारतीय अमेरिका, इंग्लैंड, कनाडा, ऑस्ट्रेलिया और मध्य पूर्व के देशों में जाकर बस गए हैं। एक विशिष्ट क्षेत्र, शहर अथवा गाँव के साथ उनके भावनात्मक संबंध होते हैं और वे भारत के विकास के प्रति योगदान के सार्थक तरीकों की तलाश में रहते हैं। वे स्वैच्छिक संगठनों को नकद दान अथवा अपना कौशल, विशेषज्ञता और अनुभव देना चाहते हैं। वे भारत में अपने पुश्तैनी स्थानों में विकास संबंधी गतिविधियाँ चलाने के लिए वीओज/एनजीओज को शामिल करने में भी रुचि रखते हैं। वित्तपोषण के इस सशक्त स्रोत का इस्तेमाल करने के लिए, वीओज/एनजीओज को चाहिए कि वे अप्रवासी भारतीयों को अपनी गतिविधियों के बारे में उपयुक्त/भरोसे योग्य और विश्वसनीय जानकारी उपलब्ध कराने के तरीके और साधन बनाएँ। स्वैच्छिक क्षेत्र को भारतीय राज्य के सहयोग से यह प्रयास करना चाहिए कि वह परिवर्तन और विकास की प्रक्रिया में आने वाली अप्रवासी भारतीयों के सम्मिलित होने के लिए सुचारू और कठिनाई-रहित स्थितियाँ पैदा करे। उदाहरण के लिए, अप्रवासियों को उनके निवास के देश में करों में लाभ लेने में मदद करने के लिए, क्राई (सी.आर.वाई.) जैसे और कुछ अन्य बड़े गैर-सरकारी संगठनों ने अप्रवासी बहुल देशों में समानांतर लाभनिरपेक्ष संगठन स्थापित कर लिए हैं। इन संगठनों को उन देशों के कानूनों के अंतर्गत करों में छूट का अधिकार प्राप्त है और विदेशों में रह रहे भारतीय दानदाता अपने निवास के देश में करों का लाभ ले सकते हैं।

(8) विदेशी/अंतर्राष्ट्रीय दान (Foreign/International Contributions)–वैश्वीकरण की प्रक्रिया के शुरू होने और बाजार अर्थव्यवस्था के मुक्त हो जाने से, अंतर्राष्ट्रीय दान स्वैच्छिक क्षेत्र को वित्तपोषण के प्रमुख स्रोत के रूप में उभर कर सामने आया है। वित्तपोषण के इस स्रोत का संबंध निजी विदेशी दाताओं के अनुदानों से और अंतर्राष्ट्रीय संस्थाओं द्वारा दी गई द्विपक्षीय और बहुपक्षीय सहायता से है। स्वैच्छिक क्षेत्र को दी जाने वाली वित्तीय सहायता का विनियमन भारत सरकार के गृह मंत्रालय द्वारा विदेशी अंशदान तथा विनियमन अधिनियम (एफ.सी.आर.ए.) 1976 (1985 में संशोधित) के अंतर्गत किया जाता है। वीओज/एनजीओज वित्तपोषण के निजी विदेशी स्रोत हैं–व्यक्तिगत परोपकारी, अंतर्राष्ट्रीय निगम निकाय, अंतर्राष्ट्रीय गैर-सरकारी संगठन - जैसे लायंस क्लब, अंतर्राष्ट्रीय रेड क्रॉस सोसाइटी, एमनेस्टी इंटरनेशनल आदि; विकसित औद्योगीकृत देशों में आधारित गैर-सरकारी संगठन - जैसे ऑक्सफैम, केयर (सी.ए.आर.ई.) एक्शन एड आदि। अंतर्राष्ट्रीय गैर-सरकारी क्षेत्र भारत में स्वैच्छिक क्षेत्र के वित्तपोषण का एक प्रमुख स्रोत बना हुआ है।

द्विपक्षीय वित्तपोषण का संबंध अमेरिका, इंग्लैंड, जर्मनी, इटली, स्वीडन, डेनमार्क, नॉर्वे, कनाडा, ऑस्ट्रेलिया और जापान जैसे देशों की राजकीय संस्थाओं द्वारा दी गई सहायता से है। अधिक मात्रा में सहायता सरकार द्वारा प्रायोजित कार्यक्रमों को उपलब्ध कराई जाती है। एक छोटे अनुपात में सहायता, भारत सरकार के अनुमोदन करने पर, स्वैच्छिक संगठनों को विशिष्ट कार्यक्रमों के लिए उपलब्ध कराई जाती है। मार्च 2003 में, भारत सरकार ने घोषणा की है कि वह कनाडा, स्वीडन और डेनमार्क जैसे छोटे दानदाता देशों से अब कोई सहायता स्वीकार नहीं करेगी। केवल बड़े द्विपक्षीय दानदाता विकास के लिए धन वितरण हेतु सरकार के साथ काम करते रहेंगे। कनैडियन इंटरनेशनल डेवलपमेंट एजेंसी जैसे कुछ दानदाता अभिकरणों ने धनराशि देना बिल्कुल बंद कर दिया है और अन्य संगठन भी यही करने की सोच रहे हैं। इससे भारतीय वीओज/एनजीओज को मिलने वाले विदेशी संसाधनों की मात्रा थोड़ी कम हो गई है।

बहुपक्षीय सहायता के स्रोत संयुक्त राष्ट्र संगठन की विभिन्न संस्थाएँ और अभिकरण हैं—जैसे यूनीसेफ, यूनेस्को, यू.एन.डी.पी., डब्ल्यू.एच.ओ., यू.एन.एफ.पी.ए., एफ.ए.ओ. आदि। भारतीय स्वैच्छिक क्षेत्र को कुछ और बहुपक्षीय संस्थाओं से भी वित्तीय संसाधन प्राप्त होते हैं—जैसे विश्व बैंक (World Bank), अंतर्राष्ट्रीय मुद्रा कोष (International Monetary Fund; IMF), राष्ट्रमंडल विकास निगम (Commonwealth Development Corporation; CDC), एशियाई विकास बैंक (Asian Development Bank; ADB), इस्लामी विकास बैंक (Islamic Development Bank; IDB) आदि। बहुपक्षीय वित्तपोषण भारत में अधिकतर बड़े और सुस्थापित स्वैच्छिक संगठनों को उपलब्ध होता है। अंतर्राष्ट्रीय दाताओं के लिए प्राथमिकता के क्षेत्र रहे हैं—स्वास्थ्य और परिवार कल्याण, महिलाएँ और बच्चे, समाज कल्याण, शिक्षा, ग्राम विकास, विज्ञान और प्रौद्योगिकी, पर्यावरण और मानवाधिकार।

प्रश्न 20. राज्य की मौजूदा वित्तपोषण नीति के मूल साधन के रूप में अनुदान सहायता की व्यवस्था से संबंधित मुख्य पहलुओं की चर्चा कीजिए।

अथवा

स्वैच्छिक संगठनों को दी जाने वाली अनुदान सहायता की अनिवार्य विशेषताओं की पहचान कीजिए। [दिसम्बर-2013, प्रश्न सं.-3 (b)]

अथवा

अनुदान सहायता के नियम व शर्तों का वर्णन कीजिए।

अथवा

सहायता-अनुदान की अनिवार्य विशेषताएँ बताइए।

[दिसम्बर-2014, प्रश्न सं.-4 (c)]

उत्तर— ऐतिहासिक रूप से, राज्य स्वैच्छिक संगठनों को वित्तपोषण देने में भूमिका निभाता है। पिछले काफी समय से राज्य ने परिवर्तन और विकास, विशेषकर ग्रामीण समाज के गरीब और सीमांत वर्गों के सशक्तिकरण की प्रक्रिया में स्वैच्छिक संगठनों की भूमिका को अधिकाधिक पहचाना है। अपनी नीतियों के अनुरूप, स्वैच्छिक संगठनों को वित्तीय सहायता देने के लिए राज्य समुचित प्रावधान करता आ रहा है। इसी के परिणामस्वरूप स्वैच्छिक क्षेत्र पर राष्ट्रीय नीति 2004 (प्रारूप) बनी, जिसमें अन्य बातों के साथ ये प्रावधान शामिल किए गए—

- स्वैच्छिक क्षेत्र क्योंकि सार्वजनिक संस्थाओं की मौजूदा गतिविधियों का पूरक और/अथवा सम्पूरक है, इसलिए संबंधित संस्थाओं के बजट में उपयुक्त प्रावधान करने होंगे।
- स्वैच्छिक क्षेत्र की दिशा में धनराशि के प्रवाह को बढ़ाने के लिए सरकार, बैकों/वित्तीय संस्थाओं की निधियों तक स्वैच्छिक संगठनों की पहुँच बनाने के लिए, एक तरीका विकसित करेगी।
- स्वैच्छिक क्षेत्र को सहायता देने के लिए सरकार और उसके कपार्ट जैसे अभिकरणों द्वारा चलाई जा रही विभिन्न योजनाओं के प्रभाव क्षेत्र को मजबूत किया जाएगा और उनका विस्तार किया जाएगा।
- गैर-सरकारी संगठनों की दिशा में बाहरी द्विपक्षीय सहायता निधि के प्रवाह को प्रोत्साहित करने के लिए तरीके निर्धारित किए जाएँगे। स्वैच्छिक संगठनों को ऐसे प्रवाह पर विचार करते समय प्राथमिकता दी जाएगी।
- एफ.सी.आर.ए. के नियमों में समुचित संशोधन किए जाएँगे जिससे केवल प्रथम पॉइंट के समाशोधन की जरूरत हो।
- निधियों के प्रवाह में स्थिरता और पूर्वानुमानता की आवश्यकता इसलिए है ताकि यह सुनिश्चित किया जा सके कि कार्यान्वयन की गति पर प्रतिकूल प्रभाव न पड़े और स्वैच्छिक संगठनों की वैधता के साथ कोई समझौता न हो।
- संबंधित स्वैच्छिक संगठन और अन्य भागीदारों के साथ पूर्व परामर्श के बगैर वित्तपोषण के ढाँचे की शर्तों में कोई बदलाव न हो।

स्वैच्छिक संगठनों के संदर्भ में अनुदान सहायता के मुख्य उद्देश्य व विशेषताएँ निम्नलिखित हैं–

- स्वैच्छिक क्रिया और लोगों की भागीदारी को प्रोत्साहित करना;
- प्रवर्तन और परीक्षण को अभिप्रेरित करना;
- गति और लचीलेपन के साथ सेवा प्रदान करना;
- संरचनात्मक विकेंद्रीकरण को बढ़ाना;
- अछूते अथवा सहायता के दायरे से बाहर रहते हुए क्षेत्रों, क्षेत्रकों और समुदायों तक पहुँचना; और
- कल्याण और विकास के लिए कर (टैक्स) निधियों की साझेदारी करना।

मोहंती और सिंह (2001) ने टिप्पणी की है कि वित्तीय सहायता के अतिरिक्त भारत सरकार स्वैच्छिक संगठनों को तकनीकी, भौतिक और प्रशिक्षण संबंधी सहायता तथा मार्गदर्शन भी देती है। राज्य अपने विभिन्न मंत्रालयों, विभागों और अन्य स्वायत्तशासी संस्थाओं के माध्यम से स्वैच्छिक संगठनों का वित्तपोषण करता है। यह अनुदान सहायता, आर्थिक सहायता तथा सब्सिडी, सरकारी ऋण/बैंक ऋण, वजीफा, मानदेय, नकद पुरस्कार आदि के रूप में हो सकती है। विकास संबंधी गतिविधि अथवा परियोजना के अनुसार, सरकार आवर्ती तथा गैर-आवर्ती दोनों ही प्रकार के अनुदानों के रूप में स्वैच्छिक संगठनों को वित्तीय सहायता देती है। इन्हें प्रशासनिक अनुदान, रखरखाव अनुदान, भूमि खरीदने और भवन निर्माण के लिए, विस्तार और मरम्मत के लिए, किराए के भुगतान के लिए, उपकरण/फर्नीचर की खरीद के लिए अनुदान कहा जा सकता है। अनुदान

शिक्षण सामग्री, स्टाफ अथवा कामगारों के वेतन और भत्तों, यात्रा और परिवहन, मुद्रण और प्रतिलिपि हेतु, डाक खर्च, स्टेशनरी, टंकण, टेलीफोन आदि के खर्च के लिए भी हो सकते हैं। इसी तरह, गैर-वित्तीय सहायता आमतौर पर तकनीकी संसाधन सहयोग, प्रशिक्षण, सामान तथा सेवाओं के रूप में होती है और विकास कार्यक्रम की प्रकृति पर निर्भर करती है।

अनुदान सहायता: स्वैच्छिक संगठनों के लिए पात्रता मानदंड (Grants-in-Aid: Eligibility Criteria for VOs)—स्वैच्छिक संगठनों को राज्य से अनुदान सहायता के रूप में वित्तीय सहायता प्राप्त करने के लिए कुछ बुनियादी आवश्यकताओं को पूरा करना पड़ता है। सबसे पहली आवश्यकता स्वैच्छिक संगठन की कानूनी प्रस्थिति से संबंधित होती है। इस प्रकार की कानूनी प्रस्थिति इस उद्देश्य के लिए बने किसी भी अधिनियम के अंतर्गत पंजीकृत होकर प्राप्त की जा सकती है। उदाहरण के लिए, सोसाइटीज रजिस्ट्रेशन एक्ट 1860 (अथवा समकक्ष राज्य अधिनियम), इंडियन ट्रस्ट्स एक्ट 1882, कंपनीज एक्ट, 1956 और कोऑपरेटिव सोसाइटीज एक्ट। कानूनी प्रस्थिति के अतिरिक्त, संगठन को सदस्यों की स्वैच्छिक भागीदारी भी सुनिश्चित करनी होती है। संगठन का एक लिखित संविधान, मेमोरेंडम अथवा आर्टिकल्स ऑफ एसोसिएशन होना चाहिए। यह एक अराजनीतिक और लाभनिरपेक्ष संगठन होना चाहिए। इसका स्वरूप धर्मनिरपेक्ष, लोकतांत्रिक और अहिंसक प्रवृत्ति का होना चाहिए और इसे समाज में धर्मपरिवर्तन जैसी गतिविधियाँ नहीं करनी चाहिए। स्वैच्छिक संगठन को महिला-पुरुष, धर्म, भाषा, जाति आदि के आधार पर भेदभाव नहीं करना चाहिए। इसमें उचित प्रकार से गठित शासी निकाय (निर्वाचित) होना चाहिए जिसके पास सुस्पष्ट अधिकार और जिम्मेदारियाँ होनी चाहिए। इसके अतिरिक्त, सरकार की किसी भी योजना के अंतर्गत वित्तीय सहायता की पात्रता के लिए, स्वैच्छिक संगठन के पास कल्याण तथा विकास के कार्यक्रम चलाने के लिए उपयुक्त योग्यता और अनुभव होना चाहिए। अंत में, इसके पास एक वित्तीय आधार और एक सुप्रबंधित तथा स्थिर संगठन होना चाहिए।

अनुदान सहायता के नियम और शर्तें (Terms and Conditions Governing Grants-in-Aid)—राज्य-प्रायोजित विकास योजनाओं के अंतर्गत वित्तीय सहायता प्राप्त करने के लिए वीओज/एनजीओज के लिए निम्नानुसार अनुदान सहायता के सामान्य नियमों और शर्तों का पालन अनिवार्य होता है—

- उन्हें लिखित रूप में पुष्ट करना होगा कि उन्हें अनुदान सहायता के नियम स्वीकार्य हैं;
- उन्हें राज्य द्वारा इस उद्देश्य के लिए नियुक्त अधिकारी की जाँच के प्रति कोई आपत्ति नहीं होनी चाहिए;
- उन्हें उचित खाते रखने चाहिए और आवश्यक होने पर उन्हें प्रस्तुत (जमा) करना चाहिए;
- उन्हें पिछले वर्ष के लेखापरीक्षित खाते छ: महीने के भीतर (एक चार्टर्ड एकाउंटेंट के हस्ताक्षर युक्त) उपयोग प्रमाण पत्र के साथ प्रस्तुत करने चाहिए;
- उन्हें अनुदान सहायता की राशि से पूर्ण रूप से अथवा पर्याप्त आंशिक रूप से प्राप्त की गई परिसंपत्तियों का उचित रिकॉर्ड रखना चाहिए।
- वीओज/एनजीओज द्वारा कार्यान्वित विकास परियोजनाएँ/कार्यक्रम – धर्म, जाति, महिला-पुरुष, भाषा आदि का भेदभाव किए बगैर – भारत के सभी नागरिकों के लिए होंगे;

- किसी भी नियम अथवा शर्त का उल्लंघन होने की स्थिति में, अनुदान सहायता को निलंबित अथवा समाप्त करने का अधिकार राज्य के अधिकारियों के पास होगा;
- कर्मचारियों की भर्ती करते समय, वीओज/एनजीओज अनुसूचित जातियों और अनुसूचित जनजातियों के लिए आरक्षण कोटा लागू करेंगे;
- वीओज/एनजीओज राज्य की पूर्वानुमति के बगैर विदेशी प्रतिनिधि मंडल को आमंत्रित नहीं करेंगे; और
- वीओज/एनजीओज को चाहिए कि भवन निर्माण संबंधित अनुदान सहायता को दो वर्षों की अवधि में उपयोग कर लें (इसकी अवधि प्रथम किस्त की प्राप्ति की तारीख से आरंभ होती है)।
- वीओज/एनजीओज को विकास कार्यक्रमों से संबंधित छमाही प्रगति रिपोर्टों को राज्य के संबंधित अधिकारियों के समक्ष प्रस्तुत करना होगा; अनुदान सहायता की बाद की किस्तें विकास परियोजना/कार्यक्रम की संतोषजनक प्रगति रिपोर्टों पर निर्भर करती हैं।

प्रश्न 21. राज्य वित्तपोषण की प्रमुख सीमाओं को संक्षिप्त में लिखिए।

उत्तर– राज्य द्वारा वित्तपोषण की कुछ अंतर्निहित सीमाएँ हैं। अधिकांश विकास कार्यक्रम और योजनाएँ राज्य की संस्थाओं द्वारा आयोजित और तैयार की जाती हैं। अनुदान सहायता की प्रकृति और स्वरूप क्योंकि आमतौर पर दानदाता-उन्मुख होती है, इसलिए वे अक्सर स्वैच्छिक संगठनों की वास्तविक आवश्यकताओं के अनुकूल नहीं होती।

अनुदान सहायता के नियम, विनियम और कार्यविधियाँ कठोर और असुविधाजनक होती हैं और वीओज/एनजीओज को विस्तृत रिकॉर्ड तथा रजिस्टर आदि रखने पड़ते हैं, जिनमें बहुत सारा कागजी कार्य करना होता है। उनका लचीलापन समाप्त हो जाता है, उनकी संरचनाओं में कठोरता आ जाती है और उनकी कार्यप्रणाली में नौकरशाही का तत्त्व आ जाता है। इसके अतिरिक्त, अनुदान सहायता पर नियंत्रण से संबंधित राज्य का तंत्र स्वैच्छिक संगठनों की स्वायत्त कार्यप्रणाली को कमजोर कर देता है। अनुदान सहायता के समय से जारी होने में नौकरशाही और कार्यविधि के कारण होने वाली देरी राज्य वित्तपोषण से जुड़ी एक और बड़ी कमी है।

सरकारी अभिकरणों से अनुदान सहायता पाने के लिए छोटे वीओज/एनजीओज द्वारा अपना समकक्ष अंशदान जुटाना आमतौर पर मुश्किल लगता है। मजबूत वित्तीय आधार वाले बड़े स्वैच्छिक संगठन क्योंकि इन शर्तों को आसानी से पूरा कर देते हैं, इसलिए राज्य द्वारा दिए जाने वाले वित्त का बड़ा हिस्सा उन्हीं के एकाधिकार में रहता है। इससे स्वैच्छिक क्षेत्र में संकटपूर्ण असंतुलन बन जाता है। विशाल वित्तीय संसाधनों और अच्छे जनसंपर्कों और मताग्रह की क्षमता से युक्त बड़े वीओज/एनजीओज इस क्षेत्र में पनपते हैं; जबकि आधारिक स्तर पर सक्रिय छोटे संगठनों को धन की कमी बनी रहती है और उनका अस्तित्व हमेशा खतरे में रहता है। सामाजिक रूप से प्रतिबद्ध और समर्पित जनसमुदाय के वीओज/एनजीओज कभी-कभी प्रतिकूल वित्तीय परिवेश के कारण परिदृश्य से बाहर हो जाते हैं। अन्यथा भी, अनुदान सहायता एक स्वैच्छिक संगठन की कुल वित्तीय आवश्यकताओं को पूरा करने के लिए पर्याप्त नहीं होती। उदाहरण के लिए, स्वैच्छिक संगठन का प्रशासनिक और परिचालन संबंधी खर्च भी अनुदान सहायता में नहीं दिया जाता है।

संक्षेप में, यह निश्चित तौर पर कहा जा सकता है कि राज्य वित्तपोषण का विशेष दृष्टिकोण सीमित करने वाला और नियंत्रण लगाने वाला है और इसके कारण स्वैच्छिक संगठनों में निर्भरता की प्रवृत्ति बन जाती है। परिणामस्वरूप, इससे अनेकानेक स्वैच्छिक संगठनों का अनिवार्यत: आत्मनिर्भर और स्वायत्त स्वरूप और सच्ची क्षमता को अनेक प्रकार से क्षति पहुँचती है।

प्रश्न 22. निधि संग्रह की योजना तैयार करते समय एक स्वैच्छिक संगठन को किन पहलुओं पर विचार करना चाहिए?

उत्तर– एक निधि-संग्रह योजना तैयार करते समय, एक स्वैच्छिक संगठन को निम्नलिखित पहलुओं पर अवश्य विचार करना चाहिए–

- इसे अपने दृष्टिकोण को एक मिशन विवरण में व्यक्त करना चाहिए। एक आम बाधा यह है कि यदि नियमित रूप में इस मिशन की समीक्षा न की गई तो यह व्यर्थ हो सकता है। मिशन को चालू और यथार्थपरक रखने के लिए एक स्वैच्छिक संगठन को समाज में मुद्दों अथवा स्थितियों की पहचान के लिए अनुसंधान करते रहना चाहिए। मिशन ऐसा हो कि बाहरी लोगों और संभावित दानदाताओं को इसकी समझ हो और वे इसमें शामिल हो सकें।
- उपयुक्त कार्यतंत्रों को विकसित किया जाना चाहिए ताकि शासी निकाय, प्रशासन और प्रबंधन निधि-संग्रह का कोई कार्यक्रम शुरू करते समय सहयोगात्मक भागीदारी में साथ-साथ काम कर सकें। स्वयंसेवकों को निधि-संग्रह के प्रति अभिप्रेरित और प्रतिबद्ध होना चाहिए।
- एक स्वैच्छिक संगठन को अपने निधि-संग्रह के अभियान में एक सार्थक और महत्त्वपूर्ण तर्क आधार को स्पष्ट शब्दों में व्यक्त करना चाहिए। इसे यह दिखाना चाहिए कि इसके कार्यक्रम समुदाय की आवश्यकताओं के प्रति जागरूक हैं, और इसे अपनी पिछली उपलब्धियों को दिखाना चाहिए।

प्रश्न 23. निम्न पर संक्षिप्त टिप्पणी लिखिए–

(i) केस विवरण का महत्त्व

उत्तर– केस विवरण संसाधनों के संघटन के लिए कारण अथवा उद्देश्य बताने का माध्यम होता है। अच्छी तरह से तैयार किया गया केस विवरण स्वैच्छिक संगठन द्वारा आयोजित किसी भी निधि-संग्रह कार्यक्रम की सशक्त पृष्ठभूमि प्रस्तुत करता है। केस विवरण में यह स्पष्ट और अनिवार्य कारण दिया जाना चाहिए कि लोग उस स्वैच्छिक संगठन को अंशदान देने के बारे में क्यों विचार करें। एक अच्छे केस विवरण में निम्नलिखित तथ्यों को स्पष्ट रूप में व्यक्त किया जाना चाहिए–

- समुदाय के लिए स्वैच्छिक संगठन की सार्थकता, महत्ता और प्रासंगिकता;
- समुदाय की तात्कालिक आवश्यकताओं की पूर्ति के लिए अपनाए जाने वाले तरीके और साधन;
- किसी विशिष्ट कार्यक्रम के कार्यान्वयन के लिए आवश्यक अंशदान की सख्त जरूरत;

- प्रतिफल और परिणामों को प्रामाणिक बनाने के लिए अपनाए जाने वाले उपाय; और
- निधियों का जिम्मेदार तरीके से प्रबंधन करने के लिए अपनाए जाने वाली कार्यविधियाँ।

इस प्रकार समुदाय की सहायता प्राप्त करने के लिए एक स्वैच्छिक संगठन द्वारा तैयार किए गए केस विवरण में संसाधनों के संघटन का एक ठोस कारण व्यक्त होना चाहिए।

(ii) उपहार का आग्रह

उत्तर– इस प्रक्रिया में संभावी दानदाताओं से स्वैच्छिक संगठन को अंशदान देने के लिए बार-बार संपर्क किया जाता और कहा जाता है। केवल सुप्रशिक्षित और प्रतिबद्ध स्वयंसेवियों अथवा शासी निकाय के वरिष्ठ सदस्यों को उपहारों के लिए आग्रह करने का काम सौंपा जाना चाहिए। यदि एक स्वयंसेवी के बारे में यह जानकारी मिलती है कि वह निधि-संग्रह के लिए प्रतिबद्ध है, तो इससे यह सकारात्मक संदेश जाता है कि स्वैच्छिक संगठन सहायता दिए जाने योग्य है। प्रशासन का काम होता है आग्रह करने में सक्षम उपयुक्त स्वयंसेवियों की भर्ती और प्रशिक्षण में मदद करना। प्रशासन स्वयंसेवियों को यह समझने में मदद कर सकता है कि संभावी दानदाताओं द्वारा उनके आग्रह को अस्वीकार कर दिया जाना उनके काम का एक हिस्सा ही है। अनुभवी प्रशासनिक स्टाफ स्वयंसेवियों को यह समझने में मदद करता है कि संभावी दानदाताओं से उपहार का आग्रह करने के मुख्य लक्ष्य की राह में मनाही तो मात्र अस्थायी बाधाएँ हैं। उपहारों के लिए आग्रह की प्रभावी प्रक्रिया में निम्नलिखित कारकों का योगदान महत्त्वपूर्ण होता है–

- स्वैच्छिक आग्रहकर्त्ताओं को चाहिए कि वे दूसरों से स्वैच्छिक संगठन में अंशदान करने को कहने से पहले वे स्वयं अंशदान करें। स्वयं अंशदान करके, आग्रहकर्त्ता संभावी दानदाताओं को स्वैच्छिक संगठन के उद्देश्य के प्रति अपनी स्वयं की प्रतिबद्धता का संकेत दे सकते हैं।
- उपहार माँगने की धारणा के प्रति स्वयंसेवियों का सकारात्मक रुख सबसे महत्त्वपूर्ण और प्रमुख आवश्यकता है। स्वैच्छिक आग्रहकर्त्ता को यही संकेत संभावी दानदाता को भी देना चाहिए - अर्थात् अंशदान देना कोई दायित्व अथवा जिम्मेदारी नहीं है। स्वयंसेवी को संभावी दानदाता में विश्वास जगाने का सामर्थ्य होना चाहिए, जिससे यह एहसास हो कि यह केवल पैसा देने की बात नहीं है, बल्कि स्वैच्छिक संगठन के किसी विशेष उद्देश्य में निवेश करना एक विशेषाधिकार है।
- उपहारों के लिए आग्रह करने की प्रक्रिया में लगे स्वयंसेवकों को दानदाताओं द्वारा व्यक्त की गई चिंताओं की ओर गंभीरता से ध्यान देना चाहिए। स्वयंसेवी को यह पता होना चाहिए कि इस आग्रह की प्रक्रिया में दानदाता के साथ उद्देश्य में उसकी व्यक्तिगत रुचि और ज्ञान की साझेदारी शामिल है। यह केवल कुछ बेचने जैसा नहीं है जिसमें दानदाता को बाद में यह एहसास हो कि स्वैच्छिक संगठन ने उसके साथ कुछ गड़बड़ी की है। स्वयंसेवी को संभावी दानदाता के विचारों और सरोकारों के प्रति संवेदनशील और सम्मानजनक बने रहना चाहिए। संभावी दानदाता को दान देने के बारे में अंतिम फैसला करने में समय लग सकता है। ऐसी स्थिति में, स्वयंसेवी को दानदाता के साथ अपनी अगली बैठक तक इस चर्चा को स्थगित कर देना चाहिए।

(iii) दानदाता आधार का निर्माण

उत्तर— स्वैच्छिक संगठनों के लिए यह बेहद जरूरी होता है कि वे दानदाताओं के विवरण को बनाए रखें। दानदाता के अंशदानों से संबंधित आँकड़ों में पिछली प्रवृत्ति स्पष्ट हो सकती है और वे भावी अंशदानों के बारे में प्रत्याशित आकलन करने में सहायक होते हैं। कंप्यूटर की मदद से, दानदाताओं का एक सही आँकड़ा आधार भविष्य में प्रसंग के लिए तैयार और संरक्षित किया जा सकता है। इस जानकारी से यह पता चल सकता है कि क्या दानदाता दान की पुनरावृत्ति कर रहे हैं और/अथवा अपने पिछले अंशदानों में वृद्धि कर रहे हैं। स्वैच्छिक संगठन के लिए यह उपयोगी रहता है कि वह एक संभावी अंशदाता और एक अनिश्चित प्रत्याशित दानदाता में भेद कर पाए। किसी व्यक्ति से संपर्क किए बगैर उससे दान प्राप्ति का प्रयास करना आमतौर पर समय और ऊर्जा अथवा श्रम की बर्बादी ही होती है। समान रूप से, यदि आम जनता जिसे स्वैच्छिक संगठन के काम की जानकारी नहीं है, उसके बीच डाक अथवा फोन से अभियान चलाने के भी सीमित वित्तीय परिणाम हो सकते हैं। संभावी अंशदाता (जो संभवत: दान दे सकते हैं) मूल रूप में वे होते हैं जो स्वैच्छिक संगठन के कार्यों से सुपरिचित होते हैं। आमतौर पर बड़े स्वैच्छिक संगठनों द्वारा भाड़े पर रखे गए व्यावसायिक निधि-संग्राहकों ने लंबे समय से 'संपर्क-योग्यता-रुचि' के सिद्धांत का प्रयोग संभावी दानदाता और संभावी अंशदाता में भेद करने के लिए किया है। इसके लिए निम्नलिखित बातों का होना आवश्यक है—

- 'संपर्क' का संबंध सीधे अथवा किसी साथी के माध्यम से दानदाता तक पहुँच बनाने से होता है।
- 'योग्यता' का अर्थ यह होता है कि संभावी दानदाता की विवेकपूर्ण आय होती है और वह परोपकारी अंशदान के लिए मनोवैज्ञानिक स्तर पर प्रतिबद्ध होता है।
- 'रुचि' का आधार स्वैच्छिक संगठन के उद्देश्य और उपलब्धि के प्रति संभावी अंशदाता की जानकारी और प्रतिबद्धता होती है।

दानदाता आधार से संबंधित आँकड़ों का विश्लेषण और वर्गीकरण इस प्रकार किया जा सकता है—

- प्रमुख अंशदाता (एक घेरे का आंतरिक केंद्र) वे हैं जो स्वैच्छिक संगठन के लिए अत्यधिक दृढ़ता से प्रतिबद्ध होते हैं।
- दूसरा घेरा (श्रेणी) उनका होता है जो इसलिए प्रतिबद्ध होते हैं क्योंकि वे वार्षिक अंशदाता, कर्मचारी अथवा स्वयंसेवी हैं।
- तीसरे घेरे में वे व्यक्ति होते हैं जिनमें एक सामान्य परोपकारी रुचि और स्वैच्छिक संगठन के बारे में थोड़ी जानकारी होती है।
- इसके बाद घेरे के आंतरिक केंद्र से बाहर वे लोग होते हैं जो कम प्रतिबद्ध हैं; इसलिए उनसे अंशदान की संभावना कम होती है।
  यह जरूरी है कि सभी श्रेणियों के लोगों तक पहुँचने के लगातार प्रयास किए जाएँ ताकि उन्हें स्वैच्छिक संगठन के काम से जोड़ा जा सके।

(iv) निगमित अंशदान प्राप्ति

उत्तर— स्वैच्छिक संगठनों में व्यापारिक निगमों से निधि प्राप्त करने की जबरदस्त होड़ होती है। स्वैच्छिक क्षेत्र को धन देना अधिक केंद्रीभूत हो गया है और यह आधुनिक निगमित क्षेत्र के

भीतर कंपनियों के उद्देश्य से संबद्ध होता है। निगम ऐसे स्वैच्छिक संगठनों की पहचान करते हैं जिनसे ग्राहकों के बीच अथवा बृहत्तर समाज में उनकी साख और वैधता बढ़ सकती है। निधियों के लिए निगम से संपर्क करते समय स्वैच्छिक संगठन निम्नलिखित पहलुओं पर विचार कर सकते हैं–

- स्वैच्छिक संगठन को एक ठोस तर्क आधार रखना चाहिए जिससे एक विशेष विकास परियोजना अथवा कार्यक्रम में कंपनी की अनुकूल रुचि विकसित हो। यह अत्यधिक महत्त्वपूर्ण है कि कंपनी के अंशदान और कंपनी को होने वाले परवर्ती लाभ के बीच महत्त्वपूर्ण संबंध दर्शाया जाए।
- स्वैच्छिक संगठन को उन कारकों की पहचान का प्रयास करना चाहिए जो कंपनी को अंशदान के लिए प्रेरित कर सकते हैं। उदाहरण के लिए, यदि कोई स्वैच्छिक संगठन महिला-पुरुष भेदभाव के क्षेत्र में कार्यरत है, तो उसे एक ऐसे शीर्ष निगमित प्रबंधक की पहचान करनी चाहिए जिसने पिछले किसी अनुभव में महिला-पुरुष समानता के लिए प्रतिबद्धता दिखाई हो।
- स्वैच्छिक संगठन को परोपकार के प्रभारी उपयुक्त निगमित अधिशासी से संबंध बनाने का प्रयास करना चाहिए।
- इसे ऐसी जानकारी एकत्र करनी चाहिए जिससे निगम की रुचि को समझने में मदद मिले।
- सबसे अधिक प्रभावशील दृष्टिकोण यह होगा कि निगम के कर्मचारियों को स्वैच्छिक संगठन में सम्मिलित किया जाए। वास्तव में, कुछ स्वैच्छिक संगठन कंपनियों से अनुरोध करते हैं कि वे उन कर्मचारियों की पहचान करें जिन्हें स्वैच्छिक संगठन में न्यासी के रूप में अथवा उसकी समितियों में सम्मिलित किया जा सके।
- कंपनियों की परोपकार से संबंधित वित्तपोषण प्राथमिकताओं, नीतियों, दिशा-निर्देशों और कार्यविधियों की विशुद्ध जानकारी प्राप्त करें।

स्वैच्छिक संगठनों को निगमित अंशदान निम्नलिखित रूपों में प्राप्त हो सकते हैं–

- बड़े निगम आमतौर पर कंपनी प्रतिष्ठान स्थापित करते हैं, ताकि स्वैच्छिक क्षेत्र के धर्मार्थ संबंधी अनुरोध को पूरा किया जा सके।
- वे वित्तपोषण का निरंतर प्रवाह उपलब्ध करा सकते हैं, क्योंकि इन कंपनी प्रतिष्ठानों पर निगम में होने वाले व्यापारिक उतार-चढ़ाव का प्रभाव नहीं पड़ता।
- निगमित निधियाँ सीधे निगम के मुनाफों से भी उपलब्ध होती हैं।
- अधिशासी विवेकाधीन निधियाँ कंपनी के मुख्य अधिशासी के पास उपलब्ध होती हैं। इन अधिशासियों को स्वैच्छिक संगठनों को अल्प अनुदान देने का अधिकार होता है।
- राष्ट्रीय निगम की स्थानीय शाखाओं के पास, विशेषकर स्थानीय समुदायों में विकास परियोजनाओं के वित्तपोषण के लिए, सब्सिडी संबंधी-निधि उपलब्ध होती है।
- कंपनी के विपणन बजट में सामान्यत: यह प्रावधान होता है कि वह कंपनी की पहचान और बाजार में महत्त्व बढ़ाने के लिए अथवा अपने उत्पादों और सेवाओं की प्रोन्नति के लिए स्वैच्छिक संगठन को दान देकर क्षतिपूर्ति कर सकती है।

3

अध्याय

स्वैच्छिक संगठन और ग्राम विकास (Voluntary Organisations and Rural Development)

भूमिका

ग्राम विकास एक सतत् प्रक्रिया है। ग्रामीण विकास में स्वैच्छिक संगठन एक अरसे से महत्त्वपूर्ण भूमिका निभाते आ रहे हैं। इन्होंने जनता के प्रति सेवा, सरोकार और घनिष्ठता के उत्कृष्ट गुणों का परिचय दिया है। इसके अलावा नए कार्यक्रमों को प्रारंभ करने एवं उनका सफलतापूर्वक क्रियान्वयन करने की क्षमता भी दर्शाई है। इन संगठनों ने विकास संबंधी कठिन समस्याओं के समाधान के ऐसे तरीके भी सुझाए हैं जिन्हें सरकार को भी मानना पड़ा है। आज विकास के जो परिणाम हैं, चाहे वे शिक्षा के क्षेत्र में हों या स्वास्थ्य के क्षेत्र में उनमें स्वयंसेवी संस्थाओं का काफी योगदान रहा है। इस तरह के हजारों उदाहरण हैं, जो स्वैच्छिक संगठनों के इतिहास को गौरवान्वित करते हैं।

प्रश्न 1. भारत में परोपकार और स्वैच्छिकवाद की उत्पत्ति के आधार को स्पष्ट कीजिए।

अथवा

धार्मिक परोपकार पर संक्षिप्त टिप्पणी लिखिए। [जून-2013, प्रश्न सं.-4 (d)]

अथवा

राजनीतिक स्वैच्छिकवाद पर संक्षिप्त टिप्पणी लिखिए।

[दिसम्बर-2013, प्रश्न सं.-4 (e)]

अथवा

भारत में धार्मिक परोपकार पर संक्षिप्त टिप्पणी लिखिए।

[जून-2012, प्रश्न सं.-4 (d)]

उत्तर– परोपकार और धर्मार्थ की परंपरा भारतीय संस्कृति और समाज की सदा ही महत्त्वपूर्ण अंग रही है। ऐतिहासिक रूप से, कल्याणकारी गतिविधियों और समाज-सेवा कार्य, राज्य, धर्म और सामुदायिक संगठनों के परोपकारी और धर्मार्थ परिप्रेक्ष्यों में अभिव्यक्त होते रहे हैं। अतीत में अनेक भारतीय राजाओं और शासकों ने देशज संस्कृति, कला, स्वास्थ्य और शिक्षा को बढ़ावा देने के लिए धर्मार्थ संस्थानों को संरक्षण प्रदान किया था। अनावृष्टि, अकाल, महामारियों इत्यादि प्राकृतिक आपदाओं की स्थिति में राहत कार्य भी आयोजित किया करते थे। तथापि, आवश्यकता और आपदा के दिनों में अधिकांश लोगों के लिए सहायता का प्रथम स्रोत संयुक्त परिवार, नातेदारी व्यवस्था और आसन्न स्थानीय समुदाय को साथ लेकर चलने वाली अनौपचारिक व्यवस्था ही हुआ करती थी। इस अनौपचारिक व्यवस्था के अतिरिक्त, सहायता का अगला स्रोत था धार्मिक परोपकार। धार्मिक परोपकार और धर्मार्थ कार्य भारत में प्राचीन और मध्यकाल में सांस्कृतिक मूल्यों से गहरे जुड़े रहे।

धार्मिक परोपकार (Religious Philanthropy)–धार्मिक परोपकार की जड़ें मूल रूप से परहितवाद की धारणा में जमी हैं, अर्थात् समाज में एक कार्य-सिद्धांत के रूप में अन्य लोगों के लिए निःस्वार्थ सम्मान। तथापि, भारत में धार्मिक परोपकार आध्यात्मिकता के सशक्त घटक से भी जुड़ा रहा है। परमार्थ के रूप में विदित दैवी सत्य का अध्येता स्वयं के निस्तार अर्थात् मुक्ति के लिए प्रयासरत रहता है। इस प्रक्रिया में उससे परमार्थ करने की अपेक्षा की जाती है, अर्थात् दूसरों के लिए भलाई करना अथवा अन्य शब्दों में, जन कल्याण। परमार्थ बिना स्वार्थ के किया जाता है, यानि सभी कार्य निःस्वार्थ भाव से किए जाएँ। इस प्रकार, स्व-हित के लिए अनादर स्वयं को परमार्थ की परम ऊँचाइयों तक पहुँचाने का सर्वोत्कृष्ट मार्ग माना गया है। तद्नुसार जीवन में परम मोक्ष प्राप्त होता है। अन्य पहलुओं के बावजूद, धार्मिक परोपकार और जन कल्याण हेतु स्वैच्छिक कार्यों का सहवर्ती निष्पादन भारत में आध्यात्मिकता की धारणा में गहरी जड़ें जमाए है।

कालांतर में आध्यात्मिक और धार्मिक नेताओं ने धार्मिक परोपकार के तीन अद्वितीय नैतिक मूल्य सामने रखे, जैसे करूणा (अनुकंपा), दया (अनुग्रह) तथा दान (धर्मार्थ)। इसके अलावा, बौद्ध धर्म ने समाज में अनुकंपा के मूल्यों को प्रबलित किया। जैन धर्म ने जीव दया के रूप में अनुग्रह पर जोर दिया। इस प्रकार, राजाओं और शासकों ने धर्मार्थ कार्यों को संरक्षण प्रदान किया और संपन्न और धनाढ्य वर्ग समाज में धार्मिक परोपकार संबंधी लक्ष्यों के प्रति समर्पित रहा। धार्मिक परोपकार के आधारभूत सिद्धांत मुस्लिम और मुगल शासनकाल में भी अपरिवर्तित ही रहे।

इस्लाम ने खैरात (धर्मार्थ) का प्रचार किया। एक धर्मनिष्ठ मुस्लिम व्यक्ति से अपेक्षा की जाती थी कि वह अपनी आय का एक निर्दिष्ट नियत भाग अलग से जन-कल्याण के लिए दान में दे। इस प्रकार, अनुदानों की संकल्पना साथ-साथ परोपकारी उद्देश्यों और धर्मार्थ कार्यों ने समाज में पूर्ण धार्मिक माननीयता और सामाजिक स्वीकृति अर्जित कर ली। राज्य के साथ-साथ व्यापार समुदाय भी समाज के सार्वजनिक कल्याण हेतु सरायें (यात्री निवास), धर्मशालाएँ और अन्य जनोपयोगी भवन बनाने के लिए धन दान करते थे। एक धर्मनिष्ठ हिंदू अथवा मुसलमान समाज में गरीब और दीन-हीनों की सेवा में अपने मन की शांति पाते थे। करुणा, दया, दान और खैरात संबंधी मूल्यों ने तद्नुसार भारतीय समाज में स्वयंसेवी कार्यकलापों की आधारशिलाओं का रूप ले लिया। धार्मिक संस्थाएँ राज्य और व्यापार समुदायों द्वारा हाथ में लिए जाने वाले परंपरागत परोपकार संबंधी और धर्मार्थ कार्यों की प्रमुख लाभार्थी बन गईं।

अंग्रेजी शासन का प्रभाव (Influence of British Rule)–अंग्रेजों के आगमन के साथ ईसाई मूल्यों ने धार्मिक परोपकार और धर्मार्थ कार्यों पर उल्लेखनीय प्रभाव डाला। एक बुनियादी लिहाज से, पड़ोसी से प्रेम और दीन-हीन की सेवा संबंधी ईसाई सिद्धांत ने कमोबेश उन्हीं मूल्यों को समर्थन दिया जो भारत में धार्मिक परोपकार और धर्मार्थ कार्यों में पहले ही अंतर्निहित थे। तथापि, धर्म के प्रचार से जुड़ी ईसाई मिशनरियों की कार्य-सूची ने भारत में धार्मिक सुधार आंदोलनों को प्रोत्साहन प्रदान किया। इस युग में धार्मिक परोपकार और धर्मार्थ कार्यों के लिहाज से पुनर्जागरण और सुधार देखने में आया।

भारत में अंग्रेजों की विद्यमानता का एक उल्लेखनीय परिणाम शहरी केंद्रों की अभिवृद्धि से गहरा जुड़ा हुआ है। बढ़ते शहरों ने छोटे कस्बों व गाँवों से आने वाले प्रच्छन्न उद्यमियों को पर्याप्त अवसर प्रदान किए। गुजरात और राजस्थान के लोग अपनी उद्यमवृत्ति के लिए प्रसिद्ध हैं।

बढ़ी हुई सामाजिक चेतना और कानूनी ढाँचे के प्रावधानों के साथ, सफल व्यापार-वर्गों ने स्वैच्छिक कार्यों संबंधी अपनी गतिविधियों को विस्तीर्ण कर लिया, जिनमें स्वास्थ्य (औषधालय; अस्पताल), शिक्षा (विद्यालय भवन, महाविद्यालय आदि); जनोपयोगी सेवाएँ, समाज-कल्याण इत्यादि शामिल थे। वे स्वास्थ्य, शिक्षा और समाज-कल्याण ट्रस्ट स्थापित करने में सक्षम थे। गाँवों में, वैयक्तिक और लघु-परिवार स्वामित्व वाले ट्रस्टों ने ग्रामीण क्षेत्रों में सामाजिक और भौतिक अधिरचना के निर्माण से संबंधित स्वैच्छिक कार्यों को हाथ में लिया। अधिक संगठित स्वैच्छिक कार्यकलाप कस्बों और शहरों में दिखाई देने लगे। व्यापार और व्यावसायिक वर्गों वाली महाजन संस्था ने कस्बों व शहरों में जन-कल्याण के बढ़ते स्वैच्छिक उत्तरदायित्व को संभाला। स्वैच्छिकवाद में अंतर्निहित बुनियादी मूल्य अब भी जीव दया ही था, यानि प्राणिमात्र के प्रति सद्भाव। सामाजिक भलाई के लिए धर्मार्थ उद्देश्यों के लिए आय का एक भाग दान कर देना ही इस संस्था की मूल भावना और प्रेरणाशक्ति थी।

इस प्रकार, कस्बों और शहरों में, इस काल में महाजनों द्वारा हाथ में लिए गए संवर्धित स्वैच्छिक कार्यकलाप देखे गए। ग्रामीण-शहरी पलायन से भी जाति-आधारित संघों का गठन होने लगा। भारत में विभिन्न शहरी केंद्रों में जाति-संघों से प्राप्त दानराशियों द्वारा समर्थित स्वैच्छिक कार्यकलापों की बाढ़-सी आ गई। जाति-धर्मशालाएँ, छात्रावास, समुदाय-भवन और अन्य जनोपयोगी सेवा सुविधाओं का सृजन और प्रबंधन इन्हीं संघों द्वारा किया जाता था। इनमें से कुछ, जैसे पारसी पंचायत का एक सशक्त घटक, देश और विदेश में उच्च शिक्षा प्राप्त करने के उद्देश्य से छात्रवृत्तियों के साथ गरीब छात्रों को सहारा देने वाला था।

राजनीतिक स्वैच्छिकवाद (Political Voluntarism)—नए उभरते ब्रिटिश शिक्षित मध्यवर्ग ने भी विभिन्न प्रकार की स्वयंसेवी संस्थाएँ बनाईं। वर्ष 1885 में पंजीकृत 'भारतीय राष्ट्रीय कांग्रेस' एक ऐसी ही संस्था थी, जो अंततः एक राजनीतिक दल में बदल गई। इसने भारत में स्वाधीनता संग्राम में एक अग्रणी भूमिका निभाई। इसी प्रकार, सर्वेन्ट्स ऑफ इंडिया व अन्य कई स्वयंसेवी संस्थाएँ इसी काल में स्थापित हुईं। इसके अलावा, सामाजिक-राजनीतिक घटनाचक्र ने औपनिवेशिक काल में स्वाधीनता संग्राम से जुड़ी राजनीतिक प्रक्रिया में गहरी सन्निकटता अथवा सक्रिय भागीदारी भी रखने के लिए स्वैच्छिक संगठनों को अवसर प्रदान किया। इस प्रकार, भारत में राजनीतिक स्वैच्छिकवाद का उद्गमन हुआ।

मोटे तौर पर, दो परस्पर विरोधी दृष्टिकोण सामने आते हैं—अपने आवश्यक तत्त्व के प्रति सत्यनिष्ठ, स्वैच्छिक संगठन अराजनीतिक होने चाहिए। उन्हें मुख्यधारा की राजनीतिक प्रक्रिया से एक युक्तिसंगत दूरी कायम रखनी चाहिए और देखभाल व कल्याण के साथ-साथ परिवर्तन और विकास कार्यों में भी लगा रहना चाहिए। इसके विपरीत, यह तर्क दिया जाता है कि अराजनीतिक बने रहकर, वे राज्य द्वारा सहयोजित किए जाने के जोखिम में पड़ जाएँगे और यथापूर्व स्थिति को ही संपोषित करते रहेंगे, वे विकास प्रतिमान पर आलोचनात्मक रूप से प्रश्न करने की अपनी क्षमता खो देंगे। तथापि, राजनीतिक प्रक्रिया में गहन निकटता अथवा किसी प्रकार की परोक्ष भागीदारी रखने से स्वैच्छिक संगठन देखभाल और कल्याण; परिवर्तन और विकास आदि से जुड़े अपने मुख्य कार्य से दूर हट सकते हैं। ऐसा करने पर वे किसी राजनीतिक संगठन के साधन मात्र अनुचर बनकर रह जाएँगे। इसके अलावा, अनिरुद्ध क्रांतिक राजनीतिक स्वैच्छिकवाद के अनुशीलन में वे लोकतांत्रिक समाज में स्वैच्छिक और राजनीतिक दोनों ही व्यवस्थाओं से एकदम बाहर रह जाने के नितांत जोखिम में पड़ जाते हैं।

प्रश्न 2. स्वैच्छिकवाद के गाँधीवादी दृष्टिकोण की चर्चा ग्राम विकास के संदर्भ में कीजिए।

अथवा

स्वैच्छिकवाद के गाँधीवादी दृष्टिकोण की व्याख्या कीजिए।

अथवा

स्वैच्छिकवाद का गाँधीवादी दृष्टिकोण पर संक्षिप्त टिप्पणी लिखिए।

[जून-2012, प्रश्न सं.-4 (c)]

अथवा

भारत में संकल्पवाद और ग्रामीण पुनर्निर्माण संबंधी 'गाँधीवादी दृष्टिकोण' के मूलभूत पक्षों का वर्णन कीजिए। [जून-2014, प्रश्न सं.-2]

उत्तर— भारतीय समाज में स्वैच्छिकवाद के उद्भव में महात्मा गाँधी का योगदान अतुलनीय है। स्वाधीनता संग्राम के दौरान उन्होंने पहले से ही विद्यमान जीव दया और सहवर्ती परोपकारी परंपराओं से जुड़ी अवधारणाओं में एक बहुत महत्त्वपूर्ण आयाम जोड़ दिया। उनका विचार था – समग्र मानव विकास (भौतिक और आध्यात्मिक दोनों रूप से) हेतु रचनात्मक और निर्माणकारी स्वैच्छिकवाद। गाँधीजी का प्रभाव 1920 के दशक में शुरू हुआ और तभी से उनके विचारों ने विभिन्न तरीकों से भारत में स्वैच्छिक आंदोलन को प्रबल रूप से प्रभावित किया है।

राजनीतिक परिदृश्य पर महात्मा गाँधी का पदार्पण एक निर्णायक ढंग से हुआ और भारतीय समाज पर एक बड़ा प्रभाव डालने लगा। अंग्रेजी शासन से मुक्ति पाने संबंधी मुख्य राजनीतिक उद्देश्य (एजेंडा) के साथ, सामाजिक-आर्थिक विकास विषयक उनका दृष्टिकोण और उनके विचार स्पष्ट थे। वर्ष 1909 में वह पहले ही 'हिंद स्वराज' लिख चुके थे, जिसमें उन्होंने अपनी कल्पना और बोध का भारत दर्शाया था, जिसको उन्होंने ग्रामीण सामाजिक पुनर्निर्माण पर अभिलक्षित ठोस प्रयासों के माध्यम से भविष्य में बनाने का संकल्प लिया था। अधिक महत्त्वपूर्ण और नवप्रवर्तनकारी थी उनकी रणनीति जो कि अंग्रेजी राज से लड़ने के लिए थी। राजनीतिक आंदोलन जिसे उन्होंने चलाया और नेतृत्व प्रदान किया, अंग्रेजी शासन को उखाड़ फेंकने के लिए आदर्शवाद और प्रतिबद्धता से भरे बड़ी संख्या में युवाओं को संगठित कर चुका था। इस युवाबल के पास (गहन राजनीतिक कार्यकलाप की आंतरीय अवधियों के बीच) प्राय: स्वाधीनता संग्राम के अपेक्षाकृत शांतिपूर्ण मध्यांतरों में अन्य कार्यों के लिए समय और ऊर्जा उपलब्ध रहती थी। गाँधीजी ने उनकी प्रयोग क्षमता का सदुपयोग करने के लिए नवप्रवर्तनकारी रणनीतियाँ तैयार कीं और ग्रामीण पुनर्निर्माण में लगने के लिए युवाओं को प्रेरित किया। शायद ही कहीं कोई राजनीतिक नेता ग्रामीण समाज के सामाजिक पुनर्निर्माण पर अभिलक्षित स्वैच्छिक कार्य के साथ राजनीतिक संघर्ष को जोड़ने में सफल रहा है। गाँधीजी अपने नैतिक मूल्यों और नवप्रवर्तनकारी राजनीतिक व स्वैच्छिक रणनीतियों के माध्यम से इन दोनों क्रियाकलापों को एक करने में सफल रहे थे। वह प्रस्तावों के प्रारूपण, रोष-प्रदर्शनों का नेतृत्व करने (राजनीतिक गतिविधियों) के साथ शौचालयों की सफाई, सूत कातने, चरखा चलाने, ग्रामीण पुनर्निर्माण में लगने (स्वैच्छिक कार्यकलापों) को जोड़ने में सहज ही सक्षम थे। ग्रामीण समाज के विकास हेतु रचनात्मक कार्य में गाँधीजी की सक्रिय संलिप्तता ने देश में स्वैच्छिक कार्यकलाप की दिशा को ही बदलकर रख दिया।

1925 और 1947 के बीच उन्होंने बड़ी संख्या में प्रतिबद्ध और समर्पित युवाओं को प्रेरित किया; और उन्हें ग्रामीण क्षेत्रों में गाँवों और स्थानीय समुदायों के सामाजिक पुनर्निर्माण में लग जाने के लिए ग्रामीण भारत के अंतर्वर्ती भागों में फैल जाने हेतु संघटित किया। परिणामत:, आज भी यथेष्ट संख्या में ऐसे सक्रिय गाँधीवादी गैर-सरकारी संगठन अस्तित्व में हैं जिन्होंने गाँधीवादी दर्शन से प्रभावित होकर ही ग्रामीण क्षेत्रों में अपनी स्वैच्छिक गतिविधियाँ आरंभ की थीं। स्वतंत्रतापूर्व काल में व्यापारी-वर्ग और शहर आधारित सफल उद्यमियों ने ग्रामीण क्षेत्रों में कार्यरत इनमें से अधिकांश स्वैच्छिक संगठनों को आवश्यक वित्तीय सहायता उपलब्ध कराई। दिलचस्प रूप से, महाजन समुदाय भी ग्रामीण पुनर्निर्माण से जुड़े गाँधीवादी स्वैच्छिकवाद का समर्थन करने को आगे आ गया। स्वतंत्रता प्राप्ति तक इन स्वैच्छिक संगठनों में से अधिकांश ग्राम विकास हेतु एक उच्च पराकाष्ठा वाले आदर्शवाद को लेकर काम करते रहे। इस काल को ग्राम विकास में स्वैच्छिक प्रयास का सुनहरा काल कहा जा सकता है। अंग्रेजी सरकार के पास ग्राम विकास के लिए शायद ही कोई कार्यक्रम था। विकास कार्य जो स्वयंसेवकों द्वारा हाथ में लिए गए थे, सुस्पष्ट उत्कृष्ट और सार्थक हो गए। आदर्शवाद की राह पर और गाँधीजी द्वारा प्रेरित शहरी युवा वर्ग ने ग्रामीण भारत के अंतरवर्त्ती क्षेत्रों में स्वैच्छिक कार्य शुरू कर दिया और खादी और ग्रामोद्योगों, बुनियादी शिक्षा, महिला शिक्षा, हरिजनों की स्थिति में सुधार और अस्पृश्यता जैसी अमानवीय प्रथा का उन्मूलन आदि से जुड़े स्वैच्छिक कार्यों हेतु बीड़ा उठाया।

इस प्रकार गाँधीजी सेवा की उस संकल्पना से काफी आगे निकल गए जो कि भारत में (उनके आविर्भाव से पूर्व और उसके दौरान) स्वैच्छिक विचार और कर्म को नियंत्रित करने वाला प्रमुख

कथन था। उन्होंने गरीबों और जरूरतमंदों की सेवार्थ व्यक्ति के प्रत्यक्ष वैयक्तिक व शारीरिक योगदान पर बल दिया। उन्होंने प्रचारित किया कि धर्मार्थ अकेले ही गरीबों, दीन-हीनों और रोगियों की समस्याओं को कम करने हेतु काफी नहीं होगा। बल्कि समाज में गरीबों, रोगियों और उपान्तिक जन की बेहतरी और उत्थान के लिए स्वयंसेवक को यथार्थ रूप में कार्यपालन और कार्यनिष्पादन करना होगा। यह अवधारणा दरिद्र नारायण के नाम से जानी गई। यथा, वे जो गरीबों (दरिद्र) की सेवा में हैं वे ईश्वर (नारायण) की सेवा में हैं।

प्रश्न 3. ग्रामीण भारत में स्वैच्छिक एजेंसियों के विकास में 1970 के दशक को परिवर्तन बिंदु माना जाता है। स्पष्ट कीजिए।

अथवा

वर्ष 1970 को भारत में स्वैच्छिक एजेंसियों के लिए एक ऐतिहासिक मोड़ क्यों माना जाता है? चर्चा कीजिए।

उत्तर— वर्ष 1970 को भारत में स्वैच्छिक एजेंसियों के लिए एक ऐतिहासिक मोड़ माना जा सकता है। इस वर्ष राजनीति में महत्त्वपूर्ण परिवर्तन हुए। शोध लेखों के अनुसार, जनवादी राजनीति दो तरीकों से अभिव्यक्त हुई–प्रथमतः, कुछ युवा शासी दल (भारतीय राष्ट्रीय कांग्रेस) के नेताओं में पार्टी की नीतियों और प्रबंधन को लेकर रोष था। उन्होंने पार्टी के वंशानुक्रम से अलग होने और जनसामान्य से सीधा संबंध कायम करने के प्रयास किए। उन्होंने पार्टी के उच्च मंचों पर नेतृत्व हासिल करने हेतु भी दावे किए। उन्होंने जनवादी राजनीति का सहारा लिया और 'गरीबो हटाओ' का नारा दिया। सब जानते हैं कि वर्ष 1971 में इंदिरा गाँधी के नेतृत्व वाली कांग्रेस के धड़े ने एक अच्छे खासे बहुमत के साथ लोकसभा चुनाव जीता था। तत्कालीन महाराजाओं के 'प्रीवी पर्स' समाप्त करना और बैंकों का राष्ट्रीयकरण दो ऐसे कार्य थे जो राजनीति के जनोन्मुखी प्रमाण प्रस्तुत करने हेतु किए गए थे। दूसरा स्पष्टीकरण आधार स्तर पर स्वैच्छिक आंदोलनों के रूप में सामने आया। ये स्वयंसेवी आंदोलन जाति, महिला-पुरुष, क्षेत्रीय विकास अवसरों और पर्यावरण आदि से जुड़े मुद्दों के इर्द गिर्द ही लोगों को संघटित करने हेतु शुरू किए गए थे। उनमें से बड़ी संख्या उनकी थी जो अपनी प्रकृति में गैर-राजनीतिक और गैर-सरकारी थे।

स्वैच्छिक संगठनों की राज्य पर निर्भरता में भी 1970 के दशक में इजाफा हुआ। जनवादी अर्थात् जनोन्मुखी राजनीति के परिणामस्वरूप राज्य ने अधिकांश आर्थिक विकास गतिविधियों में हस्तक्षेप कर अपनी शक्ति को और मजबूत किया। अधिकतर ग्राम विकास और शहरी समर्थन कार्यक्रमों को राज्य द्वारा ही धन दिया जाता था। स्वैच्छिक संगठनों को निजी क्षेत्र की ओर से वित्तीय सहायता मुख्य रूप से धर्मार्थ कार्यों तक ही सीमित थी। तदनुसार, स्वैच्छिक संगठनों के लिए राज्य से वित्तीय सहायता प्राप्त किए बगैर ग्राम विकास में कोई भी स्वतंत्र रचनात्मक कार्य करना मुश्किल हो गया। स्वैच्छिक संगठनों के मूल अभिलक्षणों में जोरदार परिवर्तन हुए। प्रथम, अधिकांश स्वैच्छिक संगठन राज्य से सहायता-प्राप्त विभिन्न विकास योजनाओं और कार्यक्रमों को क्रियान्वित करने वाले स्वैच्छिक संगठन बनकर रह गए। दूसरे, कुछ स्वैच्छिक संगठनों ने ग्राम विकास की नितांत उपेक्षा करते हुए राजकीय धन को इच्छानुकूल उपयोग कर बड़े-बड़े संगठन स्थापित कर लिए। केवल कुछ ही स्वैच्छिक संगठन नागरिक समाज से प्राप्त सीमित सहायता के सहारे ग्राम विकास से जुड़े वास्तविक लक्ष्यों को प्राप्त करने की कोशिश करते रहे।

1970 के दशक के मध्य तक भारतीय समाज को बेहद राजनीतिक हलचल देखनी पड़ी। उदाहरण के लिए, वर्ष 1974 में गुजरात में राजनीतिक उथल-पुथल देखी गई। यह मूल्य-वृद्धि

को लेकर छात्रों के रोष से शुरू हुई। गुजरात में सरकार को त्यागपत्र देना पड़ा। यह अशांति देश के अन्य भागों, विशेष रूप से बिहार में भी फैल गई। केंद्र में इंदिरा गाँधी की सरकार पर अत्यधिक दबाव बढ़ गया। आंतरिक आपातकाल की घोषणा कर दी गई। गुजरात में गाँधीवादी गैर-सरकारी संगठन सदा ही कांग्रेस से अपना गहरा नाता महसूस करते रहे थे। तथापि, उन्होंने आपातकाल की घोषणा के विरुद्ध आम जनता में स्पष्ट विरोधी रवैया अपनाते हुए बहुत तीखी आलोचना की। गैर-सरकारी संगठनों के कुछ जाने-माने वरिष्ठ नेताओं को गिरफ्तार कर जेल भेज दिया गया। 1977 में सत्ताधारी कांग्रेस चुनाव हार गई और केंद्र में संयुक्त विपक्षी मोर्चे ने सरकार बनाई। गुजरात में जनता पार्टी जिसमें पुराने कांग्रेसी सदस्य और कुछ दक्षिणपंथी समर्थक शामिल थे, पहले ही विधानसभा चुनाव जीत चुकी थी और सत्तासीन थी। गैर-सरकारी संगठनों ने जनता सरकार के साथ अच्छे संबंध बना लिए। इन संगठनों के लिए राज्य का समर्थन महत्त्वपूर्ण रूप में बढ़ा। तथापि, दो वर्षों के भीतर ही राष्ट्रीय स्तर पर जनता सरकार का शासन समाप्त हो गया। 1980 में करवाए गए ताजा चुनावों में इंदिरा गाँधी व उनकी कांग्रेस ने केंद्र में सत्ता फिर से हासिल कर ली। गैर-सरकारी संगठनों द्वारा तथाकथित अनियमितताओं की जाँच करने के लिए केंद्र सरकार द्वारा कुदाल आयोग गठित किया गया।

बहरहाल, राज्य अधिक समय तक गैर-सरकारी संगठनों की उपेक्षा नहीं कर सका। वर्ष 1980 में एकीकृत ग्राम विकास कार्यक्रम शुरू किया गया। इसमें वैयक्तिक लाभार्थियों की पहचान करना और आर्थिक कार्यक्रम को बैंक ऋण से जोड़ने का कार्य शामिल था। सरकारी कर्मचारियों के पास पहचान प्रक्रिया को स्वतंत्र रूप से चलाने और उक्त कार्यक्रम को क्रियान्वित करने के लिए वांछित अंत:क्षमता और साधनों का अभाव था। इसी प्रकार की स्थिति अन्य ग्राम विकास कार्यक्रमों के क्रियान्वयन के संबंध में भी थी जिनमें ग्रामीण क्षेत्रों में स्वास्थ्य और शिक्षा सेवाएँ प्रदान करना शामिल था। राज्य गैर-सरकारी संगठनों की मदद के बगैर ऐसे ग्राम विकास कार्यक्रम लागू नहीं कर सकता था। विभिन्न ग्राम विकास कार्यक्रमों के क्रियान्वयन हेतु राज्य द्वारा ग्रामीण क्षेत्रों में कार्यरत गैर-सरकारी संगठनों को अधिक शामिल करने का प्रयास किया गया। देश भर में गैर-सरकारी संगठनों को ग्राम विकास की धनराशि पहुँचाने के लिए राष्ट्रीय स्तर पर एक स्वायत्त संस्था, लोक कार्यक्रम और ग्रामीण प्रौद्योगिकी विकास परिषद् (कपार्ट) की स्थापना की गई।

1970 के दशक के मध्य में राजनीतिक उथल-पुथल के बावजूद देश में विभिन्न प्रकार के गैर-सरकारी संगठन अस्तित्व में आए। शाह और चतुर्वेदी (1983) ने धर्मनिरपेक्ष गैर-सरकारी संगठनों को तीन मुख्य श्रेणियों में बाँटा है–प्रौद्योगिकी प्रबंधकीय, सुधारवादी तथा आमूल परिवर्तन चाहने वाले गैर-सरकारी संगठन। इंदिरा हिर्वे (1995) ने गुजरात में गैर-सरकारी संगठनों को कल्याणोन्मुखी स्वास्थ्य और शिक्षा सहित विकास संगठनों और सशक्तिकरण गैर-सरकारी संगठनों में वर्गीकृत किया। गुजरात में ही गैर-सरकारी संगठनों के एक अन्य वर्गीकरण के अनुसार इन्हें चार श्रेणियों में रखा गया है–गाँधीवादी गैर-सरकारी संगठन; प्रदाय संगठन; व्यवसायी गैर-सरकारी संगठन तथा संघटनकारी संगठन। प्रथम तीन श्रेणियाँ मुख्यत: ग्राम विकास कार्यक्रमों के संबंध में प्रदाय श्रेणी से जुड़ी हैं। वे नि:संदेह सरकार-प्रायोजित ग्राम विकास कार्यक्रमों के उद्देश्यों अथवा अभिकल्पों पर सवाल नहीं उठाती हैं। उल्लेखनीय है कि गाँधीवादी स्वैच्छिक संगठन आरंभ में अंग्रेजों से आजादी हासिल करने के उद्देश्य से राजनीतिक कार्यवाही हेतु जनसाधारण को संघटित करने के मुख्य लक्ष्य को लेकर उभरे थे। वे औपनिवेशिक काल में ग्रामीण पुनर्निर्माण कार्यक्रमों में भी भाग लिया करते थे। तथापि, यह विडंबना ही है कि इन्हीं संगठनों ने सरकार की आलोचना करना बंद कर दिया और अधिकतर मामलों में, बस प्रदाय संगठन मात्र बनकर रह गए।

प्रश्न 4. निम्नलिखित पर संक्षिप्त टिप्पणी लिखिए–

(i) कमजोर वर्गों द्वारा सामुदायिक कार्य [जून-2013, प्रश्न सं.-5 (e)]

उत्तर– ग्राम विकास में स्वैच्छिक प्रयास से जुड़ी एक विशेष प्रक्रिया उल्लेखनीय है। एक से पाँच गाँवों को समाविष्ट करने वाले अनेक लघु स्वैच्छिक समूह अस्तित्व में आए जिन्होंने ग्रामीण क्षेत्रों में विकास कार्य अपने हाथ में लिए। इन लघु स्वैच्छिक समूहों ने राज्य-प्रायोजित ग्राम विकास कार्यक्रमों के अभिकल्पों पर सवाल उठाने शुरू कर दिए। अनिल भट्ट (1989) ने इन स्वैच्छिक समूहों को कमजोर वर्गों द्वारा 'सूक्ष्म क्रियाओं' की संज्ञा दी है। यद्यपि समग्रता से देखे जाने पर, लघु स्वैच्छिक समूहों के कार्यों में अनेक कमियाँ निहित थीं। तथापि, उनके कुछ महत्त्वपूर्ण योगदान थे। उनके कार्यों में दो महत्त्वपूर्ण उद्देश्यों की पूर्ति हुई–प्रथमत: उन्होंने स्पष्ट कहा कि गरीबी उन्मूलन कार्यक्रम गरीबों तक पहुँचे ही नहीं हैं। दूसरे, ग्राम विकास कार्यक्रम उनसे विचार-विमर्श करके नहीं बनाए गए हैं। इस तरह, ग्रामीण क्षेत्रों में कमजोर तबकों की सामाजिक-आर्थिक समस्याओं के समाधान पाने हेतु 'ऊपर से नीचे' के दृष्टिकोण पर 1970 के दशक से सवाल उठाया गया है। 1990 के दशक में यह सवाल उठाने की प्रक्रिया तेज हो गई जबकि कुछ गैर-सरकारी संगठनों ने ग्राम विकास हेतु वैकल्पिक दृष्टिकोणों को भी अपनाया।

(ii) विदेशी सहायता

उत्तर– 1970 के दशकोत्तर में भी ग्राम विकास हेतु विदेशी सहायता में वृद्धि दिखाई दी। विकासशील देशों से आने वाले अंतर्राष्ट्रीय गैर-सरकारी संगठन स्वयंसेवी क्षेत्र के लिए अपने साथ बहुत बड़ी धनराशियाँ लाए। संचार माध्यम भी क्षेत्रीय भाषा से अंग्रेजी में बदल गया। ग्रामीण क्षेत्रों में गरीबों के उत्थान के प्रति स्वैच्छिक प्रतिबद्धता और समर्पण काफी हद तक इस प्रक्रिया में हल्का हो गया। परिदृश्य पर व्यवसायीकरण दिखाई पड़ने लगा और स्वैच्छिक संगठनों में कर्मचारियों/वेतनभोगियों को पर्याप्त पारिश्रमिक दिए जाने की प्रथा कायम हो गई। स्वयंसेवक बाहरी देशों, खासकर यूरोप और अमेरिका आदि के संपर्क में आए, उनकी मूल्य पद्धति, विशेष रूप से ग्राम विकास के संबंध में कुछ बदल गई।

प्रश्न 5. बाजार अर्थव्यवस्था, स्वैच्छिक प्रयास और ग्राम विकास के बीच अंतर्संबंधों का आलोचनात्मक मूल्यांकन कीजिए।

अथवा

ग्रामीण क्षेत्रों में बाजार अर्थव्यवस्था के प्रभावों का उल्लेख कीजिए।

उत्तर– एम.एल. दंतवाला, हर्ष सेठी और प्रवीण विसारिया (1998) ने समाज को बदलने में स्वैच्छिक क्रिया की भूमिका और प्रासंगिकता के संबंध में प्रश्न उठाया है। इस प्रश्न में यह आधारवाक्य अंतर्निहित है कि सामाजिक परिवर्तन का अभिप्राय एक समतावादी और मानवीय समाज बनाने से है। यह प्रश्न संरचनात्मक सुधारों के प्रसंग में, बाजार अर्थव्यवस्था के संबंध में और स्वैच्छिक क्रिया और ग्राम विकास परिदृश्य में परिवर्तन के संदर्भ में महत्त्व ग्रहण कर चुका है। वर्ष 1991 से आर्थिक नीतियों में प्रमुख परिवर्तन लाकर, आर्थिक प्रगति को विकास कार्यसूची के मुख्य मंच पर लाया गया है। आर्थिक विकास को समानता के साथ संवृद्धि के मुकाबले उच्च प्राथमिकता दी गई है। अर्थव्यवस्था में राज्य की प्रधान भूमिका निजी और बाजार संबंधी पहलों के पक्ष में पीछे हट रही है। पहले (विशेषत: 1960-85 के बीच) ग्राम विकास में एक प्रबल रूप

से अपनाई जाने वाली रणनीति ने समानता के साथ संवृद्धि को उच्च प्राथमिकता दी थी। इस काल में ग्राम विकास के प्रतिमान में भी एक बदलाव देखा गया जो 'ऊपर से नीचे' और केंद्र प्रेरित से बदलकर 'नीचे से ऊपर' और सहभागितापूर्ण हो गया। उदाहरण के लिए, चौथी पंचवर्षीय योजना (1969-74) से एक अनुकूल रणनीति जो ग्राम विकास में उभरी, विकेंद्रीकृत जिला-स्तरीय विकास से संबंध रखती थी। जिला और ग्राम विकास कार्यक्रम विकेंद्रीकृत ऊर्ध्वाधर 'नीचे से ऊपर' दृष्टिकोण अपनाने के बाद भी ग्रामीण क्षेत्रों में अभीष्ट परिणाम उत्पन्न करने में विफल रहे हैं।

उदारवादी आर्थिक-नीति परिवेश के इस नए दौर में भी राज्य, ग्रामीण क्षेत्रों में सामाजिक आर्थिक विकास लाने के लिए राज्य की संस्थाओं के साथ सहयोगार्थ गैर-सरकारी संगठनों को आमंत्रित करने का इच्छुक है। राज्य के इस प्रकार के आमंत्रण और अपेक्षा की जड़ें कुछ तो गैर-सरकारी संगठनों से जुड़े मूल्यों और अनुभव में जमी हैं, तो कुछ राज्य के इस बोध में कि वह अकेले ही ग्राम विकास के क्षेत्र में प्रदाय कार्य नहीं कर सकता है। यह भी संभव है कि बाजार अर्थव्यवस्था की ओर बदलाव गरीब और अत्यधिक उपान्तिक समुदायों पर कुछ प्रतिकूल प्रभाव डाले और प्राकृतिक संसाधनों और पर्यावरण में और ह्रास ला दे। विकास प्रक्रिया में गैर-सरकारी संगठनों का समावेश बाजारोन्मुखी संवृद्धि के संभावित प्रतिकूल पार्श्व परिणामों के विरुद्ध एक बेहतर सुरक्षा उपाय साबित हो सकता है, क्योंकि न तो बाजार और न ही राज्य घटनाचक्र की भावी दिशा का अनुमान कर सकता है। इसलिए गैर-सरकारी संगठनों का समावेश ग्रामीण क्षेत्रों में अधिक संतुलित और न्यायसंगत विकास सुनिश्चित कर सकता है।

स्वतंत्रता प्राप्ति के बाद से भारत में ग्राम विकास के अनुभव से ज्ञात हो गया था कि न तो राज्य, न ही बाजार सामाजिक, आर्थिक और राजनीतिक विषमताओं के संबंध में सुविधावंचित वर्गों की स्थिति सुधारने में पूरी तरह सफल हो सकते हैं। नियोजित विकास की प्रक्रिया ग्रामीण क्षेत्रों में बेरोजगारी और गरीबी से जुड़ी समस्याओं के समाधान में विफल रही है। सामाजिक समस्याओं और नए उभरते हुए राजनीतिक तनावों का ग्रामीण भारत में अभी निवारण करना बाकी है। यह विडंबना ही है कि जनोन्मुखी प्रतिमान के माध्यम से किए गए हस्तक्षेप भी शीघ्र ही ग्रामीण क्षेत्र में निहित स्वार्थों के पेचीदा जाल में फँस जाते हैं। बाजार-प्रेरित संवृद्धि और विकास (वर्ष 1991 से) ग्रामीण समाज में गरीब से गरीब लोगों की मदद करे न करे, यह निश्चित नहीं है। बाजार अर्थव्यवस्था के संदर्भ में, ग्रामीण क्षेत्रों में कुछ बुनियादी समस्याएँ हैं, जैसे क्रय शक्ति का अभाव, क्रय-शक्ति हासिल करने हेतु अवसरों का अभाव; अवसरों का लाभ उठाने हेतु कौशलों का अभाव, जिसको कि बाजारी शक्तियों के कार्यों द्वारा सामने लाया जा सकता है।

राज्य और बाजार के अलावा, रजनी कोठारी (1998) गैर-सरकारी संगठनों की समकालीन स्थिति से भी खुश नहीं हैं। वह लिखते हैं कि "स्वैच्छिक प्रयास का यह नया समूह जिसमें वित्तदाता अभिकरण और अंतर्राष्ट्रीय गैर-सरकारी संगठन, सरकारी अधिकारी तंत्रों के भीतर की इकाइयाँ, और राष्ट्रीय और स्थानीय गैर-सरकारी संगठनों की सहायतार्थ योजना आयोग आदि आते हैं, प्रमाणिक जनसाधारण-आधारित, सक्रियतावादी प्रयासों वाले विशाल जमावड़े में शामिल होने के साथ-साथ उसमें समाविष्ट होने, सहयोजित होने और उसे विकृत करने संबंधी भी एक पूरी तरह से नया मॉडल प्रदान करता है। क्या स्वैच्छिकवाद का यह गैर-सरकारी-संगठन मॉडल संपन्न और विपन्न (गरीब) लोगों के बीच की विशाल खाई को और चौड़ा करेगा अथवा विपन्न लोगों की दशा को सुधारेगा, अब भी एक विचाराधीन प्रश्न है।"

प्रश्न 6. वीओज/एनजीओज के विवरणात्मक वर्गीकरण में मुख्य तत्त्व कौन-कौन से हैं?

अथवा

वीओज/एनजीओज की पारिभाषिक विशेषताएँ लिखिए।

अथवा

'वीओज/एनजीओज की पारिभाषिक विशेषताएँ' पर संक्षिप्त टिप्पणी लिखिए।

[दिसम्बर-2012, प्रश्न सं.-5 (e)]

उत्तर– बॉल और डुन के अनुसार, स्वैच्छिक संगठनों पर वृहद् उद्देश्यों के संबंध में विचार किए जाने पर वे तीन श्रेणियों में आते हैं–

(1) वे संगठन जिनके माध्यम से लोग किसी सामान्य हित में संलिप्त होते हैं।

(2) वे संगठन जो किसी विषय अथवा मुद्दे विशेष में साझा हित और/अथवा उसको लेकर काम करने के आधार पर बनाए जाते हैं और

(3) वे संगठन जो सुविधावंचित लोगों के बीच स्व-सहायता के उद्देश्यों से बनाए गए हैं तथा जरूरतमंदों अथवा सुविधावंचितों की सहायतार्थ गंभीर दिलचस्पी के परिणामस्वरूप बनाए जाते हैं।

वीओज/एनजीओज की मुख्य पारिभाषिक विशेषताएँ निम्नलिखित हैं–

(1) स्वैच्छिक (Voluntary)–(क) वे स्वैच्छिक रूप से बनाए जाते हैं, और

(ख) संगठन में सदस्यों अथवा लाभार्थियों (समय, श्रम अथवा कौशल प्रदान करते हुए) की स्वैच्छिक भागीदारी का तत्त्व पाया जाता है।

(2) स्वतंत्र (Independent)–समाज के नियमों के भीतर, संगठनों पर उनके बनाने वालों का नियंत्रण होता है, अर्थात् संगठन की महासभा का।

(3) लाभनिरपेक्ष (Not-for-Profit)–उनका गठन वैयक्तिक, निजी लाभ या मुनाफे के लिए नहीं किया जाता है, यद्यपि

(क) इन संगठनों में अन्य उद्यमों की भाँति ऐसे कर्मचारी हो सकते हैं जिन्हें काम के लिए भुगतान किया जाता है। परंतु ऐसे संगठनों में प्रबंधन बोर्ड/शासी-निकाय सदस्यों को उनके कार्य के लिए कोई पैसा नहीं दिया जाता है, लेकिन इससे अलग अपने दायित्व निभाने के दौरान उनके द्वारा किए जाने वाले खर्चों की प्रतिपूर्ति कर दी जाती है।

(ख) ये संगठन राजस्व-उगाही के कार्यों में लग सकते हैं। वे फिर भी, पणधारियों अथवा सदस्यों के बीच लाभ अथवा अधिशेषों का वितरण नहीं करते हैं। उगाहे गए राजस्वों को केवल संगठनात्मक लक्ष्यों की पूर्ति में प्रयोग किया जाता है।

(4) उद्देश्यों और संबद्ध मूल्यों में स्वार्थी नहीं होते (Not self-serving in aims and related values)–

(क) इन संगठनों के उद्देश्य होते हैं–प्रत्यक्ष अथवा परोक्ष प्रकार की क्रिया से ऐसे सुविधावंचित लोगों की परिस्थितियाँ और भविष्य सुधारना जो अपनी क्षमता और समाज में अपने संपूर्ण-अधिकारों की प्राप्ति में अक्षम रहे हैं और/अथवा

(ख) उन विषयों और मुद्दों पर काम करना जो लोगों या समाज के कल्याण और उनकी परिस्थितियों अथवा भविष्य के प्रति हानिकर हैं।

बॉल और डुन के अनुसार, प्रथम तीन पारिभाषिक विशेषताएँ उन अनिवार्य शर्तों से संबंधित हैं, जो कि एनजीओज के प्रकार्यात्मक परिवेश में विद्यमान होनी चाहिए। उनकी विद्यमानता को

सामर्थ्य, स्वीकृति और प्रोत्साहन तो मिलने चाहिए किंतु कानून द्वारा अपेक्षित नहीं होने चाहिए। तथापि, कानूनन उन्हें स्वतंत्र रूप से काम करने की स्वीकृति होनी चाहिए, परंतु ऐसे कानूनों के दायरे में जो समग्र समाज के लिए व्यवहार्य हों। इसके अलावा, कानून को यह सुनिश्चित करना चाहिए कि वीओज/एनजीओज उनके निजी लाभ के लिए न हों, जो उनके कार्यों को देखते हैं।

वीओज/एनजीओज के कार्य को मोटे तौर पर इन रूपों में अभिलक्षित किया जा सकता है–

(1) 'देखभाल और कल्याण' से 'परिवर्तन और विकास' तक कार्यकलापों के एक विस्तृत क्रम के रूप में;

(2) किसी एक अथवा इन पाँचों मुख्य क्षेत्रों से संबंधित के रूप में नामत: सेवा प्रदाय; संसाधन संघटन; अनुसंधान और नवप्रवर्तन; मानव संसाधन विकास और जन-सूचना, शिक्षा और पक्ष-समर्थन; और

(3) कौन (लक्ष्य समूह और भौगोलिक क्षेत्र); क्या (क्रियाकलाप और प्रावधान के स्वरूप) और कैसे (प्रत्यक्ष और परोक्ष क्रियाओं) के रूप में।

वीओज/एनजीओज के चारों पारिभाषिक मानदंडों को उनके कार्य की तीन उपर्युक्त विशेषताओं के साथ जोड़कर इन संगठनों का एक सरल विवरणात्मक वर्गीकरण किए जाने के लिए आधार तैयार किया जा सकता है, जैसा कि तालिका 3.1 में दर्शाया गया है।

तालिका 3.1: वीओज/एनजीओज का विवरणात्मक वर्गीकरण

क्रम	कार्यकलाप	कौन	क्या	कैसे
देखभाल और कल्याण	सेवा प्रदाय	सुविधावंचित समूह	प्रावधान	प्रत्यक्ष
	संसाधन संघटन	भौगोलिक क्षेत्र/समुदाय	कार्यकलाप	परोक्ष
	अनुसंधान और नवप्रवर्तन	जनसाधारण		
	मानव संसाधन विकास	सरकार		
परिवर्तन और विकास	सूचना, शिक्षा और पक्ष-समर्थन	अन्य प्राधिकरण		

प्रश्न 7. स्वैच्छिक संघों से संबद्ध गुणात्मक भिन्नता पर संक्षिप्त टिप्पणी लिखिए।

अथवा

स्वैच्छिक संगठनों की प्रकृति को संक्षिप्त में प्रस्तुत कीजिए।

उत्तर– स्वैच्छिक संघों से संबंध रखने वाली एक गुणात्मक भिन्नता शोध लेखों में उल्लिखित है। ऐसे संगठन जो मात्र अपने सदस्यों के, उनके स्वयं के संबंध में, हितों को अभिव्यक्त अथवा संतुष्ट करने के लिए अस्तित्व रखते हैं, **'अभिव्यंजक स्वैच्छिक संघ'** कहलाते हैं। इनके उदाहरण हैं–आमोद-प्रमोद और खेल संघ, सामाजिक और हॉबी क्लब, व्यावसायिक समितियाँ आदि। ऐसे स्वैच्छिक संगठन जो सामाजिक परिवर्तन के साधक के रूप में काम करते हैं, **'साधक स्वैच्छिक संघ'** कहलाते हैं। इनका आशय समाज में कोई दशा पाना अथवा कोई परिवर्तन लाना

होता है। इनके उदाहरण हैं–समाज-सेवा, परिवार और स्वास्थ्य, विकास, पर्यावरण, मानवोचित उद्देश्यों, गरीबों के उत्थानार्थ आर्थिक कार्यकलापों आदि के प्रति समर्पित स्वैच्छिक संघ।

स्वैच्छिक संगठन राज्य से स्वतंत्र अस्तित्व रखते हैं और प्राय: अपनी प्रकृति में लाभनिरपेक्ष होते हैं। सभी गैर-राज्यीय, सामान्य-उद्देश्य संगठन-स्वैच्छिक संगठन हैं। स्वैच्छिक संगठन एक गैर-वैधानिक निकाय होता है। दूसरे शब्दों में, इसका अस्तित्व संसद के किसी अधिनियम से नहीं होता। बल्कि यह किसी उद्देश्य की पूर्ति के लिए एकजुट होने के लिए किसी जन-समूह के सामूहिक निर्णय से जन्म लेता है। यह बाजार के नियमों से भी स्वतंत्र होता है, अर्थात् एक लाभ-निरपेक्ष संगठन होता है और उसके उद्देश्य में अपने सदस्यों के लिए लाभ कमाना शामिल नहीं होता है। स्वैच्छिक संगठन की प्रमुख गतिविधि उसके सदस्यों की आर्थिक गतिविधियों से जुड़ी नहीं होती है। स्वैच्छिक संगठन के अधिकांश सदस्य स्वयंसेवक (अवैतनिक) होते हैं परंतु बड़े संगठन सवेतन कर्मी और वेतनभोगी कर्मचारी भी रखते हैं। स्वैच्छिक संगठन अपने कार्यकलापों की वित्तपूर्ति स्वैच्छिक योगदानों के माध्यम से करते हैं। वे विभिन्न धन-उगाही गतिविधियों के द्वारा वित्तीय संसाधन संघटित करते हैं; तथापि उनमें से अधिकांश राज्य से अनुदान सहायता भी प्राप्त करते हैं।

स्वैच्छिक संगठन आकार, संरचना, कार्यकलापों की प्रकृति, वित्त के स्रोत और राज्य के साथ संबंध आदि के रूप में भिन्न-भिन्न होते हैं। कुछ छोटे होते हैं और एक अनौपचारिक तरीके से स्थानीय समुदायों के भीतर काम करते हैं। अन्य बड़े होते हैं, जो अपनी गतिविधियाँ राष्ट्रीय स्तर पर चलाते हैं और प्राय: एक औपचारिक संगठनात्मक संरचना बन जाते हैं। कुछ राज्य अथवा अन्य विकास अभिकरणों से धन जुटाते हैं, जबकि अन्य राज्य से स्वतंत्र रूप में काम करते हैं और स्वैच्छिक योगदानों के माध्यम से धन उगाहते हैं। स्वैच्छिक संगठन अनेक प्रकार के हितों अथवा उद्देश्यों की पूर्ति पर ध्यान केंद्रित रखते हैं, जैसे पारस्परिक सहायता; सामान्य हित को बढ़ावा; समुदाय में जरूरतमंदों अथवा सुविधावंचित जन की सेवा; कुछ सामाजिक उद्देश्यों को आगे बढ़ाने जैसे विकास संबंधित विषय, नागरिक स्वतंत्रताएँ, मानव अधिकार, पर्यावरण संरक्षण आदि। जी.पी.एच. की पुस्तकों का मुख्य उद्देश्य ज्ञान के साथ-साथ अच्छे नम्बर दिलाना है।

प्रश्न 8. एनजीओज की चार पीढ़ियाँ कौन-कौन सी हैं?

उत्तर— समकालीन स्वैच्छिक संगठनों द्वारा शुरू किए गए कार्यकलापों की जड़ें इतिहास में धर्मार्थ और परोपकारी कार्यों में खोजी जा सकती हैं। आरंभिक अवस्थाओं में परोपकारी और धर्मार्थ कार्य संबंधी दर्शन 'देखभाल और कल्याण' कार्यों तक ही सीमित रहा। धर्मार्थ कल्याण से ही संतोष न कर लेते हुए, परोपकारियों ने अन्य दृष्टिकोणों की आवश्यकता को पहचाना और स्वयं को पक्ष-समर्थन, सामाजिक और राजनीतिक कार्य और विकास गतिविधियों में शामिल करना शुरू कर दिया। कल्याणकारी सेवाओं के प्रावधान मात्र से ही इस प्रकार समाज में वंचना और गरीबी के मूल कारणों पर ध्यान देने वाली अधिक कार्यकारी प्रकृति की विकास गतिविधियाँ विकसित हो गईं। स्वैच्छिक संगठनों की विकास गतिविधियाँ बाद में लोकतंत्र और कल्याणकारी बहुलवाद के उदय से प्रभावित हुईं। इसके अलावा, विकास गतिविधियों में रूपांतरण, आधुनिक राज्य के विकास परिप्रेक्ष्यों के विकल्प खोजने की स्वैच्छिक संगठनों की प्रबल प्रवृत्ति और प्रयासों के कारण हुआ। इस तरह, समकालीन स्वैच्छिक संगठनों द्वारा निष्पादित बहुत-सी गतिविधियों को मोटे

तौर पर परिवर्तन और विकास कार्यों के रूप में वर्गीकृत किया जा सकता है, जो 'देखभाल और कल्याण' कार्यों के अनुपूरक हैं। दूसरे शब्दों में, ऐसे दो मुख्य तरीके देखने में आते हैं, जिनसे स्वैच्छिक संगठन अपने उद्देश्यों की पूर्ति के लिए संघर्ष करते हैं, नामत: 'देखभाल और कल्याणकारी' गतिविधियों के माध्यम से और समाज में परिवर्तन और विकास को बढ़ावा देने की दिशा में किए जा रहे कार्यकलापों के माध्यम से। दोनों ही प्रकार्य एक-दूसरे से पूर्णत: अलग नहीं हैं, बल्कि वे एक-दूसरे के साथ जटिल रूप से संबद्ध और जुड़े रहते हैं। इसके अलावा, एक प्रक्रिया सदा चलती रहती है जो वीओज/एनजीओज के कार्यकलापों में कल्याणकारी उन्मुखता से विकास गतिविधियों तक एक क्रमिक बदलाव ला देती है। डेविड कोर्तन (1990) के अनुसार, इस प्रक्रिया में, राहत और कल्याण कार्य से आरंभ करने वाले एनजीओ विकासोन्मुखी कार्यनीतियाँ अपनाते जा रहे हैं, नामत: सामुदायिक विकास, स्थायी विकास और जन आंदोलन। इसलिए एनजीओज की चार पीढ़ियों का उदय हुआ है।

अधिकांशत: वीओज/एनजीओज अपना कार्य समाज में राहत और कल्याणकारी सेवाओं के रूप में आरंभ करते हैं। केयर (CARE) और 'सेव द चिल्ड्रन' (Save the Children) आदि अनेक बड़े अंतर्राष्ट्रीय एनजीओज गरीबों को कल्याणकारी सेवाएँ प्रदान करने के लिए धर्मार्थ सहायता संगठनों के रूप में ही शुरू हुए। परंतु एक विकास कार्यनीति के रूप में सहायता और कल्याणकारी दृष्टिकोण वंचना अथवा गरीबी के लक्षणों की महज एक अस्थायी राहत ही प्रदान करते हैं, जबकि निहित मूल कारण अछूते ही रह जाते हैं। यह बदलते सामाजिक-सांस्कृतिक और राजनीतिक परिवेशों में अपनी कार्यनीतियों के पुनरीक्षण के लिए स्वैच्छिक संगठनों के समक्ष एक सतत् चुनौती प्रस्तुत करता है। दूसरी पीढ़ी के एनजीओज विकास प्रक्रिया में आवश्यकताओं की पूर्ति के लिए स्थानीय क्षमता और सामुदायिक स्व-सहायता बढ़ाने के लिए संघर्ष करते हैं। तीसरी पीढ़ी के वीओज/एनजीओज नीतिगत और संस्थागत अवरोधों को दूर करने का प्रयास करते हैं, जो कि प्राकृतिक संसाधनों के लिए स्थानीय समुदायों की पहुँच में बाधा डालते हैं। वे इसके अलावा, लोगों के स्वामित्व अथवा नियंत्रण वाली स्थानीय परिसंपत्तियों के सृजन के लिए प्रयास करते हैं और इस प्रकार समुदायों को स्थायी विकास प्रदान करते हैं। चौथी पीढ़ी के एनजीओज राष्ट्रीय अथवा वैश्विक महत्त्व के मुद्दों में कार्यरत हैं, नामत: महिला-पुरुष संबंधी, मानव अधिकार, पर्यावरणीय विषय आदि। वे लोगों और संगठनों के खुले कार्यतंत्र के रूप में काम करते हैं। आजकल एनजीओज राज्यों/राष्ट्रों के बीच शांति अथवा संघर्ष समाधान के लिए अथवा ट्रैक II मध्यस्थों के रूप में काम कर रहे हैं। अंतर्राष्ट्रीय एनजीओज उत्तरोत्तर विभिन्न देशों में विश्व-नागरिक समाज की ओर से काम कर रहे हैं।

प्रश्न 9. एनजीओज का उनके कार्यों के आधार पर वर्गीकरण कीजिए।

उत्तर– क्लार्क (1991) के अनुसार एनजीओज को उनके कार्यों के आधार पर छह वर्गों में बाँटा जा सकता है–

- **राहत और कल्याणकारी अभिकरण (Relief and Welfare Agencies)**–जैसे मिशनरी समितियाँ।
- **तकनीकी प्रवर्तनकारी संगठन (Technical Innovative Organisations)**– वीओज/एनजीओज, जो आमतौर पर किसी क्षेत्र विशेष में समस्याओं के प्रति नए

अथवा उन्नत दृष्टिकोणों का मार्ग प्रशस्त करने के लिए अपनी बनाई परियोजनाएँ चलाते हैं।

- **लोक सेवा अनुबंधक (Public Service Contractors)**–एनजीओज, अधिकांशत: विकसित देशों की सरकारों द्वारा वित्तपोषित हैं, जो विकासशील देशों की सरकारों और अधिकारिक सहायता अभिकरणों के साथ मिलकर काम करते हैं। ऐसे एनजीओज का अनुबंध उनके आकार और लचीलेपन के लाभ की वजह से आधिकारिक कार्यक्रमों के घटकों को कार्यान्वित करने के लिए किया जाता है।
- **विकास अभिकरण (Development Agencies)**–उत्तरी (विकसित देशों के) और दक्षिणी (विकासशील देशों के) दोनों एनजीओज, जो स्व-सहायता, सामाजिक-आर्थिक विकास और जनसामान्य की स्वतंत्रता आदि पर ध्यान केंद्रित करते हैं।
- **जनसामान्य के विकास संगठन (Grassroots Development Organisations)**–विकासशील देशों में स्थानीय आधार पर गठित विकास के लिए एनजीओज, जिनके सदस्य गरीब होते हैं अथवा समाज के दमित वर्गों से आते हैं। ऐसे एनजीओज एक विकास प्रक्रिया को निरूपित करते हैं और प्राय: विकास अभिकरणों से निधि प्राप्त करते हैं।
- **पक्ष-समर्थन समूह और नेटवर्क (Advocacy Groups and Networks)**–बिना क्षेत्रीय परियोजनाओं के एनजीओज, जो प्रमुख रूप से शिक्षा और समर्थन जुटाने के काम करते हैं।

प्रश्न 10. एनजीओज के बीच गुणात्मक भेद कीजिए।

उत्तर– अरॉस व अन्य (1994) का कहना है कि औपचारिक भेद दो प्रकार के स्वैच्छिक संगठनों में किया जाना चाहिए–

- स्व-सहायता समूह, जन-संगठन और जरूरतमंद लोगों के संगठन; और
- मध्यस्थ अथवा सेवा संगठन जो अपने उद्देश्य को बढ़ावा देते हैं। इनको आगे तीन वर्गों में बाँटा जा सकता है। जन संगठनों के महासंघ, 'उत्तर' (विकसित देशों) में स्थापित एनजीओज, दक्षिण (विकासशील देशों) में स्थापित एनजीओज।

कुछ अन्य विद्वान एनजीओज और समुदाय-आधारित संगठनों (Community based organisations; CBO) के बीच स्पष्ट भेद करते हैं। एक अन्य भेद प्राय: विकास पर ध्यान केंद्रित करने वाले गैर-सरकारी विकास संगठनों (Non-government development organisations, NGDOs) और सामाजिक और सांस्कृतिक मामलों में संलिप्त एनजीओज के बीच किया जाता है। वस्तुत: एनजीओज विभिन्न संगठनात्मक रूप ले लेते हैं और परिणामस्वरूप नामावली में व्यापक विविधता दिखाई पड़ती है, जैसे निजी स्वैच्छिक संगठन (Private voluntary organisations, PVO), लाभनिरपेक्ष संगठन (Non-profit organisations; NPO); स्वैच्छिक संगठन (Voluntary organisations, VO); मध्यस्थ संगठन; संरक्षण संगठन; समुदाय-आधारित संगठन (Community based organisations, CBO); स्वैच्छिक विकास संगठन (Voluntary development organisations, VDO); जन-संगठन

(People's organisations, PO); जनसाधारण संगठन; स्व-सहायता संगठन; देशज एनजीओ; घरेलू एनजीओ, धर्मार्थ न्यास सामुदायिक सहकारी समिति आदि।

अधिकांश एनजीओ स्व-नियंत्रित वैयक्तिक संगठनात्मक संस्था होती है। परंतु अनेक के पास ऐसे आधार हैं जिनमें दो या दो से अधिक संस्था शामिल होती हैं, जो कि किसी तरह एक-दूसरे से जुड़ी होती हैं। साधारणत: एक सहकारी समिति, समुदाय संघ अथवा लाभनिरपेक्ष लिमिटेड कंपनी, उदाहरण के लिए, वह एक ऐसा मूल धर्मार्थ न्यास बना सकती है जिसके तहत वह काम करे। यह व्यवस्था वित्तीय संसाधन सुलभ कराने में सहायक होती है, जो कि उक्त कंपनी अथवा सहकारी समिति द्वारा सीधे प्राप्त नहीं किए जा सकते हैं। दूसरी ओर, कोई भी धर्मार्थ संस्था व्यापार कार्य अथवा राजस्व-उगाही कार्यकलापों में संलिप्त होने के लिए सहायक संस्था बना सकती है।

प्रश्न 11. 'एनजीओज का उन्मुखता पर आधारित वर्गीकरण' पर संक्षिप्त टिप्पणी लिखिए। [दिसम्बर-2012, प्रश्न सं.-4 (d)]

उत्तर— कुछ एनजीओज जब मूल निकायों द्वारा नियंत्रित होते हैं तो स्पष्ट है कि वे सही मायनों में एनजीओज नहीं होते हैं। एनजीओज को कार्य के प्रति उनके दृष्टिकोणों की उन्मुखता के अनुसार इस प्रकार से वर्गीकृत किया जा सकता है–

- **धर्मार्थ उन्मुखता (Charitable Orientation)**–इसमें प्राय: लाभार्थियों की बहुत कम भागीदारी वाला एक शीर्षस्थ पितृसत्तात्मक अभिलक्षण शामिल होता है। इसमें गरीबों की जरूरतों को पूरा करने की दिशा में निर्देशित गतिविधियाँ आती हैं–खाद्य, वस्त्र और औषधि वितरण; आवास, परिवहन, विद्यालयों आदि की व्यवस्था। ऐसे संगठन किसी प्राकृतिक अथवा मानवकृत आपदा के दौरान राहत कार्य को भी हाथ में ले सकते हैं।

- **सेवा उन्मुखता (Service Orientation)**–इसका अर्थ है कि एनजीओ स्वास्थ्य, परिवार कल्याण अथवा शिक्षा-सेवाओं की व्यवस्था जैसे कार्यकलापों में लगे हैं। कार्यक्रम प्राय: एनजीओज द्वारा तैयार किया जाता है, लोगों से अपेक्षा की जाती है कि इसके कार्यान्वयन में और सेवा प्राप्त करने में भागीदारी करें।

- **सहभागिता उन्मुखता (Participatory Orientation)**–इनको स्व-सहायता परियोजनाओं द्वारा अभिलक्षित किया जाता है जहाँ स्थानीय लोग विशेषत: परियोजना के कार्यान्वयन में शामिल होते हैं। वे श्रम, कौशल, नकदी, औजार, भूमि, सामग्री आदि का योगदान कर भागीदारी निभाते हैं। आदर्श सामुदायिक विकास परियोजना में भागीदारी जरूरत को परिभाषित करने के साथ शुरू होती है और नियोजन और कार्यान्वयन अवस्थाओं तक चलती रहती है। समुदाय-आधारित संगठनों में प्राय: एक सहभागिता उन्मुखता होती है।

- **सशक्तिकरण उन्मुखता (Empowering Orientation)**–यह गरीबों की मदद करने पर अभिलक्षित होता है ताकि लोग अपने जीवन को प्रभावित करने वाले सामाजिक, आर्थिक और राजनीतिक कारकों संबंधी एक स्पष्ट धारणा विकसित कर सकें। इस प्रकार की उन्मुखता अपने अस्तित्व को नियंत्रित और व्यवस्थित करने के लिए स्वयं की क्षमता के विषय में लोगों की चेतना जगाने के लिए संघर्ष करती

है। कभी-कभी इस प्रकार की उन्मुखता वाले समूह सहज रूप से किसी समस्या अथवा मुद्दों के इर्द-गिर्द विकसित हो जाते हैं, जबकि अन्य अवसरों पर बाह्य एनजीओज उनके विकास में एक सहयोगकारी भूमिका निभाते हैं। सशक्तिकरण उन्मुखता में सहयोगकारियों के रूप में कार्यरत एनजीओज के साथ लोगों का अधिकतम समावेश देखा जाता है।

प्रश्न 12. परिचालन-स्तर के आधार पर एनजीओज का वर्गीकरण कीजिए।

उत्तर– परिचालन-स्तर के आधार पर एनजीओज को निम्न प्रकार से वर्गीकृत किया जा सकता है–

- **राष्ट्रीय एनजीओज (National NGOs)**–इसके अंतर्गत रेडक्रॉस, व्यावसायिक संगठन आदि संगठन आते हैं। इनमें से कुछ की राज्यीय और क्षेत्रीय शाखाएँ होती हैं जो स्थानीय एनजीओज की मदद करती हैं।
- **समुदाय-आधारित संगठन [Community Based Organisations (CBOs)]**–इनमें खेल क्लब, पास-पड़ोस के संगठन, धार्मिक, शैक्षिक संगठन अथवा विकास संगठन आते हैं। समुदाय-आधारित संगठनों में व्यापक विविधता देखी जाती है। कुछ को एनजीओज, राष्ट्रीय अथवा अंतर्राष्ट्रीय एनजीओज अथवा द्विपक्षीय और बहुपक्षीय अभिकरणों का समर्थन प्राप्त होता है, जबकि अन्य बिना किसी बाहरी मदद के स्वतंत्र रूप से काम करते हैं। कुछ गरीबों की चेतना बढ़ाने अथवा उन्हें संसाधनों की सुलभता के लिए अपने अधिकारों को समझने में मदद करने के प्रति समर्पित होते हैं, जबकि अन्य समुदायों में सेवाएँ प्रदान करने में संलिप्त रहते हैं।
- **अंतर्राष्ट्रीय एनजीओज (International NGOs)**–इनके कार्य बहुत से देशों में चलते हैं, जैसे बाल संगठन, केयर (CARE), ऑक्सफैम (OXFAM) आदि। इनके कार्यकलाप मुख्य रूप से स्थानीय एनजीओज, संस्थाओं और परियोजनाओं को वित्तपोषण करने से लेकर परियोजनाओं के कार्यान्वयन तक होते हैं।

प्रश्न 13. एनजीओज द्वारा निभाई जाने वाली मुख्य भूमिकाओं का उल्लेख कीजिए।

उत्तर– एनजीओज द्वारा निभाई जाने वाली व्यापक रूप से विविध भूमिकाओं में से छह प्रमुख भूमिकाओं को कोजिंस (1991) ने निम्नलिखित रूप से पहचाना है–

(1) नव प्रवर्तन, प्रदर्शन और आरंभिक परियोजनाओं को सहयोग प्रदान करना (Supporting Innovations, Demonstration and Pilot Projects)–एनजीओज को नवप्रवर्तनकारी परियोजनाओं को शुरू करने के अवसर मिलते हैं और वे पहले से परियोजनाओं की समय अवधि और संसाधनों का पूर्ण विवरण दे सकते हैं, जो इनको संपोषित करने में आवश्यक हो सकते हैं। सरकारी अधिकारीतंत्र में अंतर्निहित सीमाबद्धताएँ एनजीओज में नहीं होती हैं। एनजीओज सरकारी अधिकारीतंत्र की अपेक्षा अधिक तत्परता से काम करने की अपनी योग्यता के आधार पर वृहत्तर सरकारी परियोजनाओं के लिए मार्गदर्शक के रूप में भी काम कर सकते हैं।

(2) आधारिक संरचना का विकास और परिचालन (Developing and Operation of Infrastructure)—एनजीओज समुदाय-आधारित उद्यम आरंभ कर सकते हैं–कुएँ, जनोपयोगी सुविधाएँ जैसी आधारिक संरचना का विकास, परिचालन और संपोषण कर सकते हैं; आवास निर्माण कर सकते हैं; समुदायों में भू और जल-संसाधन विकसित कर सकते हैं और ऐसे ही अन्य कार्य कर सकते हैं। अनेक मामलों में उन्हें सरकार अथवा बाह्य अभिकरणों अथवा उच्च-स्तरीय एनजीओज से तकनीकी सहयोग अथवा सलाह की आवश्यकता भी पड़ती है।

(3) संचार को सरल बनाना (Facilitating Communication)—एनजीओज संचार के अंतर्वैयक्तिक तरीके प्रयोग करते हैं और समुदाय में सही प्रवेश बिंदुओं तक पहुँच बना सकते हैं ताकि उस समुदाय का विश्वास प्राप्त किया जा सके जिसे वे लाभ पहुँचाना चाहते हैं। वे उन परियोजनाओं की व्यवहार्यता संबंधी उत्तम धारणा तैयार करने में भी सक्षम होते हैं जिन्हें वे आरंभ करना चाहते हैं। सरकार के लिए यह भूमिका बहुत महत्त्व रखती है क्योंकि एनजीओज सरकार के नीति-निर्माण स्तरों तक संपर्क बना सकते हैं और समुदायों में स्थानीय स्तर पर लोगों के जीवन, क्षमताओं, अभिवृत्तियों और सांस्कृतिक विशेषताओं से संबंधित सूचना संप्रेषित कर सकते हैं। एनजीओज जनसामान्य से सरकार तक ऊर्ध्वमुखी और सरकार से जनसामान्य तक अधोमुखी संचार में मदद कर सकते हैं।

(4) तकनीकी सहायता और प्रशिक्षण (Technical Assistance and Training)—प्रशिक्षण संस्थान और एनजीओज एक तकनीकी सहायता और प्रशिक्षण क्षमता विकसित कर सकते हैं और समुदाय-आधारित संगठनों के साथ-साथ सरकारों को भी सहायता देने में इसका प्रयोग कर सकते हैं।

(5) अनुसंधान, निगरानी और मूल्यांकन (Research, Monitoring and Evaluation)—एनजीओज अपने नवप्रवर्तनकारी कार्यकलापों का ध्यानपूर्वक प्रलेखन कर उसे समुदाय-आधारित संगठनों अथवा सरकार के साथ बाँट सकते हैं। प्रभावकारी सहभागी निगरानी होने से परिणामों को स्वयं लोगों के साथ-साथ परियोजना कर्मियों के साथ भी बाँटना संभव होगा।

(6) गरीबों के हित और पक्ष में बोलना (Advocacy for and with the Poor)—अनेक बार एनजीओज गरीबों के लिए प्रवक्ता बन जाते हैं और सरकारी नीतियों और कार्यक्रमों को प्रभावित करने का प्रयास करते हैं। ऐसा अनेक प्रकार से किया जा सकता है, जैसे–

(क) जन मंचों में भागीदारी;

(ख) प्रदर्शन और आरंभिक परियोजनाएँ;

(ग) सरकारी नीतियों और योजनाओं पर प्रभाव डालना; तथा

(घ) अनुसंधान परिणामों और गरीबों से जुड़े केस अध्ययनों का सार्वजनीकरण।

इस प्रकार, एनजीओज अनेक भूमिकाएँ निभाते हैं, जैसे–गरीबों के अधिवक्ता, सरकारी कार्यक्रमों के क्रियान्वयनकर्त्ता, आंदोलनकर्त्ता और समालोचक, साझीदार और सलाहकार, आरंभिक परियोजनाओं के प्रायोजक; मध्यस्थ आदि।

प्रश्न 14. 'पंजीकृत समितियाँ' पर संक्षिप्त टिप्पणी लिखिए।

[दिसम्बर-2013, प्रश्न सं.-5 (e)]

अथवा

समिति पंजीकरण अधिनियम की व्याख्या कीजिए।

उत्तर— समिति पंजीकरण अधिनियम, 1860 मूल रूप से साहित्यिक, वैज्ञानिक और धर्मार्थ समितियों के पंजीकरण करने के उद्देश्य से अस्तित्व में आया। बाद में, विभिन्न राज्यों ने अन्य कई प्रकार के संगठनों के पंजीकरण को सरल बनाने के लिए इसमें संशोधन किए। अधिकांश राज्य अधिनियम केंद्रीय अधिनियम के इर्द-गिर्द ही संरचित हैं और मूल रूप से इनमें समान प्रावधान हैं। मुख्य अंतर अतिरिक्त अनुच्छेदों और नियमों तथा ऐसे कुछ प्रतिबंधों के रूप में है जो विभिन्न राज्यों और संघशासित प्रदेशों द्वारा लगाए गए हैं। उदाहरण के लिए, उत्तर प्रदेश में खादी ग्राम उद्योगों और ग्राम विकास को प्रोत्साहित करने वाले संगठनों को भी इस अधिनियम के तहत पंजीकृत किया जा सकता है। विभिन्न राज्यों में भिन्नताओं के बावजूद इस प्रकार के संगठनों में, जो कि समिति पंजीकरण अधिनियम के तहत पंजीकृत हैं, विकास/सशक्तिकरण उन्मुखी एनजीओज, क्लब, सांस्कृतिक और साहित्यिक समितियाँ, व्यावसायिक निकाय, शैक्षिक, वैज्ञानिक और चिकित्सा-संस्थान आते हैं।

कोई सात व्यक्ति जो 'संघ ज्ञापनपत्र' पर हस्ताक्षर कर उसे स्वीकार करते हों, उक्त अधिनियम के प्रावधानों के तहत अपनी समिति को पंजीकृत करवा सकते हैं। इस प्रकार की समिति की सदस्यता उनके लिए खुली होती है जो उसके ध्येय और उद्देश्यों के परिपालन के प्रति सहमत हों। सदस्यता के लिए शुल्क भी लिया जा सकता है। समिति को चलाने के लिए नियमों-विनियमों का एक सेट तैयार करने की आवश्यकता पड़ती है, जो कि समितियों के रजिस्ट्रार के समक्ष भी प्रस्तुत करने होते हैं। समिति से यह भी अपेक्षा की जाती है कि वह रजिस्ट्रार को अपने प्रबंध निकाय के सदस्यों की सूची भी प्रस्तुत करे। रजिस्ट्रार अधिनियम की वांछनीयताओं के परिपालन को सुनिश्चित करने के बाद पंजीकरण प्रमाणपत्र प्रदान करता है। रजिस्ट्रार यह भी सुनिश्चित करता है कि अधिनियम के तहत सदृश्य नाम से कोई और समिति पंजीकृत न होने पाए।

इस अधिनियम के अंतर्गत पंजीकृत किसी भी संगठन की अंतर्निहित प्रकृति लोकतांत्रिक होती है, क्योंकि इसकी मूल शर्तों में शासी निकाय के आवधिक चुनाव और उसके सामान्य सदस्यों के प्रति उत्तरदायित्व शामिल हैं। संगठन की एक आंतरिक प्रक्रिया के द्वारा नियमों में फेर-बदल के लिए लचीलापन भी विद्यमान है। मूलत: इस अधिनियम को परिकल्पित और निरूपित ऐसे संगठनों के पंजीकरण को सरल बनाने के लिए किया गया जो अपने निजी सदस्यों के अलावा अन्य लाभार्थियों को सेवाएँ प्रदान करने के लिए संघर्षरत रहते थे। तथापि, समकालीन वीओज/एनजीओज की कार्यप्रणाली के लिए यह अधिनियम कुछ समस्याएँ उत्पन्न करता है।

प्रश्न 15. निम्नलिखित पर संक्षिप्त टिप्पणी लिखिए–
(i) सहकारी समितियाँ

उत्तर— सहकारी ऋण समिति अधिनियम, 1904 को सहकारी समितियाँ गठित करने में लोगों की मदद करने के किए लाया गया। सहकारी समिति अधिनियम, 1912 ने सहकारिता का कार्यक्षेत्र विस्तृत कर दिया और राज्य अधिकरणों द्वारा पर्यवेक्षण की व्यवस्था दी। अनेक राज्यों के अपने निजी संशोधित अधिनियम हैं। सहकारी समितियों से अपेक्षा की जाती है कि संबद्ध राज्य/केंद्रशासित प्रदेश के नियमों का पालन करें। यह अधिनियम अपने सदस्यों के आर्थिक हितों को बढ़ावा देने के लिए सहकारी समितियाँ गठित और पंजीकृत किए जाने की व्यवस्था देता है। सहकारी समितियों को कुछ सहकारी सिद्धांतों का पालन करना चाहिए, जैसे–स्वैच्छिक सदस्यता, आंतरिक लोकतंत्र,

सीमित हित, न्यायोचित वितरण, सहकारी शिक्षा और परस्पर सहयोग। एक सहकारी समिति के गठन के लिए विभिन्न परिवारों से कम-से-कम 10 वयस्क लोगों की आवश्यकता होती है। इनकी सदस्यता सामाजिक प्रस्थिति, जाति, वर्ग, धर्म, महिला-पुरुष आदि पर ध्यान दिए बगैर सभी के लिए खुली होनी चाहिए। पदाधिकारियों को लोकतांत्रिक रूप से निर्वाचित अथवा चयनित किया जाना चाहिए और सभी सदस्यों को निर्णय निर्धारण प्रक्रिया में भाग लेना चाहिए। शेयर पूँजी पर बिल्कुल सीमित ब्याज दर, यदि कोई हो तो, लागू होनी चाहिए। आर्थिक लाभ को सभी सदस्यों के बीच समान रूप से बाँट दिया जाना चाहिए। सहकारी समितियों को सदस्यों और आम जनता के बीच सहयोग के सिद्धांतों और तकनीकों के विषय में जागरूकता लानी चाहिए।

(ii) न्यास

उत्तर– भारत में दो प्रकार के न्यास (trusts) मौजूद हैं–सार्वजनिक और निजी। निजी न्यास, भारतीय न्यास अधिनियम, 1882 द्वारा नियंत्रित होते हैं। यह अधिनियम निजी, धार्मिक, सार्वजनिक और धर्मार्थ प्रयोग के लिए धन-संपत्ति के प्रबंधन के लिए एक न्यास बनाए जाने की व्यवस्था देता है। न्यासियों से अपेक्षा की जाती है कि न्यास को चलाएँ किंतु संभवत: वे विश्वास भंग भी कर सकते हैं। हानि अथवा विश्वास-भंग से उत्पन्न होने वाली दशाओं में न्यास की परिसंपत्तियों का अधिग्रहण किया जा सकता है। न्यास से त्यागपत्र दिए अथवा अवकाश प्राप्त किए बगैर न्यासी अपने दायित्वों का अधित्याग नहीं कर सकते हैं। उन्हें व्यक्तिगत लाभ या मुनाफा कमाने का हक नहीं होता पर वे न्यास चलाने के लिए खर्चे का भुगतान माँग सकते हैं। आयकर अधिनियम, 1961 के तहत न्यास की प्रस्थिति एक समिति के प्राय: समान ही होती है। अधिकतर न्यास धार्मिक, धर्मार्थ और शैक्षणिक होते हैं। विकास कार्य में लगे एनजीओज ने इस अधिनियम का प्रयोग पंजीकरण के लिए भी किया है। भारत में न्यासों पर नियंत्रण रखने वाले अन्य विधानों में शामिल हैं–धर्मार्थ वृत्तिदान अधिनियम, 1890, धर्मार्थ और धार्मिक न्यास अधिनियम, 1920, व्यवहार संहिता प्रक्रिया की धारा-92 तथा सरकारी न्यासी अधिनियम, 1931। इन अधिनियमों में दिए गए विभिन्न प्रावधान न्यासों के विनियमन और नियंत्रण से संबंध रखते हैं।

लोक न्यासों की स्थापना सार्वजनिक धर्मार्थ उद्देश्यों से की जा सकती है। लोक न्यासों को गठित करने के कोई केंद्रीय कानून नहीं हैं। हालाँकि कुछ राज्यों ने लोक धर्मार्थ अधिनियम बनाया है, फिर भी अधिकांश राज्यों में ऐसा कोई अधिनियम लागू नहीं है। एनजीओ को केवल लोक न्यास अधिनियम के तहत ही बनाया जा सकता है। मध्य प्रदेश और राजस्थान में स्वतंत्र राज्य-स्तरीय लोक न्यास अधिनियम लागू हैं। पश्चिम बंगाल और बिहार जैसे कुछ राज्यों में लोक न्यास के पंजीकरण के लिए कोई अधिनियम ही नहीं है। किसी न्यास को एक राज्य में पंजीकृत किया जा सकता है, परंतु वह अन्य राज्यों में भी कार्य कर सकता है। मुंबई लोक न्यास अधिनियम, 1950 महाराष्ट्र और गुजरात दोनों राज्यों में लागू है। इस अधिनियम के अंतर्गत लोक न्यास को एक ऐसे न्यास के रूप में परिभाषित किया जाता है जो धार्मिक या धर्मार्थ उद्देश्यों अथवा दोनों के लिए होता है और इसमें समिति पंजीकरण अधिनियम, 1860 के तहत पंजीकृत धार्मिक अथवा धर्मार्थ समितियाँ शामिल होती हैं।

(iii) श्रमिक संघ अधिनियम

उत्तर– श्रमिक संघ अधिनियम, 1926 के तहत श्रमिक संघों को कर्मचारियों और नियोक्ताओं के बीच अथवा कर्मचारियों के बीच अथवा स्वयं नियोक्ताओं के बीच संबंधों को नियमित करने

के लिए पंजीकृत किया जा सकता है। यह अधिनियम दो अथवा दो से अधिक संघों का एक महासंघ बनाए जाने की भी अनुमति देता है। पंजीकरण के लिए आवेदन श्रमिक संघ संबंधी संविधान, नियम-विनियमों और उपनियमों की एक प्रति के साथ किया जाना होता है। आवेदन-पत्र में श्रमिक संघ का नाम, मुख्यालय का पता, सदस्यों और पदाधिकारों के वैयक्तिक विवरण आदि भी शामिल होने चाहिए। संविधान और उपनियमों में शामिल होने चाहिए - उद्देश्य; ऐसे ध्येय जिनके लिए सामान्य कोष का इस्तेमाल किया जाएगा, साधारण सदस्यों के प्रवेश के लिए मानदंड, सदस्यता शुल्क, कार्यकारी समिति में गैर-कर्मी अधिकारियों की संख्या, शर्तें जिनके तहत सदस्यगण लाभों के लिए पात्र हैं; एक तरीका या ढंग जिससे कार्यकारी समिति के सदस्य व अन्य अधिकारीगण नियुक्त अथवा पदच्युत किए जाते हैं; नकदी की सुरक्षित देखभाल; वार्षिक लेखापरीक्षण; अधिकारियों और सदस्यों द्वारा लेखा पुस्तकों के निरीक्षण के लिए पर्याप्त सुविधाएँ और एक तरीका जिससे श्रमिक संघ भंग किया जा सकता हो। एक पंजीकृत श्रमिक संघ से अपेक्षा की जाती है कि वह रजिस्ट्रार के समक्ष वार्षिक आय-व्यय विवरण; संविधान में किसी प्रकार का परिवर्तन; उपनियम; कर्मचारियों की नियुक्ति अथवा श्रमिक संघ के पते में किसी भी परिवर्तन आदि की जानकारी दे।

(iv) धर्मार्थ कंपनियाँ

उत्तर– कंपनी अधिनियम, 1956 मूल रूप से लाभ-सापेक्ष व्यापार प्रतिष्ठानों के लिए सार्थक है। तथापि, इस अधिनियम के अनुच्छेद-25 के तहत किसी संगठन द्वारा लाभ-निरपेक्ष की प्रस्थिति पाना संभव है। लाभ-निरपेक्ष प्रस्थिति पाने के लिए किसी भी कंपनी को निम्नलिखित शर्तें पूरी करनी होती हैं–

- संघ के ज्ञापनपत्र द्वारा इसे स्पष्टत: एक लाभ-निरपेक्ष संस्था दर्शाया जाना चाहिए;
- कंपनी की आय केवल धर्मार्थ कार्यों के प्रोत्साहन के लिए ही प्रयोग की जानी चाहिए;
- कंपनी के सदस्यों को किसी प्रकार का लाभांश अथवा अन्य लाभ नहीं लेना चाहिए।

कंपनी अधिनियम, 1956 के अनुच्छेद-25 के तहत बनाई गई कंपनियों को धर्मार्थ कंपनी के रूप में जाना जाता है। इस तरह वे धर्मार्थ उद्देश्यों के लिए धन-संपत्ति रख सकते हैं। इस बात का उल्लेख संघ के ज्ञापनपत्र में किया जाना आवश्यक है ताकि उन्हें केंद्र सरकार द्वारा इस आशय का अनुज्ञापत्र (लाइसेंस) प्रदान किया जा सके। किसी भी धर्मार्थ कंपनी के मामले में पंजीकरण प्रक्रिया काफी विस्तृत होती है। इसका संबंध कंपनी रजिस्ट्रार के समक्ष संघ ज्ञापनपत्र और संघ नियम प्रस्तुत किए जाने से जुड़ा होता है। धर्मार्थ कंपनियाँ निदेशक रख सकती हैं, जो कि कंपनी के ही न्यासी हों। वे कंपनी के प्रबंधन के लिए उत्तरदायी होते हैं और प्रबंध कार्य में लगी लागत की प्रतिपूर्ति करवा सकते हैं। चूँकि वे पारिश्रमिक अथवा लाभांश प्राप्त करने की पात्रता नहीं रखते हैं, इससे सवेतन कर्मियों को रोजगार देने से जुड़ी समस्याएँ उत्पन्न होती हैं। इस अधिनियम के अंतर्गत मुख्य असुविधा धर्मार्थ कंपनी द्वारा अपनाई जाने वाली असुविधाजनक और अधिकारीतंत्रीय रिपोर्ट कार्यविधि से जुड़ी है। सामान्यतया, इस अधिनियम के तहत वीओज/एनजीओज के पंजीकरण से कोई अधिक लाभ नहीं होता, परंतु फिर भी कुछ व्यापार प्रतिष्ठान कंपनी अधिनियम, 1956 के अनुच्छेद-56 के तहत एनजीओज बनाने का विकल्प चुनते हैं।

(v) कर नियम और वीओज/एनजीओज

उत्तर— संगठनों की लाभनिरपेक्ष प्रस्थिति और धर्मार्थ अंशदान से संबंधित कानून आयकर अधिनियम, 1961 के अनुच्छेदों 10, 11, 12, 13 व 80-जी में रखे गए हैं। अनुच्छेद 80-जी स्पष्ट करता है कि किसी संगठन को दी गई दानराशि (जो कि एक 80-जी छूट है) दानदाता को दान दी गई राशि पर कुछ विशिष्ट कर-छूट का लाभ प्रदान करती है। इस प्रकार, 80-जी छूट प्राप्त वीओज/एनजीओज सर्वाधिक दानदाताओं को आकर्षित करते हैं। 80-जी छूट प्राप्त करने के लिए वीओज/एनजीओज को आयकर अधिनियम, 1961 के अनुच्छेद 10 से 13 द्वारा प्रस्तुत अनिवार्यताओं के तहत कर-छूट प्रस्थिति सुनिश्चित करनी चाहिए। इन अनुच्छेदों के अनुसार वीओज/एनजीओज को धार्मिक और धर्मार्थ संगठनों के रूप में परिभाषित किया जाता है। ये दो प्रकार के संगठन आगे निम्न रूप से सफल कर छूट के लिए अर्हता प्राप्त करते हैं—

- विश्वविद्यालय/महाविद्यालय अथवा शिक्षा को बढ़ावा देने के उद्देश्य से स्थापित अन्य शिक्षा संस्थान;
- वैज्ञानिक/अनुसंधान संघ;
- लाभ-निरपेक्ष अस्पताल अथवा पीड़ित लोगों के चिकित्सकीय उपचार के लिए स्थापित चिकित्सा सुविधाएँ;
- क्रिकेट, हॉकी, फुटबॉल आदि जैसे खेलों को बढ़ावा देने में संलग्न कोई भी संघ अथवा संगठन;
- खादी और ग्राम उद्योगों के संरक्षण और प्रोत्साहन के लिए स्थापित कोई भी संगठन।

प्रश्न 16. विभिन्न अधिनियमों और कानूनों के तहत वीओज/एनजीओज के सामने आने वाली पंजीकरण और आयकर संबंधी समस्याओं के संबंध में स्वैच्छिक क्षेत्र पर प्रारूप राष्ट्रीय नीति, 2006 का वर्णन कीजिए।

अथवा

स्वैच्छिक क्षेत्र पर प्रारूप राष्ट्रीय नीति, 2006 से आप क्या समझते हैं?

उत्तर— विभिन्न अधिनियमों और कानूनों के तहत वीओज/एनजीओज के सामने आने वाली पंजीकरण और आयकर संबंधी समस्याओं के संबंध में स्वैच्छिक क्षेत्र पर प्रारूप राष्ट्रीय नीति, 2006 इस प्रकार है—

- स्वैच्छिक संगठनों को केंद्र अथवा राज्य के कानूनों के अंतर्गत समितियों, धर्मार्थ न्यासों अथवा लाभनिरपेक्ष कंपनियों के रूप में पंजीकृत किया जा सकता है। कुछ राज्यों ने कुछ संशोधनों के साथ समिति पंजीकरण अधिनियम (1860) अपनाया है, जबकि अन्य राज्यों के अपने स्वतंत्र कानून हैं। इसी प्रकार, धर्मार्थ न्यासों से जुड़े कानून भिन्न-भिन्न राज्यों में भिन्न-भिन्न हैं। एक लंबे समय से वे सभी कानून और उनसे संबंधित नियम जटिल और प्रतिबंधात्मक हो चुके हैं, अत: विलम्ब, परेशानी और भ्रष्टाचार का कारण बनते हैं। सरकार और स्वैच्छिक क्षेत्र के बीच परस्पर क्रिया के लिए मुख्य अभिकरण के रूप में योजना आयोग राज्य सरकारों को प्रोत्साहित करेगा कि वे प्रचलित कानूनों और नियमों की समीक्षा करें और उन्हें यथासंभव सरल, उदार और तर्कयुक्त बनाएँ। लाभनिरपेक्ष कंपनियों के पंजीकरण को सरल

बनाने के लिए सरकार कंपनी अधिनियम (1956) के अनुच्छेद-25 के तहत कार्यविधियों को सरल बनाए जाने वाले उपायों की समीक्षा करेगी, जिनमें लाइसेंस, पंजीकरण और सदस्य-कर्मियों को पारिश्रमिक के लिए प्रक्रियाएँ शामिल हैं।

- सरकार एक सरल और उदार केंद्रीय कानून बनाए जाने की व्यावहारिकता की भी जाँच करेगी जो कि स्वैच्छिक संगठनों के पंजीकरण के लिए एक वैकल्पिक अखिल भारतीय विधान के रूप में होगा, खासकर ऐसे संगठनों के लिए जो देश के विभिन्न भागों के अलावा विदेशों में भी कार्य करने की अभिलाषा रखते हैं। इस प्रकार का कानून वर्तमान केंद्रीय और राज्यीय नियमों के साथ रहेगा जिससे स्वैच्छिक संगठन के पास अपने कार्यकलापों की प्रकृति और कार्यक्षेत्र पर निर्भर करते हुए स्वयं को एक या एकाधिक कानूनों के तहत पंजीकृत कराने का विकल्प रहेगा।

- स्वैच्छिक क्षेत्र के वित्तपोषण का एक महत्त्वपूर्ण स्रोत लोक अनुदानों से जुड़ा है। यह भविष्य में यथेष्ट रूप से बढ़ना ही चाहिए। कर-प्रोत्साहन कारक इस प्रक्रिया में एक सकारात्मक भूमिका निभाते हैं। स्टॉक और शेयर देश में धन के महत्त्वपूर्ण प्रकार दिखाई पड़ते हैं। स्वैच्छिक संगठनों के लिए शेयरों और स्टॉक के हस्तांतरण को बढ़ावा देने के लिए सरकार इस प्रकार की दानराशि के लिए उपयुक्त कर छूट पर ध्यान देगी। सरकार आयकर अधिनियम के तहत धर्मार्थ परियोजनाओं को आयकर-छूट प्रस्थिति प्रदान के लिए व्यवस्था को सरल और कारगर भी बनाएगी।

- विदेशी वित्तपोषण प्राप्त करने के इच्छुक वीओ/एनजीओ को विदेशी योगदान (नियामक) अधिनियम [The Foreign Contribution (Regulation) Act, FCRA] के तहत पंजीकृत किया जाना चाहिए। यह कानून बहुत कठोर छानबीन युक्त मानदंड निर्धारित करता है जो प्रायः स्वैच्छिक संगठनों द्वारा विदेशी धन प्राप्त करने की योग्यता को सीमित करते हैं। स्वीकृत होने पर इस धन को किसी एकल बैंक खाते में रखना होता है। इस प्रकार, इससे विभिन्न स्थानों पर कार्यरत स्वैच्छिक संगठनों के सामने बहुत-सी समस्याएँ आती हैं। सरकार उक्त अधिनियम (एफ.सी.आर.ए.) की समीक्षा करेगी और इसके उन प्रावधानों को सरल बनाएगी जो स्वैच्छिक संगठनों पर लागू होते हैं।

- केंद्र सरकार ने सामाजिक और आर्थिक महत्त्व की परियोजनाओं के लिए स्वैच्छिक संगठनों को सीधी सहायता देने के लिए द्विपक्षीय अभिकरणों के लिए दिशा-निर्देश निर्धारित किए हैं। इसके साथ-साथ वह उक्त अधिनियम (एफ.सी.आर.ए.) के माध्यम से और साथ ही आर्थिक मामलों के विभाग द्वारा विनियमन के माध्यम से भी, ऐसे धन की सुलभता और प्रयोग पर नियंत्रण रखती है।

- आयकर अधिनियम निर्धारित करता है कि किसी भी स्वैच्छिक संगठन को एक वर्ष में अपनी कुल आय का कम से कम 85 प्रतिशत अवश्य ही खर्च करना चाहिए। इसका अर्थ है कि वह अपनी वार्षिक आय का 15 प्रतिशत से अधिक बचाकर अथवा उसे अपनी धन-संपत्ति में हस्तांतरित नहीं कर सकता है। यह अभिलक्षण किसी भी स्वैच्छिक संगठन को पूँजी संचयन करने से रोकता है। स्वैच्छिक क्षेत्र के वित्तीय सामर्थ्य में सुदृढ़ीकरण के दृष्टिकोण से सरकार ऐसे वर्तमान प्रावधानों की

समीक्षा करेगी जो वार्षिक व्यय सीमा और धन-संपत्ति अर्जित करने की प्रक्रियाओं से जुड़े हैं ताकि स्वैच्छिक संगठनों को अपनी संपत्ति से होने वाली आय का एक बड़ा भाग व्यापार में पुन: लगाए जाने के लिए प्रोत्साहित किया जा सके।

- सरकार आयकर अधिनियम और विदेशी योगदान (नियामक) अधिनियम में उपयुक्त प्रावधान लाएगी ताकि अन्य देशों में चुनावी राजनीति, धार्मिक अथवा नृजातीय संप्रदायवाद के निधिकरण और संबद्ध देश में स्थानीय कानूनों द्वारा प्रतिबंधित किसी भी अन्य उद्देश्य को छोड़कर, उपयुक्त परोपकारी और धर्मार्थ उद्देश्यों से, अपना धन लगाने के लिए स्वैच्छिक संगठनों को अनुमति दी जा सके।
- सरकार स्वैच्छिक क्षेत्र के साथ रचनात्मक संबंधों पर सेवापूर्व और सेवाकाल मापदंड लागू करने के लिए सभी संबद्ध केंद्र और राज्य सरकार अभिकरणों को प्रोत्साहित करेगी। ऐसे अभिकरणों को स्वैच्छिक संगठनों के साथ काम करने के लिए समयबद्ध कार्यविधि अपनानी चाहिए। इसमें शामिल हैं–पंजीकरण, आयकर अदायगी, आर्थिक सहायता आदि। स्वैच्छिक संगठनों से जुड़ी शिकायतों को दर्ज करवाने, तकलीफों का समाधान किए जाने के लिए औपचारिक प्रणालियाँ होनी चाहिए।

प्रश्न 17. ग्रामीण भारत में वीओज/एनजीओज के बीच विविधता को संक्षेप में समझाइए।

उत्तर– भारत में स्वैच्छिक संगठनों की अत्यधिक वृद्धि देखी गई है, खासकर स्वतंत्रता प्राप्ति के पश्चात्। कल्याणकारी और विकास गतिविधियाँ चलाने वाले स्वैच्छिक संगठन देश के विभिन्न भागों में फैले हैं। भारत में स्वैच्छिक संगठन संरचना, विशेषताओं, अवस्थिति, दृष्टिकोणों और ध्येय व लक्ष्यों के रूप में काफी भिन्न हैं। बड़ी संख्या में स्वैच्छिक संगठन आकार और कार्यक्षेत्र में छोटे हैं, जबकि कुछ अन्य आकार, सदस्यता आधार, लक्ष्यों और भौगोलिक प्रसार (स्थानीय, क्षेत्रीय और राष्ट्रीय) के लिहाज से बड़े हैं। इसमें से बड़ी संख्या उनकी है जो ग्रामीण क्षेत्रों में स्थानीय समुदायों में जनसामान्य स्तर पर लोगों के साथ सीधे कार्यरत हैं। किसी वर्ग विशेष से जुड़े कुछ स्वैच्छिक संगठन अनुसंधान, प्रलेखन और प्रशिक्षण कार्य में लगे हैं, जो इस प्रकार ग्रामीण क्षेत्रों में कार्यरत स्वैच्छिक संगठनों को क्षमता-निर्माण सहायता प्रदान करते हैं। कुछ स्वैच्छिक संगठन ग्रामीण क्षेत्रों में विकास अनुभवों की पुनरावृत्ति और प्रसार से जुड़े हैं, जबकि ऐसे कुछ संगठन ग्राम विकास के लिए नए दृष्टिकोणों के नवप्रवर्तन, प्रयोग और प्रदर्शन की ओर भी ध्यान दे रहे हैं।

अनेक स्वैच्छिक संगठन ग्रामीण क्षेत्रों में अनुसूचित जातियों/जनजातियों और सुविधावंचित वर्गों के उत्थान तथा बंधुआ मजदूरी उन्मूलन और पुनर्वास आदि से संबद्ध उल्लेखनीय कार्य कर रहे हैं। बड़ी संख्या में ऐसे मध्यस्थ स्वैच्छिक संगठन भी हैं जो राज्य-संस्थाओं, विकास अभिकरणों आदि तथा ग्रामीण क्षेत्रों में स्थानीय वीओज/एनजीओज, समुदाय-आधारित संगठनों, स्व-सहायता समूहों आदि के बीच एक निर्णायक भूमिका निभाते हैं। इस प्रकार के अधिकांश स्वैच्छिक संगठनों को राज्य अथवा निजी क्षेत्र से अनुदान सहायता अथवा धन प्राप्त होता है और वे राज्य-संस्थाओं और विकास अभिकरणों के पूर्ण सहयोग से कार्य करते हैं। अनेक मध्यवर्ती स्वैच्छिक संगठन ग्रामीण क्षेत्रों में स्थानीय वीओज/एनजीओज के लिए पैतृक अथवा संरक्षण संगठनों के रूप में काम

करते हैं। ग्रामीण क्षेत्रों में वीओज/एनजीओज और समुदाय आधारित संगठन भी हैं जो राज्य, बाजार और राज्य की संस्थाओं की तुलना में अपनी एक स्वतंत्र और स्वायत्त स्थिति बनाए रखते हैं। उन्होंने ग्रामीण क्षेत्रों में मुख्यत: स्थानीय समुदायों को संघटित कर और स्थानीय प्राकृतिक संसाधनों को प्रयोग कर योगदान दिया है।

प्रश्न 18. 'भारत में स्वैच्छिक क्षेत्र का मूलभूत वर्गीकरण' पर एक नोट लिखिए।
[दिसम्बर-2014, प्रश्न सं.-4 (e)]

अथवा

सामाजिक आंदोलन संगठन पर संक्षिप्त टिप्पणी लिखिए।
[दिसम्बर-2012, प्रश्न सं.-5 (f)]

उत्तर— भारत में स्वैच्छिक संगठनों का विस्मयकारी रूप इतना व्यापक, जटिल और अभिव्यापित है कि यह किसी भी सुव्यवस्थित वर्गीकरण के प्रयास को अत्यंत कठिन और चुनौतीपूर्ण बना सकता है। भारत (व्यापक रूप से ग्रामीण भारत के लिए भी प्रयोज्य) में स्वैच्छिक क्षेत्र की विविधता के चित्रण के प्रयास में राजेश टंडन (2001) ने निम्नलिखित मूल वर्गीकरण प्रस्तुत किया है–

(1) पारंपरिक संघ (Traditional Associations)—पारंपरिक संघ जनजातीय, नृजातीय अथवा जातीय संबंधों के रूप में परिभाषित एक विशिष्ट सामाजिक इकाई के इर्द-गिर्द उत्पन्न हुए और विद्यमान रहे। इस प्रकार के संगठन लोगों व समुदायों के कल्याण से संबंधित विभिन्न स्वैच्छिक गतिविधियाँ और प्रकार्य संचालित करते हैं। पारिवारिक और सामुदायिक संबंधों में मध्यस्थता करते समय ये संघ प्राकृतिक संसाधनों के प्रयोग और संरक्षण के लिए विस्तृत मानक, प्रक्रियाएँ और प्रणालियाँ भी विकसित कर लेते हैं। प्राकृतिक संसाधनों पर जनजातियों के परंपरागत अधिकारों की रक्षा और प्रोन्नति के लिए अनेक महत्त्वपूर्ण संघर्षों का नेतृत्व देश के विभिन्न भागों में ऐसे ही संघों द्वारा किया गया है।

(2) धार्मिक संघ (Religious Associations)—सभी धर्म जरूरतमंदों की मदद करते, गरीबों को सेवा प्रदान करते हुए धर्मार्थ कार्यों में लगे हैं और दान, खैरात अथवा दया पर आधारित दातव्य की प्रथा अपनाते रहे हैं। जनकल्याण के लिए धार्मिक, परोपकारी और धर्मार्थ उद्देश्यों को ग्रामीण भारत में अच्छा-खासा स्थान प्राप्त है। धर्म-प्रेरित स्वैच्छिक संगठनों ने भारतीय समाज के कल्याणार्थ स्वास्थ्य देखभाल, शिक्षा, समाज-कल्याण, पेयजल, वनीकरण आदि के क्षेत्र में सुनियोजित कार्य किए हैं।

(3) सामाजिक आंदोलनकारी संगठन [Social Movement Organisations (SMOs)]—समकालीन भारत में अनेक सामाजिक आंदोलनों की उत्पत्ति हुई। इस प्रकार के आंदोलनों ने विभिन्न क्षेत्रों पर अपना ध्यान केंद्रित किया, जो निम्नलिखित हैं–

(क) अनुसूचित जातियाँ, अनुसूचित जनजातियाँ और महिलाओं जैसे विशिष्ट समूहों के हित और आकांक्षाओं पर ध्यान केंद्रित किया;

(ख) शराब, दहेज, उत्तराधिकार अथवा दाय अधिकारों (inheritance rights) आदि जैसी सामाजिक बुराइयों के विरुद्ध संघर्ष किया;

(ग) वृहद् विकास परियोजनाओं के कारण हुए विस्थापन के विरुद्ध विरोध-प्रदर्शन आयोजित किए;

(घ) पर्यावरण ह्रास, अन्याय और अधिकार-दुरुपयोग और भ्रष्टाचार के विरुद्ध अभियान शुरू किए; और

(ङ) सूचना, शिक्षा और जीविकोपार्जन अवसर के अधिकारों के लिए संघर्ष किया।

(4) सदस्यता संघ (Membership Associations)—सदस्यता संघ लोगों के किसी विशेष वर्ग के विचारों का प्रतिनिधित्व करने अथवा हितों को बढ़ावा देने के लिए स्थापित किए जाते हैं; उदाहरण के लिए, ग्रामीण श्रमिक, खेतिहर मजदूर और महिला श्रमिक संघ, उपभोक्ता संघ; किसी व्यवसाय अथवा पेशे पर सकेंद्रित व्यावसायिक संघ; नेहरू युवक केंद्र, खेल और मनोरंजन क्लबों, नाटक मंडलियों आदि जैसे सामाजिक अथवा सांस्कृतिक संघ; स्व-सहायता समूह; बचत और लघु-ऋण समूह आदि।

(5) मध्यवर्ती संघ (Intermediate Associations)—मध्यवर्ती संघ (वीओज/एनजीओज) लोगों, समुदायों और राज्य की संस्थाओं के बीच कार्य करते हैं। इस प्रकार के संगठन अनेक प्रकार की स्वैच्छिक गतिविधियों में लगे रहते हैं, नामत: सेवाएँ प्रदान करना; समुदायों का संघटन; स्थानीय स्व-सहायता समूहों अथवा समुदायों को समर्थन प्रदान करना; पक्ष-समर्थन और नेटवर्किंग।

प्रश्न 19. सातवीं पंचवर्षीय योजना के द्वारा दिए गए स्वैच्छिक संगठनों की पहचान के मानदंडों को सूचीबद्ध कीजिए।

उत्तर— ग्राम विकास कार्यक्रमों में स्वैच्छिक संगठनों की भूमिका को मान्यता देते हुए, ऐसे संगठनों की पहचान के लिए आठ मानदंड सूचीबद्ध किए गए हैं। इन मानदंडों के अनुसार, किसी भी स्वैच्छिक संगठन को—

- वैधानिक प्रस्थिति प्राप्त होनी चाहिए;
- किसी ग्रामीण क्षेत्र में रहकर कम से कम तीन वर्षों के लिए काम करना चाहिए;
- समग्र समुदाय, खासकर कमजोर वर्गों की सामाजिक और आर्थिक आवश्यकताओं को पूरा करने वाले व व्यापक आधार वाले उद्देश्य रखने चाहिए (इसे एक लाभनिरपेक्ष संगठन होना चाहिए);
- ऐसे कार्यकलापों में लगना चाहिए जो धर्म, जाति, महिला-पुरुष अथवा प्रजाति आदि पर ध्यान न देते हुए सभी लोगों के लिए खुले हों;
- ग्राम विकास कार्यक्रमों को लागू करने के लिए आवश्यक लचीलापन, व्यावसायिक सक्षमता और सांगठनिक कौशल प्राप्त होने चाहिए;
- पदाधिकारी ऐसे रखने चाहिए जो किसी भी राजनीतिक दल के निर्वाचित सदस्य न हों;
- धर्मनिरपेक्ष और लोकतांत्रिक अवधारणाओं और कार्यप्रणाली की पद्धतियों के प्रति वचनबद्ध होना चाहिए; और
- ग्राम विकास उद्देश्यों से संवैधानिक और अहिंसात्मक साधन अपनाने चाहिए।

प्रश्न 20. पंचायती राज संस्थाएँ और स्वैच्छिक संगठन की चर्चा कीजिए।

अथवा

पंचायती राज संस्थाएँ और वीओज की व्याख्या कीजिए।

[जून-2013, प्रश्न सं.-4 (f)]

उत्तर– संविधान (73वें संशोधन) अधिनियम, 1992 और पंचायत (अनुसूचित क्षेत्रों के लिए विस्तृति) अधिनियम, 1996 [Panchayats (Extension to Scheduled Areas) Act, PESA] ने वर्धित अधिकारों और उत्तरदायित्वों के साथ पंचायती राज संस्थाओं की स्थापना के लिए पुष्टिकारक कानूनों को लागू करने के लिए राज्यों के लिए आधार प्रस्तुत किया है। इन अधिनियमों के तहत, राज्य सरकारों से अपेक्षा की जाती है कि वे 29 विषय पंचायती राज संस्थाओं को हस्तांतरित कर दें। इनमें शामिल हैं–पंचायती राज संस्थाओं को धन और विभिन्न प्रकार्यों का हस्तांतरण, जिनको कि पहले ग्राम विकास में लगी राज्य संस्थाओं के अधिकारियों द्वारा नियंत्रित/प्रयोग किया जाता था। इस प्रकार, जिला परिषदों से अपेक्षा की जाती है कि संविधान के अंतर्गत, ऐसी जिला योजनाएँ बनाएँ कि जिनमें ग्राम पंचायतों व अन्य सरकारी विभागीय विकास गतिविधियाँ सम्मिलित करने की आवश्यकता हो। पंचायती राज संस्थाओं ने ग्राम विकास में एक अभिभावी भूमिका अर्जित कर ली है। चूँकि पंचायतें संवैधानिक रूप से स्थापित निकाय हैं और लोगों द्वारा चुनी जाती हैं, उन्हें गाँवों के संदर्भ में सर्वोच्च संवैधानिक सत्ता होती है। स्वैच्छिक संगठन निर्वाचित निकाय नहीं हैं फिर भी उन्हें आंतरिक समानता बनाए रखनी होती है। उन्हें पंचायतों के समान संवैधानिक सत्ता प्राप्त नहीं होती। तथापि, पंचायतों और स्वैच्छिक संगठनों का ग्रामीण क्षेत्रों में समान साझा विकास कार्यक्षेत्र होता है। पंचायतें व स्वैच्छिक संगठन दोनों ऐसी ग्राम विकास परियोजनाओं को अभिकल्पित/कार्यान्वित करते हैं जो ग्रामीण जन की सामाजिक और आर्थिक दशाओं को सुधारने पर अभिलक्षित होती हैं। चूँकि उनकी भूमिकाएँ स्वभावतः अनुपूरक बन जाती हैं, अतः स्वैच्छिक संगठनों और पंचायतों के कार्य के समन्वयन से संबंधित मुद्दों ने ग्राम विकास के संदर्भ में एक निर्णायक महत्त्व अर्जित कर लिया है। सैद्धांतिक रूप से कहें तो ग्राम विकास के संबंध में पंचायती राज संस्थाओं और स्वैच्छिक संगठनों की भूमिकाओं और कार्यों में कोई विरोधाभास देखने में नहीं आते क्योंकि–

- स्वैच्छिक संगठनों का काम इस अर्थ में 'योगात्मक अथवा संयोजक' है कि जो धन वे निवेश करते हैं, पंचायती राज संस्थाओं की विकास गतिविधियों में सम्पूरक होता है।
- अधिकार क्षेत्र के संबंध में विवाद की कोई गुंजाइश नहीं होती क्योंकि पंचायती राज संस्थाओं को, हमेशा वीओज/एनजीओज को अनुमोदित परियोजनाओं के विषय में, वित्तपोषक अभिकरणों द्वारा सूचित रखा जाता है।
- पंचायतें चूँकि निर्वाचित और राजनीतिक-वैधानिक अंग हैं (कभी-कभी जिनमें कई गाँव होते हैं), वे ऐसे कुछ विकास कार्यों के लिए आगे आने में अक्षम होती हैं जो कि स्वैच्छिक संगठनों द्वारा सबसे अच्छी तरह किए जाते हैं, उदाहरण के लिए, परिवार कल्याण, बाल विकास आदि।
- वीओज/एनजीओज पंचायती राज संस्थाओं के कार्यकर्त्ताओं को प्रशिक्षित करने और पंचायती राज व्यवस्था के अंतर्गत अपने अधिकारों व कर्त्तव्यों के विषय में महिलाओं और कमजोर वर्गों के बीच जागरूकता लाने में उपयोगी पाए गए हैं। इस प्रकार, स्वैच्छिक संगठन ग्रामीण क्षेत्रों में पंचायती राज संस्थाओं और स्थानीय लोकतंत्र के आधार को मजबूती प्रदान करने में एक सहयोगी भूमिका निभाते हैं।
- वीओज/एनजीओज विशेषीकृत जनसाधारण स्तरीय हस्तक्षेप कार्यों को करने में सफल रहे हैं, नामतः स्व-सहायता समूहों का गठन; भूमि-सिंचाई के लिए जल

प्रयोगकर्त्ताओं की समितियाँ; ग्रामीण पेयजल व्यवस्था के रखरखाव के लिए स्वजलधारा योजना के अंतर्गत अथवा शिक्षाकर्मी आदि को परिनियोजित कर साक्षरता अभियान के कार्यान्वयन के अंतर्गत ग्राम समूहों का गठन।

इस प्रकार, स्वैच्छिक संगठन और पंचायती राज संस्थाएँ ग्राम विकास के संदर्भ में परस्पर सहयोगीकारी और सम्पूरक होते हैं। तथापि, इसमें स्वैच्छिक संगठनों की ओर से काफी चतुराई और कार्यकुशलता की अपेक्षा की जाती है ताकि पंचायती राज संस्थाओं के साथ किसी भी गलतफहमी अथवा विवाद से बचा जा सके। वीओज/एनजीओज को पंचायती राज संस्थाओं का नेतृत्व स्वीकार करना पड़ता है, जबकि साथ ही, ग्राम विकास में अपनी स्वायत्त और स्वतंत्र कार्यप्रणाली को भी बनाए रखना होता है।

प्रश्न 21. ग्रामीण क्षेत्रों में स्वैच्छिक संगठनों के समक्ष आने वाली मुख्य समस्याओं का वर्णन कीजिए।

अथवा

ग्रामीण क्षेत्रों में स्वैच्छिक संगठनों के सम्मुख आने वाली समस्याओं का विवेचन कीजिए। [दिसम्बर-2013, प्रश्न सं.-2]

अथवा

ग्रामीण क्षेत्रों में वीओज/एनजीओज के समक्ष आने वाली समस्याओं की व्याख्या कीजिए। [दिसम्बर-2012, प्रश्न सं.-2]

उत्तर– ग्रामीण समाज में अपनी कार्यशीलता में स्वैच्छिक संगठनों को विभिन्न प्रकार की समस्याओं का सामना करना पड़ता है। कुछ समस्याएँ उस ग्रामीण सामाजिक परिवेश के परिणामस्वरूप पैदा होती हैं जिसमें कि ग्रामीण क्षेत्रों में आधारिक स्तर के स्वैच्छिक संगठन कार्यरत हैं। अनेक बुनियादी समस्याएँ ग्रामीण स्वैच्छिक संगठनों के अपर्याप्त आंतरिक शासन से उत्पन्न होती हैं।

ग्रामीण क्षेत्रों में सामाजिक, आर्थिक और राजनीतिक परिवेश ऐसे स्वैच्छिक संगठनों के कार्यों के लिए अनुकूल नहीं हैं जो गरीबों की सेवा के लिए गंभीरता से इच्छुक हैं। वीओज/एनजीओज का मुख्य काम है–ग्रामीण समुदायों में गरीबों, सुविधावंचित वर्गों, दलितों, महिलाओं आदि को संगठित करना; उन्हें विभिन्न ग्राम विकास योजनाओं में अंतर्निहित उनके अधिकारों और पात्रताओं के प्रति जागरूक करना और पंचायतों जैसे विभिन्न मंचों पर उनको अपनी आवाज उठाने में मदद करना। ग्रामीण समाज का मुख्य अभिलक्षण बड़े और मझोले भूमिधारकों वाले भूमिसंपन्न वर्गों के सामाजिक और आर्थिक प्रभुत्व से संबंधित है। अधिकांश ग्रामीण निर्धन अनुसूचित जातियों/जनजातियों से होते हैं जो कि अधिकतर कृषि श्रमिक अथवा गरीब कारीगर हैं। स्थानीय पंचायतें और ग्रामसभाएँ भी पूरी तरह राजनीतिकृत हो चुकी हैं, क्योंकि चुनाव पार्टी अथवा जातीय आधार पर ही लड़े जाते हैं। परिणामतः पंचायती राज संस्थाओं का नेतृत्व मुख्यतः भूमिसंपन्न वर्ग के हाथों में ही है। गरीब, खासकर उपान्तिक वर्ग, पंचायती राज संस्थाओं में किंचित ही प्रभावशाली मत या अधिकार रखते हैं। यहाँ तक कि संविधान (73वाँ संशोधन) अधिनियम, 1992 के तहत पंचायतों में महिलाओं और सुविधावंचित वर्गों के लिए एक-तिहाई सीटों के आरक्षण के लिए प्रावधान (अनुपात के आधार पर) भी ग्रामीण समाज में परंपरागत सत्ता संबंधों में कोई महत्त्वपूर्ण असर नहीं डाल पाता

है। ऐसा मुख्य रूप से ग्रामीण समाज में प्रभुत्वसंपन्न जातियों/वर्गों की धन शक्ति और राजनीतिक दबदबे की वजह से है।

ऐसी स्थिति में, वीओज/एनजीओज जो गरीबों, महिलाओं और सुविधावंचित वर्गों के उत्थान के लिए वास्तविक रूप में संघर्ष करते हैं, ग्रामीण क्षेत्रों में राजनीतिक और आर्थिक रूप से शक्तिशाली जातियों/वर्गों के विरोध में आ ही जाते हैं। ग्रामीण समाज में प्रभावशाली संस्थापित हित ग्रामीण क्षेत्रों में वीओज/एनजीओज की कार्यशीलता में अवरोध डालने के सभी प्रयास करते हैं। अनेक बार स्थानीय ग्रामीण जन वीओज/एनजीओज के विरुद्ध मिथ्या, तुच्छ, भावात्मक, सांस्कृतिक अथवा धार्मिक मुद्दों के आधार पर भड़का दिए जाते हैं। कभी-कभी प्रभुत्वसंपन्न और शक्तिशाली स्थानीय अभिजात वर्ग के लोग स्थानीय प्राधिकारियों की मौन सहमति से वीओज/एनजीओज के कर्मचारियों को मिथ्या अथवा मनगढ़ंत कानूनी मामलों में फँसा देते हैं। वीओज/एनजीओज के कर्मचारियों को विभिन्न प्रकार की धमकियों का सामना करना पड़ता है, जिनमें उन्हें जान की धमकी भी दी जाती है। वस्तुतः रीति रिवाज की रूढ़िगत या अप्रचलित परंपराओं, सांस्कृतिक विश्वास, धार्मिक प्रथाओं, अज्ञानता/जागरूकता का अभाव, शक्तिशाली व्यक्तियों के निजी हित आदि के परिणामस्वरूप बहुपक्षीय समस्याएँ उत्पन्न होती हैं। ग्रामीण क्षेत्रों में वीओज/एनजीओज की कार्यशीलता के लिए सामाजिक और सांस्कृतिक आधार एक समस्यामूलक क्षेत्र बन जाता है। केवल अनुभवी वीओज/एनजीओज ही जो व्यावहारिकतावाद और सामाजिक परिवर्तन के बीच एक न्यायसंगत संतुलन लाने में सक्षम होते हैं, वही ग्रामीण क्षेत्रों में बने रहने और काम करने में सफल होते हैं।

वीओज/एनजीओज के गठन और कार्य करने में महत्त्व का एक अन्य क्षेत्र है–ग्राम स्तर पर ग्रामीण लोगों की भागीदारी। सिद्धांत रूप से, किसी गाँव में रहने वाले लोगों को एक साथ उठ खड़े होना चाहिए और विकास गतिविधियों को चलाने के लिए एक स्वैच्छिक संगठन बना लेना चाहिए। तथापि, सच्चाई कुछ और ही होती है। यहाँ तक कि पंचायतें भी लोकतांत्रिक कार्यप्रणाली का साथ नहीं देती। कानून के तहत यह अनिवार्य है कि ग्राम सभा की बैठकें एक वर्ष में कम से कम दो बार अवश्य हों। परंतु ऐसी बैठकों के लिए बहुत निम्न गणपूर्त्ति (कोरम) का प्रावधान (यह अधिकांश राज्य पंचायत अधिनियमों के तहत 5 प्रतिशत सदस्यों/मतदाताओं से प्रायः 10 प्रतिशत अथवा 20 प्रतिशत तक भिन्न-भिन्न है) यह सुनिश्चित करता है कि जनसामान्य की सही आवाज ग्राम-सभा की बैठकों में प्रायः नहीं सुनी जाती। यह पंचायती राज की एक प्रमुख कमजोरी है। इसके अलावा, रीति-रिवाज संबंधी प्रथाएँ पंचायतों में महिलाओं की भागीदारी को गंभीर रूप से अवरूद्ध करती हैं। ऐसी स्थिति में, ग्रामीण क्षेत्रों में वीओज/एनजीओज के गठन और कार्यप्रणाली में ग्रामीण निर्धन, सुविधावंचित वर्गों और महिलाओं की भागीदारी का प्रयास करना एक मेहनत का कार्य बन जाता है। यह इस तरह आश्चर्यजनक नहीं है कि अनेक जाने-माने वीओज/एनजीओज ग्रामीण क्षेत्रों में जिला अथवा उपमंडलीय नगरों से संचालित होते हैं। वीओज/एनजीओज की इस प्रकार की कार्यप्रणाली समस्याओं की एक और ही प्रकार को जन्म देती है।

नगर-आधारित वीओज/एनजीओज के क्षेत्रकर्मियों के सामने ग्रामवासियों की आरंभिक आस्था और विश्वास हासिल करने में और ग्रामीण समुदायों में प्रारंभिक गतिविधियों को चलाने में मुश्किलें आती हैं। गाँवों में गरीबों और सुविधावंचित वर्गों के बीच प्रेरणादायी कार्य शुरू करते समय उन्हें अतिरिक्त सचेत रहना पड़ता है। इस बात की सदा संभावना बनी रहती है कि मौजूदा नेतृत्व के

शक्तिशाली प्रतिनिधिगण ऐसे वीओज/एनजीओज के इतने विरोधी हो जाएँ कि उनके कार्य को बाधित करने लगें। इन संगठनों के क्षेत्र कर्मियों को ग्रामीण समुदायों में काम करने के समय अत्यधिक व्यवहारपटुता, कार्य-कुशलता और सहानुभूति की आवश्यकता होती है। इनको ग्रामीण समाज को यह स्वीकार कराने के लिए अपनी पक्ष-समर्थनकारी भूमिका को विस्तृत करना होगा कि एक 'समावेशकारी संवृद्धि और विकास' ग्रामीण क्षेत्रों में धनी और शक्तिशाली अभिजात वर्ग समेत सभी वर्गों के हित में होता है। वे इस संदेश को आगे पहुँचाने में सक्षम होने चाहिए कि केवल 'समावेशकारी संवृद्धि और विकास' ही ग्रामीण क्षेत्रों में शांति, सामंजस्य, सामाजिक स्थिरता और प्रगति ला सकते हैं। वीओज/एनजीओज में विकास अभिकरणों के कार्यकर्त्ताओं को यह स्वीकार कराने की अंतर्शक्ति होनी चाहिए कि सेवाओं की बेहतर सुपुर्दगी के लिए माँग उठाने के लिए गरीबों को अभिप्रेरित कर वे वस्तुतः ग्राम विकास के संबंध में अपने मौलिक कर्त्तव्यों को पूरा करने में प्रदाय अभिकरणों के कार्य-निष्पादन में सहायक होंगे।

किसी भी स्वैच्छिक संगठन में उपर्युक्त समस्याओं के साथ जूझने की पर्याप्त अंतःशक्ति होनी चाहिए ताकि वह ग्रामीण समाज में अपने कार्य को सफल बना सके। यदि किसी वीओ/एनजीओ में ऐसी क्षमता का अभाव है तो वह उन्हीं गाँवों में कार्यरत समरूपी स्वैच्छिक संगठनों के सहयोग में काम कर सकता है ताकि ग्राम विकास के लिहाज से स्वैच्छिक कार्य के लिए एक प्रेरक वातावरण बने। वीओज/एनजीओज तब बेहतर प्रदर्शन करते हैं जब वे ग्राम विकास की प्रक्रिया में विभिन्न विवादों को सुलझाने और सभी पणधारियों का सामाजिक और कार्यात्मक एकीकरण करने में सक्षम हों। अन्य वीओज/एनजीओज के साथ कार्य करने संबंधी आवश्यकता संयोजन के विषय को महत्त्व देती है। इस संबंध में निम्नलिखित आधारभूत नियम सर्वसम्मति से पालनीय हैं—

- व्यापक प्रतिनिधित्व रखने वाली एक पंचायत-स्तरीय समन्वय समिति बनाई जा सकती है जिसमें एक ही क्षेत्र में कार्यरत सभी वीओज/एनजीओज, पंचायत प्रधान और सचिव, ग्रामीण समुदाय से लिए सदस्य शामिल हों।
- वीओज/एनजीओज को ग्रामीण क्षेत्र में कार्यरत रहते हुए अपनी कार्यप्रणाली में किसी भी पुनरावृत्ति से बचना चाहिए।
- समन्वय समिति को यह सुनिश्चित कर देना चाहिए कि विकास गतिविधियों के संबंध में वीओज/एनजीओज के बीच कोई विवाद नहीं है और ग्राम विकास के संदर्भ में प्रत्येक वीओ/एनजीओ दूसरे वीओज/एनजीओज के कार्य की संपूर्ति करे।
- संस्थागत वित्तपोषण अभिकरण, खासकर राज्य वित्तपोषण अभिकरण यह सुनिश्चित करें कि ग्रामीण क्षेत्र में विकास के संदर्भ में वीओज/एनजीओज की प्रभावकारी कार्यप्रणाली के लिए क्षेत्र में आवश्यक समन्वय स्थापित हो।
- वीओज/एनजीओज के सामाजिक-आर्थिक प्रभाव का मूल्यांकन करने के लिए एक उचित निगरानी और मूल्यांकन व्यवस्था विकसित की जानी चाहिए, विशेष रूप से ग्रामीण समाज में गरीबों और उपान्तिक वर्गों के सशक्तिकरण के संबंध में।
- वित्तीय संसाधनों के उचित उपयोग को सुनिश्चित करने के लिए एक उपयुक्त कार्यतंत्र नियत किया जाना चाहिए।

प्रश्न 22. अपंजीकृत स्वैच्छिक संगठनों की मुख्य विशेषताओं का वर्णन कीजिए।
उत्तर– ऐसे बहुत से स्वैच्छिक संगठन हैं जो अपंजीकृत होते हुए भी कार्य करते हैं। पार्टिसिपेटरी रिसर्च इन एशिया, प्रिया (PRIA) की संस्था के सर्वेक्षण (2002) के अनुसार, लगभग

46 प्रतिशत लाभ-निरपेक्ष संगठन अनौपचारिक, अपंजीकृत स्वैच्छिक संगठनों की श्रेणी में आते हैं। ऐसे स्वैच्छिक संगठनों की मुख्य विशेषताएँ हैं–

- परिव्याप्ति का बहुत ही सीमित क्षेत्र, प्राय: एक या दो गाँव।
- गतिविधियों और उद्देश्यों की सीमित विविधता उदाहरणत: सांस्कृतिक अथवा सामुदायिक उत्सव; धार्मिक समारोह, खेलकूद प्रतियोगिताएँ आदि।
- सीमित समुदाय आधारित सदस्यता।
- स्व-सहायता समूहों के मामले में केवल समान विचार वाले व्यक्ति परस्पर लाभों के उद्देश्य से एकजुट होकर प्राय: एक नेता नियुक्त करते हैं।
- अधिकांश रूप में स्ववित्तपोषित सदस्य न केवल योगदान देते हैं, बल्कि ग्राम समुदाय से दान सुलभ कराने में भी सक्षम होते हैं।
- कार्यप्रणाली अधिकांश रूप में व्यक्तिपरक और नेता-केंद्रिक होती है; शायद ही नियमों, कार्यविधियों अथवा संगठनात्मक विधियों का कोई व्यवहार; सदस्यों प्रतियोगिताओं/गतिविधियों, लेखा-खातों आदि के रिकॉर्ड अभावप्राय, लेखा-खातों के विषय में जानकारी प्राय: सदस्यों के अनौपचारिक समूहों के भीतर ही साझा की गई एक कार्यकलाप संबंधी प्रक्रिया ही होती है।
- पदाधिकारियों की स्थिति अस्थिर होती है और बदलती रहती है, क्योंकि अक्सर ऐसे स्वैच्छिक संगठनों का नेतृत्व एक या दो व्यक्तियों द्वारा ही किया जाता है।
- पदाधिकारीगण ही स्वयंसेवक होते हैं, और प्राय: अवैतनिक सेवाएँ देते हैं।
- विकास गतिविधियों को चलाने के लिए सीमित संगठनात्मक क्षमता।

प्रश्न 23. पंजीकृत स्वैच्छिक संगठनों व अपंजीकृत स्वैच्छिक संगठनों से जुड़ी समस्याओं का वर्णन कीजिए।

अथवा

अपंजीकृत और पंजीकृत स्वैच्छिक संगठनों द्वारा ग्रामीण भारत में अनुभव की जा रही मूलभूत समस्याओं की चर्चा कीजिए। [दिसम्बर-2014, प्रश्न सं.-2]

उत्तर– पंजीकृत स्थानीय स्वैच्छिक संगठन (Registered Local VOs)–किसी भी स्वैच्छिक संगठन को निम्नलिखित रूपों में गठित और पंजीकृत किया जा सकता है–

- समिति पंजीकरण अधिनियम, 1860 के तहत एक समिति; अथवा
- भारतीय न्यास अधिनियम, 1882 व अन्य संबद्ध अधिनियमों के तहत एक न्यास; अथवा
- कंपनी अधिनियम, 1956 के अनुच्छेद-25 के तहत एक लाभ-निरपेक्ष कंपनी

पंजीकृत स्वैच्छिक संगठन: समस्या क्षेत्र (Registered VOs: Problem Areas)– स्वैच्छिक संगठनों को, अधिकांशत: कई प्रकार की औपचारिकताओं को पूरा करने में अधिक मुश्किलों का सामना नहीं करना पड़ता, जैसे–समितियों के रजिस्ट्रार की स्वीकृति लेने संबंधी वांछनीयता; स्वैच्छिक संगठन अथवा पदाधिकारियों के पते में कोई भी परिवर्तन करवाना अथवा संघ सहमति-पत्र आदि। तथापि, एक विशिष्ट समस्यामूलक क्षेत्र पंजीकरण के पुनर्नवीकरण से संबंध रखता है, जो कि मूलत: स्वैच्छिक संगठनों के नितांत अस्तित्व से जुड़ा है। ऐसे राज्य भी

हैं जहाँ राजकीय कानून अपेक्षा करता है कि प्रतिवर्ष स्वैच्छिक संगठनों का पुनर्नवीकरण कराएँ, जैसे पश्चिम बंगाल में। उत्तर प्रदेश में पंजीकरण के पुनर्नवीकरण के लिए पाँच वर्ष की अवधि है। पुनर्नवीकरण के लिए शर्तें कठोर हैं। स्वैच्छिक संगठन प्राय: पंजीकरण की पुनर्नवीकरण प्रक्रिया के दौरान कठिनाइयों का सामना करते हैं। वार्षिक पुनर्नवीकरण के संबंध में समस्या और बढ़ जाती है, क्योंकि इसमें स्वैच्छिक संगठनों की कार्यशीलता और अस्तित्व को गंभीर खतरा होता है।

महत्त्वपूर्ण रूप से, इसमें खुली चर्चा और बहस के माध्यम से एक निर्णय निर्धारण की प्रक्रिया शामिल है जिससे विभिन्न पहलुओं में स्वैच्छिक संगठन के भीतर एक व्यापक सर्वसम्मति बनती है, जैसे उसकी गतिविधियों का प्रबंधन; आर्थिक लेन-देन में पारदर्शिता; स्वैच्छिक संगठन के सदस्यों के प्रति जवाबदेही और अधिक विशिष्ट रूप से, पणधारियों के प्रति, यदि स्वैच्छिक संगठन किसी ग्राम विकास कार्यक्रम के कार्यान्वयन में लगा हो। ग्रामीण क्षेत्रों में स्वैच्छिक संगठनों की कार्यप्रणाली संबंधी अध्ययनों ने स्पष्ट किया है कि ये मानक स्वैच्छिक संगठनों द्वारा कभी-कभार ही अपनाए जाते हैं। कुछ चिंता करने वाले तथ्य इस प्रकार हैं–

- लगभग 40 प्रतिशत स्वैच्छिक संगठनों में बोर्ड सदस्यों के सिवा अन्य सदस्य ही नहीं हैं, और वैधानिक वांछनीयताओं को पूरा करने के लिए जो नियमित रूप से पुन: निर्वाचित होते रहते हैं, ऐसे स्वैच्छिक संगठनों का सामाजिक आधार आमतौर पर स्थानीय समुदायों के भीतर संकीर्ण होता है।
- ऐसे स्वैच्छिक संगठनों के संबंध में जिनमें बोर्ड सदस्यों के साथ और सदस्य होते हैं, उनमें भी स्थिति फिर से अलग ही होती है। इनमें केवल बहुत कम संख्या में ही सदस्य वार्षिक आम बैठक में हिस्सा लेते हैं। इसके अलावा, ऐसी बैठकों में कोई गंभीर विचार-विमर्श भी नहीं होता।
- अनेक स्वैच्छिक संगठनों में निष्क्रिय बोर्ड सदस्य होते हैं और उनकी कार्यप्रणाली पर किसी एक विशिष्ट नेता का प्रभुत्व होता है। उदाहरण के लिए, अनेक बार केवल सचिव अकेले ही सर्वेसर्वा होता है जो उस स्वैच्छिक संगठन को संचालित करता है।

उपर्युक्त तथ्य बताते हैं कि स्वैच्छिक संगठनों के बीच लोकतांत्रिक शासन का व्यवहारगत स्वरूप ग्रामीण क्षेत्रों में आज भी बहुत दूर है। यह महत्त्वपूर्ण पहलू स्वैच्छिक संगठनों के लिए एक समस्या भी है और एक अग्रवर्ती चुनौती भी। यह एक व्यवहार्य नीचे से ऊपर दृष्टिकोण का आह्वान करता है। इसका अर्थ है कि स्वैच्छिक संगठनों को निश्चय ही सहभागितापूर्ण ग्रामीण मूल्यांकन (Participatory Rural Appraisal) तकनीकें अपनानी चाहिए और उन्हें विभिन्न कार्यकलापों के करने के लिए आधारस्वरूप प्रयोग करना चाहिए, जैसे परियोजनाओं के तैयार करने में सामुदायिक भागीदारी; कार्यान्वयन के लिए प्रयोगकर्त्ताओं अथवा पणधारियों के समूहों का गठन; स्वैच्छिक संगठनों के भीतर और अंततोगत्वा शासी निकायों में पणधारियों का क्रमिक अधिष्ठापन। यह एक सहभागितापूर्ण प्रक्रिया के द्वारा स्वैच्छिक संगठनों की कार्यप्रणाली में लोकतंत्रीकरण ला सकता है, जो कि लाभग्राहियों को पणधारियों और फिर निर्णयकर्त्ताओं के पद तक पहुँचाकर और आखिर में ग्राम विकास में स्वैच्छिक संगठनों की भूमिका चिरस्थायी बना देगी। चूँकि स्वैच्छिक संगठनों का लोकतंत्रीकरण, मूल रूप से, सामुदायिक भागीदारी ला रहा है, ग्राम विकास के संबंध में स्वैच्छिक संगठनों की क्षमता निर्माण की ओर यह पहला कदम है।

ग्रामीण क्षेत्रों में अधिकांश स्वैच्छिक संगठन पृथकता में काम कर रहे हैं; वे अलग-अलग जगह बिखरे हैं, असंगठित हैं और स्थानीय समुदायों के भीतर लघु स्तरों पर कार्यरत हैं। उनमें स्वयं के बीच व राज्य की अन्य संस्थाओं के साथ समन्वय और सहयोग का अभाव है। इस प्रकार की स्थिति स्वैच्छिक संगठनों के बाहुल्य और कार्यों के अतिव्यापन में परिणत होती है। ग्रामीण समाज में जनसाधारण स्तर पर कार्यरत बड़ी संख्या में स्वैच्छिक संगठनों में पर्याप्त क्षमता, तकनीकी विशेषज्ञता, व्यावसायिक योग्यता, संगठनात्मक आधारिक संरचना आदि का अभाव है, जो कि उनकी प्रभावी कार्यप्रणाली को हानि पहुँचाती है।

ग्रामीण क्षेत्रों में (सामान्य रूप से भी) कार्यरत स्वैच्छिक संगठनों के सामने आने वाली एक अति महत्त्वपूर्ण समस्या वित्तीय संसाधनों के अभाव से जुड़ी है। अधिकांश ग्रामीण स्वैच्छिक संगठनों के सामने गंभीर बाधाएँ रहीं हैं—पर्याप्त धन की अनुपलब्धता और वित्तपोषण की प्रकृति व स्रोतों के संबंध में जानकारी का अभाव। उनमें वित्तीय संसाधन संघटित करने की क्षमता का भी अभाव है। नियमित वित्तीय सहायता के अभाव में अनेक स्वैच्छिक संगठन बीच में ही काम करना बंद कर देते हैं और कहीं अधिक ऐसे हैं जो सीमित वित्तीय संसाधनों से केवल अपना अस्तित्व ही बनाए रख सकते हैं।

परंपरागत कार्यकलापों से नए क्षेत्रों के स्वैच्छिक प्रयास में एक स्पष्ट बदलाव देखा जाता है, जैसे प्राकृतिक संसाधनों का संरक्षण; पर्यावरणीय मामले; जैव ऊर्जा; खाद्य-प्रसंस्करण; महिला-पुरुष संबंधी मुद्दे; मानव अधिकार आदि। इसमें व्यावसायिक विशेषज्ञता और प्रशिक्षित जनशक्ति की आवश्यकता पड़ती है। ग्रामीण क्षेत्रों में प्रतिकूल स्थितियों के कारण सुप्रशिक्षित कर्मीवर्ग वहाँ कार्यरत स्वैच्छिक संगठनों के साथ काम करने को कम ही इच्छुक होता है। अन्यथा भी, स्वैच्छिक संगठनों द्वारा प्रशिक्षित जनशक्ति के प्रतिधारण संबंधी एक विकट समस्या देखी जाती है। यह ग्रामीण समाज में प्रामाणिक स्वैच्छिक संगठनों की वृद्धि में एक गंभीर अवरोध है। साथ ही, ग्रामीण समुदायों के भीतर कार्यरत स्वैच्छिक संगठनों के बीच पारदर्शिता, स्वायत्तता, जवाबदेही और विश्वसनीयता का नितांत अभाव है। अंततः प्रभावकारी कार्यप्रणाली के लिए ग्रामीण स्वैच्छिक संगठनों के बीच नेटवर्क बनाने और परस्पर सूचना के आदान-प्रदान की व्यवस्था की अत्यधिक आवश्यकता है।

अपंजीकृत स्वैच्छिक संगठन (Unregistered Voluntary Organisations)—यह विभिन्न नामों से अभिकल्पित और सामाजिक-सांस्कृतिक समितियों के रूप में गठित होता है जैसे आमोद-प्रमोद अथवा खेलकूद संघ/क्लब; धार्मिक संघ/समूह; स्व-सहायता समूह, समुदाय आधारित संगठन आदि।

अपंजीकृत स्वैच्छिक संगठनः समस्या क्षेत्र (Unregistered VOs: Problems Areas)—अपंजीकृत स्वैच्छिक संगठनों से जुड़ी समस्याएँ अनेक व जटिल हैं तथा इस हद तक भिन्न भी कि इनका सामान्यीकरण करना अत्यंत कठिन है। तथापि, मोटे तौर से, उनमें प्रबंधन के आधुनिक सिद्धांतों की विशेषज्ञता का अभाव होता है। वैज्ञानिक, प्रौद्योगिकीय अथवा व्यावसायिक निवेशों को आत्मसात करने के लिए उनमें संगठनात्मक क्षमता की प्रायः कमी होती है। उनमें उच्च और जटिल संगठनात्मक उत्तरदायित्वों को निभाने के लिए वांछित क्षमता नहीं होती है। उनमें राज्य की संस्थाओं की तुलना में कानूनी-अनुपालन से संबंधित ज्ञान का अभाव होता है। इस प्रकार, अपंजीकृत स्वैच्छिक संगठनों की प्रमुख समस्या है—उनमें क्षमता और परिणामतः

क्षमता सृजन का अभाव। चूँकि 'स्वयं सेवा' अपंजीकृत स्वैच्छिक संगठनों के कार्य में सबसे अच्छी तरह दिखाई पड़ती है, ऐसे स्वयंसेवकों के प्रशिक्षण की व्यवस्था इस प्रकार के स्वैच्छिक संगठनों की क्षमता में सुधार लाने के लिए एक आवश्यक पूर्व शर्त है। वस्तुत: उनकी चालू गतिविधियों को कार्यकलापों के लिए एक उत्तम प्रवेश-बिंदु के रूप में देखा जा सकता है जिसके द्वारा आशावान स्वैच्छिक संगठन (समुचित प्रशिक्षण के साथ) ग्राम विकास में वृहत्तर भूमिका निभाने की आकांक्षा कर सकते हैं। इस प्रकार उन्हें कुछ बुनियादी संगठनात्मक, प्रशासनिक और व्यावसायिक विशेषज्ञता प्रदान की जा सकती है। इस प्रकार के स्वैच्छिक संगठनों के सदस्यों को रिकॉर्ड रखने, लेखा-खाते अनुरक्षण, कानूनी जागरूकता आदि में प्रारंभिक प्रशिक्षण दिया जा सकता है। यह प्रशिक्षण इन स्वैच्छिक संगठनों को ऐसी क्षमता अर्जित करने में सक्षम बना सकता है जो कि ग्राम विकास के क्षेत्र में परियोजनाएँ अथवा उप-परियोजनाएँ क्रियान्वित करने में उपयोगी सिद्ध हो सकती हैं। आरंभ में वे स्थापित पंजीकृत स्वैच्छिक संगठनों के साझीदार के रूप में काम कर सकते हैं। आगे चलकर वे स्वयं पंजीकृत स्वैच्छिक संगठन बन सकते हैं। अपंजीकृत रहते हुए वे कुछ विशिष्ट उद्देश्यों से राज्य की ओर से तदर्थ एकमुश्त धनराशि प्राप्त करने के हकदार होते हैं, जैसे प्राकृतिक आपदाओं के दौरान; स्वतंत्रता दिवस या गणतंत्र दिवस मनाने के लिए; सांस्कृतिक उत्सवों के लिए, खेल प्रतियोगिताओं आदि के लिए। पंजीकृत स्वैच्छिक संगठनों की प्रस्थिति पा जाने के बाद वे भारतीय राज्य से एक नियमित आधार पर धन प्राप्त करने के हकदार हो सकते हैं।

असंख्य अपंजीकृत स्वैच्छिक संगठनों का महत्त्व इस तथ्य में निहित है कि वे ग्रामीण क्षेत्रों में स्वैच्छिकवाद का एक व्यापक आधार तैयार करते हैं। ऐसे स्वैच्छिक संगठनों का क्रमिक सुदृढ़ीकरण अनिवार्यत: सरकारी नीति का हिस्सा होना चाहिए। अपंजीकृत स्वैच्छिक संगठनों की यह श्रेणी ग्रामीण समाज में स्वैच्छिकवाद के प्रसार के लिए संग्रहण क्षेत्र या 'कैचमैंट एरिया' के रूप में देखी जाती है। यह स्थानीय समुदायों में संकल्पवाद के दृढ़ीकरण; ग्रामीण समाज के प्रभावकारी विकास और ग्रामीण क्षेत्रों में लोकतंत्रीकरण की जड़ें मजबूत करने में परिणत हो सकता है।

प्रश्न 24. स्वैच्छिक संगठनों की कार्यकारिणी समिति/बोर्ड के मुख्य कार्य कौन-कौन से हैं?

उत्तर– स्वैच्छिक संगठनों की कार्यकारिणी समिति/बोर्ड के मुख्य कार्य निम्नलिखित हैं–

- स्वैच्छिक संगठन के दृष्टिकोण और लक्ष्यों को ध्यान में रखते हुए नीति और कार्यक्रम समर्थन प्रदान करना;
- कार्यक्रम कार्यान्वयन; वित्तीय और कार्मिक प्रबंधन सुनिश्चित करना;
- स्वैच्छिक संगठन की कार्यप्रणाली के संबंध में परिचालन संबंधी नियंत्रण लागू करना;
- पारदर्शिता और जवाबदेही बनाए रखना और स्वैच्छिक संगठन के कार्यकलापों की समुचित निगरानी और मूल्यांकन करना;
- स्थानीय ग्रामीण समुदाय के सामाजिक-आर्थिक परिवेश में स्वैच्छिक संगठन के सुदृढ़ स्थापन के लिए एक कार्यकारी दृष्टिकोण और क्षमता विकसित करना ताकि वह ग्रामीण क्षेत्र में अपनी चिरस्थायी विद्यमानता और अस्तित्व कायम कर सके;

- स्वैच्छिक संगठन की स्वायत्तता का सुरक्षण करना ताकि वह बार-बार एक कार्यकलाप (परियोजना) से दूसरे की ओर जाने को बाध्य न होता रहे; और
- धन की पर्याप्त उपलब्धता सुनिश्चित करना।

प्रश्न 25. स्वैच्छिक संगठन के सचिव और कोषाध्यक्ष की मुख्य जिम्मेदारियाँ कौन-सी हैं?

उत्तर– स्वैच्छिक संगठन के सचिव की मुख्य जिम्मेदारियाँ हैं–

- यह सुनिश्चित करना कि स्वैच्छिक संगठन अपने कानूनी दायित्व पूरे करे;
- बोर्ड की बैठकें करवाना ताकि स्वैच्छिक संगठन का कार्य-व्यापार संपन्न हो;
- वार्षिक आम बैठक के लिए सभी प्रबंध करना;
- बोर्ड की बैठकों/वार्षिक आम बैठकों की संक्षिप्त टिप्पणियाँ लिखना जिनमें ऐसी बैठकों के दौरान लिए गए निर्णय भी शामिल हों;
- आवश्यक कार्यवाही के लिए संक्षिप्त टिप्पणियों का प्रसार; और
- स्वैच्छिक संगठन की वार्षिक रिपोर्ट तैयार करना।

कोषाध्यक्ष की प्रमुख जिम्मेदारियाँ हैं–

- स्वैच्छिक संगठन का बजट तैयार करने के लिए उचित व्यवस्था सुनिश्चित करना;
- स्वैच्छिक संगठन के वित्त साधनों पर नियंत्रण रखना;
- स्वैच्छिक संगठन की वित्तीय स्थिति/दशा के विषय में सभी बोर्ड सदस्यों को अवगत रखना,
- ऑडीटर की नियुक्ति करना; और
- स्वैच्छिक संगठन के लेखा-खातों के वार्षिक लेखापरीक्षण की व्यवस्था करना।

प्रश्न 26. ग्रामीण स्वैच्छिक संगठनों द्वारा लेखा-जोखा आदि के रखरखाव से जुड़ी समस्याओं पर संक्षिप्त टिप्पणी लिखिए।

उत्तर– स्वैच्छिक संगठन औपचारिक और वैधानिक सत्ताएँ हैं जो कि विभिन्न कानूनों और अधिनियमों (जिनके तहत कोई स्वैच्छिक संगठन पंजीकृत किया गया हो सकता है) में उल्लिखित प्राधिकरणों के प्रति उत्तरदायी होते हैं। सांविधिक अपेक्षाएँ और बाद में नियमों-विनियमों की अनुवृत्तियाँ मूलतः स्वैच्छिक संगठनों के लोकतांत्रिक शासन और कार्यप्रणाली सुनिश्चित करने के लिए निर्मित की जाती हैं। स्वैच्छिक संगठनों की कार्यप्रणाली के संबंध में आधारिक वास्तविकता एकदम भिन्न है। ग्रामीण स्वैच्छिक संगठनों की अधिकांश मौलिक समस्याएँ आंतरिक शासन और आरंभिक वित्तीय प्रबंधन के पहलुओं पर ध्यान न देते हुए, उनकी कार्यप्रणाली से जुड़ी हैं।

आमतौर पर संस्थापक सदस्य अथवा कुछ नेतागण संगठन को चलाते हैं। वे प्रायः किसी एक ही परिवार से संबंध रखते हैं जो पदाधिकारियों के रूप में विभिन्न कार्य/काम करते हैं। संस्थापक सदस्य (एक या अधिक) मुख्य कार्यकारी के रूप में काम करता है और सभी निर्णय लेता है। बोर्ड/कार्यकारी समिति, पदाधिकारीगण अथवा सदस्यगण उसमें कोई प्रभावी भूमिका नहीं निभाते हैं। अनेक स्वैच्छिक संगठनों का कोई सदस्यता आधार नहीं होता है; कुछ अन्य का ग्रामीण समुदाय में एक संकीर्ण सदस्यता आधार हो सकता है। सामान्यतः, सदस्य निष्क्रिय रहते हैं और सांविधिक

अपेक्षाओं को पूरा करने की एक औपचारिकता के लिए ही अपना अस्तित्व रखते हैं। ऐसे अधिकांश स्वैच्छिक संगठन विनियमित सवेतन कर्मी नहीं रखते हैं। वे अवसर पड़ने पर किसी कार्यकलाप विशेष की आवश्यकतानुसार किसी आधार से कर्मियों को नियुक्त कर सकते हैं। इस प्रकार की स्थिति ग्रामीण क्षेत्रों में स्वैच्छिक संगठनों के बीच कदाचार और भ्रष्टाचार के लिए पर्याप्त विकल्प उत्पन्न करती है। इस प्रकार के व्यक्तिपरक स्वैच्छिक संगठन बड़ी आसानी से नियमों-विनियमों की अवहेलना कर ग्राम विकास के नाम पर धन-दौलत बटोर पाने में सफल हो जाते हैं। अनेक बार प्रामाणिक स्वैच्छिक संगठन भी भ्रष्ट राजनीतिक-नौकरशाही दबावों के सामने झुक जाते हैं और उन्हें अपने अस्तित्व और स्वयं के बने रहने के लिए गैर-विकास कार्यकलापों पर धन लगा देने को बाध्य किया जाता है। ग्रामीण स्वैच्छिक संगठनों में साधारण रूप से बुनियादी वित्तीय प्रबंधन प्रकार्यों में ज्ञान और प्रशिक्षण का अभाव होता है और वे अपने रिकॉर्ड, लेखा-खातों, बहियों, रजिस्टर आदि की व्यवस्था में गड़बड़ी कर लेते हैं। ऐसे में पंजीकरण के पुनर्नवीकरण के समय उन्हें कई समस्याएँ आती हैं, इस प्रकार उनके अस्तित्व और कार्यप्रणाली पर संकट उत्पन्न हो जाता है। अधिकांश स्वैच्छिक संगठनों के लिए धन की अनुपलब्धता के कारण समस्याएँ उत्पन्न होती हैं।

प्रश्न 27. आयकर संबंधी कानूनों के तहत अनुपालन किए जाने के संबंध में ग्रामीण स्वैच्छिक संगठनों के सामने आने वाली समस्याओं का वर्णन कीजिए।

उत्तर– स्वैच्छिक संगठनों के सामने आने वाली सबसे कठिन समस्या आयकर अधिनियम, 1961 के तहत अनिवार्य अनुपालन से जुड़ी है। स्वैच्छिक संगठनों द्वारा पूरी की जाने वाली कुछ अपेक्षाएँ खासकर सरकार, विदेश और देशीय संस्थागत अभिकरणों से धन प्राप्त करने वाले स्वैच्छिक संगठनों के लिए सर्वसामान्य होती हैं। सभी पंजीकृत स्वैच्छिक संगठनों के लिए वार्षिक आयकर विवरण (income tax returns) दाखिल करना अनिवार्य होता है। इसमें एक स्थायी खाता संख्या (Permanent Account Number; PAN), स्रोत पर कर कटौती (Tax Deduction at Source, TDS), वार्षिक कर विवरण प्रस्तुत करना आदि शामिल हैं। चाहे स्वैच्छिक संगठन के पास दर्शाने को कोई कर योग्य आय न हो, एक शून्य विवरण वार्षिक रूप से जमा करना ही होता है। आयकर विवरण राज्य स्तर पर हर वर्ष स्वैच्छिक संगठनों द्वारा धर्मार्थ आयुक्त अथवा समितियों के रजिस्ट्रार के पास, जैसा भी उपयुक्त हो; केंद्र में आयकर अधिकारियों के पास; और यदि स्वैच्छिक संगठन पंजीकृत है तो गृहमंत्रालय के पास भी जमा किया जाना होता है।

आयकर अधिनियम, 1961 एक केंद्र सरकार का विधान है, जो देशभर में सभी वीओज/एनजीओज (न्यास, समितियाँ आदि) को एक समान रूप से प्रभावित करता है। यह सभी स्वैच्छिक संगठनों के साथ ऐसे संगठनों को छूट के लिहाज से एक समान व्यवहार करता है, जो या तो ऐसी अपेक्षाओं से अवगत नहीं हैं अथवा स्वयं को आयकर अधिनियमों के तहत पंजीकृत करवाना जरूरी नहीं समझते, क्योंकि यह उन्हें आयकर अधिकारियों की सूक्ष्म जाँच के दायरे में ला सकता है। इस प्रकार, ग्रामीण क्षेत्रों में कार्यरत बड़ी संख्या में स्वैच्छिक संगठन इस दुविधा में फंसे रहते हैं कि यदि वे आयकर अधिनियमों के तहत पंजीकरण करवाने के लिए आगे आते हैं तो उनके संचित कोष पर कर लगाया जाएगा। ग्रामीण क्षेत्रों में इनमें से अधिकांश लोगों में जटिल औपचारिकताओं की जानकारी, जागरूकता और इन्हें पूरा करने की क्षमता का अभाव होता है (जैसे फार्म भरना

व अन्य कागजी कार्यवाही) और निस्संदेह आयकर अधिकारियों की सूक्ष्म जाँच से दूर रहने में ही ये सुविधा महसूस करते हैं।

तथापि, आयकर अधिनियमों के तहत पंजीकृत न कराने से स्वैच्छिक संगठनों के सामने विभिन्न प्रकार की समस्याएँ आती हैं। ये समस्याएँ उनके अस्तित्व के एक बहुत महत्त्वपूर्ण पहलू से संबंध रखती हैं, जैसे–दान प्राप्त करना। दानदाता यदि ऐसे स्वैच्छिक संगठनों को दान देते हैं जो आयकर अधिनियमों के अनुच्छेद-80 G के तहत पंजीकृत हैं तो वे आयकर छूट प्राप्त करने के हकदार होते हैं। वे स्वैच्छिक संगठन जो आयकर अधिनियम के अनुच्छेद-12 के तहत पंजीकृत नहीं हैं, अनुच्छेद-80 G के अंतर्गत पंजीकृत नहीं हो सकते हैं। स्वैच्छिक संगठन द्वारा अनुच्छेद-12 व अनुच्छेद-80 G (प्रपत्र सं. 10 G) दोनों के तहत पंजीकरण के लिए आवेदन किया जाना होता है। आयकर आयुक्त ही प्राय: ऐसे मूल्यांकन वर्ष विनिर्दिष्ट करता है जिनके लिए 80 G के तहत छूट के लिए अनुमति मान्य होगी (जो कि अक्सर 3 वर्ष होती है)। दानदाता आमतौर पर अपंजीकृत स्वैच्छिक संगठनों को दान देने से बचते हैं, क्योंकि ऐसे में वे आयकर लाभ प्राप्त नहीं कर सकते हैं। यह पहलू ग्रामीण क्षेत्रों में ऐसे स्वैच्छिक संगठनों की आर्थिक दशा और कार्यप्रणाली को गंभीर रूप से प्रभावित करता है।

आयकर अधिनियम, 1961 की शर्तों से एक और समस्या जुड़ी है। यह अधिनियम शर्त रखता है कि किसी भी स्वैच्छिक संगठन को वर्ष विशेष में 'धर्मार्थ उद्देश्यों' में अपनी वार्षिक आय का कम से कम 85 प्रतिशत खर्च करना होगा। इसका अर्थ है कि कोई भी स्वैच्छिक संगठन अधिशेष निधि के रूप में अपनी आय का 15 प्रतिशत से अधिक नहीं रख सकता है अथवा उसे अपने ऐसे धन-संग्रह में डाल सकता है जिसे आयकर प्राधिकारियों के पास एक फार्म (पत्र सं. 10) जमा करने के द्वारा 10 वर्षों की अवधि के भीतर प्रयोग किया जा सकता हो। यह अभिलक्षण किसी भी स्वैच्छिक संगठन को पूँजी जमा करने व अपनी आर्थिक दशा सुधारने से रोकता है। यह विशिष्ट पहलू ही बड़ी संख्या में स्वैच्छिक संगठनों को आयकर अधिनियम, 1961 के तहत स्वयं को पंजीकृत कराने से रोकता है।

प्रश्न 28. निम्न पर संक्षिप्त टिप्पणी लिखिए–
(i) हरित क्रांति व इसके परिणाम

उत्तर– ब्रिटिश शासन के पश्चात् स्वतंत्र भारत को खाद्यान्न में आत्मनिर्भर बनाने के लिए अनेक कार्यक्रम, जैसे–पंचवर्षीय योजनाएँ, सामुदायिक विकास कार्यक्रम, प्रजातांत्रिक विकेंद्रीकरण आदि चलाए गए लेकिन तृतीय पंचवर्षीय योजना के अंत तक इसमें उल्लेखनीय सफलता नहीं मिली। फलत: राष्ट्र को खाद्यान्न में आत्मनिर्भर बनाने के लिए 1966-67 में कृषि क्षेत्र में एक प्रौद्योगिकीय नवाचार प्रारंभ किया गया जिसे हरित क्रांति कहा गया और जिसका उद्देश्य अधिक पैदावार देने वाले बीजों, सिंचाई के उन्नत साधनों, कीटनाशक दवाइयों, रासायनिक उर्वरकों आदि के प्रयोग द्वारा कृषि क्षेत्र में भारत को आत्मनिर्भर बनाना था।

अधिक महत्त्वपूर्ण रूप से रासायनिक उर्वरकों के अवैज्ञानिक और असंतुलित प्रयोग खासकर फॉस्फेट और पोटाश की सही मात्रा में लिए बगैर नाइट्रोजन की उच्च मात्रा ने मृदा को गंभीर क्षति पहुँचाई है, जिसके लिए उन क्षेत्रों में पोषक तत्त्वों की प्रतिपूर्ति की तत्काल आवश्यकता है जहाँ हरित क्रांति हुई है। इस प्रकार, एक सदाबहार या सदाहरित क्रांति के लिए कार्यनीति के साथ-साथ अब जैव-प्रौद्योगिकी से उपलब्ध कहीं अधिक तकनीकी निवेशों वाली कृषि के पुनर्नवीकरण के

लिए जैविक कृषि के सूत्रपात की आवश्यकता है। भूमि और जल के कुशलतापूर्वक प्रयोग की दिशा में प्रयास किए जाने की भी आवश्यकता है। सूचना प्रौद्योगिकी का पूरा-पूरा इस्तेमाल करना भी कृषि से संबंधित प्रौद्योगिकी और फार्म प्रबंधन निवेश के प्रसार के लिए विशेषज्ञों के समक्ष एक चुनौती है। उल्लेखनीय है कि 60 प्रतिशत वास्तविक या निवल फसल क्षेत्र वर्षा पर निर्भर है, जिसको कि शुष्क भूमि कृषि की संज्ञा भी दी जाती है। अनेक भौतिक और गैर-भौतिक दबावों की अंतर्क्रिया के कारण इन क्षेत्रों में ग्रामीण दरिद्रता अपने सर्वाधिक भीषण रूप में विद्यमान है, जैसे बहुत कम और अनिश्चित वर्षा, भू-स्वामित्व के असमान विन्यास; ऋण, निवेश और विस्तार सेवा आपूर्ति के लिए कमजोर सांस्थानिक व्यवस्थाएँ तथा शुष्क भूमि कृषि के सुधार के लिए प्रौद्योगिकी का अभाव, सुधार का एक ऐसा तरीका जिसमें प्रत्येक दूसरे को मजबूती प्रदान करे। शुष्क भूमि उत्पादकता की चुनौतियों का जवाब तलाशना एक प्रमुख कार्य है क्योंकि ग्रामीण दरिद्रजन की सघनता वाली अधिकांश शुष्क भूमि के लिए सिंचाई की सुविधा उपलब्ध कराना संभव नहीं है। एक संबद्ध विषय यह है कि अधिकांश छोटे और उपान्तिक भूधारकों के लिए मौसमी कृषि अव्यवहारिक हो गई है, क्योंकि यह उचित आय दिलाने में अक्षम है और इसमें रोजगार के वर्तमान स्तर को बनाए रखने की संभावना का भी अभाव है। इसके अलावा, जोतों का विखंडन कृषि की अव्यवहार्यता को बढ़ाने का एक प्रमुख कारक है, क्योंकि इससे ग्रामीण क्षेत्रों में कार्योत्पादक कृषि जोतों का आकार छोटा हो जाता है।

(ii) ग्राम विकास में गैर-कृषि क्षेत्र का महत्त्व

उत्तर— भारत में 70 प्रतिशत जनसंख्या कृषि पर निर्भर है। कृषि अव्यवहार्य होती जा रही है, इसके समाधान के लिए दसवीं पंचवर्षीय योजना (2002-07) पर मध्यावधि मूल्यांकन रिपोर्ट में इस संबंध में ग्रामीण गैर-कृषि क्षेत्र की भूमिका पर जोर दिया गया है। ग्रामीण उद्योगीकरण एक ऐसा साधन प्रस्तुत करता है जिसके द्वारा ग्रामीण क्षेत्रों के भीतर ग्रामीण पैदावार का मूल्यवर्धन किया जा सकता है। जबकि ग्रामीण उद्योग ग्रामीण रोजगार और आय के अवसर उत्पन्न करते हैं, वे ग्रामीण और शहरी क्षेत्रों के बीच व्यापार के प्रतिकूल संबंधों में भी सुधार करते हैं। ग्राम और लघु-उद्योग देश में औद्योगिक रोजगार में 92 प्रतिशत का योगदान देते हैं। अनुमान है कि 65 लाख लोग हथकरघा बुनाई, 62 लाख हस्तशिल्प और 1.91 करोड़ लोग ग्राम और लघु-उद्यमों में कार्यरत हैं। महिलाएँ हस्त शिल्प कर्मियों का एक बड़ा हिस्सा हैं। यह वर्तमान स्थिति का संक्षिप्त विवरण है। उल्लेखनीय है कि डेयरी पालन, पशुधन प्रबंधन, मुर्गीपालन और बागवानी में अब तक पूरी तरह उपयोग में नहीं लाई गई विशाल संभावनाएँ हैं। ग्रामीण क्षेत्रों में आय और रोजगार उत्पन्न करने के लिए इन सभी उपक्षेत्रों में प्रौद्योगिकी और प्रबंधन निवेशों के अनुप्रयोग द्वारा मूल्यवर्धन संभव है।

प्रश्न 29. पूरा (PURA) की अवधारणा को संक्षेप में स्पष्ट कीजिए।

अथवा

पूरा (पी.यू.आर.ए.) और स्वैच्छिक क्षेत्र पर टिप्पणी कीजिए।

अथवा

पूरा (PURA) ग्रामीण क्षेत्रों में शहरी सुख सुविधाएँ प्रदान करना पर संक्षिप्त टिप्पणी लिखिए। [जून-2012, प्रश्न सं.-5 (e)]

अथवा

पूरा (पी.यू.आर.ए.) पर संक्षिप्त टिप्पणी लिखिए।

[दिसम्बर-2014, प्रश्न सं.-5 (f)]

उत्तर— गाँवों में शहरी सुविधाओं को पहुँचाने की यह परिकल्पना मूलत: कुछ वर्ष पूर्व तत्कालीन राष्ट्रपति डॉ. ए.पी.जे. अब्दुल कलाम ने प्रस्तुत की थी। इस योजना का उद्देश्य गाँवों में आर्थिक उपार्जन गतिविधियों के साथ ही समानांतर अवसंरचना विकास एवं प्रबंधन सुनिश्चित करना है तथा यह ग्रामीण क्षेत्रों में पी.पी.पी. के माध्यम से अवसंरचना और सुविधाएँ उपलब्ध कराने का पहला प्रयास है। यह ग्रामीण अवसंरचना विकास योजनाओं के कार्यान्वयन और परिसंपत्तियों के रखरखाव एवं सेवाओं की आपूर्ति में निजी क्षेत्र की कार्यकुशलता का दोहन करने के लिए बिल्कुल अलग प्रारूप है। पी.पी.पी. के माध्यम से समेकित ग्रामीण अवसंरचना विकास का यह दुनिया में संभवत: पहला प्रयास है।

इस योजना का प्राथमिक उद्देश्य जीविका का अवसर सृजित करना और ग्रामीण शहर अंतर को दूर करने के लिए शहरी सुविधाएँ विकसित करना है। किसी भी छोटे क्षेत्र का समग्र विकास ग्राम पंचायत के इर्दगिर्द घूमता है और इसके तहत पी.पी.पी. के माध्यम से जीविका के अवसर सृजित करने और ग्रामीणों के जीवन स्तर में सुधार के लिए शहरी सुविधाएँ उपलब्ध कराने पर बल दिया जाता है।

'पूरा' का मुख्य तत्त्व है—धरातल साम्पर्क्य (मुख्यत: सड़क और इलेक्ट्रॉनिक) जो कि शाखा मार्गों के एक नेटवर्क के वृत्ताकार मार्ग से जुड़े कई गाँवों को परिव्याप्त करती एक वृत्ताकार तरीके में अभिकल्पित हो। इन वृत्तों में पड़ने वाली जमीनों का दाम स्वत: ही कई गुना बढ़ जाएगा क्योंकि वहाँ से बाजारों की पहुँच सुगम हो जाएगी। नगर-केंद्रिक विकास उच्च-मूल्य फसलों, मूल्य-वर्धित कृषि-संसाधन और सेवा क्षेत्र गतिविधियों में अभिवृद्धि के लिए भावी संभावनाओं की तरफ बदली को भी बढ़ावा देगा। इसके अलावा, यह गाँवों में निवेश, कच्चा माल, कौशल और उद्यम वृत्ति लाकर विनिर्माण को भी बढ़ावा देगा। 'पूरा' इस प्रकार शहरों की भीड़-भाड़ की आबादी को कम कर देगा और उद्योगों और कुशल श्रमिकों को गाँवों की ओर स्थानांतरित कर कृषि से बाहर ग्रामीण जन के लिए नए रोजगार अवसर पैदा करेगा।

इन परिवर्तनों में भाग लेने के लिए ग्रामीण जन को सक्षम बनाने के लिए युवा वर्ग और श्रमिक बल की कार्यकुशलताओं के उन्नयन के लिए सुविधाएँ जुटानी होंगी। साथ ही, अधिग्रहीत भूमि के लिए प्रतिपूर्ति के भुगतान के अलावा, सीधे प्रभावित किसानों को पूरा परियोजना के शेयरधारक बनाना होगा। बिल्कुल समान रूप की परियोजनाएँ चीन में सफल हुई हैं जहाँ लागत-बचत उपाय के रूप में ग्रामीण क्षेत्रों की ओर उद्योगों को स्थानांतरित करने की सरकारी नीति ने नगर क्षेत्र और ग्राम उद्योगों (Township and Village Enterprises, TVEs) को शानदार वृद्धि की ओर प्रवृत्त किया; जो कि अब चीन के सकल घरेलू उत्पाद (Gross Domestic Product, GDP) में लगभग 28 प्रतिशत का योगदान देते हैं। इन अनुभवों ने कुछ विशेषज्ञों को ऐसे क्षेत्रों को 'रूर्बन' (rurban) कहे जाने का विचार दिया, अर्थात् जिला क्षेत्रों के मध्य स्थित ग्रामीण और शहरी क्षेत्रों का मिश्रण, जो कि संभवत: विकास का भावी विन्यास होगा। इससे ग्राम विकास के दृष्टिकोण में प्रतिमान परिवर्तन आवश्यक हो जाएगा। 'रूर्बन' क्षेत्रों में बाजार-प्रेरित विकास के विस्तीर्ण होने के साथ ही ग्रामीण अर्थव्यवस्था के परंपरागत उत्पादन कार्यों में वृहद परिवर्तन लाने होंगे। भारत के कई भागों में पहले ही उदाहरण के लिए, दिल्ली-चंडीगढ़-शिमला अथवा मुंबई-पुणे-नासिक;

अहमदाबाद-सूरत-बड़ोदरा; दिल्ली-अम्बाला-अमृतसर राजपथ के साथ-साथ व अन्यत्र बड़ी संख्या में छोटे उद्योग कस्बे बन गए हैं और पड़ोसी गाँवों को संवृद्धि के घेरे में ले आते हैं। इन गाँवों ने संभवत: शहरी क्षेत्रों की कुछ सुख-सुविधाएँ पहले ही अर्जित कर ली हैं। इन क्षेत्रों में ग्राम विकास एक निर्णायक मोड़ अर्थात् परिवर्तन की दिशा में है और अधिक क्षेत्र इस श्रेणी में तब आएँगे जब ग्रामीण क्षेत्रों में 'पूरा' दृष्टिकोण आगे विस्तारित किया जाएगा या तो सचेत रूप में परियोजना विधि से अथवा अप्रत्यक्ष रूप से अन्य संबद्ध विकास सरोकारों के माध्यम से।

प्रश्न 30. ग्राम विकास में स्वैच्छिक संगठनों की कार्यशीलता और भूमिका पर प्रभाव डालने वाले उभरते क्षेत्रों की चर्चा कीजिए।

अथवा

ग्राम विकास के संबंध में स्वैच्छिक संगठनों के लिए उभरते कार्यों और चुनौतियों को सूचीबद्ध कीजिए।

उत्तर– ग्राम विकास में उभरते क्षेत्र स्वैच्छिक संगठनों की कार्यशीलता और भूमिका पर गंभीर प्रभाव डालते हैं। ये उभरते क्षेत्र निम्नलिखित हैं–

- **कृषि का विविधीकरण (Diversification of agriculture)**–इससे मौसमी खाद्य फसलों पर निर्भरता कम हो जाती है। एक बार जब किसान निर्वाहार्थ खेती के अवरोध को पार कर लेते हैं तो कृषि में एक कृषि प्रणाली दृष्टिकोण अपनाकर उच्च-मूल्य फसलें और सब्जियाँ उगाना, बागवानी, मुर्गीपालन और मछली-पालन आदि विकल्प शामिल हो जाते हैं। इसमें भूमि को एक उत्पादनकारी परिसंपत्ति के रूप में देखा जाता है, जिससे कि आय की अधिकतम वृद्धि की कोशिश की जाती है और जिसमें वैज्ञानिक, प्रबंधन और वित्तीय निवेशों के अनुप्रयोजन तथा भू और जल संसाधनों के कुशल प्रयोग द्वारा उसका अनुकूलतम प्रयोग (जो कि कम अनुकूल स्तर पर न हो) किया जाता है।

- **ग्रामीण ऊर्जा सुरक्षा को बढ़ावा (Promotion of rural energy security)**–इसके लिए सौर ऊर्जा और बायोगैस जैसे ऊर्जा के पुनर्नव्य स्रोतों को विकसित किया जाना है। इसको सामुदायिक सहभागिता तथा ऊर्जा के परंपरागत और गैर-परंपरागत स्रोतों के समेकन के माध्यम से हासिल किया जाना है। इसको ऐसे प्रयासों से पक्षपोषित किया जाना है जिससे कि घरेलू स्तर पर ऊर्जा का कुशल प्रयोग अपेक्षित होता है।

- **मूल्य वर्धित सेवाओं को बढ़ावा (Promotion of value added services)**–इसके अंतर्गत किसानों को तकनीकी और प्रबंध-संबंधी सेवाओं के पैकेज में विपणन, कृषि-व्यापार और कृषि संबंधी निदान-गृह आदि सेवाएँ प्रदान करना भी शामिल है। यह बाजारोन्मुखी कृषि-प्रणाली और फसल विविधीकरण की दिशा में बदलाव की एक पूर्व शर्त है। कृषि विस्तार और विभिन्न सहयोग सेवाएँ अब राज्य की ही एकमात्र जिम्मेदारी नहीं रह गई है। इसलिए आवश्यक है कि स्वैच्छिक संगठन बाजार, कृषि निवेशों के आपूर्तिकर्त्ताओं और सेवाओं के प्रतिकूल प्रभावों को कम करने के लिए पणधारियों की ओर से शामिल हो सकें। स्वैच्छिक

संगठनों की भूमिका बहुत महत्त्वपूर्ण होती है क्योंकि उन्हें सरकारी क्षेत्र के विभागों के साथ ही किसानों को भी निवेशों और सेवाओं विषयक ज्ञान से सशक्त करना होता है। राज्य और स्वैच्छिक संगठन मिलकर आक्रामक विपणन की स्थिति के सम्मुख किसानों के हित की रक्षा कर सकते हैं। महाराष्ट्र और आंध्र प्रदेश के कपास की खेती वाले क्षेत्रों में किसानों द्वारा आत्महत्याओं का चल रहा सिलसिला एक उत्तरोत्तर उदारीकृत अर्थव्यवस्था में जनसाधारण स्तर पर स्वैच्छिक संगठनों द्वारा एक ऐसी ही पहल की आवश्यकता को इंगित करता है।

- **कार्यनीतिक ग्रामीण रोजगार कार्यक्रमों का उचित क्रियान्वयन सुनिश्चित करना (Ensuring proper implementation of strategic rural employment programmes)**—इसके अंतर्गत राष्ट्रीय ग्रामीण रोजगार गारंटी अधिनियम (National Rural Employment Guarantee Act, NREGA) 2005; राष्ट्रीय सामाजिक सहायता कार्यक्रम, स्वर्णजयंती ग्राम स्वरोजगार योजना (SGSY), सामुदायिक खाद्यान्न बैंक, संपूर्ण ग्रामीण रोजगार योजना (SGRY), प्रधानमंत्री ग्रामीण सड़क योजना (PMGSY) आदि के तहत चल रही योजनाएँ हैं। स्वैच्छिक संगठन ग्रामीण गरीब लोगों को संघटित करने और उक्त कार्यक्रमों की निगरानी और मूल्यांकन में ग्राम पंचायतों और सरकारी अभिकरणों की मदद करने में एक निर्णायक भूमिका निभा सकते हैं।

- **विभिन्न कार्यकलापों में स्वैच्छिक संगठनों की प्रभावशाली भागीदारी (Effective participation of VOs in all activities)**—इसके अंतर्गत स्वच्छता, स्वच्छ पेयजल आपूर्ति, गरीबों के लिए सिंचाई सुविधा, स्वास्थ्य और पोषणिक सुरक्षा, खासकर महिलाओं व बच्चों के लिए तथा ग्राम विकास के संदर्भ में सभी महिला-पुरुष संबंधी मुद्दे हैं।

- **प्रौढ़ और महिला निरक्षरता उन्मूलन के प्रयासों में स्वैच्छिक संगठनों की भागीदारी तथा कार्यात्मक साक्षरता और व्यावसायिक शिक्षा को बढ़ावा देना (Participation of VOs in efforts to eradicate adult and female illiteracy and promotion of functional literacy and vocational education)**—स्वैच्छिक संगठनों को स्थानीय स्वशासी संस्थाओं और सरकार के समक्ष ग्रामवासियों के अधिकारों और पात्रताओं के विषय में आम जागरूकता लाने के लिए संघर्ष करना चाहिए। उन्हें पंचायती राज व्यवस्था में जन-अधिकारों और कर्त्तव्यों के संबंध में पंचायत निर्वाचक-वर्ग के साथ-साथ पंचायत कर्मी-वर्ग और निर्वाचित प्रतिनिधियों, विशेष रूप से महिला प्रतिनिधियों को भी प्रशिक्षण दिलवाने की आवश्यकता पड़ सकती है।

- **प्राकृतिक संसाधनों के प्रबंधन में जन-भागीदारी सुनिश्चित करना (Ensuring people's participation in management of natural resources)**—इसके अंतर्गत स्वैच्छिक संगठन जल प्रयोगकर्त्ता संघ, संयुक्त वन प्रबंधन समितियाँ, वाटरशेड प्रबंधन अथवा बंजर भूमि विकास समितियाँ, ग्राम पर्यावरण रक्षा समितियाँ, वृक्षारोपण के आयोजन आदि को कार्यरूप देकर जन-भागीदारी

सुनिश्चित कर सकते हैं। वे इन समुदाय-आधारित संगठनों में पणधारियों के रूप में ग्रामीण निर्धन-वर्ग की भागीदारी और भी आगे तक सुनिश्चित कर सकते हैं।

- **लघु ऋण और लघु वित्त संगठनों को बढ़ावा देना (Promotion of micro credit and micro finance organisations)**–इसके अंतर्गत ग्रामीण घरों, खासकर वे गरीब घर जिनकी प्रमुख महिलाएँ हैं, उनको सशक्त किया जाना है। ये आगे बैंकों के साथ स्व-सहायता समूहों को जोड़ने में सहायता कर सकते हैं और गरीबों को धीरे-धीरे संगठित क्षेत्र से ऋण-निवेश और विपणन सहयोग के साथ लघु-उद्यम प्रखंड में प्रवेश पाने में मदद करके एक निर्णायक भूमिका निभा सकते हैं।

प्रश्न 31. ग्रामीण उद्योगीकरण के संदर्भ में प्राकृतिक संसाधनों के महत्त्व को समझाइए।

उत्तर– ग्रामीण उद्योगीकरण के लिए अनिवार्य आधार स्थानीय रूप से उपलब्ध प्राकृतिक संसाधन ही होने चाहिए, चाहे वे खेती-बाड़ी/पशुपालन से प्राप्य हों अथवा प्रकृति से संग्रहित किए गए हों। इनमें ग्रामीण जन समुदाय, खासकर कमजोर वर्गों के पास मूल पैदावार और कच्चा माल होता है, जिसका मूल्यवर्धन किया जा सकता है। कच्चे माल के स्रोत पर/उसके निकट स्थानीय मूल्यवर्धन की ऐसी कार्यनीति के राष्ट्रीय अर्थव्यवस्था के लिए अत्यधिक अतिरिक्त लाभ होंगे। ये लाभ मूल्य-कड़ी (विशेषत: यदि अधिकांश ग्रामीण वस्तुएँ जल्दी खराब हो जाने वाली हों) के साथ ही वस्तुओं की व्यर्थ जाने वाली मात्रा को घटाने, ऊर्जा बचाने और अनावश्यक अनुत्पादक खर्चों को पहले ही रोक देने आदि से संबंधित हैं। यह सर्वविदित है कि 15 प्रतिशत से भी अधिक अनाज व अन्य खाद्यान्न, साथ ही लगभग 25 प्रतिशत बागवानी से होने वाली पैदावार का प्रति वर्ष नुकसान होता है। इसके परिणामस्वरूप पैदावार और खुदरा बिक्री के बीच विभिन्न अवस्थाओं में पदार्थों के गलने-सड़ने से हुआ नुकसान हजारों करोड़ों तक पहुँच जाता है। ग्रामीण क्षेत्रों में भंडारण सुविधाओं का अभाव अथवा खराब भंडारण सुविधाएँ और परिवहन और गोदाम की व्यवस्था की लंबी और बहुविध अवस्थाओं के दौरान नुकसान ही ऐसी हानियों का मुख्य कारण है। इस राष्ट्रीय क्षति को काफी कुछ ग्रामीण उत्पादनकर्त्ताओं, उपभोक्ताओं और राष्ट्रीय अर्थव्यवस्था के लिए अत्यधिक लाभों के साथ कम किया जा सकता है, यदि उत्पादन क्षेत्रों में उचित परिरक्षण और संसाधित करने के तरीके अपनाए जाएँ। व्यापक रूप से ग्रामीण प्राकृतिक संसाधनों के मूल्यवर्धन पर आधारित ग्रामीण उद्योगीकरण स्पष्टत: ग्राम विकास की दिशा में एक बढ़ता कदम है।

प्रश्न 32. भारतीय राज्य द्वारा अभिकल्पित ग्रामीण प्रौद्योगिकी हस्तांतरण का वर्णन कीजिए।

अथवा

ग्रामीण उद्योगीकरण के महत्त्व की समीक्षा कीजिए।

अथवा

ग्रामीण प्रौद्योगिकी हस्तांतरण की व्याख्या कीजिए।

उत्तर– ग्रामीण क्षेत्रों में रोजगार के संबंध में ग्रामीण उद्योगीकरण का बहुत महत्त्व है। ऐसा महसूस किया गया है कि ग्रामीण उद्योगों पर जोर दिया जाना चाहिए, क्योंकि वर्तमान ग्राम विकास

परिदृश्य और समग्र देश के सामाजिक-आर्थिक विकास के संदर्भ में यह अत्यंत आवश्यक है। व्यापक रूप से देखा गया है कि ग्रामीण गैर-कृषि क्षेत्र में रोजगार, अर्थात् ग्रामीण उद्योग और विविध संबद्ध व अन्य सेवाएँ, एक ऐसी स्थिति में ग्रामीण क्षेत्रों में रोजगार पैदा करने के लिए अत्यावश्यक है जब कृषि रोजगार में विस्तार के लिए थोड़ी ही संभावना है और शहरी क्षेत्रों में रोजगार इतना अधिक बढ़ने वाला नहीं है कि वह ग्रामीण क्षेत्रों से आने वाले लोगों को रोजगार देने में सफल हो पाए। ऐसा इसलिए है कि और नए-नए आधुनिक उद्योग श्रम सघन और रोजगार पैदा करने वाले नहीं हैं। लगभग 70 प्रतिशत ग्रामीण जनता कृषि (अथवा कृषि से जुड़े क्षेत्र की गतिविधियों) में ही कार्यरत है, जो फिर भी सकल घरेलू उत्पाद में केवल 28 प्रतिशत के आसपास ही योगदान देती है। ग्रामीण उद्योगीकरण एक ऐसा साधन प्रस्तुत करता है जिसके द्वारा विशेषकर ग्रामीण क्षेत्रों के भीतर ग्रामीण पैदावार का मूल्यवर्धन होता है। इससे न सिर्फ ग्रामीण रोजगार और आय पैदा की जा सकती है, बल्कि कृषि (ग्रामीण) और वृहद् उद्योगों (अधिकतर शहरी) के बीच व्यापार की प्रतिकूल शर्तों का भी समाधान किया जा सकता है। इससे औद्योगिक क्षेत्र के भीतर ग्रामीण क्षेत्रों का हिस्सा बढ़ाकर सकल घरेलू उत्पाद में उनका योगदान बढ़ाया जा सकता है। ग्यारहवीं पंचवर्षीय योजना के लिए विज्ञान और प्रौद्योगिकी की उप-समिति ने सिफारिश की कि ग्रामीण क्षेत्रों को प्रौद्योगिकी हस्तांतरण के वृहत्तर परिवेश में ग्रामीण उद्योगीकरण पर केंद्रित होना चाहिए, और यह भी निश्चय किया गया कि अपनी सिफारिशों में इस पक्ष पर विशेष जोर दिया जाए।

विशेष रूप से ग्रामीण उद्योगों और सामान्य तौर पर ग्राम विकास के लिए उपयुक्त प्रौद्योगिकियों में कुछ विशिष्ट आयाम होने जरूरी हैं, जैसे अपनी प्रकृति में प्रतिस्पर्धात्मक हों, उच्च उत्पादनशील हों, उत्तम गुणवत्ता वाले उत्पाद देने में सक्षम हों, अरुचिपूर्ण कार्यों को घटाने या दूर करने की संभावना रखते हों तथा यथासंभव अधिकाधिक रोजगार पैदा करने में सक्षम हों। ये लक्ष्य परस्पर रूप से बिल्कुल भी असंगत नहीं हैं, क्योंकि अनेक सफल मॉडलों ने यह कर दिखाया है, परंतु ये प्रौद्योगिकी के ग्रामीण अनुप्रयोगों में अनुसंधान और विकास (Research and Development, R&D) के लिए एक प्रत्यक्ष चुनौती को निरूपित करते हैं।

यह भी महसूस किया गया है कि अधिकांश समकालीन विज्ञान और प्रौद्योगिकी को ग्रामीण उद्योगीकरण के लिए प्रौद्योगिकियाँ विकसित करते समय ग्रामीण स्थितियों को ध्यान में रखना चाहिए। यह भी जरूरी है कि अपनाई गई प्रौद्योगिकियाँ ऐसी हों कि उन्हें अनुपात में बढ़ाया-घटाया जा सके, बिना अधिक कठिनाई के उन्नत बनाया जा सके और भावी प्रौद्योगिकी-बाजार परिदृश्यों (कम से कम 10-20 वर्ष बाद) को भी ध्यान में रखे। ग्रामीण उद्योग ऐसे नहीं होने चाहिए कि वे कुछ वर्षों के बाद ही प्रयोग के योग्य न रहें और लक्ष्य जनसमुदाय को उसी स्थिति में पहुँचा दें जहाँ वे प्रौद्योगिकी विशेष को अपनाने से पूर्व थे। इसके अलावा, ग्रामीण उद्योग कुछ ही वर्षों में बार-बार महँगी मरम्मत का खर्च नहीं उठा सकते हैं। बाजार और प्रौद्योगिकियों के संबंध में समकालीन और भावी पूर्वदृष्टिगत परिदृश्यों संबंधी जानकारी अनुसंधान और विकास तथा प्रौद्योगिकियों के सृजन संबंधी प्रक्रिया का अभिन्न हिस्सा होनी चाहिए। केवल तभी ऐसी प्रौद्योगिकियों में अंत:निर्मित अभिलक्षण हो सकते हैं जो उन्हें आने वाले वर्षों में निश्चय ही उत्तरोत्तर तीव्र हो जाने वाले बाजार परिवर्तनों का सफलतापूर्वक सामना करने में सक्षम बनाएँ।

प्रश्न 33. विज्ञान और प्रौद्योगिकी के संबंध में स्वैच्छिक संगठनों की वर्तमान प्रस्थिति का मूल्यांकन कीजिए।

अथवा

मुरूगुप्त चेट्टीयर अनुसंधान केंद्र (एम.सी.आर.सी.) पर संक्षिप्त टिप्पणी लिखिए।

उत्तर– प्रौद्योगिकी में उन्नयन और अंतरालों की पूर्ति के लिए प्रौद्योगिकीय आवश्यकताओं की पहचान में एक उत्प्रेरक की भूमिका निभा रहे विज्ञान और प्रौद्योगिकी सक्षम एनजीओज की अवधारणा पहली बार लाई है। यह परिषद् विज्ञान और प्रौद्योगिकी प्रयोगशालाओं के संदर्भ में ऐसे स्वैच्छिक संगठनों के कार्य, अनुकूल अनुसंधान के कार्यान्वयन, प्रौद्योगिकियों के क्षेत्र में प्रयोग और परीक्षण, पणधारियों की महसूस की गई आवश्यकताओं पर आधारित सुझाव देना, प्रौद्योगिकियों को प्रयोगकर्त्ताओं के उपयुक्त बनाने के लिए आकारानुकूल रूप से घटाना-बढ़ाना, आदि में मदद करेगी। पचास ग्रामीण प्रौद्योगिकी हस्तांतरण केंद्र स्थापित करने के लिए उपर्युक्त रिपोर्ट की सिफारिश भी उल्लेखनीय है। इस बात की पूरी तरह संभावना है कि कृषि विज्ञान केंद्रों की अच्छी-खासी संख्या की ही भाँति अपनी गतिविधियों को चलाने के लिए विज्ञान और प्रौद्योगिकी सक्षम एनजीओज को इनमें से कुछ प्रस्तावित केंद्र सौंपे जा सकते हैं। तथापि, यहाँ ध्यान देना जरूरी है कि विज्ञान और प्रौद्योगिकी उन्मुखी कार्य में लगे विशेषज्ञता प्राप्त स्वैच्छिक संगठनों की संख्या अभी इस विशाल देश में मात्र लगभग 125 है जबकि पूरे भारत में लगभग 600 जिले हैं। ये 125 स्वैच्छिक संगठन मुख्य रूप से कुछ क्षेत्रों में ही संकेंद्रित हैं और विशेषकर दक्षिणी और पश्चिमी भारत में। बहरहाल, बहुत ही थोड़े अन्य क्षेत्रों में ये संगठन क्षेत्रीय-कार्य में सक्रिय हैं। इस प्रकार, प्रोत्साहनों की एक योजना (और यदि संभव हो, विश्वविद्यालयों के सहयोगी के रूप में) द्वारा स्वैच्छिक क्षेत्र में वैज्ञानिकों को आकर्षित किया जाना तथा विज्ञान और प्रौद्योगिकी सक्षम एनजीओ बनाने के लिए वैज्ञानिकों को प्रोत्साहित किया जाना ही रिक्त स्थान की पूर्ति का स्वैच्छिक क्षेत्र के लिए एक उपाय दिखाई पड़ता है। ऐसा कहना कोई अतिश्योक्ति नहीं होगी कि ग्राम विकास में स्वैच्छिक संगठनों का भविष्य काफी हद तक ग्रामीण प्रौद्योगिकी विकास में व्यवस्था अभाव पर ध्यान दिए जाने तथा एकीकृत प्रौद्योगिकी हस्तांतरण सेवाओं की सुपुर्दगी के लिए आधारिक स्वैच्छिक संगठनों का एक नेटवर्क स्थापित कर प्रौद्योगिकियों का प्रसार किए जाने पर निर्भर करता है।

विज्ञान और प्रौद्योगिकी सक्षम गैर-सरकारी संगठन का एक उदाहरण (An Illustrative Example of a S&T Capable NGO)– मुरूगुप्त चेट्टीयर अनुसंधान केंद्र (Murugupta Chrttair Resource Center, MCRC) चेन्नई स्थित विज्ञान और प्रौद्योगिकी सक्षम एनजीओ है। इसने विटामिन $बी_1$, $बी_{12}$, $बी_{16}$, सी और ई सहित 71 प्रतिशत प्रोटीन की मात्रा वाले एक खाद्य और पोषण अनुपूरक, स्पिरूनिला के उत्पादन के लिए एक नवप्रवर्तनकारी वैज्ञानिक प्रणाली विकसित करने के प्रयास किए हैं। इस वैज्ञानिक तकनीकी नवप्रवर्तन ने एक ग्रामीण क्षेत्र में गाँव के घरेलू स्तर पर स्पिरूनिला के उत्पादन को सुगम बनाया है। इसकी मुख्य विशेषताएँ इस प्रकार हैं–

- शैवाल प्रौद्योगिकी को मूल रूप से एक जैव-उर्वरक और एक कुशल उपचार एजेंट के रूप में लिया गया, जिस पर एक खाद्य-सम्पूरक तकनीक को पैदा करने के लिए उक्त केंद्र, एम.सी.आर.सी. द्वारा पुन: कार्य किया गया और जिसका अब घरेलू स्तर पर महिलाओं द्वारा उत्पादन के लिए प्रयोग किया जा सकता है।

- एम.सी.आर.सी. ने अनुसंधान प्रक्रिया के लिए नए एजेंडा जारी किए, जो कि वैज्ञानिक केंद्र बिंदु से आगे के हैं। ऐसी स्थिति में ग्राहक केंद्र (ग्रामीण महिलाओं) को और योग्य बनाया गया।
- खाद्य सम्पूरक विकसित करने के बाद एम.सी.आर.सी. ने अपने काम को यहाँ तक ही नहीं रोक लिया, बल्कि उसने इस प्रौद्योगिकी को सशक्तिकरण के एक साधन के रूप में माना। उसने विविध उद्देश्यों की पूर्ति के लिए इस प्रौद्योगिकी पर फिर से काम किया, जैसे ग्राम विकास, उद्यम विकास और पौषणिक सुरक्षा - ये सभी नवप्रवर्तन स्पिरूनिला विषय पर ही किए गए।
- महँगे अभिकल्पों की अपेक्षा वाले वृहद्-स्तरीय शैवाल-संवर्धन प्रणालियों पर ध्यान केंद्रित करने की बजाय एम.सी.आर.सी. के वैज्ञानिक कर्मीवर्ग ने सस्ता कच्चा-माल (समुद्री जल, कच्चा समुद्री नमक, बायोगैस बहि:स्राव) को प्रयोग कर एक विशिष्ट दक्षिण भारतीय ग्राम्य दशाओं में 'खुला तालाब स्पिरूनिला संवर्धन' का प्रयास किया। इससे एक प्रकार की लघु-विकेंद्रीकृत शैवाल प्रणाली सामने आई जिसको कि गैर-तकनीकी कर्मीवर्ग, अर्थात् इस उदाहरण में तमिलनाडु की ग्रामीण महिलाओं द्वारा परिचालित किया जा सकता है।
- इसने ग्रामवासियों के प्रति अनुसंधानकर्त्ताओं की जवाबदेही को बढ़ाया, क्योंकि इस तकनीक की सफलता की सर्वोच्च परख ग्रामीण महिलाओं की स्वीकार्यता ही रही है।

स्पिरूनिला का यह सफल अनुभव दर्शाता है कि नवप्रवर्तन उभरते अवसरों का एक प्रत्युत्तर होता है और सफल स्वैच्छिक संगठन वे होते हैं जो इन अवसरों को कभी भी, कहीं भी हाथ से नहीं जाने देते।

प्रश्न 34. दसवीं पंचवर्षीय योजना में कृषि व उससे जुड़ी क्रियाओं के लिए किन लक्ष्यों का निर्धारण किया गया?

उत्तर– कृषि तथा संबंधित क्रियाओं में उत्पादन में वृद्धि करने हेतु अनेक लक्ष्यों का निर्धारण किया गया जो निम्नवत् हैं–

- बंजर भूमि तथा खाली पड़ी भूमि को खेती योग्य बनाया जाएगा।
- सिंचाई, विशेषकर छोटी सिंचाई योजनाओं का विकास किया जाएगा।
- वर्षा के जल को इकट्ठा करने तथा उसे संरक्षित रखने के कार्य को जारी रखा जाएगा।
- कृषि उत्पादन तथा अनुसंधान के अंतराल का सेतु बंधनमुक्त किया जाएगा।
- ग्रामीण सड़कों का निर्माण किया जाएगा।
- चकबंदी का काम प्राथमिकता के आधार पर संपन्न किया जाएगा।
- कृषि का अधिक उत्पादन वाली फसलों तथा क्रियाओं में विविधीकरण किया जाएगा।
- बीजों, उर्वरकों आदि आगतों को समय पर तथा पर्याप्त मात्रा में उपलब्ध कराया जाएगा।

- कृषि विपणन, संसाधन तथा मूल्य वृद्धि संबंधी आधारित संरचना को सुदृढ़ बनाया जाएगा।

उपर्युक्त वर्णित प्रावधानों के बाद भी कृषि से जुड़े सुधारों के प्रमुख अंग निम्नवत् हैं–

- अंतर्राज्यीय व्यापार तथा वाणिज्य पर लगी रोक का उन्मूलन,
- आवश्यक वस्तु अधिनियम तथा कृषि उपज विपणन अधिनियम में संशोधन,
- कृषि भूमि को पट्टे पर देने की छूट,
- सभी वस्तुओं के भावी व्यापार की छूट,
- भंडारण और व्यापार की वित्त व्यवस्था पर लगी पाबंदियों को हटाना आदि।

इसके अलावा योजना में दूरवर्ती इलाकों के लिए फसल बैंक का भी प्रावधान रखा गया था।

प्रश्न 35. स्वैच्छिक संगठनों के साथ निर्यात-आयात बैंक की साझेदारी की प्रकृति को संक्षेप में स्पष्ट कीजिए।

अथवा

कृषि और निगमित क्षेत्र में संबंध बताइए।

अथवा

अनुबंध कृषि में निगमित क्षेत्र की संलिप्तता का वर्णन कीजिए।

उत्तर– निर्यात आयात बैंक ने ग्रामीण क्षेत्रों से निर्यात को बढ़ावा देने के उद्देश्य से एक सहयोग समझौते (MoC) के माध्यम से ग्राम विकास में सक्रिय एक मदुरै (तमिलनाडु) स्थित स्वैच्छिक संगठन, धन (Development for Humane Action; DHAN) प्रतिष्ठान, बेसिक्स (BASIX), हैदराबाद, एक अग्रणी लघु-वित्त संस्थान तथा उराव्न (Uravn), बांस-आधारित ग्रामीण उत्पादों के विकास में लगे केरल में एक न्यास, आदि के साथ साझेदारी को कार्यरूप दिया है।

निर्यात आयात बैंक सर्वोत्तम प्रयास आधार पर विदेशी बाजार में अपने सहयोगी सदस्यों के उत्पादों को बढ़ावा देने के लिए आर्थिक रूप से सहायता करता है। इन उत्पादों में शामिल हैं–स्थानीय हस्त-शिल्प, जड़ी-बूटी उत्पाद, पाम वृक्षों की पत्तियों से तैयार उत्पाद, बाटिक उत्पाद, पकाई हुई मिट्टी से निर्मित उत्पाद, हस्त-निर्मित कागज, औषधीय और इत्रादि उत्पाद, बांस-आधारित हस्त-शिल्प उत्पाद आदि। यह बैंक उनके उत्पादन प्रारूपों, गुणवत्ता, पैकेजिंग आदि सुधारने के लिए साझीदार स्वैच्छिक संगठनों की मदद करता है। इसके अतिरिक्त, यह उच्च-मूल्य उत्पाद विकसित करने के लिए मूल्य क्रम में ऊपर उठने के लिए साझीदार स्वैच्छिक संगठनों द्वारा गठित स्व-सहायता समूहों को सहयोग भी प्रदान करता है।

बेसिक्स और राजस्थान सरकार से साझेदारी में आयात निर्यात बैंक ने 'आजीविका पर मिशन' (Mission on Livelihood) नामक एक परियोजना पर कार्य आरंभ कर दिया है। इसका उद्देश्य है–राजस्थान के ग्रामीण क्षेत्र में पत्थर से बनी वस्तुओं (stoneware) और दरियों आदि के लिए एक निर्यात समूह विकसित करना।

निर्यात आयात बैंक ने लगभग 15,000 ग्रामीण कारीगर शेयरधारकों द्वारा गठित एक विशेष जनसाधारण व्यावसायिक उद्यम का सेवा व्यापार सुविधा केंद्र (SEWA Trade Facilitation Centre; STFC) के साथ भी ऐसा ही सहयोग समझौता किया है। आयात निर्यात बैंक उत्पाद श्रेणी (अब जिसमें मुख्यत: हाथ से कढ़े उत्पाद, साज-सामान, परिधान और उपसाधन शामिल हैं) को

निर्यात के लिए उच्च मूल्य-वर्धित हस्तनिर्मित उत्पादों तक बढ़ाने में इस सेवा व्यापार सुविधा के केंद्र की सहायता करता है।

ग्राम विकास में निगमित क्षेत्र और संगठित वित्तीय क्षेत्र की साझीदारी धीरे-धीरे उभर रही है। निगमित क्षेत्र भी कृषि और ग्राम विकास कार्यकलापों में पदार्पण कर चुका है, जैसे अनुबंध कृषि में व्यावसायिक प्रयत्न; बीज उत्पादन और वितरण; उत्पादों के लिए विपणन माध्यम उत्पन्न करना; विस्तार सेवाओं की व्यवस्था करना, आदि। यह क्षेत्र विभिन्न स्वैच्छिक संगठनों द्वारा पहले से ही स्थापित किसानों के स्व-सहायता समूहों के माध्यम से भी काम कर रहा है। ऐसी पहलों को स्पष्ट करने के लिए यहाँ दसवीं पंचवर्षीय योजना (2002-07) पर मध्यावधि मूल्यांकन रिपोर्ट से कुछ उद्धरण प्रस्तुत हैं–

- पंजाब के किसानों के साथ अनुबंध में पेप्सीको के शामिल होने के कारण राज्य में टमाटर की खेती 25,000 हेक्टेयर पर लगभग 5,00,000 टन फसल के आधार तक पहुँच गई है। अनुबंधित कृषक की औसत पैदावार राज्य के औसत से 25-50 प्रतिशत अधिक है, और अन्य किसानों के मुकाबले उनकी प्रति हेक्टेयर आय 40 प्रतिशत अधिक बताई गई है। पेप्सीको परियोजना ने पंजाब में बीज की नई किस्में, गहरी गोड़ाई की नई प्रौद्योगिकी, फावड़ा या शॉवल तकनीक जैसी प्रतिरोपण की नई विधियाँ और बेड-हेड रोपाई आदि की शुरुआत की है।
- कृषि बीज उत्पादन और वितरण, जो कि 150 से भी अधिक कंपनियों का व्यवसाय है, यह भी अनुबंध कृषि पर फल-फूल रहा है। महाराष्ट्र आर्थिक विकास परिषद् ने जे.के. एग्री-जेनेटिक्स (आंध्र प्रदेश), प्रो-ऐग्रो (महाराष्ट्र) तथा नाथ सीड्स (गुजरात) का एक अध्ययन करवाया है। अध्ययन से ज्ञात हुआ है कि ये कंपनियाँ बड़ी मात्रा में बीज बहुलीकरण और अनुवर्ती लाभ का श्रेय अनुबंध कृषि को ही देती हैं।
- गेहूँ उगाने के लिए हिन्दुस्तान लीवर लिमिटेड (एच.एल.एल.) ने मध्य प्रदेश सरकार के साथ एक संयुक्त प्रयत्न की शुरुआत की। यह परियोजना, जो लगभग तीन वर्ष पहले 250 एकड़ भूमि पर शुरू हुई, अब 15,000 एकड़ तक फैल चुकी है।
- रैलिस किसान केंद्रों ने होशंगाबाद (मध्य प्रदेश); बंगलुरू (कर्नाटक); नासिक (महाराष्ट्र) और पानीपत (हरियाणा) में फलों, सब्जियों और बासमती चावल के लिए अनुबंध कृषि प्रायोगिक परियोजनाएँ चलाई हैं। यह कंपनी ऋण प्रदायकों (आई.सी.आई.सी.आई. बैंक) तथा हिन्दुस्तान लीवर लिमिटेड और फूड वर्ल्ड जैसे कृषि-उत्पाद क्रेताओं के साथ सहयोग में काम कर रही है।
- आई.टी.सी. (ITC) के एक सूचना-प्रौद्योगिकी आधारित हस्तक्षेप - ई-चौपाल ने अपव्ययी मध्यस्थता समाप्त कर तथा लेन-देन लागतें घटाकर एक प्रत्यक्ष विपणन माध्यम तैयार कर दिया है। ई-चौपालें लगभग 29,500 गाँवों में स्थापित की जा चुकी हैं और 30 लाख से भी अधिक किसानों को लाभ पहुँचा रही हैं।
- महिंद्रा शुभ लाभ सर्विसिज द्वारा पैदावार के सुनिश्चित स्तर सहित किसानों को निःशुल्क विस्तार सेवाएँ प्रदान की जाती है। मदुरै और तमिलनाडु में कंपनी के प्रयोग के परिणामस्वरूप कंपनी की सेवाएँ प्राप्त करने वाले किसानों की औसत पैदावार यथेष्ट रूप से बढ़ी है।

प्रश्न 36. स्वैच्छिक संगठनों को व्यावसायिकता और मूलभूत सक्षमता प्राप्त करना क्यों आवश्यक है? संक्षिप्त में समझाइए।

अथवा

स्वैच्छिक संगठनों में व्यावसायिकता और मूलभूत सक्षमता का अर्थ बताइए।

अथवा

अमर्त्य सेन की विकास की अवधारणा को समझाइए।

उत्तर– स्वैच्छिक संगठनों को निश्चय ही व्यावसायिकता और मूलभूत सक्षमताएँ अर्जित कर लेनी चाहिए ताकि वे उत्साहवर्धक समुदाय-आधारित संगठनों के रूप में उभर सकें।

व्यावसायिकता का अर्थ है–सांगठनिक, प्रशासनिक/प्रबंधकीय तथा राज्य व अन्य संस्थागत वित्तपोषण अभिकरणों की अन्य सभी अपेक्षाओं के अनुसार चलने की योग्यता, जैसे रिपोर्टों और उचित फार्म में लेखा-खातों को नियमित जमा करना; निगरानी और मूल्यांकन; प्रबंधन सूचना प्रणाली अपनाना; लागत और लाभ दर्शाना, वांछित गुणवत्ता के परियोजना प्रस्ताव जमा करने की योग्यता; ग्रामीण निर्धन वर्ग और पणधारियों को संगठित करने की योग्यता; वित्तपोषण अभिकरण के साथ-साथ पणधारियों के प्रति जवाबदेही संबंधी एक उचित प्रणाली स्थापित करना तथा उनके काम में पारदर्शिता कायम करना।

मूलभूत सक्षमता का निहित अर्थ है–पणधारियों की संतुष्टि के लिए परियोजना कार्य को व्यावसायिक ढंग से करने में विशेषीकृत ज्ञान अथवा सक्षमता। उनका कार्य-निष्पादन इस प्रकार का होना चाहिए कि वित्तपोषण अभिकरणों को उनके पैसे का मूल्य प्राप्त हो जाए। स्वैच्छिक संगठनों को इसके लिए विभिन्न विषयों में अथवा प्रबंधन आदि में शिक्षण के जाने-माने केंद्रों में विशेषीकृत प्रशिक्षण प्राप्त करना आवश्यक होगा। अंतर्राष्ट्रीय एनजीओज के काम में यह प्रचलन कार्यरूप ले चुका है परंतु भारत में इसकी शुरुआत मात्र हुई है, जो यह दर्शाता है कि क्यों हमारे यहाँ गरीबी-उन्मूलन, आपदा सहायता आदि सामान्य विकास गतिविधियों में लगे बड़ी संख्या में स्वैच्छिक संगठनों के मुकाबले, ग्रामीण क्षेत्रों में विज्ञान और प्रौद्योगिकी सक्षम स्वैच्छिक संगठनों अथवा स्वास्थ्य या खाद्य-सुरक्षा सक्षम स्वैच्छिक संगठन बहुत कम हैं।

व्यावसायिकता और प्रमुख योग्यताओं की कमी के कारण स्वैच्छिक संगठन ग्रामीण क्षेत्र में निर्णायक मोड़ पर हैं। स्वैच्छिक संगठन प्राय: एक अलग प्रकार के संगठन प्रतीत होते हैं जो अधिकांश रूप में वित्त-प्रेरित, अव्यावसायिक और मूलभूत सक्षमता के अभाव से ग्रस्त होते हैं। तथापि, ग्राम विकास में प्राथमिकताएँ तेजी से बदल रही हैं, जिनमें स्वैच्छिक संगठनों की ओर से विशेषीकृत ज्ञान और प्रशिक्षण की अपेक्षा होती है। इस समस्या का संज्ञान लेते हुए, योजना आयोग द्वारा स्वैच्छिक क्षेत्र के लिए प्रारूप नीति (Draft Policy), 2006 तैयार की गई है जिसमें स्वैच्छिक संगठनों के कार्य में व्यावसायिकता और मूलभूत सक्षमता बढ़ाने को प्रोत्साहन देने के लिए एक विस्तृत प्रणाली सुधार योजना प्रस्तुत की गई है। केवल विशेषीकृत विशेषताओं से संपन्न स्वैच्छिक संगठन ही ग्राम विकास में प्रभावशाली राज्य साझीदारों के रूप में काम कर सकते हैं। ग्रामवासियों को विकास आधार-सामग्री और सेवाएँ मुहैया कराने में राज्य अभिकरणों की विफलता अथवा गरीबों तक पहुँचने व उनके लिए कार्य करने में बाजारों की विफलताओं का अर्थ यह नहीं है कि स्वैच्छिक संगठनों के कार्यकलापों में ग्राम विकास से संबंधित विभिन्न समस्याओं के समाधान प्रस्तुत करने की क्षमता है।

अमर्त्य सेन (1999) ने विकास को स्वतंत्रता के रूप में लिया, इस तरह जिसका अर्थ है–मानवीय क्षमताओं और पात्रताओं को बढ़ाने के लिए किए जा रहे प्रयासों में जन-भागीदारी का विस्तार करना तथा लोगों द्वारा विकल्पों का व्यापक उपयोग करना। निर्धन वर्ग ग्रामीण परिवेश में बाधा है, जो जाति और वर्गगत अवरोधों से अभिलक्षित होता है। संघ बनाने के अधिकार का प्रयोग तथा ग्राम सभाओं में सदस्य के रूप में विकास प्रक्रिया में सहभागिता आदि कार्य ग्रामीण क्षेत्रों में विकास और सशक्तिकरण के आरंभ बिंदु हैं। यद्यपि ग्राम सभा अथवा पंचायत स्तरों पर एक विशेष तरह की राजनीति का सम्मिलित होना अपरिहार्य है। स्वैच्छिक संगठन फिर भी असंगठित निर्धन वर्ग की आवाज आगे तक पहुँचा सकते हैं, वंचना के स्थानीय मुद्दों को उठा सकते हैं और ग्राम विकास की प्रक्रिया में प्रभावशाली ढंग से योगदान कर सकते हैं। ऐसा करने मात्र से ही लोकतंत्र की जड़ें गहरी और सुदृढ़ होंगी, क्योंकि एक बार मर्माघात करने पर ही (पंचायत के शक्ति प्रदर्शन के बावजूद), स्वैच्छिक संगठन ग्रामीण समाज में विकास, सशक्तिकरण और लोकतंत्र के एक प्रभावकारी माध्यम के रूप में उभर सकते हैं। हम इस तरह इस विचार सहित यह निष्कर्ष निकाल सकते हैं कि स्वैच्छिक संगठन और ग्राम विकास निस्संदेह विभिन्न कारणों से एक निर्णायक मोड़ पर हैं, परंतु विकास की गतिशीलता ही अभिसरण की एक प्रक्रिया द्वारा ग्रामीण अर्थव्यवस्था और स्वैच्छिक संगठनों के लिए एक सकारात्मक भूमिका के लिए संभावना सुनिश्चित कर सकेगी।

4

अध्याय

स्वैच्छिक संगठनः ग्राम विकास में भूमिका और अनुभव (VOs: Role and Experiences in Rural Development)

भूमिका

ग्रामीण विकास हेतु विविध क्षेत्रों में स्वैच्छिक संगठन महत्त्वपूर्ण भूमिका निभा सकते हैं। ऐसे संगठनों में निःस्वार्थ भाव से कार्य करने वाले व्यक्तियों का होना आवश्यक है। यदि स्वयंसेवी संस्थाएँ अपनी ही क्षमताओं व संसाधनों के बलबूते पर डटी रहती हैं तो उनकी साख बनती है और उन्हें जनसहयोग मिलता है।

स्वैच्छिक संगठनों की भूमिका को अंतर्राष्ट्रीय और राष्ट्रीय स्तर पर भी व्यापक मान्यता प्राप्त हुई है। ये संगठन बहुत हद तक लोगों को सहायता प्रदान करने में सफल हुए हैं। यह एक महत्त्वपूर्ण तथ्य है कि कोई भी विकास कार्यक्रम तब तक सफल नहीं हो सकता जब तक उनमें वे लोग शामिल न हों, जिनके लिए वे चलाए जा रहे हैं। ऐसे कार्यों को स्वयंसेवी संगठन अच्छी तरह से अंजाम दे रहे हैं।

प्रश्न 1. ग्राम विकास के संदर्भ में एनजीओज द्वारा अपनाए गए दृष्टिकोणों और राजकीय नीति के बीच संबंध की प्रकृति को स्पष्ट कीजिए।

अथवा

ग्राम विकास के संदर्भ में राज्य और एनजीओज के बीच संबंध की व्याख्या कीजिए।

[जून-2012, प्रश्न सं.-1]

उत्तर— भारत में राज्य और एनजीओज एक सहजीवी संबंध विकसित कर चुके हैं। राजकीय नीति और एनजीओ-दृष्टिकोणों के बीच संबंध राजकीय-सहायता प्राप्त एनजीओज के अस्तित्व और कार्यप्रणाली को समझने के लिए अति महत्त्वपूर्ण हैं।

एनजीओ-दृष्टिकोण (NGO-Approaches)—राज्य और एनजीओज के ग्राम विकास से जुड़े अनेक समान सरोकार और उद्देश्य साझे ही हैं। तथापि, राज्य के अधिकांशत: 'ऊपर से नीचे' के दृष्टिकोणों की तुलना में, एनजीओ प्राय: छोटे पैमानों पर काम करते हैं और ग्रामीण क्षेत्रों में अधिक संकेंद्रित विकासात्मक कार्य करते हैं। एनजीओज ने जनभागीदारी से अपना सुस्पष्ट संबंध और ग्रामीण समाज के अलाभान्वित वर्गों के सामाजिक उत्थान के प्रति अधिक वचनबद्धता का प्रदर्शन किया है। राज्य की सहायता पाकर कुछ एनजीओ गरीबी के लक्षणों से निबटने के लिए अभिलक्षित कार्यक्रमों में लगे हुए हैं, जैसे—खराब स्वास्थ्य, निम्न शिक्षा स्तर, घटिया सफाई-व्यवस्था, निकृष्ट आवास आदि। बहुत से अन्य एनजीओज ने भूमि और कृषि, ऋण सुविधाओं और कौशल प्रशिक्षण आदि में सुधारों का प्रयास करती राज्य-प्रायोजित योजनाओं के माध्यम से परिसंपत्ति-निर्माण और आय-अर्जन में ग्रामीण निर्धन वर्ग को सक्षम बनाने के लिए संघर्ष किया है। एनजीओज के ऐसे सभी प्रयास अधिकांशत: ग्रामीण समाज में विषम सामाजिक और आर्थिक संरचनाओं के समक्ष कोई भी गंभीर चुनौती न रखते हुए ग्राम विकास के लिए सहमतिपूर्ण दृष्टिकोण पर ही केंद्रित रहे हैं। ऐसा होते हुए भी 1970 के दशक के उत्तरार्ध से, कुछ एनजीओज ने सामाजिक क्रिया का दृष्टिकोण भी अपनाया और सुविधावंचित वर्गों के बीच सामाजिक-राजनीतिक सक्रियतावाद का प्रचार-प्रसार किया जिससे फिर ग्रामीण समाज के प्रगतिशील सामाजिक रूपांतरण का प्रयास किया गया।

गैर-सरकारी संगठनों की उत्पत्ति से जुड़ी एक खास विशेषता है कि वे प्रशिक्षण, मूल्यांकन और प्रलेखन के रूप में अन्य एनजीओज को समर्थन सेवाएँ प्रदान करते हैं। उदाहरण के लिए कुछ संगठन हैं—प्रोफेशनल एसिस्टेंस फॉर डेवलपमेंट एक्शन, प्रदान (PRADAN), पार्टिसिपेंटरी रिसर्च इन एशिया, प्रिया (PRIA) और सर्च (SEARCH) बेंगलुरू में। एनजीओज ने नेटवर्क भी स्थापित किए हैं ताकि विधान और नीति-निरूपण पर राज्य के साथ बातचीत में एक साझा मोर्चा प्रस्तुत किया जा सके। उदाहरण के लिए, अनेक एनजीओज ने भारत में स्वैच्छिक क्रिया को बढ़ावा देने के लिए एक साझा मंच स्वरूप वालंट्री एक्शन इन इंडिया, वाणी (VANI) का गठन किया है। वाणी संसाधन सामग्री उपलब्ध कराता है और एनजीओज के लिए वृहत्तर महत्त्व के कार्यनीतिक मुद्दों पर सम्मेलन आयोजित करता है। अन्य उदाहरण हैं—कर्नाटक में फेडरेशन ऑफ वालंट्री आर्गेनाइजेशन्स फॉर रूरल डेवलपमेंट, एफ.ई.वी.ओ.आर.डी.-के. (FEVORD-K) और तमिलनाडु में एसोसिएशन ऑफ वालंट्री एजेंसिज, ए.वी.ए. (AVA)।

राजकीय नीति से संबंध (Relations with State Policy)—राजकीय वित्तपोषण के प्रावधानों के साथ परिवर्तन और विकास के प्रति भारतीय राज्य के लोकतांत्रिक दृष्टिकोण और प्रतिबद्धता ने स्वतंत्रता प्राप्ति से ही स्वैच्छिक क्षेत्र के विस्तार को यथेष्ट बल दिया है। प्रथम

पंचवर्षीय योजना (1951-56) से आरंभ कर राज्य ने परिवर्तन और विकास की प्रक्रिया के लिए एक अभिन्न वांछनीयता के रूप में लोगों की स्वैच्छिक भागीदारी पर जोर दिया। तथापि, ऐसा मुख्य रूप से सातवीं पंचवर्षीय योजना (1985-90) में ही हुआ, जबकि एनजीओज की भूमिका को सुस्पष्ट रूप से मान्यता दी गई और उन्हें ग्राम विकास में सहभागियों के रूप में सुनिश्चित किया गया। एक मार्गदर्शी योजना, किंचित सामान्य रूप से बनाई गई जिसमें ग्राम विकास में परस्पर सहयोगात्मक भूमिका निभाने के लिए राज्य-संस्थाओं और एनजीओज पर विचार किया गया। सातवीं पंचवर्षीय योजना (1985-90) में ग्रामीण क्षेत्रों में अभियान अर्थात् 'मिशन' रूप से चलाई गई विकास गतिविधियों के विस्तार को भी देखा गया, जैसे कि साक्षरता अभियान, पेयजल, स्वास्थ्य और परिवार कल्याण, तिलहन, दीर्घकालिक या जीर्ण रोग उन्मूलन आदि पर मिशन। इन विकास गतिविधियों में स्थानीय समुदायों में जनसामान्य स्तर पर कार्य करने संबंधी ज्ञान और अनुभव की आवश्यकता थी। भारतीय राज्य को इस तथ्य का ज्ञान था कि उसके संबंधित विभागों में कार्य-नियमों की कठोरता, नौकरशाही दृष्टिकोण और अधिक महत्त्वपूर्ण रूप से, ऊँची कार्मिक लागतों और सीमित पहुँच क्षमता के कारण ऐसे कार्यकलापों के स्वतंत्रतापूर्वक निष्पादन के लिए वांछित सामर्थ्य का अभाव है। राज्य ने ग्रामीण क्षेत्रों में उपयुक्त 'परिवर्तन अभिकर्त्ता' के रूप में स्थानीय समुदायों में कार्यरत योग्यता प्राप्त और अभिप्रेरित कर्मचारियों द्वारा चलाए जाने वाले एनजीओज को यथायोग्य मान्यता भी प्रदान की। इस प्रकार, राज्य ने ग्रामीण समाज में विकास कार्यक्रमों के क्रियान्वयन में सहभागियों के रूप में एनजीओज को शामिल करने के लिए प्रयास किए।

पिछले कई वर्षों में, एनजीओज के लिए राज्य वित्तपोषण में एक वृद्धिजनक बढ़ोतरी देखी गई है। राज्य-एनजीओ साझेदारी को मूल रूप से कम कीमत पर और ग्राम विकास प्रक्रिया में वृहत्तर भागीदारी के साथ ग्रामीण गरीब वर्ग को अनेक पसंदों और विकल्पों को प्रस्तुत करने में सहायक समझा गया।

मूलभूत अवधारणाएँ जो राजकीय नीति और एनजीओज-दृष्टिकोणों के बीच संबंध के प्रति महत्त्वपूर्ण रही हैं, इस प्रकार हैं–

- राज्य ने अपनी संस्थाओं के माध्यम से एनजीओज को ग्राम विकास परियोजनाओं और कार्यक्रमों के क्रियान्वयन में शामिल करने के लिए प्रयास किए हैं, इसमें राज्य की यह प्रत्याशा है कि एनजीओज ग्रामीण क्षेत्रों में लाभार्थियों तक अधिक लागत-सार्थक तरीके से पहुँच सकती है, और
- राज्य ने अधिकतर ग्राम विकास के क्षेत्र में एनजीओज के विचारों, नवप्रवर्तनों और अनुभवों के 'आकार वर्धन' अर्थात् बढ़ाने के लिए प्रयास किया है।

एक सही नीतिगत ढाँचा निरूपित करने संबंधी आवश्यकता को पूरा करने के लिए प्रेरणा निम्न से मिली–

- एनजीओज की व्यापक वृद्धि;
- एनजीओज के कार्य को पंचायती राज संस्थाओं के साथ मिलकर करने की आवश्यकता;
- ग्राम विकास कार्यक्रमों के सामाजिक-आर्थिक लाभों को अनुकूलतम बनाने की आवश्यकता;

- अब तक अछूते-ग्रामीण निर्धन वर्ग दलितों, अनुसूचित जनजातियों और ग्रामीण समाज के सुविधावंचित वर्गों तक पहुँचना; और
- परिवर्तन और विकास की प्रक्रिया में राज्य-सहभागी के रूप में एनजीओज को सौंपी गई भूमिका और जिम्मेदारियों में वृद्धि।

राज्य के मूलभूत सरोकारों को स्वैच्छिक क्षेत्र पर राष्ट्रीय नीति, 2004 (प्रारूप) में स्पष्ट देखा जा सकता है।

राजकीय नीति के उद्देश्य (Objectives of State Policy)–स्वैच्छिक क्षेत्र से संबंधित वर्तमान राजकीय नीति के उद्देश्य इस प्रकार हैं–

- स्वैच्छिक क्रिया और स्वैच्छिक संगठनों को बढ़ावा देने के लिए एक अनुभूति देने वाला कानूनी परिवेश तैयार करना;
- लोगों, विशेषकर गरीबों, बहिष्कृत और अलाभान्वित के लिए आर्थिक और सामाजिक सेवाओं के अभिकल्पन और हस्तांतरण में स्वैच्छिक क्षेत्र की भागीदारी को बढ़ावा देना;
- पक्ष-समर्थन, जागरूकता पैदा करने और सामाजिक संघटन में स्वैच्छिक क्षेत्र की भूमिका को बढ़ाना;
- राज्य आपदा प्रबंधन और जनसामान्य स्तर पर सामाजिक क्षमता-निर्माण में एक सहभागी के रूप में कार्य करने के लिए स्वैच्छिक क्षेत्र की क्षमता का समेकन और विस्तारण;
- सार्वजनिक संस्थाओं के रखवाले की भूमिका प्रभावशाली ढंग से निभाने और जन-कार्यकर्त्ताओं के जागरूक रक्षकों के रूप में कार्य करने के लिए स्वैच्छिक क्षेत्र को समर्थ बनाना;
- अनुचित रुकावट अथवा समझौतों के बिना अपना कार्य करने के लिए स्वैच्छिक क्षेत्र को वित्तीय संसाधनों के समुचित प्रवाह के लिए एक प्राधार प्रदान करना;
- उद्यमवृत्ति, प्रौद्योगिकियों और कौशलों के हस्तांतरण के लिए एक साधन के रूप में कार्य करने के लिए स्वैच्छिक क्षेत्र की क्षमता में सुधार लाना; और
- ऐसे उपाय सुझाना जिनके माध्यम से स्वैच्छिक क्षेत्र की साख और छवि में जन-साधारण के बीच निरंतर वृद्धि की जा सके।

विकास में राज्य और स्वैच्छिक संगठनों की सहभागिता (State VOs Partnership in Development)–उपर्युक्त उद्देश्यों के संदर्भ में नीति प्रलेख यह अभिकल्पित करता है कि राज्य निम्न के लिए कड़ा प्रयास करेगा–

- सार्वजनिक सेवा-प्रदाय संस्थाओं में स्वयंसेवकों के शामिल होने को बढ़ावा देना, जैसे विद्यालय, व्यावसायिक प्रशिक्षण केंद्र, परिवार कल्याण केंद्र, प्राथमिक स्वास्थ्य केंद्र, अस्पताल आदि;
- स्वैच्छिक कार्य करने के लिए स्वैच्छिक संगठनों द्वारा सरकारी सुविधाओं का प्रयोग किए जाने को बढ़ावा देना ताकि सार्वजनिक और सामुदायिक परिसंपत्तियों के उपयोग में सुधार लाया जा सके;

- स्थानीय चिंताओं और सामान्य-जन की आवश्यकताओं के साथ स्वैच्छिक क्षेत्र के परिचय को ध्यान में रखते हुए जिला, खंड और ग्राम स्तरों पर योजना बनाने में स्वैच्छिक संगठनों को शामिल करने के लिए प्रोत्साहन;
- पक्ष-समर्थन और योजना-निर्माण के उद्देश्य से स्थानीय डेटाबेस विकसित और संपोषित करने के लिए स्वैच्छिक संगठनों को प्रोत्साहन और समर्थन प्रदान करना;
- आर्थिक और सामाजिक नीति, विकास हस्तक्षेपों के नियोजन और अभिकल्पन से जुड़े विषयों पर नियमित विचार-विमर्श के लिए प्रमाणित क्षमता वाले स्वैच्छिक संगठनों और नेटवर्क संगठनों की प्रतिनिधि सूचियाँ तैयार किए जाने में मदद करना;
- शक्ति और सत्ता के उचित अधिकार सौंपने के साथ विभिन्न सार्वजनिक सेवा-सुविधाओं और कल्याण योजनाओं के प्रबंधन और परिचालन में स्वैच्छिक संगठनों को शामिल करने के लिए राज्य और स्थानीय सरकार को प्रोत्साहित करना;
- उचित दिशा निर्देश तैयार करना ताकि स्वैच्छिक संगठन सार्वजनिक-निजी सहभागिता के अभिप्राय से उपयुक्त स्थानीय, सार्वजनिक और/अथवा सामुदायिक परियोजनाओं को चलाने के लिए अभीष्ट माध्यम बन सकें;
- सार्वजनिक सुविधाओं के परिचालन की निगरानी तथा सामाजिक क्षेत्रों में सरकारी परियोजनाओं और योजनाओं के क्रियान्वयन में स्वैच्छिक संगठनों के शामिल होने को, एक चरणबद्ध तरीके से, संस्थागत बनाना। यह सुनिश्चित करने के लिए सतर्कता बरती जाएगी कि स्वैच्छिक संगठनों के निगरानी कार्य और क्रियान्वयन में उनकी प्रत्यक्ष भागीदारी के बीच कोई हित का टकराव न हो;
- सभी सरकारी योजनाओं और कार्यक्रमों, विशेषकर वे जो लाभार्थी-उन्मुख हैं, के उद्देश्यों, लक्ष्यों और प्रकृति के विषय में यथासंभव अधिकाधिक प्रचार करने में स्वैच्छिक संगठनों को शामिल करना;
- अत्यंत जरूरी सामाजिक और आर्थिक मुद्दों के विषय में जन जागरूकता लाने के लिए, वित्तीय सहयोग के प्रावधान समेत, स्वैच्छिक क्षेत्र के साथ सक्रिय रूप से काम में लगना; तथा
- सरकार और स्वैच्छिक क्षेत्र के बीच आपसी समझ और समानुभूति को बढ़ावा दिए जाने के उद्देश्य से स्वैच्छिक क्रिया में सहभागिता के लिए सरकारी/सार्वजनिक क्षेत्र के कर्मचारियों को प्रोत्साहित करना।

प्रश्न 2. स्वैच्छिक कार्य प्रकोष्ठ पर संक्षिप्त टिप्पणी लिखिए।

[जून-2012, प्रश्न सं.-4 (f)]

अथवा

स्वैच्छिक क्रिया एकक पर संक्षिप्त टिप्पणी लिखिए।

[जून-2014, प्रश्न सं.-5 (छ)]

उत्तर– स्वैच्छिक क्षेत्र के लिए एक केंद्रीय नीति और समन्वयक निकाय की आवश्यकता कुछ समय से महसूस की जा रही है क्योंकि केंद्रीय मंत्रालय, स्वायत्त निकाय और राज्य सरकारें लेखापरीक्षण, निगरानी और मूल्यांकन समेत भिन्न-भिन्न नीतियाँ, नियम और वित्तपोषण व्यवस्थाएँ

अपनाते रहे हैं। इस अस्पष्ट दशा ने एनजीओज के साथ कार्य-व्यवहार में राज्य वित्तपोषण अभिकरणों को पर्याप्त साध्यता और लचीलापन प्रदान किया है। तथापि, विभिन्न प्राधिकरणों द्वारा अपनाई गईं प्रणालियाँ और कार्यविधियाँ प्राय: विपरीत रहीं हैं और गैर-सरकारी संगठनों के लिए विभिन्न समस्याएँ पैदा करती रही हैं। विभिन्न प्राधिकरणों के तहत विविध कार्यकलापों को करने वाले संगठन प्राय: अपनी समस्याओं के निदानार्थ उपलब्ध किसी भी मंच के बिना ही विभिन्न नियमों और मानदंडों के अधीन रहे हैं। इन अनिश्चितताओं को दूर करने व देश में स्वैच्छिक संगठनों का एक डेटा-बेस तैयार करने के लिए केंद्र सरकार ने वर्ष 2000-01 में स्वैच्छिक क्षेत्र के लिए नोडल अभिकरण स्वरूप योजना आयोग को नियुक्त किया था। एक सलाहकार और एक उप-सलाहकार के अधीन योजना आयोग के अंतर्गत एक स्वैच्छिक कार्य प्रकोष्ठ (वी.ए.सी.) गठित किया गया जहाँ सलाहकार और उपसलाहकार दोनों प्रकोष्ठ के प्रभारी सदस्य के अधीन काम करते हैं। एनजीओज के साथ एक विचार-विमर्श प्रक्रिया के माध्यम से इस प्रकोष्ठ ने दसवीं पंचवर्षीय योजना में एक 'स्वैच्छिक क्षेत्र की भूमिका पर संकल्पना पत्र' तैयार किया। राज्य और स्वैच्छिक क्षेत्र के बीच सहयोगकारी संबंध के लिए संयुक्त कार्यतंत्र को योजना आयोग के उपाध्यक्ष की अध्यक्षता में राष्ट्रीय स्तर पर पुनर्गठित किया गया। इसी ने एक स्वैच्छिक क्षेत्र संबंधी राष्ट्रीय नीति, 2004 (प्रारूप) तैयार की।

वर्तमान राजकीय नीतिगत दृष्टिकोण जैसा कि एनजीओज के क्षमता-निर्माण और प्रशिक्षण से संबंधित इस प्रारूप नीति प्रलेख में स्पष्ट किया गया, यह अभिकल्पित करता है–

- स्वैच्छिक क्रिया अथवा सामाजिक उद्यमवृत्ति में एक व्यवसाय के इच्छुक व्यक्तियों को व्यावसायिक प्रशिक्षण प्रदान करने के लिए ऐसी संस्थाओं को बढ़ावा देना जो स्वैच्छिक संगठनों और नेटवर्क संगठनों द्वारा प्रायोजित हों;
- संगठनात्मक, प्रबंधकीय और तकनीकी कौशल प्रदान करने के लिए प्रशिक्षण कार्यशालाएँ आयोजित करने में स्वैच्छिक संगठनों को प्रोत्साहन और सहायता देना;
- पंचायती राज संस्थाओं के प्रशिक्षण, स्थानीय क्षमता-निर्माण और क्षमता उन्नयन आदि के आयोजन में स्वैच्छिक संगठनों को प्रोत्साहन और सहायता प्रदान करना;
- प्रौद्योगिकियों के व्यापक प्रसार के लिए स्वैच्छिक क्षेत्र और लोक विज्ञान और प्रौद्योगिकी संस्थानों के बीच संबंधों को स्थापित करने में सहायता प्रदान करना;
- उनकी क्षमताओं को बढ़ाने के लिए उचित प्रशिक्षण प्रदान करना; तथा
- स्वैच्छिक क्षेत्र को वर्तमान सामाजिक और आर्थिक मुद्दों से अवगत कराना ताकि नीतिगत चर्चा में भागीदारी के लिए उनकी क्षमता में वृद्धि हो।

स्वैच्छिक कार्य प्रकोष्ठ ने लगभग 15,000 स्वैच्छिक संगठनों का एक डेटाबेस भी तैयार किया है। यह डेटाबेस विभिन्न संस्थागत वित्तपोषण अभिकरणों द्वारा स्वैच्छिक संगठनों के श्रेणीकरण के अलावा विभिन्न स्वैच्छिक संगठनों की गतिविधियों, प्राप्त धन की प्रकृति और क्षमताओं के विषय में विस्तृत जानकारी प्रस्तुत करता है। फिर भी यह ध्यान में रखना चाहिए कि योजना आयोग ने अभी तक स्वैच्छिक संगठनों के श्रेणीकरण के लिए अपनी कोई प्रणाली विकसित नहीं की है। योजना आयोग मात्र 'योग्य और वैध' एनजीओज की सूची पर निर्भर रहता है जो कि भागीदार एनजीओज के कार्यनिष्पादन संबंधी उनकी आंतरिक समीक्षाओं पर आधारित दानदाताओं द्वारा मूल्यांकित की गई है। स्वैच्छिक कार्य प्रकोष्ठ की एनजीओज के राजकीय वित्तपोषण में कोई

भूमिका नहीं होती। वह राजकीय सहायता के लिए एनजीओज से आवेदन भी प्राप्त (अथवा अनुमोदित) नहीं करता। इस प्रकोष्ठ में अभी एनजीओज के प्रशासन के लिए मंत्रालयों अथवा स्वायत्त अभिकरणों में कोई सलाहकारी अथवा समन्वयकारी भूमिका भी धारण नहीं की है।

प्रश्न 3. निम्न पर संक्षिप्त टिप्पणी लिखिए–
(i) स्वर्ण जयंती ग्राम स्वरोजगार योजना

उत्तर– स्वर्ण जयंती ग्राम स्वरोजगार योजना (ए.जी.एस.वाई.) मुख्य रूप से एक ऋण-प्रेरित स्वरोजगार कार्यक्रम है और जो चार चरणों में एक प्रक्रियोन्मुखी दृष्टिकोण में बदल सकती है–

- स्व-सहायता समूहों के गठन के लिए सामाजिक संघटन;
- समूह के बीच बचत और एक आवर्ती कोष के प्रावधान के साथ अपने सदस्यों के बीच आंतरिक ऋणदान;
- लघु वित्त व्यवस्था; तथा
- लघु उद्यम विकास।

स्वर्ण जयंती ग्राम स्वरोजगार योजना ने स्व-सहायता समूहों के गठन में एनजीओज को एक मुख्य भूमिका प्रदान की। सरकार स्पष्ट रूप से एनजीओज पर निर्भर करती थी क्योंकि स्व-सहायता समूहों के सीधे गठन के लिए उसके पास कोई अन्य अभिकरण नहीं था। स्व-सहायता समूहों समेत स्वर्ण जयंती ग्राम स्वरोजगार योजना की ऋण-प्रदाय व्यवस्था में वित्तीय मध्यस्थता में एनजीओज की संलिप्तता को बढ़ावा देने की नीति इस कार्यक्रम का प्रमुख आधार स्तंभ रही है। माना जाता है कि सामाजिक संघटन ही स्व-सहायता समूहों के गठन में सबसे महत्त्वपूर्ण कदम है। इसमें गरीबों और पद दलितों की मदद करने और एक सफल उत्प्रेरक के रूप में काम करने के लिए एनजीओज के न सिर्फ व्यावसायिक कौशलों बल्कि उनके विशिष्ट आदर्शवाद और अभिप्रेरणा की भी अपेक्षा होती है। पंचायती राज संस्थाओं और एनजीओज की स्व-सहायता समूहों के गठन में प्रारंभिक महत्त्वपूर्ण भूमिकाएँ हैं। तदोपरांत, अपने प्रयास में सफलता प्राप्त करने के लिए इस कार्यक्रम में शामिल संस्थाओं के साथ सुदृढ़ नेटवर्क और संबंध बनाए जाने होते हैं, जैसे राष्ट्रीय कृषि और ग्राम विकास बैंक (नाबार्ड), राष्ट्रीय महिला कोष (आर.एम.के.), भारतीय लघु उद्योग विकास बैंक (सिडबी) आदि, जिसमें एनजीओज ही मुख्य अभिकर्त्ता रहेंगे। स्वर्ण जयंती ग्राम स्वरोजगार योजना मूलत: एक ऋण-प्रेरित कार्यक्रम है। यह प्रभावशाली ढंग से ग्रामीण गरीब वर्ग को वाणिज्यिक बैंकिंग माध्यमों से जोड़ने के लिए वाणिज्यिक बैंकों की शक्ति को एनजीओज की मध्यस्थता क्षमताओं के साथ जोड़ने पर अभिलक्षित होती है। इसे गरीबों को ऋण प्रदान किए जाने के लिए एक लागत-सार्थक विकल्प के रूप में देखा जाता है, क्योंकि बैंक ही निम्न विनिमय लागतों के साथ बड़ी संख्या में ऋणधारकों तक पहुँचने में समर्थ हो सकते हैं।

(ii) श्रम और रोजगार क्षेत्र में एनजीओज की भूमिका

उत्तर– श्रम और रोजगार क्षेत्र में एनजीओज की भूमिका पर भारतीय योजना-निर्माण के आरंभ से ही जोर दिया जाता रहा है। ग्रामीण युवा वर्ग को रोजगार के लिए व्यावसायिक प्रशिक्षण के प्रावधान के साथ-साथ ग्रामीण रोजगार के सृजन के लिए, ग्रामीण गैर-कृषि क्षेत्र की विशाल क्षमता उपयोग में लाने के लिए इसके विस्तार को 'कपार्ट' और खादी ग्रामोद्योग कमीशन (के.वी.आई.सी.) के कार्यकलापों में उच्च प्राथमिकता दी गई है, जो कि उनके सहभागी एनजीओज द्वारा ही चलाए जाते हैं। सेल्फ एंप्लाएड वीमेंस एसोसिएशन, सेवा अर्थात् स्व-नियोजित

महिला संघ (एस.ई.डब्ल्यू.ए.) जिसने अपना कार्य मुंबई और अहमदाबाद में औद्योगिक श्रमिक परिवारों की स्त्रियों के बीच आरंभ किया, गरीब महिलाओं के लिए व्यावसायिक कौशल शिक्षण, मूल्यवर्धन और आय-सृजन में स्वैच्छिक क्रिया का एक उत्कृष्ट उदाहरण है। शहरी और ग्रामीण क्षेत्रों में अनेक एनजीओज ने असंगठित क्षेत्र में कार्यरत पुरुषों और महिलाओं के काम को अपने ऊपर लिया है ताकि उन्हें बेहतर पारिश्रमिक और कार्यदशाएँ मुहैया करा सकें। तथापि, बंधुआ मजदूरी और बाल श्रम मिटाने के प्रयासों में एनजीओज के पक्ष-समर्थन की भूमिका सर्वाधिक सुस्पष्ट है और इसे राज्य द्वारा मान्यता प्राप्त है। ग्रामीण निर्धन वर्ग तथा भूमिहीन कृषि-श्रमिकों और प्रवासी श्रमिकों को संगठित करना 'कपार्ट' का एक महत्त्वपूर्ण कार्यकलाप है जिसके लिए सहभागी एनजीओज को वित्तीय सहायता प्राप्त की जाती है।

(iii) ग्रामीण क्षेत्रों में राज्य-प्रायोजित एनजीओज गतिविधियाँ

उत्तर– यह गतिविधियाँ अत्यधिक महत्त्व की हैं जो प्रौद्योगिकी हस्तांतरण और विस्तारण, वाटरशेड प्रबंधन, पेय-जल आपूर्ति, स्वच्छता और आवास क्षेत्र विकास से संबंधित हैं। यह प्रक्रिया राजकीय नीति से प्रत्यक्ष रूप से जुड़ी हुई है, जो कि इन विकास गतिविधियों में एनजीओज को साझेदार बनाने का प्रयास करती है।

राज्य ने क्षेत्र-प्रदर्शनों के माध्यम से कृषि विस्तार के लिए नवप्रवर्तनकारी दृष्टिकोण विकसित करने में एनजीओज को प्रोत्साहित करने के प्रयास किए हैं। इन संगठनों को कृषि विज्ञान केंद्रों में एक प्रबल भागीदारी की दिशा में राजकीय नीति के माध्यम से बढ़ावा दिया जाता है। राज्य-संस्थाएँ ग्रामीण बुनियादी ढाँचे के निर्माण में इन संगठनों की ओर अधिक भागीदारी का प्रयास कर रही हैं, जैसे–ग्रामीण गोदाम, ग्रामीण बाजार, खाद्य और फल संसाधन के लिए प्रशिक्षण केंद्र। इन संगठनों को ग्रामीण क्षेत्रों में एक वृहद् स्तर पर बाँस और जट्रोफा कर्कस (Jatropha Curcas) के रोपण के द्वारा बाँस और जैव-ईंधन पर राष्ट्रीय मिशनों के तहत बाँस व्यापार और प्रौद्योगिकी विकास के लिए परियोजनाओं के क्रियान्वयन में एक विशेष भूमिका सौंपी जाती है।

राज्य ने, अपक्षयी भूमि के पुन: प्रयोग में लाने और वाटरशेड विकास परियोजनाओं के क्रियान्वयन में एनजीओज की सफलता को, यथायोग्य मान्यता प्रदान की है। इस तरह, राज्य ने तेजी से गिरते भू-जल स्तर से निबटने, सिंचाई के लिए वर्षा जल एकत्रण और समाज में इससे जुड़े जल-संरक्षण प्रयासों में इन संगठनों की उत्तरोत्तर भागीदारी का प्रयास किया है। दसवीं पंचवर्षीय योजना (2002-07) में उल्लेखनीय रूप से ग्रामीण क्षेत्रों में वाटरशेड प्रबंधन और पेयजल सुविधाओं की देख-रेख में और साथ ही, वर्तमान में देश के लगभग आधे जिलों को प्रभावित करती जल गुणवत्ता समस्या से निबटने में भी, एनजीओज की और अधिक भूमिका पर विचार किया गया है। यह ध्यान देने योग्य है कि राष्ट्रीय दूर संवेदन अभिकरण (National Remote Sensing Agency, NRSA), वाटरशेड एटलस के अनुसार, भारत में लगभग 30,000 वाटरशेट हैं जिनमें केवल 4000 के आस-पास ही विकासार्थ लिए गए हैं। राज्य ने वाटरशेड विकास के क्षेत्र में एनजीओज की सक्षमता को पहचाना है। इस प्रकार, राज्य ने वाटरशेड से संबंधित प्रौद्योगिकी हस्तांतरण और वाटरशेड प्लस कार्यक्रम के तहत विविध गतिविधियों को कार्यरूप देने के लिए इन संगठनों की भागीदारी अभिकल्पित की। इस संदर्भ में उल्लेखनीय है - वाटरशेड विकास में पुणे के निकट रालेगां सिद्धी में हिंद स्वराज ट्रस्ट, गुजरात में ए.एन.एम. सद्गुरू फाउंडेशन, अलवर में तरुण भारत संघ और कर्नाटक में मईराडा (एम.वाई.आर.ए.डी.ए.) के सफल अनुभव।

(iv) एनजीओज और सुविधावंचित समूह

उत्तर– अनुसूचित जातियों/अनुसूचित जनजातियों/अन्य पिछड़े वर्गों/अल्पसंख्यकों और शारीरिक अथवा मानसिक रूप से अक्षम व्यक्तियों के कल्याण कार्य को आगे बढ़ाने में एनजीओज की भूमिका समान रूप से ही महत्त्वपूर्ण है। दसवीं योजना (2002-07) में उल्लेख किया गया है कि "सुविधावंचित समूहों के लिए कार्यरत स्वैच्छिक संगठनों ने ऐसे दुर्गम क्षेत्रों में जहाँ ये समूह रहते हैं, विभिन्न विकास कार्यक्रमों के क्रियान्वयन में लक्ष्य समूहों के साथ सीधे संपर्कों/संबंधों के सहारे सामाजिक परिवर्तन के प्रभावशाली अभिकर्त्ताओं के रूप में अपनी प्रमाणिकताएँ पहले ही सिद्ध कर दी हैं।" अस्पृश्यता, अनुसूचित जातियों/अनुसूचित जनजातियों के प्रति अत्याचार जैसी सामाजिक बुराइयों से लड़ने के लिए लक्ष्य समूहों की सहायता करने में उनकी भूमिका को राज्य द्वारा भली-भाँति पहचाना जाता है। तथापि, अब भी बिहार, उत्तर प्रदेश, मध्य प्रदेश और छत्तीसगढ़ जैसे अनेक क्षेत्र हैं जहाँ स्वैच्छिक क्रिया अल्पतम है, वृद्ध और अशक्त निस्सहायों और बच्चों समेत प्राथमिकता के आधार पर सबसे जरूरतमंद लोगों तक पहुँचने के एक वृहद् उद्देश्य को लेकर एनजीओ नेटवर्क के सुदृढ़ीकरण और विस्तारण को एक नीतिगत आदेशसूचक के रूप में स्वीकार कर लिया गया है।

(v) एनजीओज और सामाजिक क्षेत्र

उत्तर– राजकीय नीति ने ग्रामीण क्षेत्रों में एनजीओज की संवृद्धि को बढ़ावा दिया है। महिलाओं व बच्चों (उनके वयस्क होने तक) के जीवन की सभी अवस्थाओं को शामिल करने वाले कार्यक्रम विकसित करने के लिए एक 'जीवन-चक्र दृष्टिकोण' के सहारे महिलाओं का आर्थिक और सामाजिक सशक्तिकरण, आहार और पौषणिक सुरक्षा का प्रावधान, बच्चों व खासकर बालिकाओं की उत्तरजीविता, संरक्षण और विकास, आदि लक्ष्यों को हासिल करने का प्रयास किया जाता है। इसने स्वाभाविक तौर पर एक परिवार-केंद्रित और समुदाय-आधारित गतिविधि की जरूरत को माना है जिसके लिए एनजीओज और समुदाय-आधारित संगठनों को सबसे उपयुक्त समझा जाता है। इस प्रकार, व्यवहारत: इस क्षेत्र में सभी प्रमुख पहलकारियों में एनजीओज ही मुख्य राजकीय साझीदार बनते हैं। ये क्षेत्र हैं–राष्ट्रीय महिला कोष, ग्रामीण क्षेत्रों में महिला और बाल विकास, महिला समाख्या योजना तथा चेतना-जागृति परियोजना आदि गरीब ग्रामीण महिलाओं के लिए हैं (जो कि ग्रामीण गरीबों का लगभग 70 प्रतिशत हैं)। राजकीय नीति संपर्क ने केंद्रीय स्वास्थ्य मंत्रालय की इस बात में मदद की है कि वह अपने स्वास्थ्य कार्यक्रमों में 7000 से भी अधिक एनजीओज को शामिल कर सके। ये कार्यक्रम हैं–कुष्ठ निवारण, अंधता नियंत्रण, एच.आई.वी./एड्स नियंत्रण आदि। परिवार कल्याण विभाग 97 मूल एनजीओज को धन मुहैया कराता है जिनमें 412 जिले और 800 से भी अधिक एनजीओज सम्मिलित हैं। राज्य सरकारें भी प्राथमिक स्वास्थ्य केंद्रों को अपनाने के लिए स्वास्थ्य सेवाएँ प्रदान करने में एनजीओज को शामिल करने का प्रयास कर रही हैं। अत: स्वास्थ्य क्षेत्र की एनजीओज का विस्तार राष्ट्रीय स्वास्थ्य नीति से प्रत्यक्ष रूप से संबंधित है जो ग्रामीण क्षेत्रों के लिए बनाई गई विभिन्न समर्थनकारी योजनाओं और कार्यक्रमों के अंतर्गत राज्य और एनजीओज के संबंधों पर आधारित है। एनजीओ बहुत ही सक्रिय रूप से राष्ट्रीय महिला आयोग की कार्यप्रणाली तथा महिलाओं व बच्चों के अधिकारों की रक्षा में गंभीरता से संलिप्त हैं। दसवीं योजना प्रलेख में बताया गया है कि 12,000 से भी अधिक स्वैच्छिक संगठनों का एक देशव्यापी नेटवर्क महिला सशक्तिकरण और बाल विकास

में एक बहुत ही महत्त्वपूर्ण भूमिका निभा रहा है क्योंकि वे सरकारी नीतियों और कार्यक्रमों के क्रियान्वयन संबंधी एक बड़ी जिम्मेदारी में सहभागी होते हैं। केंद्रीय समाज-कल्याण बोर्ड इस क्षेत्र में कार्यरत जनसाधारण स्तर पर स्वैच्छिक संगठनों के देशव्यापी नेटवर्क को अपना समर्थन प्रदान करता है।

प्रश्न 4. ग्राम विकास के परिप्रेक्ष्य में राज्य और गैर-सरकारी संगठनों का क्षमता निर्माण के बीच संबंध पर चर्चा कीजिए।

अथवा

ग्राम विकास के संदर्भ में राज्य और एनजीओज की क्षमता निर्माण के बीच संबंध पर चर्चा कीजिए। [दिसम्बर-2012, प्रश्न सं.-2]

अथवा

एनजीओज के सेवा विस्तार परिप्रेक्ष्य और क्षमता निर्माण परिप्रेक्ष्य में भेद कीजिए।

उत्तर– भारतीय राज्य ने माना है कि ग्रामीण एनजीओज के बीच व्यावसायिकता और मूलभूत सक्षमताओं को बढ़ाने की जरूरत है ताकि उन्हें ग्राम विकास की प्रक्रिया में प्रभावशाली साझेदार बनाने में सक्षम किया जा सके।

एनजीओज की सफलता की सही कसौटी उनकी सेवाएँ प्रदान करने तथा राज्य अथवा किसी भी अन्य संस्थागत अभिकरण द्वारा वित्तपोषण के होते हुए भी जन-समर्थन पर आधारित कार्य जारी रखने की क्षमता में निहित होती है। भारत में इन मानदंडों के तहत योग्य सिद्ध होने वाले एनजीओ अधिक नहीं हैं। आज तक परखे गए एनजीओज का श्रेणीकरण केवल सामुदायिक संघटन, क्रियान्वयन की गुणवत्ता और पणधारियों के प्रत्युत्तर पर आधारित रहा है। भारत में, विकास क्षेत्रों में एनजीओज की दो भूमिकाएँ रही हैं, नामत: (1) विकास के विषय में जागरूकता लाने में तथा व्यवस्था और इसकी परियोजनाओं, सुविधाओं आदि का लाभ लेने के लिए समुदाय की मदद करने में और नागरिकों के रूप में और अपने कर्त्तव्यों को पूरा करते समय अधिकारों का लाभ उठाने के लिए भी एक पक्ष-समर्थन भूमिका; तथा (2) विकास के विशेष कार्यों जैसे–अस्पताल चलाना, प्रतिरक्षण अभियान का आयोजन, समयबद्ध परियोजनाओं को क्रियान्वित करना, आदि विशिष्ट विकास गतिविधियों के क्रियान्वयन में शामिल अन्य संस्थाओं अथवा राज्य के साथ साझेदारियाँ। इन दोनों ही भूमिकाओं में एनजीओज के बीच व्यावसायिकता और मूलभूत सक्षमताएँ विकसित करने की आवश्यकता पड़ती है, जिन्हें उन्नत और बेहतर किया जाना ही चाहिए ताकि एनजीओज विकास गतिविधियों के संबंध में सहभागियों के रूप में कार्य कर सकें।

दसवीं पंचवर्षीय योजना (2002-07) में परिकल्पित प्रमुख क्षेत्र हैं–

- गरीबी कम करना;
- लाभकारी और उच्च गुणवत्ता का रोजगार प्रदान करना;
- बच्चों की शिक्षा;
- साक्षरता और वेतन दरों में महिला-पुरुष के बीच दूरी को कम करना;
- जनसंख्या वृद्धि की दशकीय दर घटाना;
- साक्षरता दरों में वृद्धि;
- शिशु मृत्यु दर घटाना;

- मातृ मृत्यु दर घटाना;
- वन और वृक्ष आवरण बढ़ाना;
- पेयजल की सतत् सुलभता; तथा
- सभी प्रमुख प्रदूषित नदियों की सफाई।

एनजीओज: दो परिप्रेक्ष्य (NGOs: Two Perspectives)–हालाँकि गैर-सरकारी संगठनों के राज्य और क्षमता निर्माण शांत प्रासंगिक विषय हैं, लेकिन गैर-सरकारी संगठनों द्वारा किए गए कार्य की प्रकृति के कारण बेहतर फैसलों के लिए इन दो प्रकारों में विभाजित हैं। ये दो परिप्रेक्ष्य एनजीओज की धारणाओं, लक्ष्यों और सफलता मानदंडों के रूप में तुलनीय हैं।

अनेक एनजीओज के कार्यकलाप दोनों परिप्रेक्ष्यों से संबद्ध होते हैं, परंतु उनके प्रभाव प्राय: विभिन्न पैमानों से मापे जाते हैं। उदाहरण के लिए, सेवा-विस्तार परिप्रेक्ष्य में कार्यरत एक राहत एनजीओ को जनसमुदायों को दिए जाने वाले चावल की प्रति टन लागतों पर आँका जाना चाहिए। क्षमता निर्माण परिप्रेक्ष्य में कार्यरत समान संगठन का मूल्यांकन इस आधार पर किया जाना चाहिए कि उसके राहत कार्य ने भावी आपदाओं से निबटने के लिए देशीय संस्थाओं को कितना सबल बनाया। सेवा-प्रदाय कार्य पहले परिप्रेक्ष्य में एक साध्य है; दूसरे में सही स्थानीय क्षमता के निर्माण में एक साधन बन सकता है।

तालिका 4.1: एनजीओ-विषयक दो परिप्रेक्ष्य

	सेवा-विस्तार परिप्रेक्ष्य	**क्षमता-निर्माण परिप्रेक्ष्य**
धारणाएँ	(1) राज्य विकास का मुख्य अभिकर्त्ता है (2) बड़े आकार की अर्थव्यवस्थाएँ बेहतर सेवा को बढ़ावा देती हैं (3) एकरूपता से गुणवत्ता को बढ़ावा मिलता है	(1) स्वैच्छिक क्षेत्र राज्य और बाजार का अनुपूरक है (2) स्थानीय उत्तरदायित्व बेहतर सेवा को बढ़ावा देता है (3) स्थानीय नवप्रवर्तनों की आवश्यकता होती है
लक्ष्य	(1) उच्च गुणवत्ता सेवाएँ प्रदान करना (2) अल्प संसाधनों का कुशल प्रयोग करना (3) सरकारी सेवाओं की क्षमता और पहुँच बढ़ाना।	(1) स्थानीय क्षमताओं का निर्माण करना (2) स्थानीय नवप्रवर्तनों को बढ़ावा देना (3) स्वतंत्र स्थानीय संस्थाओं को सुदृढ़ बनाना
सफलता मानदंड	(1) सेवा की गुणवत्ता (2) प्रदत्त सेवा की गुणवत्ता (3) दक्षता (4) संवृद्धि या विकास	(1) संस्थाओं की गुणवत्ता (2) स्थानीय नियंत्रण और स्थायित्व (3) नवप्रवर्तन और अनुकूलन (4) स्व-पुनरावृत्ति

ये दो परिप्रेक्ष्य एनजीओज के कार्यकलापों को विभिन्न प्राथमिकताएँ प्रदान करते हैं। एनजीओज के राहत और सेवा कार्यकलाप सेवा-विस्तार परिप्रेक्ष्य के लिए प्रमुख हैं; दूसरी ओर, पक्ष-समर्थन और संगठनात्मक सक्षमताएँ क्षमता-निर्माण परिप्रेक्ष्य में अति महत्त्वपूर्ण हैं। इसके अतिरिक्त, अनुसंधान, प्रशिक्षण और तकनीकी सहयोग आदि के रूप में सहायता दोनों ही परिप्रेक्ष्यों के लिए सुसंगत होती है।

क्षमता-निर्माण प्रक्रिया (Process of Capacity Building)–उपर्युक्त ढाँचे से संबंध रखने वाली क्षमता-निर्माण प्रक्रिया में चरणबद्ध दृष्टिकोण शामिल है। समुदाय की सेवा करने की एक शुद्ध अंत:प्रेरणा से अपनी गतिविधि प्रारंभ करने वाले स्वैच्छिक संगठनों को सामाजिक अथवा समूह संघटन संबंधी प्रारंभिक क्षमता की आवश्यकता होती है। इसके लिए, किसी भी स्वैच्छिक संगठन के लिए समुदाय में संबोधित की जाने वाली 'समस्या' और 'स्थानीय स्थिति' को समझना महत्त्वपूर्ण होता है। समुदाय में एक बार एनजीओ द्वारा पांव जमा लेने और लोगों का विश्वास जीत लेने के बाद, एक विशुद्ध सैद्धांतिक अर्थ में पणधारियों को संगठन द्वारा लिए गए कार्यकलापों में योगदान करने का इच्छुक होना चाहिए। तथापि, व्यवहारत: ऐसा नहीं होता है। विशेष रूप से, एनजीओ अपनी शुरुआत किसी दानदाता अभिकरण के सहयोग से करता है और उसे अपने दानदाताओं को परिणाम दिखाने होते हैं। दानदाताओं की अपेक्षाएँ ही अधिकांश रूप में क्षमता-निर्माण प्रक्रिया को प्रभावित करती हैं। वित्तपोषण करने वाले अभिकरणों और कार्यक्रम उद्देश्यों की विविधता के बावजूद व्यावसायिकता और मूलभूत सक्षमताओं की विकसन प्रक्रिया में मूल परियोजना-संबंधी कार्यकलापों को करने में एनजीओज की क्षमता और प्रशिक्षण आवश्यकताओं का आकलन शामिल होता है। ये कार्यकलाप निम्नलिखित हैं–

- सहभागितापूर्ण ग्रामीण मूल्यांकन करवाना;
- व्यवहार्यता और परियोजना रिपोर्ट तैयार करना;
- लेखा-खातों और आवधिक प्रगति रिपोर्टों का अनुरक्षण और प्रस्तुतीकरण;
- स्थानीय प्राधिकरणों, विशेषकर पंचायती राज संस्थाओं के साथ समन्वय कर पाना;
- साझे सामाजिक विकास लक्ष्यों के बारे में ज्ञान; तथा
- सक्रिय पणधारियों के समूह बनाना।

क्षमता-निर्माण प्रक्रिया का एक अति महत्त्वपूर्ण आयाम विषय-वस्तु विशेषज्ञों को शामिल करके एनजीओज के लिए तकनीकी प्रशिक्षण सुविधाओं की व्यवस्था करने से जुड़ा है। यह एक कठिन कार्य है और व्यावसायिकता का विकास करने से अलग है और जिसे सभी राज्यों में स्थापित राज्य ग्राम विकास संस्थाओं (State Rural Development Institutes) में प्रशिक्षण के माध्यम से प्राप्त किया जा सकता है। विषय-वस्तु विशेषज्ञों द्वारा एनजीओ कर्मीवर्ग के प्रशिक्षण के लिए वर्तमान में कोई संस्थागत व्यवस्था उपलब्ध नहीं है। इस क्षेत्र में प्रशिक्षण सुविधाएँ अधिकांशत: सेवारत कर्मीवर्ग के प्रशिक्षण के लिए अभिकल्पित हैं, जैसे वे जो वन परिरक्षण, स्वास्थ्य और परिवार कल्याण आदि में हैं अथवा मात्र व्यावसायिक प्रशिक्षण आदि प्रदान करने के लिए उपलब्ध हैं। अत: ग्रामीण एनजीओज को इसी कारण, गैर-कृषि क्षेत्र में (जैव ईंधन और बाँस विकास के नए क्षेत्रों समेत) विज्ञान और प्रौद्योगिकी, पर्यावरण संरक्षण और प्रक्रिया विकास के लिए कोई संस्थागत प्रशिक्षण आधार प्राप्त नहीं है जो ग्रामीण आय और रोजगार पैदा करने के लिए बड़े अवसर प्रस्तुत करे। चूँकि भारतीय राज्य ने विकास में सहभागियों के रूप में

एनजीओज को शामिल करने की नीति अपनाई है, स्वैच्छिक क्षेत्र पर राष्ट्रीय नीति, 2004 (प्रारूप) में इन संगठनों के बीच मूलभूत सक्षमताएँ उत्पन्न करने के लिए उपयुक्त संस्थागत प्रशिक्षण सुविधाओं को कार्यरूप देने का प्रस्ताव किया गया है। इस तथ्य के होते हुए यह कोई कठिन कार्य नहीं होना चाहिए कि सार्वजनिक और निजी क्षेत्र में अधिकतर विज्ञान और प्रौद्योगिकी तथा प्रबंधन संस्थानों में अप्रयुक्त प्रशिक्षण क्षमताएँ विद्यमान हैं। यदि ऐसे संस्थानों द्वारा चलाए जाने वाले पाठ्यक्रम प्रमाण-पत्र अथवा उपाधियाँ प्रदान करके औपचारिक बना दिए जाएँ तो ये व्यवसाय विकास को एनजीओ क्षेत्र अथवा सामाजिक उद्यमवृत्ति (जैसा कि पश्चिमी जगत में होता है) में एक आकर्षक विकल्प बना सकते हैं। अत: व्यावसायिक और सुप्रशिक्षित कर्मीवर्ग वाले एनजीओज देश के विकास में यथेष्ट योगदान दे सकते हैं।

प्रश्न 5. कपार्ट के कार्य कौन से हैं और इसका संबंध किस प्रकार के कार्यक्रमों से है? स्पष्ट कीजिए।

अथवा

कपार्ट पर संक्षिप्त टिप्पणी दीजिए।

अथवा

कपार्ट की मूलभूत विशेषताएँ बताइए। [जून-2014, प्रश्न सं.-4 (ङ)]

उत्तर– भारत के ग्रामीण विकास में स्वयंसेवी क्षेत्र की महत्त्वपूर्ण भूमिका है, जो समुदाय और व्यक्तियों के मध्य बदलाव की पहल और विशिष्ट मुद्दों के प्रत्यक्ष कार्यान्वयन के जरिए कार्य करता है। लोक कार्यक्रम एवं ग्रामीण प्रौद्योगिकी विकास परिषद् (कपार्ट) ग्रामीण विकास मंत्रालय के निर्देशों के अंतर्गत कार्य करता है। कपार्ट की स्थापना ग्राम विकास में स्वैच्छिक कार्यों को बढ़ावा देने के लिए 1986 में पूर्ववर्ती दो एजेंसियों (1) काउंसिल फॉर एडवांसमेंट ऑफ रूरल टेक्नोलॉजी तथा (2) पीपुल्स एक्शन फॉर डेवलपमेंट, को मिलाकर की गई है। कपार्ट 1980 के संस्था पंजीकरण अधिनियम के अंतर्गत एक स्वायत्त संस्था है।

यह परिषद् ग्राम विकास के कार्य में लगे स्वैच्छिक संगठनों को सहायता देने और इस क्षेत्र में प्रौद्योगिकी को तीव्र गति से वितरित करने वाली नोडल एजेंसी है। हाल के वर्षों में, गैर-सरकारी संगठनों ने भी ग्रामीण क्षेत्रों में विकास कार्यक्रमों को लागू करने की पहल की है। कई मामलों में इसके लिए उन्हें सरकार से सहायता के रूप में अनुदान भी प्राप्त हुआ है। सातवीं योजना अवधि के दौरान स्वैच्छिक एजेंसियों को ग्राम विकास कार्यक्रमों के नियोजन और क्रियान्वयन में शामिल करने की दिशा में एक सकारात्मक कदम उठाया गया। इस पंचवर्षीय योजना के प्रस्ताव-पत्र में स्पष्ट उल्लेख था कि (1) लाभार्थियों (ग्रामीण निर्धनों) को संगठित करने की आवश्यकता है, जिससे योजनाएँ, लाभ और सब्सिडी उन तक वितरण प्रणाली के माध्यम से पहुँच सकें, और (2) स्वैच्छिक संगठनों को 'जनता की आँख और कान' की भूमिका निभाने के लिए शामिल किया जाना चाहिए।

जहाँ पीपुल्स एक्शन फॉर डेवलपमेंट इंडिया (पी.ए.डी.आई.) की स्थापना स्वैच्छिक संस्थाओं को ग्राम विकास के क्षेत्र में सहायता प्रदान करने के लिए की गई थी, वहीं काउंसिल फॉर एडवांसमेंट ऑफ रूरल टेक्नोलॉजी (सी.ए.आर.टी.) का गठन 1982 में प्रयोगशाला में विकसित प्रौद्योगिकी को स्वैच्छिक एजेंसियों के स्तर पर व्यवहार में लाकर उन्हें ग्रामीण क्षेत्रों में तेजी से

प्रसारित करने के उद्देश्य से हुआ था। इसमें कार्यक्रम तक पहुँच और उसकी निगरानी को सुगम बनाने के लिए प्रमुख राज्यों में क्षेत्रीय केंद्रों का प्रयोग होता था।

कपार्ट का मुख्य कार्य–कपार्ट विशेषतया समाज के दलित तथा पिछड़े वर्गों के लिए कार्यरत है। इसका मुख्य कार्य, कार्यक्रम के बजट में से उन स्वैच्छिक संगठनों को धन हस्तांतरित करना है, जो एस.जी.एस.वाई., एस.जी.आर.वाई., ग्रामीण आवास और पेयजल तथा स्वच्छता योजनाओं के अंतर्गत कार्यक्रम लागू कर रहे हैं। यह परिषद् राष्ट्रीय स्तर पर भी नोडल समन्वयन एजेंसी के रूप में कार्य करती है। वहाँ इसका लक्ष्य प्रयोगशाला में विकसित प्रौद्योगिकी को उनके व्यावहारिक प्रयोग के स्थान तक तेजी से पहुँचाना होता है। इस प्रकार कपार्ट ग्रामीण क्षेत्रों में स्वैच्छिक कार्य को बढ़ावा देने वाली केंद्रीय एजेंसी की भूमिका निभाती है।

कपार्ट का अध्यक्ष केंद्रीय ग्राम विकास मंत्री होता है। यह ग्राम विकास विभाग के अधिकार क्षेत्र में आती है। कपार्ट की आम सभा में अधिकतम 100 सदस्य और कार्यकारिणी समिति में 25 सदस्य होते हैं। इसके अधिकांश सदस्य स्वैच्छिक (स्वयंसेवी) क्षेत्र का प्रतिनिधित्व करते हैं। ग्राम विकास राज्य मंत्री इसकी कार्यकारिणी समिति का अध्यक्ष होता है।

कपार्ट के उद्देश्य–कपार्ट ग्रामीण क्षेत्रों में कार्यप्रणाली के सुधार का उद्देश्य लेकर कार्यरत है।

- ग्रामीण क्षेत्रों में स्थायी विकास योजनाओं के क्रियान्वयन में स्वयंसेवी क्षेत्र के संगठनों को सहायता देना।
- उचित ग्रामीण तकनीकी के विकास की योजना के लिए राष्ट्रीय नोडल बिंदु के रूप में कार्य करना।
- विकास के लिए सामुदायिक कार्यविधियाँ उपलब्ध कराना।
- महत्त्वपूर्ण विकास विषयों पर ज्ञान का निर्माण कराना, ग्रामीण-स्तरीय जनसमूह तथा संगठनों का निर्माण तथा सशक्तिकरण।
- ग्रामीण क्षेत्रों में उचित अवसर प्रदान करना तथा आर्थिक निर्भरता देना।

प्रश्न 6. ग्रामीण समुदायों का स्थायी विकास करवाने के लिए समुदाय आधारित संगठनों द्वारा अपनाए गए दृष्टिकोणों के महत्त्व और अनिवार्य प्रकृति की व्याख्या कीजिए।

[जून-2013, प्रश्न सं.-2]

अथवा

ग्रामीण विकास में सीबीओ दृष्टिकोण के महत्त्व को समझाइए।

अथवा

सीबोओ-दृष्टिकोण की अनिवार्य प्रकृति पर चर्चा कीजिए।

उत्तर– ग्राम विकास कार्यक्रमों के मुख्य उद्देश्य रहे हैं–गरीबी उन्मूलन, निरक्षरता मिटाना, स्वास्थ्य में सुधार और ग्रामीण जन-समुदाय के जीवन-स्तर में अनुवर्ती बढ़ोतरी। विगत में अधिकांश ग्राम विकास कार्यक्रम केवल मंत्रालयों और सरकारी विभागों द्वारा ही परिकल्पित और अभिकल्पित किए जाते थे। ग्रामीण लोगों की आवश्यकताओं का आकलन किया गया और राज्य की उच्च संस्थाओं द्वारा कार्यक्रम तैयार किए गए। ग्रामीण समुदायों की सार्थक भागीदारी तो दूर की बात है, उनसे कोई सलाह भी नहीं ली जाती थी। ग्राम विकास योजनाएँ/कार्यक्रम तब राज्य के विभिन्न

कर्मियों द्वारा क्रियान्वित किए जाते थे। अधिकांश क्रियान्वयनकारी अभिकरणों और उनके विभिन्न कर्मियों को ग्रामीण क्षेत्रों में स्थानीय दशाओं का बहुत कम ज्ञान होता था और भी बड़ी बात यह है कि वे प्राय: विकास परियोजनाओं अथवा कार्यक्रमों के परिणाम में कम ही रुचि लेते थे। इस में आश्चर्य नहीं कि अनेक पूर्वकालीन ग्राम विकास कार्यक्रम भारतीय राज्य द्वारा किए गए असीम निवेशों के बावजूद अपने लक्ष्य हासिल करने में विफल रहे।

बाद में, यह महसूस किया गया कि जन-भागीदारी ही ग्राम विकास कार्यक्रमों की सफलता के लिए मुख्य तत्त्व है। भागीदारी को बढ़ावा देने के लिए प्रयास किए गए परंतु इस प्रकार के प्रयास ग्रामीण लोगों की सार्थक और सतत् भागीदारी का लाभ उठाने में विफल रहे। लोगों ने विभिन्न राज्य-प्रायोजित ग्राम विकास योजनाओं और परियोजनाओं में भाग तो लिया परंतु बहुत ही सीमित तरीके से, अर्थात् नाम मात्र और केवल औपचारिक रूप से। उनमें ऐसे ग्राम विकास कार्यक्रमों में किसी सतत् तरीके से भागीदारी के लिए उत्साह का अभाव था। कारण यह था कि लोगों ने अपने अंदर ग्राम विकास कार्यक्रमों के प्रति तादात्म्य अर्थात् संबंध विकसित नहीं किया था। उन्हें लगता था कि अंत में वे विभिन्न ग्राम विकास कार्यक्रमों द्वारा सृजित परिसंपत्तियों के स्वामी नहीं होंगे। इसी कारण, सभी व्यवहारिक उद्देश्यों से, ग्राम विकास कार्यक्रम मुख्यत: सरकारी कार्यक्रम ही बने रहे और वे जनता के कार्यक्रम नहीं बन पाए।

ग्रामीण क्षेत्रों में विकास प्रयासों द्वारा बनी परिसंपत्तियाँ प्राय: विकास अभिकरणों द्वारा लापरवाही अथवा बाद में रखरखाव के अभाव की वजह से जीर्ण-शीर्ण हो जाती हैं। चूँकि स्थानीय समुदाय ही ग्राम विकास कार्यक्रमों का प्रत्यक्ष या परोक्ष लाभ में भागीदार होता है, ऐसे कार्यक्रमों द्वारा बनी परिसंपत्तियों की देखभाल करना समुदाय के परम हित में होगा। सर्वप्रथम स्थानीय समुदाय ही ग्रामीण क्षेत्रों में किसी भी चूक को संज्ञान लेने वाला अथवा परिसंपत्तियों को पहुँचने वाली किसी भी क्षति से अवगत होता है। इस प्रकार, किसी भी विकास परियोजना द्वारा बनी परिसंपत्तियों का रखरखाव बाह्य विकास अभिकरणों अथवा राज्य की संस्थाओं की बजाय समुदाय द्वारा ही कहीं बेहतर हो सकता है। ऐसी स्थिति को कार्यरूप देने के लिए, ग्राम विकास कार्यक्रमों के कार्यान्वयन के बाद की अवस्था के दौरान भी स्थानीय समुदायों और विकास अभिकरणों के बीच एक अंतर्क्रियात्मक सहभागिता कायम रखना आवश्यक होता है।

सीबोओ-दृष्टिकोण की अनिवार्य प्रकृति (Essential Nature of CBO-Approach)–पिछले अनुभव को ध्यान में रखते हुए और स्थायी विकास में एक मुख्य कारक के रूप में जन-भागीदारी को यथायोग्य मान्यता देते हुए, भारतीय राज्य ने ग्राम विकास कार्यक्रमों में स्थानीय समुदायों की भागीदारी को आमंत्रण देने के लिए नीतिगत उपाय किए। विकास कार्यक्रमों में स्थानीय (लक्ष्य) समुदायों की सक्रिय संबद्धता और भागीदारी के लिए प्रयासरत यह दृष्टिकोण ग्राम विकास के लिए बहुत हद तक हाल ही का दृष्टिकोण है। यह वस्तुत: ग्राम विकास के इतिहास में नया मोड़ रहा है क्योंकि इसमें विकास कर्मियों के साथ-साथ ग्राम समुदायों की ओर से भी मनोवृत्ति और व्यवहार में एक बदलाव की अपेक्षा की गई थी। सहभागितापूर्ण दृष्टिकोण का निहितार्थ यह है कि लक्ष्य समुदाय मात्र विकास के लाभ उठाने वाले लाभार्थी ही नहीं हैं, बल्कि वे ग्राम विकास की प्रक्रिया में सक्रिय सहभागी भी हैं।

ग्राम विकास हेतु समुदाय आधारित दृष्टिकोण की परिकल्पनाएँ निम्नलिखित हैं–

- किसी भी ग्राम विकास परियोजना अथवा कार्यक्रम में आरंभ से ही लक्ष्य समुदाय की भागीदारी;

- ग्रामीण समुदाय की भागीदारी के साथ स्थानीय स्तर पर ही विकास कार्यक्रम का संकल्पन, अभिकल्पन और नियोजन;
- कार्यक्रम के क्रियान्वयन से जुड़े सभी कार्यकलापों में लक्ष्य समुदाय का शामिल होना;
- कार्यक्रम द्वारा बनाई गई परिसंपत्तियों के अनुरक्षण में लक्ष्य समुदाय का शामिल होना; और
- विकास कार्यक्रम में आने वाली लागत पूरी करने के लिए विकास अभिकरण के साथ विनिर्दिष्ट अथवा सहमति के अनुसार आनुपातिक रूप में संसाधनों (वित्तीय समेत) का योगदान।

इन सभी कामों में किसी भी ग्राम विकास कार्यक्रम को चलाने वाले स्थानीय समुदाय की सुसंगत, समयबद्ध और संगठित भागीदारी की अपेक्षा होती है। स्थानीय समुदायों में आधारित संगठनों का गठन इन्हीं उत्तरदायित्वों को उठाने और निभाने के लिए होता है ताकि ग्रामीण क्षेत्रों में समुदायों की भागीदारी को संस्थागत किया जा सके। मूल रूप से यही ग्राम विकास सीबीओ-दृष्टिकोण है। लक्ष्य समुदायों की भागीदारी ही सीबीओ-दृष्टिकोण के मूल में निहित है। यह दृष्टिकोण ग्राम विकास कार्यक्रमों को अधिक सक्षम, न्यायोचित और एक स्थायी तरीके से चलाने की परिकल्पना करता है। यह ग्राम-समुदायों को सशक्त बनाता है और इस तरह वे अपने निजी विकास को नियंत्रित करने में सक्षम हो जाते हैं।

प्रश्न 7. 'सहभागिता सोपान' की अवधारणा में सीबीओ दृष्टिकोण को समझाइए।

उत्तर— सीबीओ-दृष्टिकोण अन्य सहभागितापूर्ण दृष्टिकोणों से किस प्रकार भिन्न है, यह समझने और इसका महत्त्व जानने के लिए रॉबर्ट चैम्बर्स (2002) ने 'सहभागिता सोपान' की अवधारणा को प्रयुक्त किया जो कि निम्न हैं—

- **निष्क्रिय सहभागिता (Passive Participation)—**सहभागिता की प्रक्रिया समुदाय की निष्क्रिय सहभागिता से आरंभ होती है। ग्रामवासी महज लाभग्राही रहते हैं और कोई भूमिका नहीं निभाते। कार्यक्रम का नियोजन और क्रियान्वयन पूर्ण रूप से विकास अभिकरणों (Development Agencies; DAs) के हाथों में ही रहता है।
- **परामर्शी सहभागिता (Consultative Participation)—**ग्रामवासियों से उनके विचार जानने के लिए परामर्श किया जाता है, परंतु निर्णय का अधिकार विकास अभिकरणों के पास ही रहता है। समुदायों से प्राप्त सूचना कार्यक्रम के अभिकल्पन और क्रियान्वयन में प्रयोग की भी जा सकती है और नहीं भी।
- **योगदायी सहभागिता (Contributory Participation)—**लाभार्थी ही परियोजनाओं की लागत को परस्पर वहन करते हैं। योगदान नकद या वस्तु अथवा श्रम के रूप में हो सकता है। कभी-कभी यह योगदान परियोजना द्वारा बनाई गई परिसंपत्तियों के भावी रखरखाव के लिए बचाकर रखा जाता है।
- **प्रकार्यात्मक सहभागिता (Functional Participation)—**सामुदायिक सहभागिता को सामूहिक क्रिया के रूप में संस्थागत बनाना। ग्राम विकास मंडल, स्व-सहायता समूह, प्रयोगकर्त्ता समूहों, वन परियोजना समिति, आदि जैसी संस्थाएँ परियोजना के

प्रभावकारी और पारदर्शी क्रियान्वयन के लिए बनाई जाती हैं। विकास अभिकरण ग्रामवासियों के साथ परियोजना विषयक सभी सूचनाओं का आदान-प्रदान करते हैं।

- **अंतर्क्रियात्मक सहभागिता (Interactive Participation)** – विकास अभिकरण परियोजनाओं के विषय में निर्णय लेने के लिए समुदाय के साथ परस्पर गहन विचार-विमर्श कर उसका क्षमता-निर्माण करते हैं। विकास अभिकरण और ग्राम संस्थाओं जैसे पणधारियों की भूमिकाएँ और जिम्मेदारियाँ इसी अवस्था के दौरान ही निर्धारित की जाती हैं। विकास अभिकरण सहायकों के रूप में कार्य करते हैं और समुदाय कार्यक्रम का कार्यान्वयनकर्त्ता बन जाता है।

- **स्वयं-संघटन (Self-Mobilisation)** – इस अवस्था में समुदाय अपने संसाधनों, समस्याओं और संभावित समाधानों के विषय में जागरूकता और जानकारी पैदा कर लेता है। वह अपनी विकास-आवश्यकताओं को समझने लगता है। विकास अभिकरण ग्राम समुदाय को अन्य अभिकरणों के साथ संबंध स्थापित करने में मदद करते हैं।

प्रश्न 8. समुदाय आधारित संगठनों (सीबीओज) की मूलभूत विशेषताएँ स्पष्ट कीजिए। 	[जून-2012, प्रश्न सं.-2]

अथवा

समुदाय आधारित संगठनों की मूल विशेषताओं को सूचीबद्ध कीजिए।

[दिसम्बर-2013, प्रश्न सं.-3 (c)]

उत्तर– सीबीओज की कुछ महत्त्वपूर्ण विशेषताएँ इस प्रकार हैं–

- **सदस्यता-आधारित (Membership-Based)** – यदि किसी गाँव में पेयजल योजना उदाहरणार्थ 'स्वजलधारा' चल रही हो तो सभी निवासी - घर/कुटुंब - इस योजना के तहत आएँगे। ग्राम जन-समुदाय इस तरह उस परियोजना के प्रसंग में समुदाय को गठित करता है। लेकिन यह जरूरी नहीं कि हमेशा ऐसा ही हो। किसी नहर-सिंचित गाँव में जल प्राप्त करने के पात्र सभी कृषक जन सीबीओ का गठन कर सकते हैं, परंतु ऐसे किसान जिनके भूखंड परियोजना के नियंत्रण-क्षेत्र से बाहर पड़ते हैं और वे जल प्राप्त करने के पात्र नहीं हैं तो वे सीबीओ के घटक नहीं हो सकते। नहर द्वारा कई गाँवों की भूमि सिंचित की जा सकती है। इस संबंध में अलग-अलग गाँवों के किसान सीबीओ के सदस्य बन सकते हैं। नियमानुसार, किसी भी सीबीओ के सदस्य एक ही गाँव से होते हैं, जबकि परियोजना की वांछनीयताओं में ऐसा तय भी न किया गया हो तो भी प्रबंधकीय, प्रशासनिक, सामाजिक और राजनीतिक लिहाज से ऐसा आवश्यक होगा।

- **किसी बाह्य अभिकरण से प्रेरणा (Motivation from an outside Agency)** – सरकारी कार्यक्रम और परियोजनाएँ किसी मंत्रालय अथवा किसी विभाग में सूत्रबद्ध की जाती हैं और सरकारी अभिकरणों, पंचायती राज संस्थाओं अथवा एनजीओज द्वारा क्रियान्वित की जाती हैं। सरकारी कार्यक्रम लागू अथवा क्रियान्वित करने वाले अभिकरण को परियोजना क्रियान्वयनकारी अभिकरण (Programme Implementing Agency; PIA) कहा जाता है। यह बहुधा

पी.आई.ए. की ही जिम्मेदारी होती है कि सीबीओ को बढ़ावा दे। सीबीओज को अन्य विकास अभिकरणों द्वारा भी अपने निजी सहभागितापूर्ण विकास कार्यक्रम और परियोजनाएँ लागू करने के लिए स्थापित किया जा सकता है, जैसे एनजीओज अथवा निजी दानदाता अभिकरण अथवा बहुपक्षीय आर्थिक-सहायता संस्थाएँ।

- **उपांतीकृत समूहों का प्रतिनिधित्व (Representation of Marginalised Groups)**—कार्यक्रम प्रबंधन के लिए सीबीओ द्वारा एक कार्यकारी समिति का निर्वाचन/चयन किया जाता है। कार्यकारी समिति में महिलाओं तथा अनुसूचित जातियों और अनुसूचित जनजातियों को शामिल किया जाना अधिकांश सीबीओज में अनिवार्य है। चूँकि परियोजना लाभों का समान वितरण इन संगठनों की स्थापना के लिए एक प्रमुख उद्देश्य है, समुदाय में सभी समूहों और व्यक्तियों का प्रतिनिधित्व सुनिश्चित किया जाता है। बैठकें करवाने के लिए उपयुक्त समय का निर्धारण और एक तटस्थ स्थल का चयन महत्त्वपूर्ण सोच-विचार का विषय बन जाते हैं। बैठक के लिए स्थल ऐसा चुना जाए जहाँ बैठक में सभी समूह भाग ले सकें।
- **अंतर्क्रियात्मक भागीदारी (Interactive Participation)**—स्थानीय स्थिति के प्रश्नावली-आधारित आकलन की बजाय, सहभागितापूर्ण-ग्रामीण-मूल्यांकन (पी.आर.ए.) दृष्टिकोण अपनाया जाता है। स्थानीय लोग अथवा गैर-विशेषज्ञ साधारण जनसमुदाय अब केवल पात्र अर्थात् लाभ प्राप्त करने वाले ही नहीं बने रहते। किसी भी सीबीओ में समस्याओं के समाधान निर्मित करते समय वे अपनी स्थिति और आवश्यकताओं का आकलन करने में सक्रिय भागीदार बन जाते हैं।
- **देशज ज्ञान पर भरोसा (Reliance on Indigenous Knowledge)**—'ऊपर से नीचे' विशेषज्ञ-प्रेरित विवरण तथा समस्या-निदान और समाधान, आदि के लिए प्राय: सीबीओज द्वारा प्रयास तब तक नहीं किया जाता जब तक किसी खास प्रकार की समस्या में इसकी माँग पैदा न हो। सीबीओज समस्याओं को परिभाषित करने व समाधान ढूँढ़ने के लिए स्थानीय जानकारी और देशज विशेषज्ञता पर भरोसा करते हैं। बाह्य अभिकरणों पर निर्भरता कम-से-कम कर दी जाती है ताकि स्थायी विकास का मार्ग प्रशस्त किया जा सके।
- **सामुदायिक योगदान (Community Contribution)**—वे जिनसे यह अपेक्षा की जाती है कि विकास परियोजना से लाभ कमाएँगे, वे भी परियोजना में अपना योगदान देते हैं। योगदान नकद रूप में हो सकता है। उदाहरण के लिए, किसी वाटरशेड विकास परियोजना में जल-संग्रहण प्राधार की लागत का 10 प्रतिशत उन किसानों द्वारा योगदान दिया जाएगा जो उससे लाभान्वित होंगे। योगदान वस्तु रूप में भी हो सकता है। उदाहरण के लिए, एक नलकूप स्वामी किसी जल-संग्रहण प्राधार के निर्माण के लिए नि:शुल्क जल मुहैया करा सकता है। दूसरी ओर, एक ऐसा किसान जिसके पास देने के लिए अतिरिक्त धन अथवा सामग्री न हो तो वह अपने श्रम का योगदान दे सकता है। वह उक्त प्राधार के निर्माण में सहायता कर सकता है। भारत सरकार की स्वजलधारा योजना, पेयजल उपलब्धता के राष्ट्रीय मानदंडों के पालन के लिए ग्राम समुदायों को सहायतार्थ धन प्रदान करती है। यद्यपि इस योजना के अंतर्गत सहायता प्रचुर होती है, योजना की प्रस्थापना के लिए ग्राम

समुदाय से साकार योगदान अपेक्षित होता है। एक बार प्रस्थापित हो जाने के बाद समुदाय ही उसके रखरखाव का संपूर्ण दायित्व उठाता है।

प्रश्न 9. सीबीओज की शक्तियाँ और सीमाबद्धताएँ पर संक्षिप्त टिप्पणी लिखिए।
[दिसम्बर-2012, प्रश्न सं.-4 (f)]

उत्तर– सीबीओज द्वारा नियोजित, क्रियान्वित और अनुरक्षित योजनाओं और परियोजनाओं से लाभ वितरण के संबंध में अधिक कार्यकुशल, अधिक न्यायसंगत होने की अपेक्षा की जाती है और उनके वृहत्तर स्थायित्व की भी अपेक्षा की जाती है। सीबीओज से यह भी अपेक्षा की जाती है कि वे समुदायों को सशक्त बनाएँ और इस तरह लोकतंत्र को सुदृढ़ करें। यह सुनिश्चित करने के लिए कि क्या इन उद्देश्यों को व्यवहारत: साकार रूप दिया जा रहा है या नहीं, सीबीओ आधारित परियोजनाओं का एक संपूर्ण मूल्यांकन कराया जाता है। इसके बाद, किसी विश्वसनीय और वैध निष्कर्ष पर पहुँचने के लिए, सीबीओ आधारित परियोजनाओं की तुलना समरूपी गैर-सीबीओ आधारित परियोजनाओं से की जानी चाहिए अर्थात् सरकारी विभागों अथवा पंचायती राज संस्थाओं द्वारा अभिकल्पित, क्रियान्वित और अनुरक्षित परियोजनाएँ। तीन महाद्वीपों–अफ्रीका, लैटिन अमेरिका और एशिया में विस्तीर्ण परियोजनाओं के साथ किए गए अनेक ऐसे अध्ययन-कार्य उपलब्ध हैं जिनमें विशिष्ट परिणामों के प्रसंग में परियोजनाओं का मूल्यांकन किया गया है। किसी भी सीबीओ की शक्ति और प्रभाव का मूल्यांकन निम्न मानदंडों पर किया जा सकता है–

- विकास परियोजनाओं का स्थायित्व;
- सार्वजनिक प्रदाय व्यवस्था का अभिवर्धन;
- सामूहिक क्रिया के लिए समुदाय का क्षमता-निर्माण;
- उपान्तिक और अलाभान्वित वर्गों का सशक्तिकरण;
- लाभार्थियों अथवा लक्ष्य समुदायों के चयन की कार्यविधि और पद्धति; तथा
- जवाबदेही और पारदर्शिता की प्रकृति।

किसी भी सीबीओ दृष्टिकोण में कुछ सीमाबद्धताएँ देखी जाती हैं। कोई भी गाँव सामाजिक अथवा आर्थिक दृष्टि से समरूपी इकाई नहीं होता। प्रत्येक गाँव में प्राय: ऐसे समूह विद्यमान होते हैं जो राजनीतिक, सामाजिक और आर्थिक रूप से शक्तिशाली होते हैं और इसी कारण वे निर्णय निर्धारण की प्रक्रिया में हावी रहते हैं। निम्न जातियों, उपान्तिक और छोटे किसान, महिलाओं आदि को पूर्णतया निर्णय निर्धारण की प्रक्रिया से बाहर रखा जा सकता है। हो सकता है कि निर्णय लिए जाते समय उनके हितों पर बिल्कुल भी ध्यान न दिया जाए। गाँव में असमानताओं को मात्र इसलिए ही दूर नहीं किया जा सकता हो क्योंकि योजना को एक सीबीओ द्वारा चलाया जा रहा है। वस्तुत: सीबीओ की विद्यमानता के कारण प्राय: असमानताएँ बढ़ती ही देखी गई हैं। ऐसा मुख्यत: दो कारकों से हो सकता है।

प्रथमत: भागीदारी एक समय लगने वाली प्रक्रिया है अर्थात् इसके लिए काफी समय देना पड़ता है। गाँव में संपन्न वर्ग के पास देने के लिए अधिक समय होता है और इसलिए वे अधिक प्रभावी और सक्रिय रूप से भागीदारी निभा सकते हैं विशेषकर यदि वह कार्यक्रम उनके हितों के अनुकूल हो। अत: बैठकें ऐसे समय पर आयोजित किया जाना आवश्यक होता है जो सभी के लिए सुविधाजनक हो।

दूसरे, महिलाओं और निम्न जाति समूहों को एक सीबीओ के ऐसे लोकमंच पर भागीदारी के लिए निषेधों अथवा अवरोधों और बाधाओं पर काबू कर पाना मुश्किल हो सकता है।

प्रश्न 10. संयुक्त वन प्रबंधन में 'समुदाय-आधारित संगठनों' की भूमिका की व्याख्या कीजिए।

अथवा

वन प्रबंधन समिति पर संक्षिप्त टिप्पणी लिखिए।

[दिसम्बर-2012, प्रश्न सं.-5 (g)]

उत्तर– संयुक्त वन प्रबंधन कार्यक्रम वनों के संरक्षण एवं रख-रखाव में स्थानीय लोगों की सक्रिय भागीदारी के साथ उनकी सरकारी वन से संबद्ध उनकी वानिकी जरूरतों और आकांक्षाओं को पूरा करने का प्रयास है। वन किसी भी राष्ट्र के लिए अत्यधिक महत्त्वपूर्ण प्राकृतिक संसाधन होते हैं। इनके उत्पादों का वृहद् व्यावसायिक महत्त्व होता है। अधिक महत्त्वपूर्ण है–क्षेत्र-विशेष की जलवायु के साथ-साथ वहाँ की मृदा पर भी उसका प्रभाव। वनावरण का अवक्षय वायुमंडलीय, पर्यावरणीय और पारिस्थितिक संतुलन को भंग कर देता है और जीवन के सभी रूपों पर प्रतिकूल प्रभाव डालता है, जैसे मानव, जीव-जंतु और वनस्पति। इसलिए वनों का परिरक्षण और संरक्षण आवश्यक है। भारत में उनके महत्त्व में एक और आयाम जुड़ा है क्योंकि जनजातीय समुदाय और ऐसे समुदाय जो वनों के हाशियों पर रहते हैं, अपनी आवश्यकताओं की पूर्ति के लिए वन पर निर्भर करते हैं, जैसे ईंधन की लकड़ी, चारा और छोटे-मोटे इस्तेमाल की इमारती लकड़ी। वे अपनी आजीविका के लिए भी वनों पर ही निर्भर करते हैं। ये समुदाय वनों और वन उत्पादों से जुड़े कुछ प्रथागत अधिकारों और रियायतों के हकदार होते हैं।

सर्वप्रथम वन नीति, वर्ष 1894 में बनाई गई थी। लगभग एक शताब्दी तक भारतीय वन नीति देश के वनों के राष्ट्रीयकरण और वाणिज्यिक सदुपयोग पर जोर देती रही। स्वतंत्रता प्राप्ति पश्चात् भी सरकार ने निजी क्षेत्र को सब्सिडी प्राप्त दरों पर लाखों एकड़ वनभूमि पट्टे पर दी, क्योंकि वनों के औद्योगिक प्रयोग को प्राथमिकता दी जाती थी। अपनी विभिन्न दैनिक जरूरतों के लिए वनों पर निर्भर करने वाले समुदायों के अधिकार और उत्तरदायित्व धीरे-धीरे घटते ही रहे।

1980 के दशक तक प्राकृतिक संसाधनों के अपक्षीणन और रिक्तीकरण तथा बिगड़ते हुए पर्यावरण की चिंता इस हद तक पहुँच गई कि समुचित नीतिगत उपाय लागू करने पड़े। एक पृथक् पर्यावरण और वन मंत्रालय बनाया गया। वन संरक्षण अधिनियम पारित किया गया, जिसने वृक्ष कटाई पर यथेष्ट प्रतिबंध लगाए। फिर राष्ट्रीय वन नीति, 1988 लागू की गई जिसने वन प्रबंधन के उद्देश्यों को पुनः परिभाषित तो किया परंतु अपने दिन-प्रतिदिन के प्रबंधन कार्य में लोगों के लिए किसी प्रत्यक्ष भूमिका की कल्पना नहीं की। इस नीति के मुख्य उद्देश्य थे–परिरक्षण के माध्यम से पर्यावरणीय स्थिरता को कायम रखना; पारिस्थितिक संतुलन को पुनः स्थापित करना; सामान्य संसाधनों का संरक्षण; जनजातीय लोगों और वे ग्रामीण समुदाय जो वनों के आस-पास रह रहे हैं, उनकी बुनियादी जरूरतों (ईंधन लकड़ी, चारा और साधारण इमारती लकड़ी) को पूरा करना तथा उनके प्रथागत अधिकारों और उत्तरदायित्वों की रक्षा करना आदि। उक्त नीति के उद्देश्यों का सफलतापूर्वक क्रियान्वयन करने के लिए राज्य वन विभाग व उनके कर्मीवर्ग की अभिवृत्ति में बदलाव लाना जरूरी था। वनों के विकास, संरक्षण और प्रबंधन में उनकी सक्रिय भागीदारी के लिए समुदायों को प्रेरित करना भी आवश्यक था। यह महसूस किया गया कि वनों के लिए सरल पहुँच

अनुशासनहीनता और हमारी सामाजिक-राजनीतिक संस्कृति के चलते राज्य वन विभाग के लिए वनों पर अपने संपत्ति अधिकार लागू करना संभव नहीं हो पाएगा। इस वजह से जून 1990 में एक लीक से हटकर नीति-निर्णय लिया गया। यह नीति अपक्षीण वनों के प्रबंधन में वन समुदाय को शामिल करने और इस तरह संयुक्त वन प्रबंधन (जे.एफ.एम.) को लागू करने के लिए बनाई गई। इस नीति ने पहली बार संरक्षी समुदायों के लिए अधिकार विनिर्दिष्ट किए। बाद में, सरकार ने भी उपयोगी वनों के प्रबंधन के लिए ऐसे ही आदेश जारी किए।

संयुक्त वन समिति के लिए वन क्षेत्रों को मुक्त कराने के लिए, वन विभाग के माध्यम से राज्य और ग्राम वन प्रबंधन समिति (एफ.एम.सी. या वी.एफ.सी. या वी.एफ.एम.सी. आदि विभिन्न नामों से जानी जाती है) के बीच एक समझौता किया जाता है। ग्राम वन समिति अथवा वन प्रबंधन समिति (एफ.एम.सी.) मूलत: एक समुदाय आधारित संगठन (सीबीओ) होती है। वन प्रबंधन समिति को एक निश्चित और निर्दिष्ट वन क्षेत्र को नियंत्रित करना होता है जो कार्य पहले राज्य वन विभाग द्वारा किया जाता था। प्रत्येक राज्य वन प्रबंधन समिति को गठित और संचालित करने के लिए विस्तृत कार्यविधियाँ और मानदंड तय करता है, जैसे प्रबंधन इकाई और सहभागियों, कार्यकारी समिति का गठन, कार्यकारी समिति के अधिकारों और इमारती लकड़ी और 'गैर-इमारती लकड़ी वन उत्पाद' (National Timber Forest Produce) के परस्पर वितरण के लिए मानदंडों को परिभाषित करना। ये सहभागी समस्त गाँव अथवा ग्राम कुटुंब, समूह, बस्तियाँ और प्रयोगकर्त्ता समूह हो सकते हैं। अधिकांश वन प्रबंधन समितियाँ समिति पंजीकरण अधिनियम, 1860 के तहत पंजीकृत होती हैं। कार्यकारी समिति के तीन घटक होते हैं—वन विभाग प्रतिनिधिगण, जन प्रतिनिधिगण व अन्य। जन प्रतिनिधिगण व अन्य दोनों निर्वाचित, चयनित अथवा पदेन नियुक्त हो सकते हैं। कार्यकारी समिति के पास नियम बनाने, सदस्यताएँ स्वीकार और निरस्त करने, उल्लंघन कर्त्ताओं को पकड़ने व उन्हें दंडित करने आदि संबंधी अधिकार होते हैं। समिति यह भी तय करती है कि 'गैर-इमारती लकड़ी वन उत्पाद' और इमारती लकड़ी का किस प्रकार परस्पर वितरण किया जाए। बहुधा ग्राम विकास कोष को प्राप्ति का अंश आवंटित करने की व्यवस्था बनी हुई होती है।

संयुक्त वन प्रबंधन (जे.एफ.एम.) के लिए काम करते हुए ग्राम वन समितियों ने पाया है कि उनके समक्ष कुछ समान समस्याएँ आती हैं, जैसे किसी वन उत्पाद सहकारी के पंजीकरण में और राज्य वन विभाग से अनुज्ञप्ति-पत्र प्राप्त करने में विलम्ब। सरकारी विभागों और अभिकरणों के साथ-साथ एनजीओज के साथ भी उनके संबंधों को स्पष्ट किए जाने की आवश्यकता देखी जाती है। कभी-कभी ऐसे गाँव के भीतर या गाँवों के बीच विवाद जन्म ले लेते हैं जो एक ही वन के हाशिए पर पड़ते हों। इन समस्याओं को सामंजस्य बनाकर और कुशल तरीके से हल करने के लिए एनजीओज ग्राम वन प्रबंधन समितियों के संघों को बढ़ावा देते रहे हैं। जो बात ग्राम वन प्रबंधन समितियों के लिए मान्य होगी, समान रूप से सभी समुदाय आधारित संगठनों के लिए भी मान्य होगी।

प्रश्न 11. वाटरशेड विकास योजना में 'समुदाय-आधारित संगठनों' की भूमिका की व्याख्या कीजिए।

अथवा

वाटरशेड संघों पर संक्षिप्त टिप्पणी लिखिए।

उत्तर— प्राकृतिक संसाधनों के ह्रास पर रोक लगाने के लिए वाटरशेड विकास योजना एक राष्ट्रव्यापी योजना है। वाटरशेड या जलसंभर एक भूजल वैज्ञानिक इकाई अथवा एक ऐसा क्षेत्र होता है जिसका निकास एक साझा स्थान पर होता है। विकास के वाटरशेड दृष्टिकोण का उद्देश्य स्थायी उत्पादन के लिए वाटरशेड क्षेत्र के भीतर आने वाले भू और जल संसाधनों का प्रबंधन करना होता है। केंद्र सरकार प्रायोजित वाटरशेड विकास परियोजनाएँ (Watershed Development Projects) चार प्रमुख कार्यक्रमों के तहत चलाई गई हैं–सूखा-संभावित क्षेत्र कार्यक्रम; मरुस्थल विकास कार्यक्रम; समेकित बंजर भूमि विकास परियोजनाएँ तथा वर्षा-पोषित क्षेत्रों में राष्ट्रीय वाटरशेड विकास कार्यक्रम। इसके अतिरिक्त, अन्य भारतीय और विदेशी विकास और सहायता अभिकरण और संस्थाएँ भी हैं जिन्होंने अपने विकास कार्य में वाटरशेड दृष्टिकोण को अपनाया है। ये विभिन्न कार्यक्रम अलग-अलग समय पर शुरू किए गए और इनमें से अधिकतर 1980 के दशक में शुरू हुए इस वास्तविकता के साथ कि ये विभिन्न कार्यक्रम सहज ही एक सामान्य विषय के विविध रूप हैं। एक वाटरशेड विकास परियोजना के लिए परिचालन संबंधी दिशा निर्देशों, उद्देश्यों, कार्यनीतियों और व्यय मानदंडों का एक साझा सेट निरूपित करने का निर्णय लिया गया। परिणामत: वर्ष 1994 में, ग्राम विकास मंत्रालय, भारत सरकार ने वाटरशेड विकास के लिए दिशा निर्देश प्रस्तुत किए।

इन दिशा निर्देशों के अनुसार, गाँव समुदायों को समुदाय आधारित संगठनों की प्रकृति के अनुकूल विशेषताओं वाले वाटरशेड संघों (डब्ल्यू.एज.) अथवा वाटरशेड समितियों (डब्ल्यू.सीज.) का गठन करना था। किसी भी वाटरशेड समिति का गठन सभी ग्रामसभा सदस्य (अर्थात् गाँव में प्रत्येक वयस्क) करते हैं, जो परियोजना के प्रबंधन में एक महत्त्वपूर्ण भूमिका निभाते हैं। वाटरशेड समिति का कुछ विशिष्ट क्षेत्रों में विशेषज्ञता वाला एक वाटरशेड विकास दल, (Watershed Development Team; WDT) द्वारा पथप्रदर्शन किया जाना था। डब्ल्यू.डी.टी. परियोजना क्रियान्वयन अभिकरण, पी.आई.ए. (Projects Implementing Agency) द्वारा गठित किया जाता है और इसमें "बाहरी विशेषज्ञ" होते हैं, न कि ग्रामवासी जन। वाटरशेड विकास कार्यक्रम किए जाने वाले कार्यकलापों के स्वरूपों, बनाई (और बाद में अनुरक्षित की) जाने वाली परिसंपत्तियों के स्वरूपों, विभिन्न कार्यकलापों के लिए बजट और समय सीमा आदि का विवरण प्रस्तुत करता है। परियोजना क्रियान्वयन अभिकरण के लिए इस आशय के साथ एक निकास नयाचार भी होता है कि सीबीओ (इस उदाहरण में वाटरशेड संघ) किसी परियोजना द्वारा बनाई गई भौतिक परिसंपत्तियों के रखरखाव का संपूर्ण प्रभार लेगा। यह योजना ग्राम समुदाय के क्षमता-निर्माण पर केंद्रित की गई है ताकि वह अपने संसाधनों पर नियंत्रण रख सके। प्रशिक्षण, इसी कारण, इस योजना का एक बहुत महत्त्वपूर्ण तत्त्व है। वाटरशेड योजना सामुदायिक सहभागिता और सीबीओ-दृष्टिकोण के अनुप्रयोग के संबंध में एक सर्वाधिक प्रगतिशील योजना के रूप में सामने आई है।

प्रश्न 12. सहभागितापूर्ण सिंचाई प्रबंधन से आप क्या समझते हैं?

उत्तर— सहभागितापूर्ण सिंचाई प्रबंधन (Participatory Irrigation Management) नहर सिंचित क्षेत्रों के लिए है। राज्य सिंचाई विभाग, (State Irrigation Department; SID), जल भंडारण (जलाशय और बाँध) सुविधाओं और नहरों का निर्माण और रखरखाव करते हैं; उन

किसानों को जल की आपूर्ति करते हैं जिनकी भूमि उस सिंचाई परियोजना के नियंत्रण क्षेत्र में पड़ती हो और जल शुल्क निर्धारित और वसूल करते हैं।

वर्ष 1997 में आंध्र प्रदेश सरकार ने एक साहसिक कदम उठाया और सिंचाई नहरों का प्रबंधन जल प्रयोगकर्त्ता संघों (डब्ल्यू.यू.एज.) को हस्तांतरित किए जाने संबंधी एक कानून लागू कर दिया। इस तरह सरकारी कार्यकर्त्ताओं/अधिकारियों की भूमिका बहुत कम हो गई। अन्य राज्यों, जैसे राजस्थान, तमिलनाडु और मध्य प्रदेश ने भी इसका अनुसरण किया। वर्ष 1995 में, गुजरात ने एक विश्वासजनक, गैर-बाध्यकारी दृष्टिकोण के साथ सहभागितापूर्ण सिंचाई प्रबंधन योजना अपनाई। उसने प्राकृतिक संसाधन प्रबंधन, एन.आर.एम. (Natural Resource Management) के क्षेत्र में कार्यरत एक प्रतिष्ठित एनजीओ की सहायता से जल प्रयोगकर्त्ता संघों को बढ़ावा देने के लिए 13 प्रायोगिक परियोजनाएँ शुरू कीं। सिंचाई के क्षेत्र में डब्ल्यू.यू.एज. समुदाय-आधारित संगठनों का एक अन्य नामरूप है। आंध्र प्रदेश की भाँति गुजरात में भी किसानों के लिए यह अनिवार्य होने जा रहा है कि वे डब्ल्यू.यू.एज. बनाएँ ताकि नहर से सिंचाई के लिए जल प्राप्त कर सकें। नर्मदा परियोजना से सिंचाई के लिए कोई भी किसान तब तक जल प्राप्त नहीं कर सकेगा जब तक कि वह किसी डब्ल्यू.यू.ए. का सदस्य न हो।

प्रश्न 13. आगा खां ग्रामीण सहयोग कार्यक्रम की व्याख्या कीजिए।
अथवा
आगा खां ग्रामीण सहयोग कार्यक्रम द्वारा चलाई जा रही गतिविधियों में सीबीओ दृष्टिकोण के आविर्भाव की संक्षिप्त में चर्चा कीजिए।

उत्तर – आगा खां ग्रामीण सहयोग कार्यक्रम (ए.के.आर.एस.पी.) आगा खां प्रतिष्ठान (Aga khan Foundation) द्वारा प्रेरित विकास अभिकरण है। यह गुजरात में स्थित है। 1980 के दशक के शुरू के वर्षों से ही यह पश्चिमी और मध्य भारत में प्राकृतिक संसाधनों के स्थायी प्रबंधन के माध्यम से ग्रामीण आजीविकाओं के वर्धन के प्रति समर्पित रहा है। इसके प्रयास मात्र खाद्य आत्मनिर्भरता संबंधी समस्याओं तक ही सीमित नहीं रहे हैं, अपितु यह ग्रामीण समुदायों में गरीबी-उन्मूलन और जीवन-स्तर सुधार आदि व्यापक मुद्दों पर भी ध्यान देता रहा है। इसके कार्यक्रमों में ग्रामीण क्षेत्रों में स्थायी सामाजिक-आर्थिक विकास लाने के लिए प्रयास किया गया है। इस कार्यक्रम की अनिवार्य भावी दृष्टि यह है कि ग्रामीण सामाजिक आर्थिक विकास किया जाए और उसे स्थायी बनाया जाए और यह ग्राम-स्तरीय संस्थाओं (सीबीओज) को शामिल करके ही प्राप्त किया जा सकता है। ये सीबीओज अपनी कार्यप्रणाली में स्वशासी और पारदर्शी होती हैं। ग्राम विकास से जुड़ी कार्यनीतियों के क्रियान्वयन के लिए आगा खां ग्रामीण सहयोग कार्यक्रम ग्राम-स्तरीय संस्थाओं (सीबीओज) के साथ गहरी साझेदारी निभा रहा है। यह कार्यक्रम अपनी प्रभावकारिता और स्थायित्व बढ़ाने के लिए ग्राम-स्तरीय और समुदाय-साधित संस्थाओं को सहायता प्रदान करता रहा है। यह ग्रामीण क्षेत्रों में स्थानीय विकास गतिविधियों के प्रभावशाली नियोजन, क्रियान्वयन और रखरखाव के लिए सीबीओज को प्रबंधन और तकनीकी कौशल प्रदान करता रहा है। आगा खां ग्रामीण सहयोग कार्यक्रमों और स्थानीय ग्रामीण समुदायों के बीच साझेदारी निम्नलिखित के लिए प्रयास है–

- प्राकृतिक संसाधनों के सामुदायिक प्रबंधन के माध्यम से परिसंपत्तियाँ बनाना जैसे जल भंडारण, सिंचाई अधिरचना, मृदा परिरक्षण और वानिकी;

- उन्नत कृषि उत्पादकता और खेती-बाड़ी विधियों के माध्यम से आय वृद्धि; भूमि विकास और प्रबंधन तथा ग्रामीण समुदायों के बीच लघु-उद्यम को समर्थन देना;
- बचत को बढ़ावा देकर और ग्राम-स्तरीय संस्थाओं (सीबीओज) को वित्तीय सेवाएँ प्रदान कर स्थानीय वित्तीय संसाधनों को संघटित करना;
- पर्यावरण ह्रास को रोकने के लिए ग्रामीण समुदायों के बीच तकनीकी नवप्रवर्तनों को बढ़ावा देना और ग्रामीण लोगों, खासकर महिलाओं के निकृष्ट कार्यों को घटाने में मदद करना; तथा
- सामाजिक विकास, विशेष ग्रामीण समुदायों में न्यायसंगत, सामाजिक न्याय और महिला सशक्तिकरण को प्रोत्साहन देना।

आगा खां ग्रामीण सहयोग कार्यक्रम द्वारा चलाई जा रही गतिविधियों में सीबीओ-दृष्टिकोण के आविर्भाव को संक्षिप्त रूप से निम्नलिखित प्रकार प्रस्तुत कर सकते हैं, जो कि ग्रामीण क्षेत्रों में आत्मनिर्भरता, कौशल विकास और स्थानीय समुदायों के बीच परिसंपत्तियों के सृजन आदि से संबंधित है।

- **आत्मनिर्भरता को प्रोत्साहन (Promotion of Self-Reliance)**—ग्रामीण आजीविका संबंधी आगा खां ग्रामीण सहयोग कार्यक्रम की कार्यनीति में समुदाय को विकास के केंद्र में रखा है। इससे विकास सहायता की प्रभावशीलता बढ़ती है और गरीबी में कमी होती है। सामुदायिक संगठनों में गरीबों को शामिल करने से स्थानीय नेतृत्व (महिला नेतृत्व समेत) की उत्पत्ति होती है। ये स्थानीय नेतागण स्थानीय समुदाय के संगठन के माध्यम से सामाजिक परिवर्तन और स्थायी विकास लाने में एक महत्त्वपूर्ण भूमिका निभाते हैं। गाँव में सभी समुदायों के प्रतिनिधियों (कम से कम 30 प्रतिशत महिलाओं के प्रतिनिधियों समेत) वाली 'ग्राम विकास समितियाँ' गठित की जाती हैं। ये समितियाँ ग्राम विकास योजनाएँ विकसित करती हैं और पंचायतों के घनिष्ठ सहयोग में कार्य करती हैं।

- **कौशल विकास (Skill Development)**—आगा खां ग्रामीण सहयोग कार्यक्रम की ग्राम विकास गतिविधियों में मानव संसाधन विकास भी शामिल है। ग्रामीण समुदायों के बीच कौशल आधार बनाने के प्रयास किए गए हैं। ग्रामीण समुदायों को संगठन निर्माण और वित्तीय प्रबंधन संबंधी प्रशिक्षण प्रदान किया जाता है। उद्देश्य होता है - ग्राम-स्तरीय संस्थाओं (सीबीओज) की प्रभावशीलता और स्थायित्व के लिए सहायता करना। मुख्य संसाधनकर्त्ताओं को विकास गतिविधियाँ नियोजित करने, लागू करने और रखरखाव संबंधी तकनीकी कौशल प्रदान किया जाता है। इसका उद्देश्य होता है–ग्रामीण समुदायों को वांछित क्षमता (पहुँच, आत्मविश्वास और सक्षमता) अर्जित करने योग्य बनाना ताकि वे ग्राम विकास से संबंधित उपलब्ध विभिन्न विकल्पों से संसूचित विकल्प चुन सकें। ग्राम-स्तरीय संस्थाओं (सीबीओज) के बीच बचत और ऋण योजनाओं के विषय में चेतना जगाने के लिए प्रशिक्षण कार्यक्रम चलाए जाते हैं। ग्रामीण समुदायों को प्राकृतिक संसाधन प्रबंधन के सिद्धांतों संबंधी जानकारी भी प्रदान की जाती है।

- **ग्रामीण परिसंपत्तियों का सृजन (Creation of Rural Assets)**—आगा खां ग्रामीण सहयोग कार्यक्रम ने प्राकृतिक संसाधनों जैसे जल भंडारण, उन्नत जल-प्रयोग

क्षमता, सिंचाई व्यवस्था, सामाजिक संरक्षण और वानिकी के कुशल प्रबंधन के द्वारा ग्राम-स्तरीय संस्थानों (सीबीओज) और सामुदायिक पूँजी के निर्माण में समर्थ बनाया है, छोटे स्तर के बुनियादी ढाँचे बनाने के प्रयास किए गए हैं, जैसे नियंत्रण-बाँध, सिंचाई नहरें और जल-संग्रहण प्राधार तथा कृषि भंडारण सुविधाएँ। संस्थागत इमारतें ग्राम स्तर पर बनाई जाती हैं जिनके माध्यम से ग्रामीण गरीब लोग सामान्य संसाधनों के प्रबंधन में भागीदारी निभा सकते हैं।

आय वृद्धि को ग्रामीण समुदायों के बीच कृषि उत्पादकता बढ़ाकर बढ़ावा दिया जाता है। उन्नत कृषि विधियों के द्वारा ग्राम-स्तरीय संस्थाओं (सीबीओज) को समर्थ बनाकर इस आय वृद्धि की कल्पना की जाती है, जैसे ड्रिप सिंचाई प्रयोग में लाना, बेहतर बीजों की व्यवस्था, बाजार का सृजन व उनमें सुधार लाना, भूमि विकास, लघु ऋण और उद्यम विकास। ग्राम-स्तरीय संस्थाओं (सीबीओज) के बीच बचत को बढ़ावा देकर और ऋण के लिए पहुँच बनाने में स्थानीय समुदायों को समर्थ बनाने के लिए वित्तीय सेवाएँ प्रस्तुत कर स्थानीय पूँजी संघटित की जाती है।

प्रश्न 14. ग्रामीण भारत में प्राकृतिक संसाधनों के प्रभावी प्रबंधन में 'समुदाय-आधारित संगठनों' की भूमिका की व्याख्या कीजिए। [जून-2014, प्रश्न सं.-2]

उत्तर– प्रमुख प्राकृतिक संसाधन - भूमि, जल और वनों का संकटपूर्ण दर से अपकर्ष हो रहा था। अंतर्राष्ट्रीय परिदृश्य पर, पर्यावरण ह्रास विकसित देशों में एक बड़ा और प्रभावी मुद्दा बन चुका था। यह चिंता द्विपक्षीय और बहुपक्षीय (अंतर्राष्ट्रीय) विकास अभिकरणों की नीतियों और कार्यक्रमों में अभिव्यक्त हुई।

इसलिए, ग्राम विकास कार्यक्रमों में प्रमुखता से समुदाय को शामिल करने की आवश्यकता को स्वीकार किया जा रहा था तो दूसरी ओर, प्राकृतिक संसाधनों को विकसित और नियंत्रित करने के लिए कार्यक्रम, खासकर साझा संपत्ति संसाधन (सी.पी.आर.) महत्त्व पाते जा रहे थे। कार्यान्वियन के लिए कार्यक्रम विषय-वस्तु (साझा संपत्ति संसाधन को केंद्र में रखकर) और कार्यतंत्र (सीबीओज) के बीच "एक अच्छी उपयुक्तता" नजर आती थी–(1) स्थानीय समुदाय का सीपीआर कार्यक्रमों के परिणामों में सीधा साझा होता है, यद्यपि संभव है कि इसके सभी सदस्य समान साझा न रखते हों; (2) स्थानीय समुदाय स्थिति की भी सीधी जानकारी रखता है, यद्यपि संभव है कि इसके सभी सदस्य समान रूप से सूचित न हों। इसके अलावा, जब समुदाय के सदस्य कार्यक्रम चलाते हैं तो उनकी निगरानी अधिक प्रभावशाली हो सकती है क्योंकि उनका ही समुदाय के साथ गहरा संबंध होता है। उनके लिए उल्लंघन-अनुशस्तियों की उपेक्षा करना कठिन होता है क्योंकि वे उन्हीं लोगों में से आते हैं जिनसे वे विभिन्न तरह से जुड़े होते हैं और स्थायी संबंध रखते हैं। यद्यपि नया दृष्टिकोण 'प्राकृतिक संसाधन प्रबंधन कार्यक्रमों' में अत्यधिक विस्तृत और प्रबल रूप से अपनाया जाता है और यह उन्हीं तक सीमित नहीं रहता।

सीबीओज के लिए प्रयुक्त सामान्य शब्द हैं–पणधारी समूह और ग्राम-स्तरीय संस्थाएँ, इन संगठनों को विभिन्न प्राकृतिक संसाधन प्रबंधन (Natural Resource Management) कार्यक्रमों और परियोजनाओं के तहत उनके विशिष्ट नामों से जाना जाता है। उदाहरण के लिए, सहभागितापूर्ण सिंचाई कार्यक्रम के अंतर्गत सीबीओज को एक जल प्रयोगकर्त्ता संघ, डब्ल्यू.यू.ए.

(Water User Association) की संज्ञा दी जाती है। संयुक्त वन प्रबंधन, जे.एफ.एम. (Joint Forest Management) कार्यक्रम के अंतर्गत ऐसे संगठन को एक संयुक्त वन प्रबंधन समिति, जे.एफ.एम.सी. (Joint Forest Management Committee) कहा जाता है। वाटरशेड विकास कार्यक्रम, डब्ल्यू.डी.पी. (Watershed Development Programme) के तहत ऐसे संगठन को वाटरशेड संघ, डब्ल्यू.ए. (Watershed Association) कहा जाता है।

प्रश्न 15. रालेगां सिद्धी में ग्रामीण विकास अनुभव की महत्त्वपूर्ण विशेषताओं की चर्चा कीजिए। [जून-2012, प्रश्न सं.-3 (c)]

अथवा

रालेगां सिद्धी के विकास संबंधी अनुभव की प्रमुख विशेषताओं की चर्चा कीजिए। [जून-2014, प्रश्न सं.-3 (ग)]

उत्तर– रालेगां सिद्धी जिला अहमदनगर, महाराष्ट्र के सूखा-प्रभावित क्षेत्र में स्थित एक छोटा-सा गाँव है। इसमें लगभग 2000 ग्रामवासी रहते हैं। स्थायी विकास की वजह से इसने एक मॉडल गाँव के रूप में महत्त्वपूर्ण रूप से लोगों के ध्यान और मीडिया प्रचार को आकर्षित किया है। विकास से पूर्व रालेगां सिद्धी का क्षेत्र मिट्टी के कटाव, गिरते भू-जलस्तर और अपर्याप्त वर्षा आदि की वजह से सूखे से बुरी तरह प्रभावित था। अधिकांश परिवार गाँव में अत्यंत दरिद्रता की स्थिति में जीवन बसर करते थे। ग्रामवासियों का निहित स्वार्थी तत्त्वों द्वारा शोषण किया जाता था और गाँव में सामाजिक बुराइयों ने सामुदायिक जीवन को दूषित कर रखा था।

यहाँ के एक स्थानीय निवासी अन्ना हजारे ने वर्ष 1975 में गाँव में विकास कार्य आरंभ किया। उन्हें ग्राम विकास के क्षेत्र में कोई विशिष्ट प्रशिक्षण, ज्ञान अथवा विशेषज्ञता प्राप्त नहीं थी। उन्होंने विकास के उद्देश्य से अपनी नैतिक अभ्यर्थना और निःस्वार्थ प्रतिबद्धता के द्वारा ग्रामीण युवा वर्ग को संघटित करने के लिए प्रयास किया। कुछ समय बीतने के साथ-साथ ग्रामवासियों ने उनके भारी उत्साह और करिश्माई नेतृत्व को पहचाना, उनका अनुसरण किया और गाँव में विकास गतिविधियों के लिए स्वैच्छिक योगदान दिया। रालेगां के संपूर्ण विकास से संबंधित कुछ स्पष्ट विशेषताओं को निम्न रूप से देखा जा सकता है–

- गाँव में विकास कार्य बाह्य विकास अभिकरण से बिना किसी खास वित्तीय अथवा प्रशासनिक निवेश के चलाया गया। रालेगां के निवासी, सिद्धांततः, धर्मार्थ संस्थाओं से कोई दान स्वीकार नहीं करते हैं। विकास गतिविधियों में धन सरकारी ऋणों और सहायता से लगाया गया है, जैसा कि क्षेत्र में किसी भी अन्य गाँव को समान रूप से उपलब्ध होता है। अन्ना हजारे ने गाँव में विकास योजनाएँ लागू करते समय स्थानीय लोगों को संघटित किया और श्रमदान (स्वैच्छिक श्रम) के रूप में उनका स्वैच्छिक योगदान प्राप्त किया।
- रालेगां में आर्थिक विकास निष्पक्षता के साथ विकास संबंधी अनिवार्य प्रगतिशील सिद्धांत से जुड़ा है। गाँव में सामाजिक भेदभाव मिटाने के पर्याप्त प्रयास किए गए हैं। गाँव में विभिन्न समुदायों के बीच वृहत्तर आर्थिक समानता लाने के लिए विशेष आर्थिक कार्यक्रम अभिकल्पित और क्रियान्वित किए गए हैं। गाँव में सभी वर्गों को बिना किसी भेदभाव के विकास कार्यक्रमों में समान साझेदारी का आश्वासन दिया

जाता है। मूल सिद्धांत है कि किसी भी विकास योजना द्वारा उत्पन्न अधिशेष का पचास प्रतिशत लाभार्थी वर्ग में वितरित कर दिया जाए। पच्चीस प्रतिशत ऋणों की अदायगी में खर्च किया जाए और शेष पच्चीस प्रतिशत सामुदायिक विकास कार्यक्रमों में भावी प्रयोग के लिए एक ग्राम कोष अथवा आरक्षित पूँजी में जमा कर दिया जाए।

- सभी विकास कार्यक्रमों के क्रियान्वयन में एक अनिवार्य घटक रहा है – श्रमदान। हर घर से एक वयस्क व्यक्ति विभिन्न विकास परियोजनाओं के लिए स्वैच्छिक श्रम (बिना किसी पारिश्रमिक के) का योगदान देता है, जैसे कुआँ खोदना, नियंत्रण-बाँध निर्माण, वृक्षारोपण, छात्रावास निर्माण आदि। मूल सिद्धांत यह रहा है कि किसी भी ₹100 के सरकारी अनुदान के लिए ₹30 मूल्य का स्वैच्छिक श्रम ग्रामवासियों द्वारा योगदानस्वरूप दिया जाए। श्रमदान इस अर्थ में विकास परियोजना को समाजीकृत कर देता है कि ग्रामवासियों में परियोजना द्वारा बनाई गई परिसंपत्तियों के धारण, प्रबंधन और रखरखाव के लिए उत्तरदायित्व का भाव पैदा हो जाता है। श्रमदान वित्तीय लागत भी कम कर देता है; इस तरह, बैंक-ऋण अदायगी तेजी से होने लगती है और समुदाय के भीतर अधिशेष का पर्याप्त संचय हो जाता है।

- अन्ना हजारे ने लोगों के नैतिक आधार को सुदृढ़ करने और इस तरह गाँव में सामाजिक एकता को बढ़ाने के लिए प्रयास किए। उन्होंने महसूस किया कि ग्राम समुदाय का नैतिक सुधार सामाजिक-आर्थिक विकास का आधार बनाने के लिए आवश्यक है। रूढ़िवादिता अथवा अंधविश्वास की ओर फिसले बिना ग्रामवासियों ने समुदाय में नैतिक शक्ति बढ़ाने के लिए धर्म से प्रेरणा ली। ग्रामवासियों के बीच भावनात्मक एकता बढ़ाने के लिए गाँव के मंदिर को ठीक-ठाक किया गया। ग्रामवासियों ने ग्राम समुदाय में दलितों और अन्य निम्न जातियों को समेकित किए जाने को प्राथमिकता दी। इससे गाँव एक संयुक्त ताकत (बल) में परिवर्तित हो गया और विकास कार्यक्रम चलाने के लिए एक सुदृढ़ आधार बन गया।

प्रश्न 16. रालेगां सिद्धी में अन्ना हजारे के करिश्माई नेतृत्व के प्रभाव की चर्चा कीजिए।

अथवा

अन्ना हजारे के नेतृत्व में रालेगां सिद्धी के अनुपम अनुभव के विभिन्न पहलुओं का वर्णन कीजिए। [दिसम्बर-2013, प्रश्न सं.-2]

अथवा

रालेगां सिद्धी के विकास में अन्ना हजारे के करिश्माई नेतृत्व की सार्थकता को संक्षेप में स्पष्ट कीजिए।

उत्तर– रालेगां में स्थायी विकास अन्ना हजारे के नेतृत्व की वजह से ही साकार हुआ। उनकी पृष्ठभूमि कोई विशेष सुख-सुविधाओं वाली अथवा प्रतिष्ठित पुरखों की लाभकारी स्थिति वाली नहीं थी। वह बिना किसी राजनीतिक एजेंडा के लोगों से मिले और उन्होंने ग्राम समुदाय में आर्थिक उत्थान की कोई मिथ्या आशाएँ नहीं जगाईं। अपितु उन्होंने समुदाय को नैतिक नेतृत्व प्रदान किया।

उन्होंने गाँव में विकास के सामान्य उद्देश्य के प्रति अपने समर्पण भाव और वचनबद्धता को प्रमाणित किया। सामान्य जन की भलाई की खातिर अपने धन, भूमि, संपत्ति और पारिवारिक लगावों (अविवाहित रहने संबंधी उनके निर्णय समेत) के अन्ना हजारे के परित्याग ने उन्हें गाँव में एक करिश्माई नेता बना दिया।

ग्रामवासियों ने उनके कार्यों में आस्था व्यक्त की क्योंकि ये कार्य गाँव में लोक-कल्याण को सदा आगे ले जाने की दिशा में अग्रसर थे। नैतिकता और सिद्धांतों के लिहाज से अन्ना हजारे बहुत नियमनिष्ठ हैं, लेकिन गाँव की समस्याओं को हल करने में बहुत स्वच्छंद और लोकतांत्रिक स्वभाव वाले व्यक्ति हैं।

अन्ना हजारे ने गाँव से संबंधित सभी मुद्दों से जुड़ी निर्णय-निर्धारण प्रक्रिया में ग्रामवासियों की भागीदारी को बढ़ावा दिया। हर नई योजना पर गाँव की बैठकों में विस्तार से चर्चा होती है। क्रियान्वयन प्रक्रियाएँ और आचार-संहिता निर्विरोध संरूपित की जाती हैं। हर योजना के क्रियान्वयन की निगरानी के लिए ग्रामवासियों द्वारा एक पृथक् समिति चुनी जाती है। अन्ना हजारे के करिश्माई नेतृत्व में, रालेगां में हर योजना में लोगों की स्वैच्छिक भागीदारी ग्राम समुदाय के स्वयं-संघटन की उच्चतर अवस्था तक पहुँच चुकी है। उन्होंने गाँव में नेतृत्व की एक दूसरी पीढ़ी तैयार करने के लिए भी प्रयास किए हैं। उन्होंने दूसरे गाँवों से आने वाले युवा श्रमिकों के लिए प्रशिक्षण कार्यक्रम भी चलाए हैं।

रालेगां में लोगों ने सुनिश्चित किया है कि विकास के लाभ गाँव में पहले गरीब तक पहुँचें। गाँव ने युगों से चले आ रहे जाति-बंधनों को तोड़ दिया है और अब गाँव के विकास में गरीब वर्ग की समान साझेदारी होती है। गरीबों की भागीदारी समुदाय के बेहतर संघटन में परिणत हुई है; इससे गाँव का तेजी से और समेकित विकास हुआ है। रालेगां सिद्धी के लोगों ने अन्ना हजारे के नेतृत्व में ही सामाजिक और आर्थिक विषमताएँ दूर करने का फैसला किया। अब दलित जन सभी समारोहों में हिस्सा लेते हैं। दलित विवाह अन्य जातियों के साथ ही एक सामुदायिक विवाह-समारोह के हिस्से के रूप में कराए जाते हैं। दलित तरुण मंडल (युवा संघ), महिला मंडल और ग्राम पंचायत के सदस्य होते हैं। दलित सामुदायिक प्रीतिभोजों में खाना पकाने अथवा परोसने वाले दल का हिस्सा होते हैं, वे उच्च जातियों को भी खाना परोसते हैं। अधिकांश आर्थिक कार्यक्रमों में यह सुनिश्चित किया गया कि उत्पीड़ित जाति के लोगों को लाभार्थियों के रूप में पहले चुना जाए। सरकार से प्राप्त अनुदान राशियों से दलितों द्वारा प्रयुक्त कुओं की मरम्मत कर दी गई या फिर उन्हें गहरा कर दिया गया। भूमिहीन परिवारों को भूमि (प्रत्येक को पाँच एकड़) प्रदान की गई। रालेगां में दलित आवास गाँव के बाहरी भाग में स्थित हुआ करते थे। उनके लिए मंदिर के पास गाँव के बीचोंबीच बिजली की सुविधा और धुआंरहित चूल्हे वाले नए आवास बनाए गए। दलितों को सिलाई मशीन, सिंचाई पम्प, गोबर गैस संयंत्र, साझा शौचघर और स्नानागार के लिए सब्सिडियों और ऋणों तथा स्कूली बच्चों के लिए निःशुल्क पाठ्य-पुस्तकें, कापियाँ और वर्दी, आदि के लाभ भी दिए गए हैं।

रालेगां में ग्रामवासियों ने अपनी आय में आरंभिक वृद्धि को कृषि सुधार के लिए निवेश किया है, जैसे पम्प, सिंचाई के लिए पी.वी.सी. पाइप-लाइन, बैलों की जोड़ी, संकर नस्ल की गाय आदि खरीदने में। इसके अतिरिक्त ऊँची आय को बच्चों के पोषण-स्तर, स्वास्थ्य और शिक्षा आदि को सुधारने के लिए प्रयोग किया जाता है। अगली प्राथमिकता आवासों के सुधार को दी जाती है। गाँव में अनेक नए घर बनाए जा चुके हैं।

पशु-चिकित्सक और कृत्रिम गर्भाधान की मदद से गाँव में पशुधन की बढ़ोतरी हुई है। दुग्ध सहकारी ने एक मिनी ट्रक और थ्रेशर खरीद लिया है। ट्रक से दूध, सब्जियाँ व अन्य माल अहमदनगर पहुँचाया जाता है, जिससे बिचौलियों को बाहर रखा जाता है। फसल कटाई के दिनों में किसान थ्रेशर किराए पर ले जाते हैं। जिन किसानों के पास अतिरिक्त अनाज होता है वे अनाज बैंक में अपने लघु योगदान देते हैं। गाँव में जरूरतमंद किसानों को कम कीमत पर खाद्यान्न की आपूर्ति की जाती है। अनाज बैंक के होने से किसान को फसल-कटाई के तत्काल पश्चात् कृषि पैदावार को धन के अभाव में कम दामों पर बेचने की जरूरत नहीं होती है। जी.पी.एच. की पुस्तकों का मुख्य उद्देश्य ज्ञान के साथ-साथ अच्छे नम्बर दिलाना है।

प्रश्न 17. 'सेवा' की प्रकृति तथा महत्त्व को समझाइए।

अथवा

सेल्फ एम्पलॉयड वीमेंस् एसोसिएशन (सेवा) की बुनियादी विशेषताओं का वर्णन कीजिए। [जून-2013, प्रश्न सं.-3 (c)]

अथवा

स्व-रोजगारगत महिलाओं को वित्तीय सहायता जुटाने में 'सेवा' (SEWA) की भूमिका और महत्त्व की व्याख्या कीजिए। [दिसम्बर-2014, प्रश्न सं.-3 (c)]

अथवा

'सेवा' के मुख्य उद्देश्यों को सूचीबद्ध कीजिए।

अथवा

सेवा बैंक पर संक्षिप्त टिप्पणी कीजिए।

अथवा

ग्रामीण बैंकिंग पर टिप्पणी कीजिए।

उत्तर– महिलाओं की दुर्दशा के मूल कारण रहे हैं बेरोजगारी, आय का अभाव और परिवार या समुदाय में आर्थिक पराश्रितता। अतएव, आय-सृजन अवसरों को पैदा करना उत्तरोत्तर महिला सशक्तिकरण और समाज में उनकी आर्थिक-सामाजिक दशा को सुधारने के लिए एक प्रभावकारी साधन के रूप में देखा जा रहा है।

'सेवा' 1972 में पंजीकृत एक ट्रेड यूनियन है। यह संगठन गरीब, स्वरोजगार महिला श्रमिकों का एक संगठन है। इस संगठन का मुख्य उद्देश्य अपने सभी सदस्यों के लिए पूर्ण रोजगार और आत्मनिर्भरता की सुखद स्थिति लाने के लिए अथक प्रयास शामिल था। पूर्ण रोजगार की संकल्पना 'हर एक परिवार के लिए रोजगार' से जुड़ी है, ताकि खाद्य सुरक्षा, आय सुरक्षा और सामाजिक सुरक्षा (स्वास्थ्य देखभाल, बाल देखभाल और आश्रय) सुनिश्चित की जा सके। आत्मनिर्भरता की धारणा में सदस्यों की आर्थिक स्वतंत्रता को ध्यान में रखा गया, जबकि साथ ही उन्हें अपने निर्णय स्वयं लेने में समर्थ भी बनाया।

'सेवा' द्वारा शुरू किए गए कार्यकलाप वास्तविक जीवन-स्थितियों में उसके सदस्यों के समक्ष आने वाले मुद्दों और वास्तविकताओं से संबंधित होते हैं। सभी सदस्यों, समूह-नेताओं, कार्यकारी समिति और कर्मीवर्ग की चिंताओं को ध्यान में रखते हुए, 'सेवा' ने निम्नलिखित लक्ष्यों की प्राप्ति के लिए भरसक प्रयत्न किए हैं–

- अपने सभी सदस्यों के लिए पूर्ण रोजगार की दशाएँ उत्पन्न करना;
- सदस्यों की आय में वृद्धि लाना;
- पर्याप्त भोजन और पोषण को बढ़ाना;
- स्वास्थ्य रक्षा के लिए उपयुक्त प्रावधान करना;
- अपने सदस्यों के बच्चों की देखभाल को सुविधाजनक बनाना;
- जीवनयापन/आवास की स्थिति सुधारना;
- सदस्यों को वैयक्तिक रूप से अपनी निजी परिसंपत्तियाँ बनाने के लिए प्रेरित करना;
- कर्मचारियों की संगठनात्मक शक्ति को बढ़ाना;
- कर्मचारियों को नेतृत्व के लिए प्रोत्साहित करना; और
- सदस्यों के बीच सामूहिक और वैयक्तिक आत्मनिर्भरता को बढ़ावा देना।

'सेवा' का मुख्य सरोकार रहा है–स्वनियोजित महिलाओं को लघु-ऋण के रूप में वित्तीय सहायता प्रदान कर अपने सदस्यों के अस्तित्व अर्थात् जीवन को सुनिश्चित करना। उपर्युक्त लक्ष्य सेवा-बैंक की कार्यप्रणाली में भी अति महत्त्वपूर्ण रहे हैं।

'सेवा' बैंक (SEWA Bank)–'सेवा' से जुड़ी गरीब स्वनियोजित महिलाओं के सामने दो प्रमुख वित्त-संबंधी समस्याएँ आती थीं, कार्यगत पूँजी का अभाव और परिसंपत्तियों का स्वामित्व न होना, जिनको कि ऋण के लिए आनुषंगिक माना जा सके। उनकी लघु आय का अधिकांश भाग कार्यगत पूँजी का ब्याज और व्यापार उपकरण का किराया चुकाने में चला जाता था। वर्ष 1973 में 'सेवा' ने राष्ट्रीयकृत बैंकों के साथ एक व्यवस्था के तहत उक्त दुष्चक्र से अपने सदस्यों को मुक्त कराने के लिए एक समाधान निकाला। निरक्षरता, बैंक कार्यविधियों से अनभिज्ञता, कार्यापेक्षाएँ, बैंकों के कार्य-समय अनुकूल न होना और बैंक कर्मियों के रवैये की वजह से यह व्यवस्था चल नहीं सकी। सेवा-सदस्यों ने 4000 स्वनियोजित महिलाओं द्वारा एक आरंभिक योगदान (₹10 प्रत्येक की एक शेयर-पूँजी) के साथ अपना निजी बैंक खोलने का निश्चय कर लिया। परिणामतः वर्ष 1974 में पंजीकृत हुआ - श्री महिला 'सेवा' सहकारी बैंक लिमिटेड।

'सेवा' बैंक गरीब, निरक्षर, स्वनियोजित महिलाओं को लघु-ऋण की सुविधा प्रदान करता रहा है और महिला-विकास के उद्देश्य के लिए एक सफल वित्तीय साहसिक कार्य के रूप में उभर कर आया है। 'सेवा' बैंक ने एक लचीला दृष्टिकोण अपनाया है और बचत को उच्च प्राथमिकता दी है। यह मालूम हो गया कि सदस्य बचत करने को तैयार हैं, परंतु वित्तीय सेवाओं को उनकी अपेक्षाओं के अनुकूल बनाना जरूरी था। इस तरह 'सेवा' बैंक ने निम्नलिखित नवप्रवर्तन किए–

- घरों और बाजार-स्थल से बचत का एकत्रण;
- पहचान के साधन स्वरूप हस्ताक्षर की बजाय एक फोटो युक्त पासबुक;
- परिवार के पुरुष सदस्यों से गोपनीय रखकर लेखा-खाते चलाना;
- सदस्यों की आर्थिक दशा को ध्यान में रखते हुए लचीले ऋण नियम और कार्यविधियाँ बनाना;
- नवप्रवर्तनकारी बचत और ऋण योजनाएँ चलाना; और
- बैंकिंग कार्यविधियों में प्रशिक्षण और सहायता उपलब्ध कराना।

लघु-ऋण के लिए समेकित दृष्टिकोण (Integrated Approach to Micro-Credit)–ऋण की उपलब्धता अथवा वित्तीय सेवाओं के लिए पहुँच अपने आप में स्वनियोजित

गरीब महिलाओं के बीच स्थायी रोजगार उत्पन्न करने के लिए कोई यथेष्ट स्थिति नहीं है। इनसे अनिवार्यत: गरीबों के आर्थिक कार्यकलापों को लाभकारी उद्यमों में नहीं बदला जा सकता है। 'सेवा' बैंक द्वारा अपनाए गए लघु-ऋण के समेकित दृष्टिकोण ने स्वनियोजित महिलाओं के बीच बड़े आकार में आय और परिसंपत्तियाँ बनाने और आजीविकाएँ सुनिश्चित करने में मदद की है। 'सेवा' बैंक के दृष्टिकोण का विशिष्ट अभिलक्षण, लघु-ऋण के अतिरिक्त, यह है कि गरीब जन को इन सुविधाओं तक पहुँच बनाने की आवश्यकता है–

- बाजार के साथ संबंधों से संबंधित जानकारी;
- कार्यप्रणालियाँ और प्रौद्योगिकीय आधार-सामग्री जो उत्पादकता बढ़ा सकें;
- परिचालित बाजारों के लिए समुचित आधारभूत ढाँचा;
- स्वास्थ्य संबंधी और सामाजिक सुरक्षा सेवाओं की सुविधाएँ;
- उद्यमवृत्तिपरक योग्यता और सक्षमताओं से जुड़ी जानकारी; तथा
- निर्णय निर्धारण प्रक्रिया में भागीदारी।

'सेवा' बैंक 'सेवा', श्रमिक संघ और उसके अन्य आर्थिक संगठनों के साथ घनिष्टता से काम करता है। महिलाओं के स्वामित्व वाली परिसंपत्तियाँ बनाना 'सेवा' बैंक की एक प्राथमिकता है। यह महिलाओं के नाम कृषि-भूमि, आवासों व अन्य संपत्तियाँ हस्तांतरित किए जाने को बढ़ावा देता है।

निदेशक मंडल 'सेवा' बैंक के सदस्यों में से लिए गए निर्वाचित प्रतिनिधियों द्वारा गठित होता है। यही मंडल सभी ऋणों की मंजूरी देता है और ऋणों की विभिन्न श्रेणियों पर वसूल किए जाने वाला ब्याज निर्धारित करता है। 'सेवा' बैंक धीरे-धीरे बढ़ कर आर्थिक दृष्टि से एक व्यवहार्य वित्तीय इकाई में विकसित हो गया है।

ग्रामीण बैंकिंग (Rural Banking)–'सेवा' बैंक ने शहरी क्षेत्रों में कार्य करना आरंभ किया; बाद में उसने अपना कार्यतंत्र ग्रामीण क्षेत्रों में फैला लिया। 'सेवा' ने ग्रामीण क्षेत्रों में अपनी गतिविधियाँ वर्ष 1975 में शुरू कीं। उसने कृषि-श्रमिकों के एक संघ को संयोजित करने संबंधी प्रयास किए। 'सेवा' ने समझ लिया कि विकास गतिविधियों का विस्तारण ग्रामीण क्षेत्रों में महती आवश्यकता रखता है। महिलाओं को विकास गतिविधियों के लिए ऋण की आवश्यकता पड़ती थी परंतु बैंकों तक उनकी कोई पहुँच नहीं होती थी। महाजन या साहूकार बेहिसाब ब्याज वसूला करता था। भारतीय रिजर्व बैंक के नियम सेवा-बैंक द्वारा 'सेवा' के अपने ग्रामीण सदस्यों को लघु-ऋण सुविधाएँ प्रदान किए जाने की अनुमति नहीं देते थे। 'सेवा' सहकारियों, उत्पादक समूहों और संघों के रूप में ग्रामीण महिलाओं को निरंतर संगठित करता रहा। तथापि, उन्हें ऋण प्रदान कर उनके कार्यकलापों में सहायता नहीं की जा सकती थी। अंतत: मराठे समिति रिपोर्ट (1992) ने ग्रामीण बैंकिंग के लिए दशाएँ उत्पन्न की; वर्ष 1994 में 'सेवा' बैंक चयनित पाँच ग्रामीण क्षेत्रों को अपनी लघु-ऋण सेवाएँ प्रदान करने में सक्षम हो गया।

नवप्रवर्तनकारी कार्यप्रणाली (Innovative Methodology)–'सेवा' बैंक अपनी ऋण-प्रदाय गतिविधियाँ महिलाओं को बचत के लिए प्रेरणा और प्रोत्साहन देकर आरंभ करता है। वह उन्हें विभिन्न प्रकार की सुविधाएँ उपलब्ध कराता है। 'सेवा' बैंक व्यक्ति विशेष और समूहों को समान रूप से ऋण प्रदान करता है। समूहगत दृष्टिकोण ग्रामीण क्षेत्रों में अपनाया जाता है, जबकि वैयक्तिक दृष्टिकोण अधिकांशत: शहरी क्षेत्रों में कारगर सिद्ध होता है। महिलाओं का एक

बचत समूह प्रत्येक गाँव में बनाया जाता है। समूह का आकार 10 से 50 महिलाओं के बीच भिन्न-भिन्न हो सकता है। प्रत्येक महिला को एक पासबुक दी जाती है, जबकि दो या तीन समूह-नेता सामूहिक पासबुक रखते हैं। महिलाओं को बैंकिंग कार्यविधियों में प्रशिक्षण दिया जाता है और समूह-नेता प्राय: समूह और 'सेवा' बैंक के बीच परस्पर क्रिया के माध्यम का काम करता है। समूह-नेता प्रेरणा देता है, सदस्यों के बीच चेतना जगाता है और बैंक में उनकी आवधिक बचत जमा करता है। 'सेवा' बैंक एक उपभोग और एक उत्पाद संबंधी ऋण के बीच कोई भेद नहीं करता। वह यह मानकर चलता है कि भोजन, स्वास्थ्य, पोषण आदि पर किया गया उपभोग-व्यय गरीबों को अपनी मुख्य उत्पादनकारी परिसंपत्ति अर्थात् 'श्रम' के परिरक्षण में मदद करता है। सबसे गरीब वर्ग के संबंध में, लघु बैंकिंग में भी उपभोग और उत्पाद संबंधी ऋण के बीच कोई भेद नहीं करना चाहिए।

'सेवा' बैंक ने अपने अनुभव से ही सीखा और विकास किया। गरीब महिलाओं के साथ बैंकिंग के लिए कोई बने-बनाए नियम उपलब्ध नहीं थे। अपने स्वनियोजित कार्यकलापों के विषय में उनके पास कोई बैंकिंग अनुभव अथवा लिखित जानकारी नहीं थी। यद्यपि ऋण प्रदान करने में जोखिम बहुत था, फिर भी 'सेवा' बैंक ने ऐसी समस्याओं के रचनात्मक समाधान खोज निकाले। चूँकि अधिकांश महिलाएँ निरक्षर थीं, इसलिए घर पर उपलब्ध सेवाएँ और सरल कार्यविधियाँ अपनाई गईं। 'सेवा' बैंक विश्वसनीयता का आकलन गरीब महिलाओं के वित्तीय लेन-देन के लिहाज से करता था, न कि किसी समर्थक ऋणाधार के लिहाज से। बैंक ने महिलाओं के बैंक-व्यवहार का अपना ही कार्य-इतिहास तैयार किया था और समूहगत दबाव वापस अदायगी के लिए एक नैतिक बल के रूप में काम करता था। ऋण अन्य सहायक सेवाओं से जुड़े हुए हैं, जैसे बीमा, स्वास्थ्य देखभाल, बाल देखभाल, कानूनी सहायता और प्रशिक्षण, जिससे गरीब महिलाओं की आर्थिक असुरक्षा में कमी होती है।

'सेवा' बैंक ऋण ग्राहियों को तकनीकी सहायता प्रदान करता है। वह उन्हें अपने स्वनियोजित कार्यकलापों के लिए अपेक्षित उपयुक्त निवेशों (कच्चा माल, औजार आदि) को प्राप्त करने में समर्थ बनाता है। वह माल व सेवाएँ आदि के विक्रय के लिए बाजार के साथ संबंध बनाने में भी सहायक सिद्ध होता है। चूँकि 'सेवा' बैंक आर्थिक रूप से व्यवहार्य बनने के लिए स्व-नियोजित कार्यकलापों में मदद करता है, इससे ऋणों की वापस अदायगी में मदद मिलती है। ग्रामीण समूह ऋणों और ब्याज दरों के संबंध में अपने निर्णय स्वयं लेते हैं। परस्पर सक्रिय भागीदारी और घनिष्ठ वैयक्तिक संबंधों ने 'सेवा' बैंक और उसके सदस्यों के बीच एक मजबूत संबंध कायम कर दिया है। सदस्यगण 'सेवा' बैंक को मातृ-तुल्य मानते हैं। 'सेवा' बैंक 'सेवा' सहकारियों तथा ग्राम समूहों/नेताओं और ऋणग्राहियों के बीच नियमित परस्पर क्रिया और संचार ने वित्तीय जोखिम को कम कर दिया है और ऋणों का निर्बाध वापस अदायगी सुनिश्चित कर दिया है। 'सेवा' बैंक ने गरीब स्वनियोजित महिलाओं के सशक्तिकरण में स्थिरता का एक उच्च स्तर कायम कर अनुकरणीय सफलता प्राप्त की है।

प्रश्न 18. ग्रामीण क्षेत्रों में टसर (कच्चा रेशम) उत्पादन के लिए 'प्रदान दृष्टिकोण' के मुख्य घटकों को संक्षेप में स्पष्ट कीजिए।

उत्तर– 'प्रदान' का मुख्य उद्देश्य ग्रामीण गरीबों को उन्नत प्रौद्योगिकी उपलब्ध कराकर टसर (कच्चा रेशम) के उत्पादन में वृद्धि करना है। ये ग्रामीण गरीब हैं–विशेषत: बिहार के ग्रामीण क्षेत्रों में रहने वाली अनुसूचित जातियाँ/जनजातियाँ, पिछड़े वर्ग और गरीब महिलाएँ। केंद्रीय टसर

अनुसंधान और प्रशिक्षण संस्थान [Central Tasar Research and Training Institute (CTR&TI)] मूल रूप से ग्रामीण क्षेत्रों में प्रौद्योगिकी अभिकल्पन और टसर उत्पादन के प्रोत्साहन के लिए जिम्मेदार है। तथापि, इस संस्थान द्वारा विकसित और बाद में रेशम-उद्योग विभागों द्वारा प्रोत्साहित मॉडल 'अर्जुन' (टर्मिनेलिया प्रजाति) वृक्षों की सघन रोपाई पर आधारित था, जो कि ग्रामीण गरीब वर्ग के लिए एक उच्च-लागत विकल्प सिद्ध हुआ। 'प्रदान' द्वारा अपनाया गया दृष्टिकोण गाँवों में गरीब लोगों को निम्न लागत पर उन्नत प्रौद्योगिकी के लाभ पहुँचाने की परिकल्पना करता था। 'प्रदान' के दृष्टिकोण में मुख्य घटक निम्न थे–

- निम्न लागत पर 'अर्जुन' वृक्षों का एक प्रदर्शन भूखंड विकसित करना;
- प्राय: गरीबों को सुलभ बंजर भूमि के अनुरूप वृक्षों की संख्या कम रखना;
- पौधों की बाड़ अथवा घेराबंदी को बढ़ावा देना; जिससे लागत घटे;
- मुक्त-सुलभ बंजर भूमियों को अर्जुन बागानों के अंतर्गत लाना;
- युवा वर्ग को रेशम-कीट अंडों के ग्राम-स्तरीय उत्पादन में शामिल करना;
- भौतिक और वित्तीय लेन-देन का सहभागितापूर्ण प्रबंधन; तथा
- समुदाय नियंत्रित विपणन सेवा।

प्रश्न 19. गाँवों में मशरूम उत्पादन के लिए मानक 'प्रौद्योगिकी पैकेजिंग' में 'प्रदान' द्वारा किए गए संशोधनों का संक्षिप्त वर्णन कीजिए।

अथवा

मशरूम में उत्पादन की वृद्धि के लिए मानक 'प्रौद्योगिकी पैकेजिंग' में 'प्रदान' द्वारा किए गए संशोधनों की चर्चा कीजिए।

उत्तर– मशरूम उत्पादन के लिए मानक 'प्रौद्योगिकी पैकेजिज' में 'प्रदान' द्वारा किए गए संशोधन इस प्रकार हैं–

- नमी का बेहतर स्तर बनाए रखने के लिए खुले थैलों की बजाय बंद थैलों (कृत्रिम छिद्र-युक्त) का प्रयोग;
- किसी गारा-मिट्टी के कुटीर (mud hut) के फर्श पर नियमित पानी उड़ेलकर वांछित नमी-स्तर (बंद थैलों के साथ) बनाए रखना; जिससे विद्युत चालित आर्द्रता-यंत्रों में आने वाली ऊँची लागतों से मुक्ति मिलेगी;
- ग्रामीण युवा वर्ग को प्रशिक्षण प्रदान कर अंडजनन (खुंबी का जाल, खासकर उगाई जाने वाली मशरूम का) उत्पादन को ग्राम-स्तरीय दशाओं के अनुकूल बनाना;
- मशरूम उत्पादन में प्रयुक्त 'पुआल आधार' से जुड़े नवप्रवर्तन खोजना;
- प्रायिक अंतरालों पर कुछ मशरूम थैलों के लघु-खेप अंडजनन को सुसाध्य बनाना, जिससे नियमित आय सुनिश्चित हो; और
- मशरूम उत्पादन के प्रबंधन में लाभार्थियों को प्रशिक्षण और प्रशासनिक सहायता प्रदान करना।

प्रश्न 20. चर्मकारों की हद्दीगंज सहकारी समिति और 'प्रदान' के बीच संबंध की मूल प्रकृति को स्पष्ट कीजिए।

अथवा

खाल और चर्मकर्मियों की प्रौद्योगिकी के सुधार में 'प्रदान' के योगदान की चर्चा कीजिए।

उत्तर– खाल और चर्मकर्मियों के लिए प्रौद्योगिकी की जटिलता के सरलीकरण में 'प्रदान' ने महत्त्वपूर्ण योगदान दिया है। अनुसूचित जातियों के बीच एक विशिष्ट वर्ग ने ग्रामीण भारत में चमड़ा कमाने की परंपरा का निर्वाह किया है। वे प्राय: चर्म संसाधन की ऐसी विधियों पर निर्भर करते हैं जो उच्च मूल्य वाले चर्म उत्पाद तैयार करने के लिए अनुकूल नहीं होते। वर्ष 1983 में उत्तर प्रदेश स्थित हद्दीगंज गाँव में रहने वाली अनुसूचित जातियों ने उत्तर प्रदेश खादी और ग्राम उद्योग मंडल के साथ मिलकर एक सहकारी समिति का संयोजन, गठन और पंजीकरण कराया। इस समिति को पूरे ब्लॉक से खालें एकत्र करने का लाइसेंस प्राप्त हो गया। परिवहन साधन स्वरूप साइकिलें प्रयोग कर चार से छह चर्मकर्मियों का एक समूह गाँवों के एक समूह में काम करता था। सीमित साधनों और तकनीकी जानकारी के अभाव में यह समिति आमतौर पर कम मूल्य यानि घटिया किस्म के चमड़े का उत्पादन करती थी। चर्मकर्म और चर्मशोधन उद्योगों के लिए अधिकांश सरकारी सहायता शहरी केंद्रों तक ही सीमित रही है। चूँकि स्थानीय स्तर के चर्मशोधक ग्रामीण क्षेत्रों में बहुत दूर-दूर फैले हैं, सरकारी प्रयासों की प्रभावशीलता सीमित पहुँच क्षमता की वजह से अवरुद्ध रही है।

'प्रदान' का प्रमुख उद्देश्य रहा है–ग्राम-आधारित कारीगरों और राज्य की विद्यमान संस्थाओं के बीच एक परस्पर क्रिया का माध्यम मुहैया कराना। 'प्रदान' ने, हद्दीगंज सहकारी समिति के साथ मिलकर, चर्मशोधन प्रौद्योगिकियों की समीक्षा की और चमड़े के सह उत्पादों के संसाधन के लिए विभिन्न संभावनाओं पर विचार किया। वेट-ब्ल्यू क्रोम प्रौद्योगिकी को अच्छी तरह समझा गया क्योंकि यह व्यावसायिक तौर पर उपलब्ध थी और इसमें खालों के यथेष्ट मूल्यवर्धन करने की क्षमता थी। चूँकि प्रौद्योगिकी को 'आकार में न्यूनीकृत' करने की आवश्यकता थी, 'प्रदान' ने सहकारी समिति के सदस्यों को प्रशिक्षण प्रदान करने के लिए सरकारी संस्थाओं से बातचीत की। चूँकि वित्त-साधन का कुछ भाग ही हद्दीगंज सहकारी समिति के पास था, 'प्रदान' ने ऑक्सफैम (इंडिया) ट्रस्ट से शेष वित्त संसाधन उत्पन्न करने का जिम्मा ले लिया। 'प्रदान' ने निर्माण और उपकरण के लिए विनिर्देश प्रस्तुत किए, जबकि उक्त समिति ने संसाधन इकाई के निर्माण का कार्य निष्पादित किया। 'प्रदान' ने सहकारी समिति के सदस्यों के अभीष्ट प्रशिक्षण के लिए भी प्रबंध किए। चूँकि वेट-ब्ल्यू चर्मशोधन जटिल होता है और इसमें जैव-चिकित्सकीय तकनीकें शामिल होती हैं, इसमें अपरिष्कृत चर्म से वेट-ब्ल्यू उत्पाद तक की प्रक्रिया संपादित करने में उच्च-स्तरीय कौशल की आवश्यकता होती है। 'प्रदान' ने चर्मशोधन की प्रक्रिया में सहायतार्थ एक चर्म तकनीशियन की सेवाएँ उपलब्ध कराईं और अधिक तकनीकी सहायता प्रशिक्षण एवं उत्पादन केंद्र तथा चर्म विकास और विपणन निगम से प्राप्त की गई। 'प्रदान' की सहायता ने सहकारी समिति को गुणवत्ता पर नियंत्रण बनाए रखने और साथ ही उत्पादों की कीमत नीचे लाने में समर्थ कर दिया। बाद में, तकनीशियन (प्रदान) की सहायता के बिना भी सहकारी समिति उच्च गुणवत्ता कायम रखने और साथ ही उत्पादन की कार्य-लागत घटाने में भी सक्षम हो गई। हद्दीगंज सहकारी समिति अंततोगत्वा बाह्य सहायता से मुक्त हो गई, क्योंकि उसके सदस्यों ने उत्कृष्ट चर्म उत्पादन के लिए अपेक्षित अनिवार्य तकनीकी और प्रशासनिक क्षमताएँ हासिल कर लीं। इस प्रकार, 'प्रदान' ने एक ग्रामीण क्षेत्र में अनुसूचित जातियों, अर्थात् चर्मकारों के बीच एक उच्च रूप से उपांतीकृत और दरिद्र समुदाय के सशक्तिकरण में अद्वितीय योगदान दिया।

प्रश्न 21. तिलोनिया, राजस्थान के स्थायी विकास में सोशल वर्क एंड रिसर्च सेंटर (SWRC) की भूमिका को स्पष्ट कीजिए। [दिसम्बर-2012, प्रश्न सं.-3 (c)]

अथवा

एस.डब्ल्यू.आर.सी. की मूल विशेषता का संक्षिप्त विवरण दीजिए।

उत्तर— सामाजिक कार्य और अनुसंधान केंद्र (Social Work and Research Center) तिलोनिया, राजस्थान में ग्रामीण समुदायों को स्थायी विकास के लाभ प्रदान करने में सफल रहा है। 'एस.डब्ल्यू.आर.सी.' द्वारा अपनाए गए दृष्टिकोण ने ग्राम विकास के लिए परंपरागत शैक्षिक दृष्टिकोणों की सोच-समझ को चुनौती दी है। इस केंद्र द्वारा किए गए विकास कार्य ने दिखा दिया है कि औपचारिक शिक्षा अथवा व्यावसायिक विशेषज्ञता अब ग्राम विकास की प्रक्रिया में कोई अनिवार्य अपेक्षा नहीं रही है।

सामाजिक कार्य और अनुसंधान केंद्र की स्थापना वर्ष 1972 में राजस्थान के अजमेर जिला स्थित एक दूरवर्ती गाँव, तिलोनिया में हुई। इसके संस्थापक संजीत बंकर रॉय ने ग्राम विकास में एक नवप्रवर्तनकारी और अनुपम दृष्टिकोण प्रयुक्त किया। उन्होंने ग्राम विकास की प्रक्रिया में औपचारिक शिक्षा अथवा व्यावसायिक विशेषज्ञता की भूमिका को निरस्त कर दिया। इसकी बजाय, उनका विश्वास ग्रामीण समुदायों के बीच स्थायी विकास लाने के लिए परंपरागत ज्ञान, कौशलों और प्रयोगमूलक अनुभव के देशज रूपों का उपयोग किए जाने में था। 'एस.डब्ल्यू.आर.सी.' द्वारा सामने रखे गए दृष्टिकोण में परंपरागत ज्ञान के सदुपयोग, समुदाय के स्वयं-संघटन और स्थानीय प्राकृतिक संसाधनों के न्यायसंगत प्रयोग की परिकल्पना की गई ताकि ग्रामीण क्षेत्रों में लोगों की उत्पादनशील क्षमता को उन्मुक्त करने के लिए अनुकूल दशाएँ उत्पन्न हो पाएँ। यह केंद्र प्रौद्योगिकी की जटिलता को सरल बनाने की प्रक्रिया को सुसाध्य बनाने के लिए ग्रामीण जन की व्यावहारिक बुद्धिमत्ता में आस्था और विश्वास रखता था। इसने विभिन्न विकास गतिविधियों के लिए प्रौद्योगिकियों को पहचाना और उनका पुनरुद्धार कर उन्हें व्यवहार में लिया, जैसे निर्माण, बायोगैस, सौर ऊर्जा, परंपरागत औषधि, वर्षाजल संग्रहण आदि। इस केंद्र ने ग्रामीण समुदायों की बुनियादी आवश्यकताओं को पूरा करने के लिए कड़े प्रयास किए, जैसे स्वास्थ्य, शिक्षा, रोजगार, पेयजल, ईंधन और चारा आदि। नवप्रवर्तनकारी विकास गतिविधियाँ धीरे-धीरे ग्राम विकास में एक वृहत्तर परिप्रेक्ष्य में विकसित हुईं, जिसे 'बेअरफुट कॉलेज' की संज्ञा दी गई।

प्रश्न 22. बेअरफुट कॉलेज की कार्यप्रणाली में किस प्रकार की आचार संहिता का पालन किया जाता है?

उत्तर— बेअरफुट कॉलेज अपनी कार्यप्रणाली में निम्नलिखित 'आचार संहिता' का पालन करता है—

- ग्रामीण समुदायों के साथ अति सन्निकटता में काम करना और रहना;
- रचनात्मक और प्रगतिशील वैयक्तिक विकास के लिए सामाजिक क्षेत्र और अवसर उपलब्ध कराना;
- जाति, वर्ग, शिक्षा, धर्म और प्रस्थिति के लिहाज से कोई भेदभाव नहीं;
- संगठन के भीतर महिला-पुरुष में समानता का व्यवहार;
- संगठन की कार्यप्रणाली में लोकतांत्रिक परंपराओं का निर्वाह;

- लोगों की योग्यता, उनकी सीखने की इच्छा और क्षमता के अनुसार आँकना, न कि कागजी योग्यताओं के आधार पर;
- अहिंसात्मक साधनों के द्वारा ही सामाजिक न्याय के लिए प्रतिबद्धता दर्शाना;
- स्थानीय समुदाय के परंपरागत विश्वास, समझदारी, ज्ञान और सामूहिक प्रथाओं का सम्मान करना;
- प्राकृतिक संसाधनों के संरक्षण के प्रति संवेदनशीलता; तथा
- ग्रामीण समुदायों को संपोषित करने वाली उपयुक्त प्रौद्योगिकियों का प्रयोग करना।

प्रश्न 23. निम्न पर संक्षिप्त टिप्पणी लिखिए—

(i) बेअरफुट कॉलेज

उत्तर— बेअरफुट कॉलेज स्थायी सामुदायिक विकास में एक अग्रणी संस्थान के रूप में उभरा है। बेअरफुट दृष्टिकोण समुदाय की तत्काल अनुभूत आवश्यकताओं से जन्मा है। यह दृष्टिकोण मुख्य रूप से परंपरागत ज्ञान व कौशलों तथा स्थानीय सस्ती सामग्री का सहारा लेता है। यह ग्रामीण समुदायों के लाभार्थ व्यावसायिक ज्ञान और मानक प्रौद्योगिकियों की जटिलता को दूर करने और उन्हें सरलीकृत करने के भी प्रयास करता है। बेअरफुट कॉलेज ने भूमिका बोध की परंपरागत बाधाओं को दूर किया है; अध्यापक शिक्षार्थी हो सकता है और शिक्षार्थी अध्यापक। इसने व्यावसायिक विशेषज्ञता और शिक्षा की औपचारिक पद्धति से जुड़े मिथकों को झुठला दिया है। तिलोनिया में नितांत साधारण पुरुष, महिलाएँ अथवा युवा बेअरफुट अध्यापक, चिकित्सक, सौर-अभियंता, हैंडपम्प मिस्त्री, डिजाइनर, कैमिस्ट, संप्रेषक, लेखाकार आदि बनने के लिए पढ़ाई कर सकता है और प्रशिक्षण प्राप्त कर सकता है। बेअरफुट कॉलेज एक अनौपचारिक संस्था है, जहाँ युवा पुरुषों और महिलाओं को ग्राम-अध्यापकों द्वारा प्रयोगमूलक कौशल सिखाए जाते हैं, इन अध्यापकों में से अनेक के पास कोई औपचारिक अर्हता नहीं होती है। शिक्षण की पद्धति ग्रामवासियों की दिन-प्रतिदिन की आवश्यकताओं के अनुरूप बनाई जाती है। बड़ी संख्या में बच्चे, जो प्रायः दिन में आर्थिक कार्यकलापों में व्यस्त रहते हैं, रात्रि-विद्यालयों में जाने और पढ़ने में सुविधा महसूस करते हैं। तिलोनिया के आसपास ग्रामीण क्षेत्रों में लगभग 150 ऐसे रात्रि-विद्यालय चल रहे हैं। बेअरफुट कॉलेज ने एक विस्तृत साधारण-जन आधार बना दिया है, प्रशिक्षण को एक निम्न लागत कार्य बना दिया है और स्थानीय ग्रामीण समुदायों के भीतर कौशलों के स्थायित्व को सिद्ध कर दिखाया है।

(ii) प्रदान (PRADAN)

उत्तर— 'प्रदान' की स्थापना 1983 में एक एनजीओ के रूप में की गई। इसने ग्रामीण क्षेत्रों में स्थानीय समुदायों के साथ कार्यरत रहकर वीओज/एनजीओज को व्यावसायिक, प्रशासनिक और तकनीकी सहयोग प्रदान किया है। 'प्रदान' का मुख्य सरोकार रहा है—स्थानीय वीओज/एनजीओज में उनकी मूल सक्षमताओं का निर्माण करना, ताकि वे ग्रामीण समुदायों द्वारा चलाई जा रही आर्थिक गतिविधियों को सुदृढ़ करने की उचित प्रौद्योगिकियों का प्रभावकारी प्रसारण करने के लिए एक सक्षम माध्यम बन सकें। अपने आरंभिक चरण में 'प्रदान' गरीबी उन्मूलन कार्यक्रमों के क्रियान्वयन से संबंधित अपनी क्षमता और सक्षमता बढ़ाने के लिए स्थानीय वीओज/एनजीओज में अपने व्यवसायिकों को नियुक्त किया करता था। ये व्यवसायिक प्रशासन, प्रौद्योगिकी और समुदाय संगठन

आदि क्षेत्रों में वीओज/एनजीओज के सामने आने वाली विभिन्न बाधाओं को दूर करते थे। वे स्थानीय वीओज/एनजीओज और परियोजना प्रबंधन अभिकरणों अथवा ग्राम विकास की प्रक्रिया में लगी राज्यीय संस्थाओं के बीच एक परस्पर-क्रिया के माध्यम के रूप में भी काम करते थे। तथापि, बाद में, 'प्रदान' ने वीओज/एनजीओज के द्वारा स्थानीय ग्रामीण समुदायों में अपने कार्यों को सुस्थिर करने के लिए एक क्षेत्र-आधार पर 'विकास सहयोग दल' गठित करने वाले कार्यतंत्र में परिवर्तित कर लिया। ये दल ग्राम विकास कार्यक्रमों के अभिकल्पन, निरूपण और क्रियान्वयन से जुड़े तकनीकी और प्रशासनिक पहलुओं में लघु वीओज/एनजीओज और अनौपचारिक ग्राम-समूहों को व्यावसायिक सेवाएँ प्रदान करते थे। 'प्रदान' की 'कार्यक्षेत्र विश्वविद्यालय संबंधी अवधारणा का अपना विशेष महत्त्व है। इसने सामाजिक रूप से प्रतिबद्ध युवा व्यवसायिकों को गाँवों में काम करने एवं शिक्षण के लिए स्थल कार्यक्षेत्र में प्रदान करके प्रेरणादायी प्रयास किए।

(iii) रालेगां में वाटरशेड विकास

उत्तर– चूँकि रालेगां अनियत वर्षा वाले एक सूखा-प्रभावित क्षेत्र में स्थित है, अन्ना हजारे ने जल-संग्रहण के महत्त्व पर जोर दिया। तरुण मंडल स्वयंसेवकों ने जल के अपव्यय को कम करने के लिए प्राधारों का निर्माण और पर्यवेक्षण किया। उनके उत्साह को देखते हुए सरकार ने रालेगां में व्यापक वाटरशेड विकास कार्यक्रम (Comprehensive Watershed Development Programme, COWDEP) का सूत्रपात कर दिया। मृदा संरक्षण विभाग और सामाजिक वानिकी विभाग भी तरुण मंडल के प्रयासों को सबल बनाने के लिए आगे आए। घेराबंदी या कंटूरबंदी और नियंत्रण-बांधों के निर्माण ने वाटरशेड क्षेत्र के भीतर व्यर्थ बह जाने वाले जल का संरक्षण सुनिश्चित कर दिया। भूमि सुगठन और श्रेणीकरण को व्यापक वृक्षारोपण और चारागाह विकास कार्यक्रमों के माध्यम से सुदृढ़ बनाया गया। रालेगां में पशुओं को खुले में चराने पर प्रतिबंध लगाकर वृक्षों के संरक्षण के लिए 'सामाजिक घेराबंदी' के विचार को भी कार्यरूप दिया। सामुदायिक प्रयास से बने जल संसाधनों का जलापूर्ति सहकारियों के माध्यम से लोगों द्वारा साझा प्रयोग किया जाता है। लाभार्थियों ने सिंचाई योजनाओं की सफलता के लिए श्रमदान के माध्यम से योगदान दिया है।

प्रश्न 24. तरुण भारत संघ और वाटरशेड विकास के बारे में बताइए।

अथवा

तरुण भारत संघ पर संक्षिप्त टिप्पणी लिखिए। [जून-2014, प्रश्न सं.-4 (च)]

उत्तर– वर्ष 1985 में तरुण भारत संघ ने राजस्थान के जिला अलवर स्थित गाँव भीकमपुर में वाटरशेड विकास से संबंधित एक आरंभिक स्वैच्छिक हस्तक्षेप किया। अर्ध-शुष्क क्षेत्र में स्थित यह गाँव जल की बेहद कमी से पीड़ित था। फसलें लगातार खराब होती गईं, कृषि दुष्प्रभावित हुई और वनस्पति के अभाव से इन क्षेत्रों में मृदा-ह्रास हुआ। तरुण भारत संघ (वर्ष 1974 में स्थापित) नामक स्वैच्छिक संगठन के संस्थापक राजेन्द्र सिंह मूल रूप से साक्षरता का प्रसार करने और लोगों पर किए अन्याय से लड़ने भीकमपुर आए थे। परंतु नियति ने उनके लिए कुछ और ही निर्धारित किया हुआ था। एक ग्रामवासी मंगूलाल पटेल ने राजेन्द्र सिंह को गाँव में पानी की भारी किल्लत के विषय में विस्तार से बताया। राजेन्द्र सिंह को ग्रामीण क्षेत्रों में जल संबंधी इस पहलू के विषय में कुछ भी ज्ञान नहीं था। मंगूलाल ने उन्हें जल स्रोत के रूप में परंपरागत जलाशयों (जोहड़ों) के महत्त्व और उपादेयता के विषय में बताया। जोहड़ अनिवार्यत: वर्षा जल संग्रहण के लिए एक

कृत्रिम रूप से निर्मित जलाशय होता है। वर्षा जल एकत्र करने के लिए एक ढाल पर कंकड़-गारे की मदद से एक अवतल (बीच में गहरी) रचना में घेराबंदी की जाती है। उसके तीन ओर ऊँचे तटबंध बना दिए जाते हैं, जबकि एक ओर इस लिहाज से खुला छोड़ दिया जाता है कि वहाँ से वर्षा जल जलाशय में प्रवेश करेगा। मानसून ऋतु के दौरान ऐसे जोहड़ में एकत्रित किए जल को गाँव में सिंचाई, पेयजल व अन्य घरेलू उद्देश्यों से प्रयोग किया जा सकता है। अनेक जोहड़ों में भूमिगत-मृदा का नमी-स्तर सुधारने तथा किसी क्षेत्र में भूजल और कुओं के पुनःभरण करने की क्षमता है। जोहड़ का एक विशिष्ट अभिलक्षण यह है कि इसके निर्माण में सरल प्रौद्योगिकी तथा सस्ते स्थानीय रूप से उपलब्ध संसाधन प्रयुक्त होते हैं, जैसे–श्रम और सामग्री। ग्रामवासियों का अनुभव और सहजबोध ऐसे जल-संग्रहण जलाशयों के अभिकल्पन और निर्माण के लिए पर्याप्त होता है।

मंगूलाल की सलाह पर ध्यान देते हुए राजेन्द्र सिंह ने भीकमपुरा के आसपास के क्षेत्र में जोहड़ बनवाने का मन बना लिया। उन्होंने स्थानीय समुदायों को अभिप्रेरित किया और जल संग्रहण प्राधारों को बनाने के लिए लोगों की सक्रिय भागीदारी और योगदान की माँग की। पहला जोहड़ बनवाने में तरुण भारत संघ को तीन वर्ष का समय लगा। लेकिन चौथे वर्ष यह संघ स्थानीय समुदायों की भागीदारी के साथ 50 जोहड़ बनवाने में सफल रहा। फिर उन्होंने पीछे मुड़कर नहीं देखा। पाँचवें वर्ष यह संख्या 100 जोहड़ों तक पहुँच गई और वर्ष 2001 तक यह बढ़कर 1000 जोहड़ हो गई। कुल मिलाकर तरुण भारत संघ ने लगभग 1058 गाँवों में 5000 से भी अधिक जल-संग्रहण प्राधारों के निर्माण को सुसाध्य बनाया।

प्रश्न 25. निम्न पर संक्षिप्त टिप्पणी लिखिए–
(i) वाटरशेड विकास का प्रभाव

उत्तर– कृषि एक व्यवहार्य, उत्पादनशील और लाभकारी व्यवसाय बन गया। पर्याप्त जल उपलब्ध होने से मृदा की दशा में सुधार आया, जिसके फलस्वरूप बेहतर फसलें पैदा होने लगीं और कृषि-उत्पादन में वृद्धि हुई। वर्ष 1985 में मात्र 20 प्रतिशत भूमि पर ही खेती होती थी। वाटरशेड विकास की सफलता ने खेती के लिए निर्धारित समस्त भूमि को कृषि के लिए अनुकूल बना दिया है। किसानों ने अपने अधिशेष अनाज को बाजार में बेचना शुरू कर दिया है। प्रचुर मात्रा में बेहतर चारे की उपलब्धता ने पशु-पालन में बढ़ोतरी ला दी है, जिससे दूध का उत्पादन बढ़ गया है। इस क्षेत्र में वन और सहवर्ती वन्य जीवन में भी बढ़ोतरी हुई है। अनेक जल-संग्रहण प्राधारों के संचयी प्रभाव ने ही समस्त भूभाग में जलस्तर ऊपर लाने और भूजल के पुनःभरण को साकार किया। पाँच नदियाँ जो अतीत में दशकों तक सूखी पड़ी रहीं, इस क्षेत्र में पुनरुज्जीवित हो फिर से बहने लगी हैं।

स्थानीय समुदाय संपन्न और आत्मनिर्भर हो गए हैं। क्षेत्र में समग्र विकास के संबंध में जीवन-स्तर में सुधार आया है। सामूहिक भागीदारी और कड़े प्रयास का लाभ पाकर समुदाय के भीतर सामाजिक बंधुत्व (एकता) में अभिवृद्धि हुई है। वे अब बच्चों की शिक्षा का ध्यान रखते हैं और अपने अधिकारों के प्रति अधिक सचेत हो गए हैं।

(ii) सामुदायिक भागीदारी

उत्तर– जल-संग्रहण प्राधार स्थानीय समुदाय की सक्रिय भागीदारी और योगदान से ही बनाए गए। इस कार्यक्रम में किसी व्यावसायिक विशेषज्ञता अथवा अभियंताओं का लाभ नहीं लिया गया।

स्थलों की पहचान और प्राधारों के अभिकल्पन में परंपरागत बुद्धिक्षमता का प्रयोग किया गया। समुदाय से मिलने वाला योगदान नकद अथवा स्वैच्छिक श्रम के रूप में होता था। शुरू में, योगदान करने के लिए गरीब समुदायों को मनाना कठिन होता था। समुदाय कुल लागत का 25 प्रतिशत वहन किया करता था। अब यह बढ़कर 35 प्रतिशत और 75 प्रतिशत के बीच पहुँच गया है, जो कि परियोजना द्वारा उत्पन्न लाभों के आधार पर तय होता है। ऐसे मामले भी देखने में आए हैं जहाँ लोगों ने ऐसे प्राधार अपने निजी संसाधनों (वित्तीय समेत) से बनवाए और तरुण भारत संघ से केवल तकनीकी सलाह माँगी। योगदान करने से समुदाय परिसंपत्तियों के प्रति स्वामित्व की भावना विकसित कर लेता है, इससे उसकी दीर्घावधि सुरक्षा और रखरखाव सुनिश्चित होता है।

(iii) जल बिरादरी

उत्तर- तरुण भारत संघ द्वारा किए गए कार्य से पहले भीकमपुरा के आसपास का क्षेत्र राज्य अधिकारियों द्वारा 'उत्पीड़ित अर्थात् अश्वेत क्षेत्र' घोषित किया जा चुका था। इसका अर्थ था—जल की बेहद कमी और क्षेत्र में भूजल-स्तर का अगम्य गहराइयों तक पहुँच जाना। तरुण भारत संघ के योगदान से कुछ ही वर्षों के भीतर इस क्षेत्र को 'खुशहाल अर्थात् श्वेत क्षेत्र' घोषित कर दिया गया, जो इस बात का संकेत था कि भूजल-स्तर की दशा संतोषजनक है, जिस पर अब राज्य में सूखे के दौरान अधिकारियों द्वारा ध्यान दिए जाने की आवश्यकता नहीं है। इस सफल उपलब्धि से प्रेरित होकर तरुण भारत संघ ने देश भर में स्थानीय ग्रामीण समुदाय संगठित करने के प्रयास किए - इससे 'जल बिरादरी' का जन्म हुआ। 'जल बिरादरी' का उद्देश्य 'जल-जंगल-जमीन' के संरक्षण से संबंध रखता है। अधिक विनिर्दिष्ट रूप से, इसने जल-संरक्षण को बढ़ावा देने और जल पर अपने अधिकारों को पुन: स्थापित करने के लिए स्थानीय समुदायों को समर्थ बनाने के भरसक प्रयत्न किए हैं। 'जल बिरादरी' को औपचारिक संगठनात्मक रूप और मान्यता निम्मी गाँव (जयपुर, 'राजस्थान' के निकट) तरुण भारत संघ के परिसर में अप्रैल, 2001 को हुए राष्ट्रीय जल सम्मेलन के दौरान प्रदान की गई। भारत भर से आए 7000 से भी अधिक जल-योद्धाओं ने इस सम्मेलन में भाग लिया और यह तरुण भारत संघ के राजेन्द्र सिंह के नेतृत्व में जल-आंदोलन के रूप में उभरकर आया। 'जल बिरादरी' के घटक हैं—वीओज/एनजीओज; कृषक समूह; स्थानीय ग्रामीण समुदायों के प्रतिनिधिगण; वैज्ञानिक; समाजशास्त्री, अनुसंधान संस्थान; जल-विशेषज्ञ आदि।

प्रश्न 26. वैश्वीकरण से आप क्या समझते हैं? वैश्वीकरण के विभिन्न पहलुओं की व्याख्या कीजिए।

उत्तर- वैश्वीकरण का शाब्दिक अर्थ स्थानीय या क्षेत्रीय वस्तुओं या घटनाओं के विश्व स्तर पर रूपांतरण की प्रक्रिया है।

वैश्वीकरण के सामान्य प्रयोगों के ये अर्थ माने गए हैं-

- अंतर्राष्ट्रीयकरण - आधुनिक राज्यों के बीच सीमापार अंतर्क्रियाओं, विनिमय और परस्पर निर्भरता की प्रबलता में वृद्धि;
- उदारीकरण - देशों के बीच आवागमन पर राज्य द्वारा लगाए गए अवरोधों को हटाने की प्रक्रिया, ताकि एक मुक्त और समेकित आर्थिक और राजनीतिक विश्व-व्यवस्था बनाई जा सके;
- सार्वभौमीकरण - पूरी पृथ्वी पर रहने वाले लोगों के बीच विभिन्न वस्तुओं और सहभागी अनुभवों का बढ़ा प्रसार;

- पाश्चात्यकरण – अन्य संस्कृतियों और समाजों में पश्चिमी विचारों, मूल्यों और सामाजिक सांस्कृतिक प्रथाएँ संचरित करना;
- विक्षेत्रीकरण – राष्ट्र-राज्यों के भौगोलिक नियंत्रणों में क्षेत्रीय सीमाओं, क्षेत्रीय दूरियों और क्षेत्रीय स्थानों के विषय में पूर्व धारणाओं की प्रासंगिकता में कमी लाना।

वैश्वीकरण के कुछ पहलू (Some Aspects of Globalisation)—संचार के संबंध में, वैश्वीकरण दूरभाष पद्धति, इलेक्ट्रॉनिक संचार-माध्यम, सूचना प्रौद्योगिकी, कंप्यूटर नेटवर्किंग आदि के विकास के जरिए हुआ है। इन उन्नत संचार प्रौद्योगिकियों ने लोगों को अपनी भौगोलिक अवस्थिति का विचार किए बिना साम्पर्क्य बढ़ाने में सहायता की है। अब समाजों और राज्यों के बीच भौतिक दूरियों अथवा भौगोलिक सीमाओं संबंधी पूर्व धारणाएँ अप्रासंगिक हो गई हैं और लोग तात्क्षणिक रूप से परस्पर संबंध बना सकते हैं। आधुनिक संगठनों के प्रचुरोद्भव और विकास ने वैश्वीकरण की प्रक्रिया को सरल बनाया है और आगे बढ़ाया है। बड़ी कंपनियों, निगमों, विकास अभिकरणों और संघों ने सीमापार नेटवर्क स्थापित कर लिए हैं। उदाहरण के लिए, एम्नेस्टी इंटरनेशनल, सेव द चिल्ड्रन, ऑक्सफैम (OXFAM) आदि एकाधिक स्थानों से परिचालित होते हैं और विश्व भर में विभिन्न समाजों में रहने वाले लोगों से कार्य-व्यवहार करते हैं। पारिस्थितिकीय मुद्दे, जैसे जलवायु संबंधी परिवर्तन (वैश्विक तापन), समतापमंडलीय ओजोन अवक्षय, जैव-विविधता का ह्रास आदि पृथ्वी पर जीवन के अस्तित्व से जुड़े सर्वसामान्य चिन्त्य विषय हैं।

उत्पादन और विपणन की आधुनिक प्रक्रियाएँ अब विशिष्ट भौगोलिक स्थानों अथवा देशों तक सीमित नहीं रही हैं। बड़े निगमों ने लागत-सार्थक उत्पादन के लिए विभिन्न देशों में अपनी विनिर्माण इकाइयाँ स्थापित कर ली हैं, बशर्ते वहाँ कच्चा-माल और सस्ते श्रमिक उपलब्ध हों।

भूमि, जल, वन, कृषि, गरीबी, भूख, स्थायी विकास, दुर्भिक्ष, प्राकृतिक आपदाएँ, स्वास्थ्य, बाल देखभाल और ऐसे ही अनेक मुद्दे अब अलग घटनाएँ नहीं रही हैं। आधुनिक शिक्षा पद्धतियाँ, सांस्कृतिक प्रथाएँ, संचार-माध्यम, फैशन और मनोरंजन आदि सब अब दुनियाभर के विभिन्न समाजों में तुल्यकालिक रूप से साझे अधिकार क्षेत्र बन चुके हैं।

वैश्वीकरण का विस्तार विभिन्न समाजों के बीच व उनके भीतर भिन्न-भिन्न होता है। कुछ समाजों ने इसका अनुभव अधिक किया है, जबकि अन्य ने वैश्वीकरण के प्रभावों से स्वयं को सांस्कृतिक रूप से बचाने का प्रयास किया है। उदाहरण के लिए, अनेक लोगों ने वैश्वीकरण के प्रत्युत्तर में अपनी सांस्कृतिक, नृजातीय और राष्ट्रीय अस्मिताओं का बचाव करने के लिए शोध किया है। इस प्रकार बचाव करना विभिन्न समाजों में धार्मिक पुनर्जागरणवादी आंदोलनों के रूप में भी परिणत हुआ है। इन समाजों के भीतर भी वैश्वीकरण ने सामान्यत: दूरवर्ती ग्रामीण क्षेत्रों में रहने वाले लोगों की अपेक्षा शहरी केंद्रों, व्यावसायिक मध्यम-वर्गों और युवा पीढ़ी को अधिक प्रभावित किया है। वैश्वीकरण के विषय में मुख्य बात यह नहीं है कि कुछ विशेष दशाएँ विभिन्न समाजों में सभी स्थानों पर और सभी लोगों के लिए एक ही सीमा तक सार्थक होती हैं। बल्कि, वैश्वीकरण का अर्थ है कि अनेक घटनाएँ समकालीन जगत में कार्यरूपित हो रही हैं और ये विभिन्न समाजों अथवा राष्ट्र-राज्यों को अलग करती प्रादेशिक दूरियों और सीमाओं को कोई महत्त्व नहीं देती।

प्रश्न 27. एनजीओज के वैश्वीकरण की प्रक्रिया का उल्लेख कीजिए।

उत्तर– विश्व-नागरिक समाज का उद्‌गमन वैश्वीकरण का एक अति महत्त्वपूर्ण परिणाम रहा है। इस विश्व-नागरिक समाज का पूरे विश्व में पारदेशीय समाजों के भीतर संगठनात्मक के साथ-साथ मानकीय रूप से भी विकास हो रहा है। यह अनेक महत्त्वपूर्ण पहलुओं से पूर्व अंतर्राष्ट्रीय समाजों के प्रति महती रूप से भिन्नता रखता है। विश्व-नागरिक समाज में सर्वदेशीय मानदंड होते हैं, जैसे मानव अधिकार, जो कि उनकी नागरिकता से परे जाकर मानवमात्र को दोषमुक्त करते हैं और उनकी सुरक्षा करते हैं। इसमें वैश्विक मानदंड होते हैं, जैसे पर्यावरण-रक्षा, जो कि संप्रभु राज्यों पर नई जिम्मेदारियाँ डालते हैं, कानूनी भी और नैतिक भी। इसमें शामिल होते हैं अल्पसंख्यकों का नया अर्थ देना, उपान्तिक समूहों की जागरूकता और वैश्विक मामलों में महिला-पुरुष संबंधी मुद्दों का बढ़ना। अधिक महत्त्वपूर्ण रूप से, इसमें एनजीओज के लिए तेजी से विस्तारित होती भूमिका भी शामिल है, जैसे–ग्रीनपीस, एम्नेस्टी इंटरनेशनल, आदि जो नवोदित विश्व-व्यवस्था में उत्तरोत्तर महत्ता ग्रहण करते रहे हैं। निस्संदेह वीओज/एनजीओज का अस्तित्व लंबे समय से रहा है, परंतु वैश्वीकरण के प्रभाव में वे विकसित हुए हैं, रूपांतरित हुए हैं और समसामयिक काल में अभूतपूर्व प्रमुखता पा चुके हैं।

संचार के वैश्वीकरण से अब छोटे स्वैच्छिक संघों के लिए यह भौतिक और वित्तीय रूप से व्यवहार्य हो गया है कि एक-दूसरे से हजारों मील दूर स्थित अन्य समान समूहों के साथ सहयोग स्थापित और कायम रख सकते हैं। इस प्रकार, वीओज/एनजीओज के लिए पारदेशीय रूप से विभिन्न समाजों में कार्य करना आसान हो गया है। तथापि, सभी वीओज/एनजीओज अनिवार्यत: ऐसी क्षमता जुटाने के लिए आगे नहीं बढ़ते जो पारदेशीय कार्यों के लिए सहायक हो। कुछ लघु वीओज/एनजीओज सदा के लिए स्थानीय समुदायों में ही जमे रह सकते हैं, यदि वे वैश्वीकरण की क्षमता का लाभ उठाने में असमर्थ रहते हैं। परंतु अन्य, यद्यपि उनकी शुरुआत छोटी होती हैं लेकिन वे अधिकतर देशों में अपनी विद्यमानता के सहारे विश्वस्तरीय अधिकारी-तंत्रों को नियोजित कर आकार और कार्यों के संबंध में बड़ा रूप ले सकते हैं। वैश्वीकरण के अतिरिक्त, एक निर्णायक कारक जो यह निर्धारित करता है कि कोई वीओज/एनजीओज पारदेशीय हो सकता है अथवा नहीं, उसके परम उद्देश्यों और लक्ष्यों की प्रकृति से जुड़ा है।

यदि किसी एनजीओ का परम उद्देश्य मुख्य रूप से अपने ही सदस्यों को सेवा प्रदान करना अथवा स्थानीय रूप से धर्मार्थ गतिविधियाँ चलाना ही है तो पारदेशीय संपर्क बनाने का सवाल कई दशक ले सकता है अथवा हो सकता है कतई कार्यरूप न ले। विश्वरूप लेने के आकांक्षी एनजीओज को सर्वप्रथम अपने ही देशों में सुस्थापित होने का भरसक प्रयास करना चाहिए। बाद में ही वे एक निर्बंध संघ के रूप में कोई अंतर्राष्ट्रीय एनजीओ बनाने का प्रयास करें, ताकि सूचना विनिमय कर सकें और एक-दूसरे के अनुभव से लाभ उठा सकें। इसके उदाहरण हैं–वयोवृद्ध जन के लिए धर्मार्थ संस्थाएँ, महिला संगठन, परिवार नियोजन संघ आदि।

एनजीओज पारदेशीय संबंध में अपने लक्ष्यों को परिभाषित करते हुए मात्र एक देश में ही अंत: स्थापित रह सकते हैं। अनेक वर्षों तक ब्रिटेन में 'ऑक्फैम' और अमेरिका में 'केयर' ने अन्य देशों में आपदा राहत और विकास कार्यों पर खर्च करने के लिए धन एकत्र किया। बाद में उन्होंने अंतर्राष्ट्रीय संघों से जुड़ जाने का निश्चय किया और अंततोगत्वा अन्य देशों में अनुभाग (शाखाएँ) स्थापित कर लिए। जब वैश्विक अंतर-सरकारी संगठन नीति-निर्माण के केंद्र-बिंदु बन जाते हैं तो एनजीओज कार्यवाही पर अपना प्रभाव डालने का प्रयास करते हैं। वे संबद्ध अंतर्राष्ट्रीय सचिवालयों

और निर्णय निर्धारण निकायों/अंगों तक पहुँच बनाने के भी प्रयास करते हैं। वस्तुतः वे अपने ही देशों में हर एक सरकार की नीति को प्रभावित करने के लिए एक परोक्ष मार्ग अपना लेते हैं। परिणामतः ऐसे महत्त्वपूर्ण अंतर-सरकारी संगठनों की मेजबानी करने वाले शहर भी संबद्ध अंतर्राष्ट्रीय एनजीओज के केंद्र बन जाते हैं।

प्रश्न 28. संयुक्त राष्ट्र संघ और एनजीओज के बीच संबंध स्पष्ट कीजिए।
[जून-2012, प्रश्न सं.-4 (e)]

उत्तर– अंतर्राष्ट्रीय क्षेत्र में संयुक्त राष्ट्र संघ व उसकी संस्थाओं की भूमिका वैश्वीकरण के उभरने के समय से ही बदल गई है। उनके कार्य बढ़ गए हैं; वे समाजों के भीतर और अधिक सम्मिलित हो गए हैं, जो कि प्रायः संबद्ध राज्यों की तात्कालिक सहमति के बिना ही हुआ है। वैश्वीकरण का एक अति महत्त्वपूर्ण परिणाम यह रहा है कि संयुक्त राष्ट्र संघ की संस्थाएँ गैर-सरकारी संगठनों के साथ सीधे पराराज्यीय संबंध स्थापित करती हैं। एनजीओज ने संयुक्त-राष्ट्र संघ संस्थाओं के साथ विश्व-संबंधों का एक ऐसा जाल बना लिया है जिसने आधुनिक राज्यों की संप्रभुत्ता विषयक गंभीर चिंताएँ पैदा कर दी हैं।

बढ़ते दबाव के चलते, मुख्यतः अमेरिकी एनजीओज की ओर से, संयुक्त राष्ट्र संघ घोषणा पत्र प्रारूप में एक अनुच्छेद जोड़ने के लिए संशोधन किया गया जो आर्थिक और सामाजिक परिषद् (ECOSOC) को एनजीओज के साथ परामर्श करने की व्यवस्था देता है (अनुच्छेद 71)। श्रमिक संघों के विश्व महासंघ ने अपने शुरुआती अधिवेशनों में, इस अस्पष्ट सामान्य प्रावधान को भागीदारी के एक मान्यता-प्राप्त अधिकार क्रम में बदलने में अग्रणी भूमिका निभाई। कुछ वर्षों बाद परिषद् ने औपचारिक रूप से इस कार्य-व्यवहार को एक संकल्प में कूटबद्ध कर दिया जो कि प्रभावतः एनजीओज के लिए एक विधान था। इसने समूहों की तीन श्रेणियों को मान्यता प्रदान की–

- अल्पसंख्या में उच्च-प्रस्थिति के एनजीओज, जो कि अधिकांश परिषद् के कार्य से संबद्ध हों;
- विशिष्टीकृत एनजीओज, जो कार्यकलापों के कुछ क्षेत्रों से जुड़े हों और उन क्षेत्रों में ऊँची साख रखते हों; तथा
- ऐसे अन्य एनजीओज की एक कार्यक्रमावली, जिनसे कि परिषद् के लिए अवसरीय योगदानों की अपेक्षा की जाती हो।

इस प्रकार, संयुक्त राष्ट्र संघ के अनुसार, एनजीओ शब्द एक ऐसे समूह के समरूपी है जो कि आर्थिक और सामाजिक परिषद् (ECOSOC) की परामर्शी प्रतिष्ठा के लिए पात्र हो। मूल रूप से, किसी स्वीकार्य एनजीओ की संयुक्त राष्ट्र संघ द्वारा दी गई परिभाषा इस परिषद् के विधान में अंतर्निहित है। जिस तरीके से इसे लागू किया गया है कि वह निम्नलिखित छह सिद्धांतों के अधीन होगा, जिसका अर्थ है कि कोई भी एनजीओ–

- संयुक्त राष्ट्र संघ के लक्ष्यों और कार्य में मदद करे। इसका अर्थ इतने विस्तृत रूप में लगाया गया है कि संयुक्त राष्ट्र कार्यक्रमों की समीक्षा पर अल्पतम प्रतिबंध लगते हैं।
- एक लोकतांत्रिक नीति-निर्माण सम्मेलन के प्रति उत्तरदायी, पहचान-योग्य मुख्यालय और अधिकारियों वाला एक प्रतिनिधि निकाय हो। व्यवहारतः, अनेक उच्च-प्रतिष्ठित एनजीओज, खासकर विकास और पर्यावरणीय एनजीओज, जैसे ऑक्सफैम और

ग्रीनपीस, द्वारा कोई आंतरिक लोकतांत्रिक कार्यविधियाँ नहीं अपनाई जाती हैं। वे किसी सदस्यता के प्रति उत्तरदायी होने की बजाय जनसामान्य के प्रति उत्तरदायी होने का दावा करते हैं।

- एक लाभ-सापेक्ष निकाय नहीं हो सकता। विशिष्ट कंपनियाँ औपचारिक परामर्शी प्रतिष्ठा प्राप्त कर लेने की संभावना नहीं रखती हैं, परंतु इससे वे संयुक्त राष्ट्र-व्यवस्था से बाहर नहीं हो जाती। अंतर्राष्ट्रीय व्यापार संघों को एनजीओज के रूप में मान्यता दिए जाने से उन्हें कोई आपत्ति या समस्या नहीं होती है।
- हिंसा का प्रयोग अथवा उसका पक्ष समर्थन नहीं कर सकता है। कुछ एक छापामार दलों को राष्ट्रीय मुक्ति आंदोलनों के रूप में स्वीकार किया गया है, परंतु यह एक एनजीओ होने से भिन्न मामला है।
- 'राज्य के आंतरिक मामलों में अहस्तक्षेप' के मानदंड का सम्मान करे। इसका अर्थ है कि कोई भी एनजीओ एक राजनीतिक दल नहीं हो सकता। तथापि, कंपनियों की भाँति, पार्टियाँ अंतर्राष्ट्रीय संघ बना सकती हैं, जिनको संयुक्त राष्ट्र संघ की संस्थाओं के साथ परामर्शी प्रस्थिति प्राप्त हो ही जाती है। यह सिद्धांत आर्थिक और सामाजिक परिषद् (ECOSOC) के विधान में एक नई धारा जोड़कर 1968 में प्रस्तुत किया गया। मानवाधिकारों से संबद्ध एनजीओज को अपनी गतिविधियाँ किसी खास समूह, राष्ट्रीयता अथवा देश तक सीमित नहीं रखनी चाहिए (अपवाद के रूप में केवल जातिपार्थक्य-विरोधी समूहों के संबंध में)।
- अंतर-सरकारी समझौते से स्थापित नहीं होता है। यह एक पारिभाषित कानूनी शब्दावली है जो गैर-सरकारी होने के तत्त्व को व्यक्त करती है। यह स्पष्टतया व्यक्त किया गया है कि इसमें किसी अंतर्राष्ट्रीय एनजीओ की सदस्यता लेने से सरकारी निकायों को बाहर नहीं रखा जाता है।

प्रश्न 29. एनजीओ गठबंधन पर संक्षिप्त टिप्पणी लिखिए।

उत्तर– एनजीओज द्वारा गठबंधन बनाए जाने का एक लंबा इतिहास है। उदाहरण के लिए वर्ल्ड एलायंस ऑफ यंगमैन्स क्रिश्चियन एसोसिएशन (1855 में स्थापित); इंटरनेशनल काउंसिल ऑफ नर्सिज (1899); इंटरनेशनल सोसाइटी फॉर लेबर लॉ एंड सोशल लेजिसलेशन (1958) आदि। तथापि, वैश्वीकरण की प्रक्रिया ने एनजीओ गठबंधन निर्माण और विकास को काफी प्रेरणा प्रदान की है। चूँकि एनजीओज का वास्ता मानवीय मूल्यों, आकांक्षाओं और आवश्यकताओं के पूरे क्रम से पड़ता है, अत: स्वाभाविक ही है कि एनजीओ गठबंधन अति सरल परिभाषाओं को चुनौती देते हुए मानवीय दशा की जटिलताओं को भी प्रतिबिंबित करते हैं। उदाहरण के लिए, राष्ट्रीय रेडक्रॉस और रेडक्रॉस क्रीसेन्ट दोनों ही एनजीओ हैं और सरकारी सहायक संगठन भी, फिर भी उनका अंतर्राष्ट्रीय महासंघ स्वयं को स्पष्ट रूप से विश्व के अग्रणी एनजीओज में रखता है।

एनजीओ गठबंधन नामों का एक व्यापक रूप अदल-बदलकर प्रयोग करते हैं—सम्मेलन संघ, महासंघ, लीग, सहबंधन, यूनियन, परिषद्, सहायता संघ और नेटवर्क या फिर 'समिति' 'कार्यकारी समूह' आदि भी। किसी एनजीओ गठबंधन की सदस्यता अंगभूत करने वाले निकायों की नामावली और प्रकारों के बीच कोई प्रत्यक्ष सहसंबंध नहीं दिखाई पड़ता है। एनजीओ गठबंधन समान विचार

वाले लोगों अथवा संगठनों द्वारा बनाए जा सकते हैं जिनके लक्ष्य गहन रूप से साझे होते हैं। पुनः एनजीओ गठबंधन ऐसे व्यक्तियों अथवा संगठनों को भी साथ ले सकते हैं जो स्पष्टतया विपरीत विचार, उद्देश्य अथवा लक्ष्य रखते हों। एनजीओ गठबंधन का आकार इसकी पहुँच, प्रभावकारिता, व्यावसायिकता और छवि को निर्धारित करता है। बड़े एनजीओ गठबंधनों के पास अनुसंधान, व्यावसायिक रूप से होने वाले प्रकाशनों आदि के माध्यम से सही प्रबंधन में निवेश के लिए यथेष्ट वित्तीय संसाधन होते हैं। परिणामतः वे संयुक्त राष्ट्र व्यवस्था अथवा अन्य विकास अभिकरणों के समक्ष व्यापक प्रतिनिधित्व के लिए अपेक्षित क्षमता हासिल कर लेते हैं।

प्रश्न 30. विकासार्थ मुख्यधारा दृष्टिकोण की अनिवार्य प्रकृति की व्याख्या कीजिए।

उत्तर– द्वितीय विश्वयुद्ध उपरांत काल में संयुक्त राज्य अमेरिका (United States) और ब्रिटेन (United Kingdom) ने संयुक्त राष्ट्र संघ (United Nations) के संस्थागत समर्थन के साथ एक स्थिर अंतर्राष्ट्रीय व्यवस्था बनाने के लिए कड़ा प्रयास किया, इसने अंतर्राष्ट्रीय मुद्रा कोष (International Monetary Fund, IMF) और विश्व बैंक तथा शुल्क दर और व्यापार पर आम सहमति (General Agreement on Tariffs and Trade, GATT) को अपने साथ सम्मिलित किया। परवर्ती तीनों संस्थाओं ने बाजार में राज्य हस्तक्षेप के उचित प्रावधान के साथ मुक्त व्यापार के व्यवसाय पर आधारित एक उदार अंतर्राष्ट्रीय आर्थिक व्यवस्था को आधार प्रदान किया। इसको 'अंतः स्थापित उदारवाद' की संज्ञा दी गई है। पहली प्राथमिकता, मार्शल योजना के तहत विशाल धनराशियों का हस्तांतरण करके, यूरोप के पुनर्निर्माण को दी गई। शीघ्र ही विश्व बैंक व संयुक्त-राष्ट्र व्यवस्था ने उपनिवेशवाद से मुक्त हुए देशों में विकास की आवश्यकताओं पर ध्यान दिया।

अधिकांश पश्चिमी देशों, बहुपक्षीय संस्थाओं और संयुक्त-राष्ट्र व्यवस्था ने महसूस किया कि तीसरी दुनिया के देश आर्थिक रूप से पिछड़े हुए हैं और उनका विकास किए जाने की आवश्यकता है। इस प्रक्रिया में विकासशील देशों की अर्थव्यवस्थाओं में हस्तक्षेप करने शामिल थे। अंतर्निहित धारणा यह थी कि आर्थिक संगठन का पाश्चात्य तरीका श्रेष्ठ था और उसे अन्य समाजों तक अवश्य पहुँचाना होगा।

पूर्वी राष्ट्र-गुट के टूटने के साथ ही नव-उदारवादी आर्थिक और राजनीतिक दर्शन विश्व भर में विकास चिंतन पर हावी हो गया।

आरंभिक दशकों में, सकल घरेलू उत्पाद (Gross Domestic Product; GDP), प्रति व्यक्ति आय और उद्योगीकरण के लिहाज से विकासशील देशों में बड़े लाभ दर्ज किए गए। तथापि, 1990 के दशक तक वस्तुस्थिति वास्तविकता से काफी दूर रही। अधिकांश विकासशील देश गंभीर आर्थिक गिरावट से गुजर रहे थे। अफ्रीका महाद्वीप को आर्थिक उदारीकरण से कोई लाभ नहीं हुए। बीसवीं शताब्दी के अंत तक तीसरी दुनिया का एक भी देश विकास के सही अर्थ में पहली दुनिया की श्रेणी में नहीं आ सका। 1970 के दशक के तेल-मूल्य में झटकों और सहवर्ती घटनाक्रम ने ऋण संकट को सहसा बढ़ा दिया। जी-7 (Group of seven) के देशों (अग्रणी विकसित पश्चिमी देशों) ने एक देश-विशिष्ट दृष्टिकोण के साथ उक्त ऋण संकट से निबटने का फैसला लिया। उद्देश्य था-ऋण के सतत् पुनर्भुगतान को सुनिश्चित कर अंतर्राष्ट्रीय बैंकिंग व्यवस्था को भंग होने से बचाना। इस संदर्भ में, पूरे विकासशील जगत में अंतर्राष्ट्रीय मुद्रा कोष और विश्व बैंक द्वारा

'संरचनात्मक समंजन ऋणदान' (Structural adjustment lending) की एक सशक्त नीति अपनाई गई। संरचनात्मक समंजन ऋणदान की नीति ने बाजारोन्मुखी कार्यनीतियों के अनुपालन के लिए विकासशील देशों को प्रोत्साहित करने का भरसक प्रयास किया, जो कार्यनीतियाँ राज्य की शक्ति को कम करने और विदेशी निवेश के लिए तीसरी दुनिया की अर्थव्यवस्थाओं को खोलने पर आधारित थी, इस नीति ने निर्यात को बढ़ावा दिया ताकि विकासशील देश ऋणों के पुनर्भुगतान के लिए आवश्यक विदेशी मुद्रा अर्जित कर सकें। जहाँ तक कि ऋण का संबंध था, इस कार्यनीति से सफलतापूर्वक कार्य सिद्ध हुआ। इससे काफी ऋण पुनर्भुगतान हो गए हैं। पश्चिमी देशों के बैंकों का जोखिम यथेष्ट रूप से कम हो गया है। अंतर्राष्ट्रीय वित्त व्यवस्था पर मंडराता खतरा भी कम हो गया है।

प्रश्न 31. विकास के वैकल्पिक दृष्टिकोण की चर्चा कीजिए।

उत्तर— पश्चिमी देशों द्वारा अनुपालित मुख्यधारा विकास प्रतिमान में अंतर्निहित दुर्बलताओं और सीमाबद्धताओं की प्रकृति पर एक बहस छिड़ी हुई है। भिन्न-भिन्न रूप में महत्त्वपूर्ण वैकल्पिक विचार उभरकर आए हैं, जिन्हें विकास के लिए एक वैकल्पिक दृष्टिकोण में संश्लेषित किया जा सकता है। ये विचार वैयक्तिक बुद्धिजीवियों, संयुक्त-राष्ट्र संगठनों और निजी प्रतिष्ठानों के कार्यों से जन्में हैं। तथापि, वैकल्पिक दृष्टिकोण के लिए एक समीक्षात्मक और महत्त्वपूर्ण योगदान और सुधार विभिन्न एनजीओज और जनसामान्य विकास संगठनों द्वारा किया गया है। यहाँ तक कि सामाजिक आंदोलन, जो विकास एजेंडा से सीधे नहीं जुड़े हुए हैं उन्होंने भी विकास के वैकल्पिक दृष्टिकोण के उद्गमन में योगदान दिया है। उदाहरण के लिए, महिला आंदोलन, शांति आंदोलन, लोकतंत्र के लिए आंदोलनों और हरित आंदोलनों आदि सभी ने विकास के वैकल्पिक दृष्टिकोण के एक ठोस रूप लेने में महत्त्वपूर्ण योगदान दिया है। इस वैकल्पिक दृष्टिकोण की कल्पना अनुसार विकास की प्रामाणिक प्रक्रिया से अपेक्षा है कि वह—

- आवश्यकता उन्मुखी हो, अर्थात् भौतिक और अभौतिक;
- आंतरिक हो, अर्थात् किसी समाज के भीतर से निकलकर आए;
- मानव, प्राकृतिक और सांस्कृतिक संसाधनों के रूप में आत्मनिर्भर हो;
- पारिस्थितिकी के लिहाज से सही हो; और
- अर्थव्यवस्था, समाज, महिला-पुरुष और सत्ता संबंधों के संरचनात्मक रूपांतरणों पर आधारित हो।

विभिन्न एनजीओज, जैसे विश्व विकास आंदोलन (World Development Movement) ने ऐसे विकास के लिए अभियान छेड़ा और कड़ा प्रयास किया है, जो उक्त वैकल्पिक दृष्टिकोण के अनिवार्य पहलुओं को आगे बढ़ा सके। जनसामान्य आंदोलन अनेक विशिष्ट मुद्दों को लेकर उभरे हैं, जैसे नर्मदा बचाओ आंदोलन (भारत); साझा संसाधनों की सुलभता (ब्राजीलियाई अमेजन के रबड़ निकालने वाले); चिपको आंदोलन (वृक्षों का संरक्षण, भारत) आदि। इस प्रकार के आंदोलनों को विश्वभर में हरित आंदोलन से समर्थन मिला। विविध देशीय समूहों और महिलाओं को जून 1992 में रियो में हुए संयुक्त राष्ट्र पर्यावरण और विकास सम्मेलन (UN Conference on Environment and Development; UNCED) की प्रारंभिक प्रक्रिया के दौरान अपने विचार व्यक्त करने का अवसर प्राप्त हुआ। यह आंदोलन वर्ष 1995 में संयुक्त राष्ट्र सामाजिक शिखर सम्मेलन के समानांतर, कॉपनहेगन में एक वैकल्पिक एनजीओ मंच और उसी वर्ष बीजिंग में महिलाओं पर चौथे विश्व सम्मेलन के समानांतर सम्मेलन के आयोजन के साथ जारी रहा।

विकास के वैकल्पिक दृष्टिकोण के दर्शन के लिए प्रमुख है–लोकतंत्र को आगे बढ़ाना। जनसामान्य आंदोलन समाज में संस्थापित विषम संरचनाओं को चुनौती देने में एक विशेष भूमिका निभा रहे हैं। निस्संदेह जनसामान्य आंदोलनों के उद्गमन के लिए दशाएँ वैश्वीकरण द्वारा उत्पन्न की गई हैं परंतु ऐसे आंदोलन वैश्वीकरण के विपरीत प्रभावों को चुनौती भी दे रहे हैं। एनजीओज प्राकृतिक संसाधनों पर स्थानीय समुदायों के नियंत्रण की रक्षा करने के लिए बाजार और पारदेशीय निगमों की शक्ति के विरुद्ध उठ खड़े होने के लिए लोगों को संघटित कर रहे हैं। उन्होंने समुदायों के स्थानीय नियंत्रण और स्थानीय सशक्तिकरण को विकास एजेंडा के केंद्र में लाने के लिए भरसक यत्न किया है। ये संगठन समुदायों के लिए उत्तरजीविता के आसन्न स्रोतों, जैसे जल, वन और भूमि की रक्षा के लिए कड़े प्रयास कर रहे हैं। वे आधुनिक राज्यों और निजी व्यापार प्रतिष्ठानों द्वारा प्रचारित प्रमुख एजेंडा को निरस्त कर रहे हैं। उदाहरण के लिए, भारत में चिपको, अमेजन में रबर टेपर्स, मैक्सिको में चियापा विद्रोह तथा विदेशी स्वामित्व वाले बीज कारखानों के विरुद्ध भारतीय कृषक विरोध-प्रदर्शन। सिएटल, नवम्बर 1999 में विश्व व्यापार संगठन की बैठक में तथा अप्रैल 2000 में अंतर्राष्ट्रीय मुद्रा कोष विश्व बैंक, वॉशिंगटन में विरोध दर्ज कराना; वैश्वीकरण के असमान लाभ-वितरण से जन्में व्यापक असंतोष का द्योतक है।

प्रश्न 32. संयुक्त राष्ट्र संघ सहस्राब्दि विकास लक्ष्यों को सूचीबद्ध कीजिए।

अथवा

सहस्राब्दि विकास लक्ष्य पर संक्षिप्त टिप्पणी लिखिए।

[दिसम्बर-2014, प्रश्न सं.-5 (h)]

उत्तर– मुख्यधारा विकास एजेंडा की दुर्बलताओं को दूर करने के लिए संयुक्त राष्ट्र संघ के सदस्य-राज्यों ने वर्ष 2000 में 'सहस्राब्दि घोषणा और सहस्राब्दि विकास लक्ष्य' (Millennium Development Goals) को अंगीकृत किया। सहस्राब्दि विकास लक्ष्यों में गरीबी घटाने और स्थायी विकास के लिए मुख्य उद्देश्यों और परिमेय लक्ष्यों को स्पष्ट किया है। संयुक्त राष्ट्र संघ के सभी सदस्य-राज्यों ने स्वयं को वर्ष 2015 द्वारा सहस्राब्दि विकास लक्ष्यों के उद्देश्यों को पूरा करने के प्रति वचनबद्ध किया था। संयुक्त राष्ट्र संघ के सहस्राब्दि विकास लक्ष्य हैं–

(1) भीषण गरीबी और भूख को मिटाना (Eradicate extreme poverty and hunger)–(क) एक डॉलर प्रतिदिन से भी कम पर गुजर-बसर करने वाले लोगों की संख्या का अनुपात घटाकर आधा करना; और

(ख) भूख से पीड़ित लोगों की संख्या का अनुपात घटाकर आधा करना।

(2) सार्वभौमिक प्राथमिक शिक्षा का लक्ष्य पाना (Achieve universal primary education)–सुनिश्चित करना कि सभी बालक-बालिकाएँ प्राथमिक विद्यालयी शिक्षा का पूरा पाठ्यक्रम समाप्त कर पाएँ।

(3) महिला-पुरुष समानता को बढ़ावा देना व महिलाओं को सशक्त बनाना (Promote gender equality and empower women)–अधिमानत: वर्ष 2005 तक प्राथमिक और माध्यमिक शिक्षा में, और वर्ष 2015 तक सभी स्तरों पर महिला-पुरुष असमानता को मिटाना।

(4) बाल मृत्यु दर घटाना (Reduce child mortality)–पाँच वर्ष तक की आयु के बच्चों में मृत्यु दर को दो-तिहाई घटाना।

(5) मातृ स्वास्थ्य सुधारना (Improve maternal health)–मातृ मृत्यु दर को तीन-चौथाई घटाना।

(6) एच.आई.वी./एड्स, मलेरिया व अन्य रोगों से लड़ना (Combat HIV/AIDS, malaria and other diseases)–(क) एच.आई.वी./एड्स को फैलने से रोकना व उन पर विजय पाने की शुरुआत करना; और

(ख) मलेरिया व अन्य बड़ी बीमारियों की घटना रोकना व उन पर विजय पाने की शुरुआत करना।

(7) पर्यावरणीय स्थायित्व सुनिश्चित करना (Ensure environmental sustainability)–(क) स्थायी विकास के सिद्धांतों को देश की नीतियों और कार्यक्रमों में समेकित करना व पर्यावरणीय संसाधनों के ह्रास पर विजय पाना;

(ख) निरंतर पेयजल की सुलभता के अभाव वाले लोगों की संख्या का अनुपात घटाकर आधा करना; और

(ग) वर्ष 2020 तक कम-से-कम 10 करोड़ मलिनबस्ती वासियों के जीवन में सार्थक सुधार लाना।

(8) विकास के लिए एक वैश्विक-साझेदारी विकसित करना (Develop a global partnership for development)–(क) एक मुक्त व्यापार और वित्त-व्यवस्था और अधिक विकसित करना जो नियम-आधारित, अनुमेय और गैर-भेदभावपूर्ण हो; इसमें उत्तम शासन, विकास और गरीबी घटाना (राष्ट्रीय और अंतर्राष्ट्रीय) के प्रति वचनबद्धता शामिल हो।

(ख) अल्पमत विकसित देशों की विशेष आवश्यकताओं पर ध्यान देना, इसमें शामिल हैं–उनके निर्यात के लिए शुल्क और कोटा-मुक्त पहुँच मार्ग; बुरी तरह से ऋणग्रस्त गरीब देशों के लिए अधिक ऋण राहत; औपचारिक द्विपक्षीय ऋण का निरस्तीकरण व गरीबी घटाने के प्रति वचनबद्ध देशों के लिए अधिक प्रचुरता से औपचारिक विकास सहायता।

(ग) स्थलरूद्ध और लघु द्वीप विकासशील देशों की विशेष आवश्यकताओं पर ध्यान देना।

(घ) दीर्घावधि में ऋण को निरंतरता प्रदान करने के लिए राष्ट्रीय और अंतर्राष्ट्रीय उपायों से विकासशील देशों की ऋण समस्याओं से व्यापक रूप से निपटना।

(ङ) विकासशील देशों के साथ सहयोग में युवा वर्ग के लिए उचित और उत्पादनशील कार्य विकसित करना।

(च) औषधीय कंपनियों के साथ सहयोग में विकासशील देशों में व्यय-साध्य अनिवार्य दवाओं की सुलभता प्रदान करना।

(छ) नई प्रौद्योगिकियों के लाभ उपलब्ध करवाना - खासकर निजी क्षेत्र के साथ सहयोग में सूचना और संचार प्रौद्योगिकियाँ।

प्रश्न 33. क्षेत्र-व्यापी दृष्टिकोण (स्वैप) क्या है? इसके मुख्य उद्देश्य कौन-कौन से हैं?

उत्तर– क्षेत्र-व्यापी दृष्टिकोण (स्वैप) एक ऐसी प्रक्रिया है जिसमें क्षेत्र के लिए वित्तपोषण - चाहे आंतरिक हो या फिर दानदाताओं से - क्षेत्र भर में सामान्य दृष्टिकोणों को अपनाते हुए, सरकारी नेतृत्व में, एक ही नीति और व्यय कार्यक्रम को समर्थन देता है। स्वैप के चार मुख्य उद्देश्य हैं, जो इस प्रकार हैं–

- स्वामित्व – क्षेत्रीय नीति कार्ययोजना और व्यय के संबंध में निर्णय निर्धारण पर सहभागी सरकारों का स्वामित्व बढ़ाना;
- समन्वयन – क्षेत्र में सभी प्रासंगिक नीतिगत पणधारियों के बीच समन्वयन को सुधारना;
- संबद्धता – क्षेत्रीय बजट को वापस नीति-निर्माण केंद्र में लाकर क्षेत्रीय नीति, व्यय और परिणामों के बीच सामंजस्य बढ़ाना; वित्तपोषण के स्रोतों पर ध्यान दिए बगैर व्यय, नियोजन और प्रबंधन को एकीकृत करना; तथा
- घटी विनिमय लागत – बाह्य निधिकरण के प्रावधान के साथ जुड़ी लेन-देन लागतों को कम से कम करना।

प्रश्न 34. ग्राम विकास में वैश्विक साझेदारियों की चर्चा कीजिए।

अथवा

सहायता की प्रभावकारिता पर पेरिस घोषणा (2005) पर संक्षिप्त टिप्पणी लिखिए।

[जून-2013, प्रश्न सं.-5 (g)]

उत्तर– विकास अभिकरण, वित्तपोषण अभिकरण, सहभागी देश आदि अधिकाधिक परिणाम प्राप्त करने के प्रबंधन पर ध्यान देते रहे हैं। एक अवधि विशेष में ही उन्होंने साझी समझ-बूझ और दिशा निर्देश सिद्धांत विकसित कर लिए हैं और प्रभावपूर्ण सहभागिता के संबंध में कुछ महत्त्वपूर्ण घोषणाएँ भी की हैं। ये निम्नलिखित हैं–

- **सहायता की प्रभावकारिता पर पेरिस घोषणा (2005) [Paris Declaration on Aid Effectiveness (2005)]**–बहुपक्षीय और द्विपक्षीय संस्थाओं के प्रमुखों के साथ मिलकर विकसित और विकासशील देशों के प्रतिनिधियों ने वर्ष 2005 में सहस्राब्दि विकास लक्ष्यों (एम.डी.जीज) के अनुरूप सहायता के हस्तांतरण और प्रबंधन में सुधार लाने के लिए कार्य करने का संकल्प किया। सहायता की प्रभावकारिता पर पेरिस घोषणा (Paris Declaration on Aid Effectiveness) 2005, देशों और उनकी संस्थाओं को मापने योग्य और निगरानी योग्य ऐसे कार्यों के प्रति बचनबद्ध करती है जो सहायता की प्रभाविता को बढ़ाने के लिए बनाए जाते हैं। विकासशील देशों को अपनी विकास नीतियाँ और कार्यनीतियाँ लागू करते समय प्रभावशाली नेतृत्व अपनाना ही चाहिए। इसमें दानदाताओं से यह आग्रह किया गया कि वे प्राप्तकर्त्ता देशों में अपनाई गई विकास कार्यनीतियों, संस्थाओं और कार्यविधियों के आकलन के आधार पर अपना समस्त सहयोग प्रदान करें। इसमें यह भी अपेक्षा व्यक्त की गई कि दानदाताओं और प्राप्तकर्त्ता देशों को सामंजस्यीकरण, पारदर्शिता और सामूहिक प्रभावकारिता सुनिश्चित करने के लिए मिलकर कार्य करना चाहिए।

- **मॉन्टेरी सम्मेलन (2002) [Monterrey Conference (2002)]**–मॉन्टेरी सम्मेलन ने सहस्राब्दि विकास लक्ष्यों (एम.डी.जीज) की दिशा में अधिक प्रभावकारी प्रगति करने के साधन स्वरूप दानदाताओं और विकासशील देशों के बीच साझेदारियाँ बनाने के महत्त्व पर जोर दिया। मॉन्टेरी सम्मेलन में सर्वसम्मति से विनिमय लागतों को घटाने के लिए उच्चतम मानक पर अपनी परिचालनात्मक कार्यविधियों के सामंजस्य के लिए विकास सहयोग अभिकरणों का आह्वान किया गया। उसने

प्राप्तकर्ता देश के स्वामित्व में राष्ट्रीय विकास आवश्यकताओं और उद्देश्यों को ध्यान में रखते हुए विदेशी विकास सहायता (Overseas Development Aid) व्यय और सुपुर्दगी को अधिक लचीला बनाने का आग्रह किया।

- **संयुक्त माराकेच ज्ञापन (2004) [Joint Marrakech Memorandum (2004)]**–संयुक्त माराकेच ज्ञापन ने अंतर्राष्ट्रीय वित्तपोषण संस्थाओं का आह्वान किया कि वे परिणामों पर संगठनात्मक रूप से अधिक ध्यान दें, विभिन्न देशों के अनुभवों से सीखे गए सबकों की जाँच करें और विभिन्न देशों के संदर्भ में परिणाम-विषयक ज्ञान का प्रसार करें। उन्होंने देश विशेष के वांछित परिणामों के साथ सहयोग कार्यक्रमों का मेल करने; योगदान और अपेक्षित विस्तार सहयोग के स्वरूप को परिभाषित करने की आवश्यकता को पहचाना। उन्होंने दानदाताओं से आग्रह किया कि प्रगति का मार्ग तलाशने और परिणामों का आकलन करने के लिए देशों की निगरानी और मूल्यांकन प्रणालियों को मजबूत बनाएँ।
- **सामंजस्यीकरण पर रोम घोषणा (2003) [Rome Declaration on Harmonisation (2003)]**–वर्ष 2003 में, द्विपक्षीय और बहुपक्षीय विकास संस्थाओं के प्रमुख, अंतर्राष्ट्रीय मुद्रा कोष व अन्य वित्तीय संस्थाओं के प्रतिनिधिगण और सहभागी देश रोम में एकत्र हुए। उन्होंने गरीबी मिटाने; आर्थिक विकास लाने और स्थायी विकास को बढ़ावा देने के प्रति अपनी वचनबद्धता को पुन: पुष्ट किया। इसका परिणाम ही था सामंजस्यीकरण पर रोम घोषणा (Rome Declaration on Harmonisation)। इस घोषणा में सहभागी देशों से आग्रह किया कि वे विकास सहायता को समन्वित करते समय सशक्त नेतृत्व वाली भूमिकाएँ निभाएँ। इसमें इस बात पर जोर दिया कि सहभागी देशों के बीच इस प्रकार की क्षमता के निर्माण के संबंध में दानदाताओं की जिम्मेदारी बनती है। घोषणा में यह भी माना गया कि सबसे प्रभावकारी सहयोग और सामंजस्यीकरण वह है जो मेजबान-सरकार के नेतृत्व में सहभागी देशों के साथ कार्यक्षेत्र में होता है।

प्रश्न 35. जी.डी.पी.आर.डी. के मुख्य उद्देश्यों तथा इसके दिशा निर्देशक सिद्धांतों की चर्चा कीजिए।

अथवा

'सार्वजनिक-निजी-नागरिक समाज साझेदारियाँ' पर संक्षिप्त टिप्पणी लिखिए।

[दिसम्बर-2013, प्रश्न सं.-5 (h)]

अथवा

'ग्लोबल डोनर प्लेटफॉर्म रूरल डेवलपमेंट' (जी.डी.पी.आर.डी.) के प्रमुख मार्गदर्शी सिद्धांतों की व्याख्या कीजिए। [दिसम्बर-2014, प्रश्न सं.-2]

उत्तर– जी.डी.पी.आर.डी. के मुख्य उद्देश्य निम्नलिखित हैं–

- ग्रामीण जन की आजीविकाओं को सबलता प्रदान करना; घरों के अंदर घरेलू और सामुदायिक स्तरों पर खाद्य और पोषण सुरक्षा सुधारना;
- ग्रामीण क्षेत्रों में लोगों की जीवन-दशाओं में सुधार लाना;

- गरीबी घटाना, खासकर एक नीति-परिवेश बनाकर, जो कि ग्रामीण लोगों के लिए व्यय साध्य और स्थिर खाद्य मूल्यों तथा दीर्घावधि रोजगार और आय-वृद्धि में सहायक सिद्ध हो;
- प्राकृतिक संसाधनों के स्थायी प्रबंधन को आगे बढ़ाना;
- कृषि में लोगों के सामने आने वाले स्वास्थ्य, अर्थव्यवस्था और पर्यावरण संबंधी जोखिमों को कम करना;
- ग्राम विकास, नीतियों, कार्यक्रमों और निवेशों को ग्रामीण लोगों के मौजूदा ज्ञान और कौशलों से जोड़ना; तथा
- विभिन्न आवश्यकताओं, प्राथमिकताओं और उनके दबावों संबंधी दानदाताओं की समझ सुधारना, जो कि ग्रामीण क्षेत्रों में घरों के भीतर और बीच में विभिन्न लोगों को रोकते हैं और प्रभावित करते हैं।

जी.डी.पी.आर.डी. के दिशा-निर्देशक सिद्धांत (Guiding Principles of GDPRD)–जी.डी.पी.आर.डी. के दिशा निर्देशक सिद्धांत निम्नलिखित हैं–

- **संस्थागत और वित्तीय प्रबंधन (Institutional and Financial Management)**–समुदाय से आरंभ कर राष्ट्रीय स्तरों तक ले जाते हुए अधिक जोर ग्रामीण संस्थाओं के प्रोत्साहन और सशक्तिकरण पर दिया जाना चाहिए। राजकोषीय विकेंद्रीकरण को बढ़ावा देने के प्रयास किए जाने चाहिए ताकि स्थानीय संस्थाओं द्वारा की गई पहलों को मदद देने के लिए धन तत्काल उपलब्ध हो जाए। जवाबदेही, पारदर्शिता, उत्तमशासन और लोकतांत्रिक विकास में दृढ़ता लाने के लिए विकास संस्थाओं (विशेषत: सार्वजनिक क्षेत्र में) में सुधार लाया जाना चाहिए; जो कि सभी सहभागी देशों के विकास अभिकरणों की और दान देने की प्रक्रिया को सभी स्तरों पर आगे बढ़ने में दिशा निर्देशित करें।
- **जन-वेंद्रित और गरीबोन्मुखी परिवर्तन (People Centered and Pro-Poor Change)**–ग्रामीण जन ग्राम विकास से संबंधित आवश्यकताओं, प्राथमिकताओं, हितों और चुनौतियों के निर्धारण में शामिल होने चाहिए। चूँकि उनमें निर्णय लेने की क्षमता होती है, जन-भागीदारी गरीबोन्मुखी संवृद्धि में परिणत हो सकती है और ग्रामीण जन की बेहतर आजीविकाओं से जुड़ी कार्यनीतियों की प्रभावकारिता को बढ़ा सकती है।

  गरीबोन्मुखी विकास कार्यनीतियाँ बनाते समय ग्रामीण जन के प्रति बाजारों के प्रकार्यों, औचित्य और सुलभता के संबंध में बाजारों (स्थानीय से अंतर्राष्ट्रीय तक) की भूमिका को समझने के लिए ध्यान देना चाहिए।
- **माँग-प्रेरित नियोजन और क्रियान्वयन (Demand driven Planning and Implementation)**–लोगों की विभिन्न आवश्यकताओं पर आधारित माँग-प्रेरित प्रतिक्रियाओं को ग्राम विकास कार्यक्रमों के नियोजन और क्रियान्वयन प्रक्रिया में समाविष्ट किया जाना चाहिए। ग्राम विकास, ग्रामीण जन की आजीविका कार्यनीतियों और ग्रामीण क्षेत्रों में विद्यमान अन्य परिस्थितियों के विशिष्ट संदर्भ में यथायोग्य ध्यान दिया जाना चाहिए। माँग-प्रेरित प्रतिक्रियाओं की 'आवश्यकता' एक ऐसा सिद्धांत

है जो विभिन्न स्तरों पर विकास अभिकरणों और दानदाताओं की क्रियाओं का मार्गदर्शन करता है। यह सिद्धांत ग्राम विकास से जुड़ी उनकी प्राथमिकताओं के आकलन में स्थापित उनकी माँगों पर आधारित सहभागी देशों के साथ काम करने के लिए विकास अभिकरणों और दानदाताओं का आह्वान करता है।

- **सार्वजनिक-निजी-नागरिक समाज साझेदारियाँ (Public-Private-Civil Society Partnerships)** — सभी पणधारियों को ग्रामीण लोगों की आजीविकाओं, खाद्य सुरक्षा और समग्र कल्याण में सुधार के लिए मिलकर काम करना चाहिए। यह कृषि, स्वास्थ्य, शिक्षा आदि क्षेत्रों के बीच और साथ ही, सार्वजनिक, निजी और नागरिक-समाज संस्थाओं के बीच साझेदारियों का आह्वान करता है। उत्पादन और कृषक संगठनों जैसी संस्थाओं को ग्रामीण आजीविकाओं का स्थायित्व सुनिश्चित करने के लिए सुदृढ़ किया जाना चाहिए। ग्राम विकास में नवप्रवर्तनकारी, उपयुक्त, सुगम्य और प्रभावकारी सार्वजनिक-निजी-नागरिक समाज साझेदारियों को बढ़ावा देने के लिए प्रभावकारी नीति और नियामक ढाँचे विकसित किए जाने चाहिए। ग्राम विकास साझेदारियाँ विद्यमान कौशलों तथा घरों, समुदायों और ग्रामीण संस्थाओं के भीतर उपलब्ध ज्ञान पर आधारित हों, और उन्हें विस्तार भी प्रदान करें।

- **प्राकृतिक संसाधनों के स्थायित्व को बढ़ाना (Enhancing the Sustainability of Natural Resources)** — कृषि उत्पादन, लाखों ग्रामीणों की आजीविका कार्यनीतियों के आधार स्वरूप, जटिल रूप से मृदा, जल और जैव विविधता के स्थायी प्रयोग से जुड़ा है। जल, भूमि और कृषि-जैव विविधता के स्थायी प्रयोग में सावधानी का अभाव किसी भी पारिस्थितिकी तंत्र के लिए आपदा का सूचक हो सकता है और परिणामत: उन ग्रामीण लोगों के अस्तित्व को खतरे में डाल सकता है जिनकी आजीविकाएँ प्राकृतिक संसाधनों पर ही निर्भर होती हैं। विकास अभिकरणों और दानदाताओं को प्राकृतिक संसाधनों के संरक्षण के प्रति सतर्क रहना ही चाहिए और सुनिश्चित करना चाहिए कि वे भावी पीढ़ियों के लिए उपलब्ध रहें। विकास प्रदाय कार्यनीतियों में इसी कारण, मृदा और जल की दशा कायम रखने व सुधारने के लिए अपेक्षित उपाय शामिल होने चाहिए, खासकर अत्यंत निम्नीकृत क्षेत्रों में। वैश्विक ग्राम विकास कार्यनीतियों में जैव विविधता, संकटपूर्ण प्राकृतिक वास-स्थानों, जलवायु संबंधी परिवर्तन, अस्वच्छ जल, ग्रामीण स्वच्छता-रक्षा आदि से जुड़ी समस्याओं को लिया जाना चाहिए। पर्यावरण के सरोकारों को संबोधित करते सिद्धांत पहले ही अनेक अंतर्राष्ट्रीय सम्मेलनों में प्रकट किए जा चुके हैं, जैसे उदाहरण के लिए, संयुक्त राष्ट्र जैव विविधता सम्मेलन (United Nations Convention on Biological Diversity; UNCBD), संयुक्त राष्ट्र मरुस्थलीकरण संघर्ष सम्मेलन (United Nations Convention on Combating Desertification; UNCCD) आदि।

- **समदृष्टि और समान अवसर (Equity and Equal Opportunity)** — ग्रामीण क्षेत्रों में पहुँच और नियंत्रण की मात्रा जो कि ग्रामीण स्त्री-पुरुष विभिन्न उत्पादनशील संसाधनों पर रखते हैं, विभिन्न सामाजिक-आर्थिक समूहों में भिन्न-भिन्न होती हैं।

यह विभिन्न संसाधनों तक पहुँचने और उनका प्रयोग करने के लिए उनकी क्षमता को प्रभावित करती है, जिनमें शामिल हैं भूमि, जल, मवेशी तथा कृषि संबंधी निवेश और सेवाएँ। समदृष्टि और समान अवसर के सिद्धांत जो ग्राम विकास प्रदायगी का मार्गदर्शन करते हैं, ग्रामीण महिलाओं और पुरुषों की विभिन्न आवश्यकताओं, प्राथमिकताओं और हितों के साथ-साथ विभिन्न देशों में उनके सामने आने वाली बाधाओं को भी पहचानें। समदृष्टि और समान अवसर संबंधी मुद्दों को संबोधित करते समय विकास अभिकरणों और दानदाताओं को देश-विशेष में सांस्कृतिक संदर्भों और लोकतांत्रिक स्थिति संबंधी अपनी समझ विकसित करनी चाहिए।

प्रश्न 36. निम्न पर संक्षिप्त टिप्पणी लिखिए–

(i) सुपरबाजारीकरण

उत्तर– हाल में, विकासशील देशों में लघुस्तरीय किसानों पर सुपरबाजारों के प्रभाव विषयक काफी चिंता दिखाई दी है। सुपरबाजार चेन्स विकासशील बाजारों और देशों में शुरू की जा रही हैं तथा विश्व के विभिन्न क्षेत्रों में स्थानीय समुदायों की आजीविकाओं के लिए उनके निहितार्थ को महसूस किए बिना ही मूल्य चेन एकीकरण हो रहा है। इसने स्थानीय ग्रामीण जनसमुदायों की खाद्य-सुरक्षा को प्रभावित कर उच्च मूल्यपरक कृषि की ओर प्रवृत्त किया है। जी.डी.पी.आर.डी. ने इनको एक संतुलित ग्राम विकास के लिए दानदाताओं, विकास अभिकरणों और सहभागी देशों का तत्काल ध्यान चाहने वाले महत्त्वपूर्ण मुद्दों के रूप में पहचाना है।

(ii) व्यापार समझौते

उत्तर– अंतर्राष्ट्रीय व्यापार नीतियाँ और समझौते विश्व भर में समुदायों और समाजों की संस्कृतियों और अर्थव्यवस्थाओं को प्रभावित करते हैं। विश्व व्यापार संगठन (World Trade Organisation; WTO) प्रक्रियाएँ, बौद्धिक संपदा अधिकारों के व्यापार संबंधी पहलू (Trade Related Aspects of Intellectual Property Rights; TRIPs) और कृषि और खाद्य क्षेत्र में प्रत्यक्ष विदेशी निवेश (Foreign Direct Investment; FDI) आदि विकासशील देशों में ग्राम विकास के लिए अति महत्त्वपूर्ण विषय के मुद्दे हैं। यूरोपीय और उत्तर अमेरिकी देशों में कृषि के लिए दी गई सब्सिडीज के विकासशील देशों के किसानों पर हो रहे नकारात्मक प्रभाव के विषय में चिंता बढ़ रही है। यह मंच एक वैश्वीकृत होती अर्थव्यवस्था के संदर्भ में ग्राम विकास के लिए कृषि में सब्सिडीज के औचित्य-प्रतिपादन और उसके परिणामों का पता लगाने में रुचि रखता है।

(iii) ग्रामीण शहरी विकास

उत्तर– ग्रामीण-शहरी संबंधों ने वैश्वीकरण के संदर्भ में एक अतिरिक्त महत्त्व प्राप्त कर लिया है। ग्रामीण-से-शहरी प्रवसन और बढ़ती शहरी गरीबी से संबद्ध प्रतिरूप ग्राम विकास के सरोकारों से एक गहरा संबंध रखता है। वैश्विक महत्त्व के मुद्दों में उपांत-शहरी कृषि; 'रूरबनाइजेशन' (rurbanisation), (ग्रामीण और शहरी क्षेत्रों के बीच कम होती दूरियाँ) तथा शहरी/औद्योगिक अव्यवस्थित फैलाव, आदि उत्तरोत्तर शामिल होते जा रहे हैं। अत्यंत महत्त्व के इन मुद्दों पर विचार करते हुए जी.डी.पी.आर.डी. का विकास एजेंडा विकासशील देशों में ग्रामीण गरीबी से लड़ने में ग्रामीण-शहरी संबंधों को मजबूत बनाने पर अभिलक्षित हैं।

(iv) लघुधारक कृषि

उत्तर— छोटी जोत वाले अर्थात् लघुधारक विश्व भर में अनेक ग्रामीण परिवारों और समुदायों में पाई जाने वाली स्थानीय अर्थव्यवस्थाओं में खाद्य सुरक्षा का मुख्य आधार रहे हैं। सदैव बढ़ती हुई उद्योगीकृत कृषि ने लघुधारकों का भविष्य खतरे में डाल दिया। अतएव यह जरूरी हो गया है कि प्रभाव्यता पर ध्यान देकर, आय सुधार कर और खाद्य सुरक्षा के माध्यम से लघुधारक कृषि में जोखिम पर नियंत्रण पाया जाए। भूमिहीन गरीबों, निर्वाह कृषि करने वालों और दिहाड़ी मजदूरों को सामाजिक सुरक्षा प्रदान की जानी चाहिए। यह विशेष रूप से 'उपान्तिक' अथवा 'पिछड़े' क्षेत्रों में महत्त्वपूर्ण है, जिनमें आते हैं – उपेक्षित चारागाह क्षेत्र और स्थानीकृत संरक्षण प्रणालियाँ। नीतियों और निवेश विकल्पों में ग्राम विकास को प्रभावकारी बनाने के लिए उपान्तिक क्षेत्रों और उपान्तीकृत जनसमुदाय, दोनों की आवश्यकताओं, प्राथमिकताओं और दबावों पर ध्यान दिया जाना चाहिए।

प्रश्न 37. केंद्रीय समाज कल्याण बोर्ड पर संक्षिप्त टिप्पणी लिखिए।

[दिसम्बर-2013, प्रश्न सं.-5 (f)]

अथवा

सी.एस.डब्ल्यू.बी. पर संक्षिप्त टिप्पणी लिखिए।

[दिसम्बर-2014, प्रश्न सं.-5 (g)]

उत्तर— केंद्रीय समाज कल्याण बोर्ड (Central Social Welfare Board; CSWB) एक प्रमुख राज्य वित्तपोषण अभिकरण है जो महिलाओं और बच्चों के लिए कल्याण और विकास गतिविधियों में कार्यरत पंजीकृत वीओज/एनजीओज को अनुदान सहायता व अन्य प्रकार का सहयोग प्रदान करता है। यह बोर्ड केंद्रीय महिला और बाल विकास विभाग के प्रशासनिक नियंत्रण के तहत काम करता है। इस बोर्ड द्वारा गठित राज्य-स्तरीय सलाहकार बोर्ड राज्यों/केंद्रशासित प्रदेशों में इसके सहायक विभाग के रूप में कार्य करते हैं। इसका 12,000 एनजीओज का एक राष्ट्र-व्यापी नेटवर्क है, जो विविध क्षेत्रों में कार्यक्रमों का क्रियान्वयन करता है जैसे—महिलाओं की साक्षरता; गरीब महिलाओं को लघु ऋण प्रदान करने के लिए सहायता सेवाएँ; स्व-सहायता समूहों का गठन; रोजगार और आय-सृजन कार्यकलाप; महिला-पुरुष मुद्दों पर संवेदनशीलता, स्त्रियों और बालिकाओं पर अत्याचारों के विरुद्ध संघर्ष। दसवीं पंचवर्षीय योजना (2002-2007) में सी.एस.डब्ल्यू.बी. के प्रमुख जोर वाले क्षेत्र रहे हैं—(1) व्यावसायिक प्रशिक्षण कार्यक्रम; (2) पारिवारिक परामर्श; (3) शिशु-गृहों को वृद्धाश्रमों के साथ जोड़ा जाना; (4) चेतना जागृति। वित्तपोषण का पात्र होने के लिए किसी भी एनजीओ को पंजीकरण उपरांत कम-से-कम दो वर्ष पूरे किए जाने आवश्यक हैं। उसके पास एक विधिवत् गठित प्रबंधन समिति और प्रस्तावित विकास परियोजना से संबंधित कल्याणकारी गतिविधियों का अनुभव होना चाहिए। सी.एस.डब्ल्यू.बी. क्षेत्र सीधे किसी भी परियोजना को क्रियान्वित नहीं करता है; यह केवल अपने सहभागी एनजीओज के माध्यम से ही कार्य करता है। यह बोर्ड किसी भी परियोजना के वित्तपोषण से पहले उस एनजीओ और उसके परियोजना प्रस्ताव का मूल्यांकन करवाता है। किसी भी परियोजना के अनुमोदन पश्चात् सी.एस.डब्ल्यू.बी. द्वारा सीधे अथवा उसके राज्य सलाहकार बोर्डों के माध्यम से निगरानी की जाती है।

Feedback is the breakfast of Champions.

Ken Blanchard

You can Help other students.
"Inform any error or mistake in this book."

We and Universe
will reward you for Your Kind act.

Email at : feedback@gullybaba.com
or
WhatsApp on 9350849407

प्रश्न पत्र

ग्राम विकास में स्वैच्छिक क्रिया : एम.आर.डी.ई.-002
जून, 2012

नोट : (i) सभी पाँच प्रश्नों के उत्तर दीजिए।
(ii) सभी प्रश्नों के अंक समान हैं।
(iii) प्रश्न सं. 1 और 2 के उत्तर (प्रत्येक) 800 शब्दों से अधिक नहीं होने चाहिए।

प्रश्न 1. ग्राम विकास के संदर्भ में राज्य और एनजीओज के बीच संबंध की व्याख्या कीजिए।
उत्तर— देखें अध्याय-4, प्र.सं.-1

अथवा

लाभनिरपेक्ष संगठनों की कार्यप्रणाली की विवेचना बाजार संरचना के संबंध में कीजिए।
उत्तर— देखें अध्याय-1, प्र.सं.-35

प्रश्न 2. समुदाय आधारित संगठनों (सीबीओज) की मूलभूत विशेषताएँ स्पष्ट कीजिए।
उत्तर— देखें अध्याय-4, प्र.सं.-8

अथवा

वीओज/एनजीओज के वित्तपोषण के मुख्य स्रोतों की चर्चा कीजिए।
उत्तर— देखें अध्याय-2, प्र.सं.-19

प्रश्न 3. निम्नलिखित में से किन्हीं दो प्रश्नों के उत्तर (प्रत्येक) लगभग 400 शब्दों में दीजिए–

(a) वेबर के क्रिया के आदर्श प्ररूपों का वर्णन कीजिए।
उत्तर— देखें अध्याय-1, प्र.सं.-10

(b) स्वैच्छिक गतिविधियों की ऐतिहासिक उत्पत्ति स्पष्ट कीजिए।
उत्तर— देखें अध्याय-2, प्र.सं.-12

(c) रालेगां सिद्धी में ग्राम विकास अनुभव की महत्त्वपूर्ण विशेषताओं की चर्चा कीजिए।
उत्तर— देखें अध्याय-4, प्र.सं.-15

प्रश्न 4. निम्नलिखित में से किन्हीं चार के उत्तर (प्रत्येक) लगभग 200 शब्दों में दीजिए—

(a) स्वैच्छिक संगठनों की अनुदान सहायता की महत्त्वपूर्ण विशेषताएँ

उत्तर— देखें दिसम्बर-2013, प्र.सं.-3 (b)

(b) लाभनिरपेक्ष संगठनों की मुख्य विशेषताएँ

उत्तर— देखें अध्याय-1, प्र.सं.-33

(c) स्वैच्छिकवाद का गाँधीवादी दृष्टिकोण

उत्तर— देखें अध्याय-3, प्र.सं.-2

(d) भारत में धार्मिक परोपकार

उत्तर— देखें अध्याय-3, प्र.सं.-1

(e) संयुक्त राष्ट्र संघ और एनजीओज के बीच संबंध

उत्तर— देखें अध्याय-4, प्र.सं.-28

(f) स्वैच्छिक कार्य प्रकोष्ठ

उत्तर— देखें अध्याय-4, प्र.सं.-2

प्रश्न 5. निम्नलिखित में से किन्हीं पाँच पर संक्षिप्त टिप्पणियाँ (प्रत्येक) लगभग 100 शब्दों में लिखिए—

(a) 'संघ की स्वतंत्रता' का अधिकार

उत्तर— देखें अध्याय-1, प्र.सं.-18

(b) स्वैच्छिक श्रम की धारणा

उत्तर— देखें अध्याय-1, प्र.सं.-19

(c) निधि संग्रह योजना

उत्तर— निधि संग्रह छोटे और बड़े दोनों ही प्रकार के स्वैच्छिक संगठनों की एक अपरिहार्य और अनिवार्य गतिविधि है। निधि संग्रह के लिए एक दीर्घ अवधि के विस्तृत नियोजन की जरूरत होती है ताकि संभावित अंशदाताओं का एक आधार बनाया जा सके। वीओज/एनजीओज की अलग-अलग, अनियोजित और बेतरतीब कोशिशें आमतौर पर निरर्थक होती हैं और उनसे बहुत सीमित सफलता मिलती है। छोटे स्वैच्छिक संगठनों के मामले में, प्रशासनिक स्टाफ, सदस्य, स्वयंसेवक समाज में विभिन्न स्रोतों से संसाधन संघटन के लिए आवश्यक कार्यकलाप करते हैं। लेकिन, जिन बड़े स्वैच्छिक संगठनों को बड़ी मात्रा में आय का सृजन करना होता है, वे अंशकालिक अथवा पूर्णकालिक निधि विकास व्यावसायिकों/अभिकरणों की सेवाएँ लेते हैं।

एक विस्तृत निधि संग्रह योजना बनाते समय, स्वैच्छिक संगठन को वित्तपोषण के विभिन्न विकल्पों की समीक्षा करनी चाहिए ताकि लक्ष्यों के संबंध में एक विशेष विकल्प की उपयुक्तता निर्धारित हो सके।

एक ठोस निधि-संग्रह दृष्टिकोण का संबंध एक स्वैच्छिक संगठन की शक्तियों और संभावित दानदाताओं के उचित आकलन से होना चाहिए। एक आधारिक स्तर का स्वैच्छिक संगठन निधि-संग्रह के ऐसे साधारण कार्यक्रम आयोजित करने की योजना बना सकता है जो कम लागत वाली और जिसका स्थानीय संस्कृतियों अथवा ग्रामीण क्षेत्रों में सार्वजनिक प्रभाव हो। इसकी तुलना में एक बड़ा और स्थापित स्वैच्छिक संगठन ऊँचे स्तर के आयोजन कर सकता है जिसमें समाज के संपन्न लोगों को आकर्षित करने की क्षमता हो। निधि-संग्रह के प्रभावी अभियान में निधि-संग्रह के विभिन्न प्रयासों को जोड़ने की कोशिश करनी चाहिए ताकि वे एक समग्र एकीकृत योजना के अंग बन जाएँ।

(d) सहकारी समितियाँ
उत्तर— देखें अध्याय-2, प्र.सं.-16

(e) पूरा (PURA) ग्रामीण क्षेत्रों में शहरी सुख सुविधाएँ प्रदान करना
उत्तर— देखें अध्याय-3, प्र.सं.-29

(f) जल प्रयोगकर्त्ता संघ (WUA)
उत्तर— जल प्रयोगकर्त्ता संघ, जल प्रयोगकर्त्ताओं का एक समूह है (जैसे सिंचाई करने वाले) जो अपने वित्तीय, तकनीकी तथा मानव संसाधन की जल प्रणाली के संचालन तथा रखरखाव के लिए साझा करता है।

वर्ष 1997 में आंध्र प्रदेश सरकार ने एक साहसिक कदम उठाया और सिंचाई नहरों का प्रबंधन जल प्रयोगकर्त्ता संघों (डब्ल्यू.यू.एज.) को हस्तांतरित किए जाने संबंधी एक कानून लागू कर दिया। इस तरह सरकारी कार्यकर्त्ताओं/अधिकारियों की भूमिका बहुत कम हो गई। अन्य राज्यों, जैसे राजस्थान, तमिलनाडु और मध्य प्रदेश ने भी इसका अनुसरण किया। वर्ष 1995 में, गुजरात ने एक विश्वासजनक, गैर-बाध्यकारी दृष्टिकोण के साथ सहभागितापूर्ण सिंचाई प्रबंधन योजना अपनाई। उसने प्राकृतिक संसाधन प्रबंधन (Natural Resource Management; NRM) के क्षेत्र में कार्यरत एक प्रतिष्ठित एनजीओ की सहायता से जल प्रयोगकर्त्ता संघों को बढ़ावा देने के लिए 13 प्रायोगिक परियोजनाएँ शुरू कीं। सिंचाई के क्षेत्र में डब्ल्यू.यू.एज. समुदाय-आधारित संगठनों का एक अन्य नामरूप है। आंध्र प्रदेश की भाँति गुजरात में भी किसानों के लिए यह अनिवार्य होने जा रहा है कि वे डब्ल्यू.यू.एज. बनाएँ ताकि नहर से सिंचाई के लिए जल प्राप्त कर सकें। नर्मदा परियोजना से सिंचाई के लिए कोई भी किसान तब तक जल प्राप्त नहीं कर सकेगा जब तक कि वह किसी डब्ल्यू.यू.ए. का सदस्य न हो।

(g) जी.डी.पी.आर.डी. के उद्देश्य
उत्तर— देखें अध्याय-4, प्र.सं.-35

(h) राज्य का निरंकुशवादी सिद्धांत
उत्तर— देखें अध्याय-1, प्र.सं.-24 (i)

ग्राम विकास में स्वैच्छिक क्रिया : एम.आर.डी.ई.-002
दिसम्बर, 2012

नोट : (i) सभी पाँच प्रश्नों के उत्तर दीजिए।
(ii) सभी प्रश्नों के अंक समान हैं।
(iii) प्रश्न सं. 1 और 2 के उत्तर (प्रत्येक) 800 शब्दों से अधिक नहीं होने चाहिए।

प्रश्न 1. लोकतांत्रिक समाज में स्वैच्छिक संघों के मौलिक सिद्धांतों का वर्णन कीजिए।
उत्तर– देखें अध्याय-1, प्र.सं.-18

अथवा

स्वैच्छिक संगठनों की संरचना की बुनियादी विशेषताओं को स्पष्ट कीजिए।
उत्तर– देखें अध्याय-2, प्र.सं.-5

प्रश्न 2. ग्रामीण क्षेत्रों में वीओज/एनजीओज के समक्ष आने वाली समस्याओं की व्याख्या कीजिए।
उत्तर– देखें अध्याय-3, प्र.सं.-21

अथवा

ग्राम विकास के संदर्भ में राज्य और एनजीओज की क्षमता निर्माण के बीच संबंध पर चर्चा कीजिए।
उत्तर– देखें अध्याय-4, प्र.सं.-4

प्रश्न 3. निम्नलिखित में से किन्हीं दो प्रश्नों के उत्तर (प्रत्येक) लगभग 400 शब्दों में दीजिए–
(a) क्रिया के स्वैच्छिकवादी सिद्धांत के अनिवार्य तत्त्वों की व्याख्या कीजिए।
उत्तर– देखें अध्याय-1, प्र.सं.-12

(b) ग्रामीण क्षेत्रों में सामाजिक रूपांतरण के संदर्भ में वीओज के महत्त्वपूर्ण मुद्दों की चर्चा कीजिए।
उत्तर– देखें अध्याय-2, प्र.सं.-17

(c) तिलोनिया, राजस्थान के स्थायी विकास में सोशल वर्क एंड रिसर्च सेंटर (SWRC) की भूमिका को स्पष्ट कीजिए।
उत्तर— देखें अध्याय-4, प्र.सं.-21

प्रश्न 4. निम्नलिखित में से किन्हीं चार के उत्तर (प्रत्येक) लगभग 200 शब्दों में दीजिए–

(a) भारत के संविधान में प्रतिष्ठापित मौलिक अधिकार
उत्तर— देखें अध्याय-1, प्र.सं.-17

(b) लोकतांत्रिक समाज में स्वैच्छिक संघों का वास्तविक आधार
उत्तर— देखें अध्याय-1, प्र.सं.-20

(c) नौकरशाही प्रशासन की मूल विशेषताएँ
उत्तर— देखें अध्याय-2, प्र.सं.-7

(d) एनजीओज का उन्मुखता पर आधारित वर्गीकरण
उत्तर— देखें अध्याय-3, प्र.सं.-11

(e) धर्मार्थ कंपनियाँ
उत्तर— देखें अध्याय-3, प्र.सं.-15 (iv)

(f) सीबीओज की शक्तियाँ और सीमाबद्धताएँ
उत्तर— देखें अध्याय-4, प्र.सं.-9

प्रश्न 5. निम्नलिखित में से किन्हीं पाँच पर संक्षिप्त टिप्पणियाँ (प्रत्येक) लगभग 100 शब्दों में दीजिए–

(a) महाधिकार पत्र (Magna Carta)
उत्तर— देखें अध्याय-1, प्र.सं.-16

(b) फर्स्टेन अर्थात् सोच समझ
उत्तर— देखें अध्याय-1, प्र.सं.-9

(c) संगठन का तर्कसंगत प्रणाली मॉडल
उत्तर— देखें अध्याय-2, प्र.सं.-3

(d) सेवा संगठन
उत्तर— देखें अध्याय-2, प्र.सं.-4

(e) वीओज/एनजीओज की पारिभाषिक विशेषताएँ

उत्तर— देखें अध्याय-3, प्र.सं.-6

(f) सामाजिक आंदोलन संगठन

उत्तर— देखें अध्याय-3, प्र.सं.-18

(g) वन प्रबंधन समिति

उत्तर— देखें अध्याय-4, प्र.सं.-10

(h) जल बिरादरी

उत्तर— देखें अध्याय-4, प्र.सं.-25 (iii)

धन गया तो कुछ नहीं गया,
स्वास्थ्य गया तो थोड़ा सा गया,
अगर चरित्र गया तो सब कुछ ही चला गया।

ग्राम विकास में स्वैच्छिक क्रिया : एम.आर.डी.ई.-002
जून, 2013

नोट : (i) सभी पाँच प्रश्नों के उत्तर दीजिए।
(ii) सभी प्रश्नों के अंक समान हैं।
(iii) प्रश्न सं. 1 और 2 के उत्तर (प्रत्येक) 800 शब्दों से अधिक नहीं होने चाहिए।

प्रश्न 1. लोकतांत्रिक समाज में स्वैच्छिक संघों की अनिवार्य विशेषताओं का वर्णन कीजिए।
उत्तर– देखें अध्याय-1, प्र.सं.-20

अथवा

लाभनिरपेक्ष संगठनों के आर्थिक दृष्टिकोणों की विवेचना कीजिए।
उत्तर– देखें अध्याय-1, प्र.सं.-34

प्रश्न 2. स्वैच्छिक संगठनों की संरचना को अत्यंत प्रभावित करने वाली प्रक्रियाओं को स्पष्ट कीजिए।
उत्तर– देखें अध्याय-2, प्र.सं.-6

अथवा

ग्रामीण समुदायों का स्थायी विकास करवाने के लिए समुदाय आधारित संगठनों द्वारा अपनाए गए दृष्टिकोणों के महत्त्व और अनिवार्य प्रकृति की व्याख्या कीजिए।
उत्तर– देखें अध्याय-4, प्र.सं.-6

प्रश्न 3. निम्नलिखित में से किन्हीं दो प्रश्नों के उत्तर (प्रत्येक लगभग 400 शब्दों में) दीजिए–

(a) स्वैच्छिक गतिविधियों की उत्पत्ति की चर्चा कीजिए।
उत्तर– देखें अध्याय-2, प्र.सं.-12

(b) वीओज के प्रशासन और प्रबंधन को बेहतर बनाने में मानव संसाधन विकास और प्रशिक्षण की भूमिका स्पष्ट कीजिए।
उत्तर– देखें अध्याय-2, प्र.सं.-11

(c) सेल्फ एम्पलॉयड वीमेंस् एसोसिएशन (सेवा) की बुनियादी विशेषताओं का वर्णन कीजिए।

उत्तर– देखें अध्याय-4, प्र.सं.-17

प्रश्न 4. निम्नलिखित में से किन्हीं चार के उत्तर (प्रत्येक लगभग 200 शब्दों में) दीजिए–

(a) वेबर के क्रिया के आदर्श प्ररूप

उत्तर– देखें अध्याय-1, प्र.सं.-10

(b) महाधिकार पत्र

उत्तर– देखें दिसम्बर-2012, प्र.सं.-5 (a)

(c) वीओज/एनजीओज को विदेशी/अंतर्राष्ट्रीय दान

उत्तर– देखें अध्याय-2, प्र.सं.-19

(d) धार्मिक परोपकार

उत्तर– देखें अध्याय-3, प्र.सं.-1

(e) एनजीओज का उन्मुखता पर आधारित वर्गीकरण

उत्तर– देखें दिसम्बर-2012, प्र.सं.-4 (d)

(f) पंचायती राज संस्थाएँ और वीओज

उत्तर– देखें अध्याय-3, प्र.सं.-20

प्रश्न 5. निम्नलिखित में से किन्हीं पाँच पर संक्षिप्त टिप्पणियाँ (प्रत्येक लगभग 100 शब्दों में) लिखिए–

(a) स्वतंत्रता का अधिकार

उत्तर– भारतीय नागरिकों के व्यक्तिगत अधिकारों की गारंटी देने के लिए संविधान में स्वतंत्रता के अधिकार को शामिल किया गया है। अनुच्छेद 19 में उल्लिखित 'स्वतंत्रता का अधिकार' (Right to Freedom) निम्नलिखित छह स्वतंत्रताओं की गारंटी देता है–

- वाक और अभिव्यक्ति की स्वतंत्रता जो सार्वजनिक कार्यकलापों में व्यक्ति को भाग लेने में सक्षम बनाती है।
- शस्त्रों के बगैर शांतिपूर्वक सभा (एकत्र होने) करने की स्वतंत्रता
- संघ और यूनियन बनाने की स्वतंत्रता
- भारत के किसी भी क्षेत्र में स्वतंत्रतापूर्वक आवागमन की स्वतंत्रता
- भारत के भूक्षेत्र के किसी भी भाग में निवास करने और बसने की स्वतंत्रता
- विशिष्ट तकनीकी अथवा व्यावसायिक अर्हताओं के अंतर्गत कोई व्यवसाय, काम धंधा, व्यापार अथवा कारोबार करने की स्वतंत्रता।

राज्य भारत की स्वतंत्रता, संप्रभुता और एकता के हित में अथवा नैतिकता और सार्वजनिक व्यवस्था के हित में इन स्वतंत्रताओं पर प्रतिबंध लगा सकता है। जीवन और वैयक्तिक स्वतंत्रता के अधिकारों को निलंबित (स्थगित) नहीं किया जा सकता। आपातकाल की स्थिति में छह स्वतंत्रताएँ स्वत: ही निलंबित हो जाती हैं।

(b) सेवा संगठन

उत्तर– देखें दिसम्बर-2012, प्र.सं.-5 (d)

(c) स्वैच्छिक और सवेतन कार्य की दोहरी प्रकृति

उत्तर– देखें अध्याय-2, प्र.सं.-9

(d) वीओज की देखभाल और कल्याण गतिविधियाँ

उत्तर– देखें अध्याय-2, प्र.सं.-12

(e) कमजोर वर्गों द्वारा सामुदायिक कार्य

उत्तर– देखें अध्याय-3, प्र.सं.-4 (i)

(f) श्रमिक संघ

उत्तर– देखें अध्याय-3, प्र.सं.-15 (iii)

(g) सहायता की प्रभावकारिता पर पेरिस घोषणा (2005)

उत्तर– देखें अध्याय-4, प्र.सं.-34

(h) सुपरबाजारीकरण

उत्तर– देखें अध्याय-4, प्र.सं.-36 (i)

जो प्रसन्न रहते हैं, उनके मन में
कभी आलस्य नहीं आता।
आलस्य एक बहुत बड़ा विकार है।

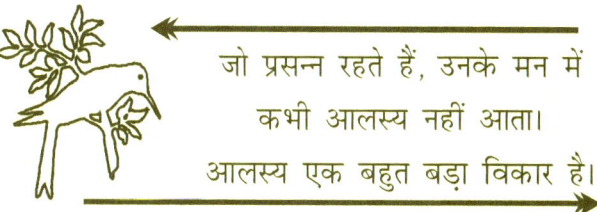

ग्राम विकास में स्वैच्छिक क्रिया : एम.आर.डी.ई.-002
दिसम्बर, 2013

नोट : (i) सभी पाँच प्रश्नों के उत्तर दीजिए।
(ii) सभी प्रश्नों के अंक समान हैं।
(iii) प्रश्न सं. 1 और 2 के उत्तर (प्रत्येक) 800 शब्दों से अधिक नहीं होने चाहिए।

प्रश्न 1. स्वैच्छिक संघों की उत्पत्ति और संवृद्धि की विवेचना कीजिए।
उत्तर– देखें अध्याय-1, प्र.सं.-19

अथवा

स्वैच्छिक संगठनों (वीओज) की संरचना की बुनियादी विशेषताओं की व्याख्या कीजिए।
उत्तर– देखें अध्याय-2, प्र.सं.-5

प्रश्न 2. ग्रामीण क्षेत्रों में स्वैच्छिक संगठनों के सम्मुख आने वाली समस्याओं का विवेचन कीजिए।
उत्तर– देखें अध्याय-3, प्र.सं.-21

अथवा

अन्ना हजारे के नेतृत्व में रालेगां सिद्धी के अनुपम अनुभव के विभिन्न पहलुओं का वर्णन कीजिए।
उत्तर– देखें अध्याय-4, प्र.सं.-16

प्रश्न 3. निम्नलिखित में से किन्हीं दो प्रश्नों के उत्तर (प्रत्येक लगभग 400 शब्दों में) दीजिए–
(a) स्वैच्छिक संगठनों और राज्य के बीच प्रकार्यात्मक संबंध को स्पष्ट कीजिए।
उत्तर– देखें अध्याय-1, प्र.सं.-29

(b) स्वैच्छिक संगठनों को दी जाने वाली अनुदान सहायता की अनिवार्य विशेषताओं की पहचान कीजिए।
उत्तर– देखें अध्याय-2, प्र.सं.-20

(c) समुदाय आधारित संगठनों की मूल विशेषताओं को सूचीबद्ध कीजिए।
उत्तर– देखें अध्याय-4, प्र.सं.-8

प्रश्न 4. निम्नलिखित में से किन्हीं चार के उत्तर (प्रत्येक लगभग 200 शब्दों में) दीजिए–

(a) तर्कसंगतिकरण
उत्तर– देखें अध्याय-1, प्र.सं.-9

(b) अधिकार बिल (1689)
उत्तर– देखें अध्याय-1, प्र.सं.-17

(c) लाभनिरपेक्ष संगठनों की मुख्य विशेषताएँ
उत्तर– देखें जून-2012, प्र.सं.-4 (b)

(d) वीओज/एनजीओज का राज्य वित्तपोषण
उत्तर– देखें अध्याय-2, प्र.सं.-19

(e) राजनीतिक स्वैच्छिकवाद
उत्तर– देखें अध्याय-3, प्र.सं.-1

(f) स्वैच्छिक कार्य प्रकोष्ठ
उत्तर– देखें जून-2012, प्र.सं.-4 (f)

प्रश्न 5. निम्नलिखित में से किन्हीं पाँच पर संक्षिप्त टिप्पणियाँ (प्रत्येक लगभग 100 शब्दों में) लिखिए–

(a) लक्ष्य उन्मुख तर्कसंगत क्रिया
उत्तर– देखें अध्याय-1, प्र.सं.-10

(b) प्राचीन रोमन गणराज्य
उत्तर– देखें अध्याय-1, प्र.सं.-14

(c) परस्पर लाभ संगठन
उत्तर– देखें अध्याय-2, प्र.सं.-4

(d) सहकारी समितियाँ और स्व-सहायता समूह
उत्तर– देखें अध्याय-2, प्र.सं.-16

(e) पंजीकृत समितियाँ
उत्तर– देखें अध्याय-3, प्र.सं.-14

(f) केंद्रीय समाज कल्याण बोर्ड
उत्तर– देखें अध्याय-4, प्र.सं.-37

(g) कृषि में लघुधारक
उत्तर– देखें अध्याय-4, प्र.सं.-36 (iv)

(h) सार्वजनिक-निजी-नागरिक समाज साझेदारियाँ
उत्तर– देखें अध्याय-4, प्र.सं.-35

ग्राम विकास में स्वैच्छिक क्रिया : एम.आर.डी.ई.-002
जून, 2014

नोट : सभी पाँच प्रश्नों के उत्तर दीजिए। सभी प्रश्नों के अंक समान हैं। प्रश्न सं. 1 और 2 के उत्तर (प्रत्येक) 800 शब्दों से अधिक नहीं होने चाहिए।

प्रश्न 1. लोकतांत्रिक समाज में स्वैच्छिक संघों की अनिवार्य विशेषताओं का वर्णन कीजिए।
उत्तर– देखें जून-2013, प्र.सं.-1

अथवा

भारत में स्वैच्छिक संगठनों के वित्तीयन के प्रमुख स्रोतों की चर्चा कीजिए।
उत्तर– देखें अध्याय-2, प्र.सं.-19

प्रश्न 2. भारत में संकल्पवाद और ग्रामीण पुनर्निर्माण संबंधी 'गाँधीवादी दृष्टिकोण' के मूलभूत पक्षों का वर्णन कीजिए।
उत्तर– देखें अध्याय-3, प्र.सं.-2

अथवा

ग्रामीण भारत में प्राकृतिक संसाधनों के प्रभावी प्रबंधन में 'समुदाय-आधारित संगठनों' की भूमिका की व्याख्या कीजिए।
उत्तर– देखें अध्याय-4, प्र.सं.-14

प्रश्न 3. निम्नलिखित में से किन्हीं दो प्रश्नों के उत्तर (प्रत्येक लगभग 400 शब्दों में) दीजिए–

(क) वेबर के सामाजिक क्रिया संबंधी दृष्टिकोण की निम्नलिखित अवधारणाओं की व्याख्या कीजिए–

(1) आदर्श प्ररूप
(2) समझना (verstehn)
(3) तर्कसंगतिकरण
उत्तर– देखें अध्याय-1, प्र.सं.-9

(ख) स्वैच्छिक गतिविधियों की ऐतिहासिक उत्पत्ति और विकास का वर्णन कीजिए।
उत्तर– देखें अध्याय-2, प्र.सं.-12

(ग) रालेगां सिद्धी के विकास संबंधी अनुभव की प्रमुख विशेषताओं की चर्चा कीजिए।
उत्तर– देखें अध्याय-4, प्र.सं.-15

प्रश्न 4. निम्नलिखित में से किन्हीं चार के उत्तर (प्रत्येक लगभग 200 शब्दों में) दीजिए–

(क) क्रिया के संकल्पवादी सिद्धांत के अनिवार्य तत्त्व।
उत्तर– देखें दिसम्बर-2012, प्र.सं.-3 (a)

(ख) समकालीन अलाभकारी संगठनों की प्रमुख विशेषताएँ।
उत्तर– देखें जून-2012, प्र.सं.-4 (b)

(ग) प्रशासन और प्रबंध का मानव व्यवहार दृष्टिकोण।
उत्तर– देखें अध्याय-2, प्र.सं.-8

(घ) गैर-सरकारी संगठनों का अभिविन्यास पर आधारित वर्गीकरण।
उत्तर– देखें दिसम्बर-2012, प्र.सं.-4 (d)

(ङ) कपार्ट की मूलभूत विशेषताएँ।
उत्तर– देखें अध्याय-4, प्र.सं.-5

(च) तरुण भारत संघ।
उत्तर– देखें अध्याय-4, प्र.सं.-24

प्रश्न 5. निम्नलिखित में से किन्हीं पाँच पर संक्षिप्त टिप्पणियाँ (प्रत्येक लगभग 100 शब्दों में) लिखिए–

(क) पुनर्जागरण
उत्तर– देखें अध्याय-1, प्र.सं.-15

(ख) संघ-निर्माण स्वतंत्रता का अधिकार
उत्तर– देखें अध्याय-1, प्र.सं.-18

(ग) करिश्माई अधिकार
उत्तर– देखें अध्याय-2, प्र.सं.-2

(घ) निधि-संग्रह योजना
उत्तर– देखें जून-2012, प्र.सं.-5 (c)

(ङ) धार्मिक परोपकार
उत्तर– देखें जून-2013, प्र.सं.-4 (d)

(च) सहकारी समितियाँ
उत्तर– देखें अध्याय-3, प्र.सं.-15 (i)

(छ) स्वैच्छिक क्रिया एकक
उत्तर– देखें अध्याय-4, प्र.सं.-2

(ज) बेअरफुट कॉलेज
उत्तर– देखें अध्याय-4, प्र.सं.-23 (i)

ग्राम विकास में स्वैच्छिक क्रिया : एम.आर.डी.ई.-002
दिसम्बर, 2014

नोट : (i) सभी पाँच प्रश्नों के उत्तर दीजिए।
(ii) सभी प्रश्नों के अंक समान हैं।
(iii) प्रश्न सं. 1 और 2 के उत्तर (प्रत्येक) 800 शब्दों से अधिक नहीं होने चाहिए।

प्रश्न 1. समाज की सामाजिक आवश्यकताओं को पूरा करने की अनौपचारिक, वाणिज्यिक, सांविधानिक और स्वैच्छिक प्रणालियों के प्रमुख पक्षों का वर्णन कीजिए।

उत्तर– देखें अध्याय-1, प्र.सं.-26

अथवा

स्वैच्छिक संगठनों की संरचना की मूलभूत विशेषताओं की व्याख्या कीजिए।

उत्तर– देखें अध्याय-2, प्र.सं.-5

प्रश्न 2. अपंजीकृत और पंजीकृत स्वैच्छिक संगठनों द्वारा ग्रामीण भारत में अनुभव की जा रही मूलभूत समस्याओं की चर्चा कीजिए।

उत्तर– देखें अध्याय-3, प्र.सं.-23

अथवा

'ग्लोबल डोनर प्लेटफॉर्म रूरल डेवलपमेंट' (जी.डी.पी.आर.डी.) के प्रमुख मार्गदर्शी सिद्धांतों की व्याख्या कीजिए।

उत्तर– देखें अध्याय-4, प्र.सं.-35

प्रश्न 3. निम्नलिखित में से किन्हीं दो प्रश्नों के उत्तर (प्रत्येक लगभग 400 शब्दों में) दीजिए–

(a) वेबर के क्रिया के आदर्श प्ररूपों के अनिवार्य पक्षों की व्याख्या कीजिए।

उत्तर– देखें अध्याय-1, प्र.सं.-10

(b) ग्राम विकास के संदर्भ में स्वैच्छिक संगठनों और भारतीय राज्य के बीच संबंध का वर्णन कीजिए।

उत्तर– देखें अध्याय-2, प्र.सं.-14

(c) स्व-रोजगारगत महिलाओं को वित्तीय सहायता जुटाने में 'सेवा' (SEWA) की भूमिका और महत्त्व की व्याख्या कीजिए।

उत्तर– देखें अध्याय-4, प्र.सं.-17

प्रश्न 4. निम्नलिखित में से किन्हीं चार के उत्तर (प्रत्येक लगभग 200 शब्दों में) दीजिए–

(a) सामाजिक-राजनीतिक संकल्पवाद

उत्तर– देखें अध्याय-1, प्र.सं.-19

(b) नौकरशाही (अधिकारी-तंत्र) प्रशासन की मूलभूत विशेषताएँ

उत्तर– देखें अध्याय-2, प्र.सं.-7

(c) सहायता-अनुदान की अनिवार्य विशेषताएँ

उत्तर– देखें अध्याय-2, प्र.सं.-20

(d) लक्ष्य-विस्थापन

उत्तर– देखें अध्याय-2, प्र.सं.-6

(e) भारत में स्वैच्छिक क्षेत्र का मूलभूत वर्गीकरण

उत्तर– देखें अध्याय-3, प्र.सं.-18

(f) सीबीओ की मूलभूत विशेषताएँ

उत्तर– देखें जून-2012, प्र.सं.-2

प्रश्न 5. निम्नलिखित में से किन्हीं पाँच पर संक्षिप्त टिप्पणियाँ (प्रत्येक लगभग 100 शब्दों में) लिखिए–

(a) अलाभ के सामाजिक लोकाचार

उत्तर– देखें अध्याय-1, प्र.सं.-18

(b) मैग्ना कार्टा

उत्तर– देखें अध्याय-1, प्र.सं.-16

(c) नौकरशाही (अधिकारी-तंत्र) का आदर्श प्ररूप

उत्तर– देखें अध्याय-2, प्र.सं.-2

(d) निधि-संग्रह अभियान

उत्तर– स्वैच्छिक संगठन अपने सामान्य परिचालन के हित में पर्याप्त संसाधन संघटन के लिए प्रति वर्ष नियमित निधि-संग्रह अभियान आयोजित कर सकता है। ऐसे अभियान (जिन्हें

वार्षिक अभियान भी कहा जाता है) प्रति वर्ष एक सीमित अवधि (एक सप्ताह अथवा उससे अधिक) के लिए आमतौर पर एक निश्चित समय में आयोजित किए जाते हैं। वार्षिक अभियानों की मदद से, एक स्वैच्छिक संगठन दानदाताओं की पहचान कर सकता है और समय के साथ-साथ एक ठोस दानदाता आधार बना लेता है। पहली बार अंशदान करने वालों की पहचान टेलीफोन अथवा सीधे डाक से संपर्क द्वारा की जा सकती है। नियमित दानदाताओं से व्यक्तिगत पत्रों के माध्यम से संपर्क करना होता है। अनेक दानदाता एक स्वैच्छिक संगठन के साथ एक स्वस्थ संबंध बना लेते हैं और व्यक्तिगत संपर्क के माध्यम से आने वाले वर्षों में अपने अंशदान बढ़ाना जारी रख सकते हैं। वार्षिक आधार पर मिलने वाले अपेक्षाकृत अल्प अनुदान भी वार्षिक निधि को बनाए रखने में मदद करते हैं और जो स्वैच्छिक संगठन के अस्तित्व के लिए अत्यंत महत्त्वपूर्ण होते हैं। सुसंचालित वार्षिक अभियान एक प्रतिबद्ध और समर्पित दानदाता आधार बनाने में सहायक होते हैं। बाद में, ऐसे दानदाता संगठन के बारे में जानकारी रखते हैं और एक साझा उद्देश्य में स्वैच्छिक संगठन के साथ जुड़ जाते हैं।

वार्षिक अभियानों के अतिरिक्त, स्वैच्छिक संगठन ऐसे अभियान आयोजित कर सकते हैं जिनका लक्ष्य किसी खास उद्देश्य अथवा परियोजना - जैसे भवन निर्माण, वाहनों की प्राप्ति, उपकरण बढ़ाने आदि के लिए बड़ी धन राशि जुटाना होता है। ऐसे अभियानों की (जिन्हें पूँजी अभियान भी कहा जाता है) कोई निश्चित समय-सारणी नहीं होती और वे स्वैच्छिक संगठन की विशिष्ट जरूरतों के अनुसार कभी भी आयोजित किए जा सकते हैं। इन अभियानों का उद्देश्य मौजूदा नियमित कार्यों के लिए वित्त जुटाना नहीं होता बल्कि, उनका आयोजन स्वैच्छिक संगठन के विशेष कार्यों को पूरा करने हेतु संसाधन संघटन के लिए किया जाता है।

(e) धर्मार्थ कंपनियाँ
उत्तर— देखें दिसम्बर-2012, प्र.सं.-4 (e)

(f) पूरा (पी.यू.आर.ए.)
उत्तर— देखें अध्याय-3, प्र.सं.-29

(g) सी.एस.डब्ल्यू.बी.
उत्तर— देखें अध्याय-4, प्र.सं.-37

(h) सहस्राब्दि विकास लक्ष्य
उत्तर— देखें अध्याय-4, प्र.सं.-32

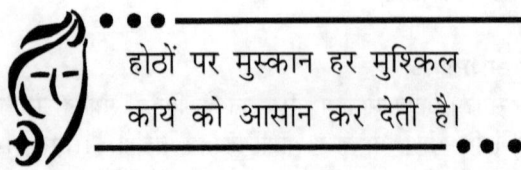

होठों पर मुस्कान हर मुश्किल कार्य को आसान कर देती है।

ग्राम विकास में स्वैच्छिक क्रिया : एम.आर.डी.ई.-002
जून, 2015

नोट : (i) सभी पाँच प्रश्नों के उत्तर दीजिए।
(ii) सभी प्रश्नों के अंक समान हैं।
(iii) प्रश्न सं. 1 और 2 के उत्तर (प्रत्येक) 800 शब्दों से अधिक नहीं होने चाहिए।

प्रश्न 1. लोकतांत्रिक समाज में स्वैच्छिक संघों की अनिवार्य विशेषताओं की व्याख्या कीजिए।

अथवा

ग्राम विकास के संदर्भ में 'राजकीय नीति' और एन.जी.ओज. के बीच संबंध स्पष्ट कीजिए।

प्रश्न 2. लाभ-निरपेक्ष संगठनों के विभिन्न आर्थिक दृष्टिकोणों की विवेचना कीजिए।

अथवा

समुदाय आधारित संगठनों (सी.बी.ओज.) के मूल लक्षणों का वर्णन कीजिए।

प्रश्न 3. निम्नलिखित में से किन्हीं दो प्रश्नों के उत्तर (प्रत्येक) लगभग 400 शब्दों में दीजिए-

(a) क्रिया के स्वैच्छिकवादी सिद्धांत के बुनियादी तत्त्वों का वर्णन कीजिए।
(b) रालेगां सिद्धि में ग्राम विकास अनुभव के महत्त्वपूर्ण पहलुओं पर प्रकाश डालिए।
(c) ग्रामीण क्षेत्रों में वाटरशेड विकास में तरूण भारत संघ (टी.बी.एस.) के योगदान का विवेचन कीजिए।

प्रश्न 4. निम्नलिखित में से किन्हीं चार के उत्तर (प्रत्येक) लगभग 200 शब्दों में दीजिए-

(a) सामाजिक-राजनीतिक स्वैच्छिकवाद
(b) अधिकार बिल (1689)
(c) कापार्ट के कार्य
(d) भारत में धार्मिक परोपकार
(e) तर्कसंगतिकरण
(f) बेअरफुट कॉलेज

प्रश्न 5. निम्नलिखित में से किन्हीं पाँच पर संक्षिप्त टिप्पणियाँ (प्रत्येक) लगभग 100 शब्दों में लिखिए-

(a) महाधिकार पत्र

(b) कल्याणकारी राज्य का संकट

(c) परस्पर-लाभकारी संगठन

(d) निधि-संग्रह अभियान

(e) सहकारी समितियाँ

(f) सामाजिक आंदोलन संगठन

(g) जल प्रयोगकर्त्ता संघ

(h) क्षेत्र-व्यापी दृष्टिकोण

बिना किताबों के कमरा बिना आत्मा के शरीर के समान है।

ग्राम विकास में स्वैच्छिक क्रिया : एम.आर.डी.ई.-002
दिसम्बर, 2015

नोट : (i) सभी पाँच प्रश्नों के उत्तर दीजिए।
(ii) सभी प्रश्नों के अंक समान हैं।
(iii) प्रश्न सं. 1 और 2 के उत्तर (प्रत्येक) 800 शब्दों से अधिक नहीं होने चाहिए।

प्रश्न 1. स्वैच्छिक एजेंसी प्रशासन की विशिष्ट अपेक्षाओं की विवेचना कीजिए।

अथवा

समुदाय आधारित संगठनों (सी.बी.ओ.ज.) की बुनियादी विशेषताओं को स्पष्ट कीजिए।

प्रश्न 2. अन्ना हजारे के नेतृत्व में रालेगां सिद्धि के अनुपम अनुभव के विभिन्न पहलुओं का वर्णन कीजिए।

अथवा

स्वैच्छिक संगठनों के मुख्य वित्त स्रोतों की व्याख्या कीजिए।

प्रश्न 3. निम्नलिखित में से किन्हीं दो प्रश्नों के उत्तर (प्रत्येक) लगभग 400 शब्दों में दीजिए-

(a) राज्य और स्वैच्छिक संघों के बीच संबंध की विवेचना कीजिए।
(b) लाभ-निरपेक्ष संगठनों के रूपांतरण की प्रक्रिया स्पष्ट कीजिए।
(c) स्वैच्छिकवाद और ग्राम विकास के गाँधीवादी दृष्टिकोण की व्याख्या कीजिए।

प्रश्न 4. निम्नलिखित में से किन्हीं चार के उत्तर (प्रत्येक) लगभग 200 शब्दों में दीजिए-

(a) लोकतांत्रिक समाज में स्वैच्छिक संघों का वास्तविक आधार
(b) समकालीन लाभ-निरपेक्ष संगठनों की मुख्य विशेषताएँ
(c) नौकरशाही प्रशासन की बुनियादी विशेषताएँ
(d) कर कानून और वी.ओ.ज./एन.जी.ओ.ज.
(e) एन.जी.ओ.ज. का उन्मुखता पर आधारित वर्गीकरण
(f) संयुक्त राष्ट्र संघ और एन.जी.ओ.ज. के बीच संबंध

प्रश्न 5. निम्नलिखित में से किन्हीं पाँच पर संक्षिप्त टिप्पणियाँ (प्रत्येक) लगभग 100 शब्दों में लिखिए-

(a) स्वैच्छिकवाद का अर्थ और तत्त्व

(b) वैज्ञानिक प्रबंधन

(c) वी.ओ.ज./एन.जी.ओ.ज. के बीच विविधता

(d) ग्रामीण औद्योगिकीकरण

(e) पंजीकृत समितियाँ

(f) पूरा (PURA) ग्रामीण क्षेत्रों में शहरी सुख-सुविधाएँ प्रदान करना

(g) वन प्रबंधन समिति (एफ.एम.सी.)

(h) सहस्राब्दि विकास लक्ष्य (एम.डी.जी.ज.)

अज्ञानता और विचारहीनता मानवता के विनाश के दो सबसे बड़े कारण हैं।

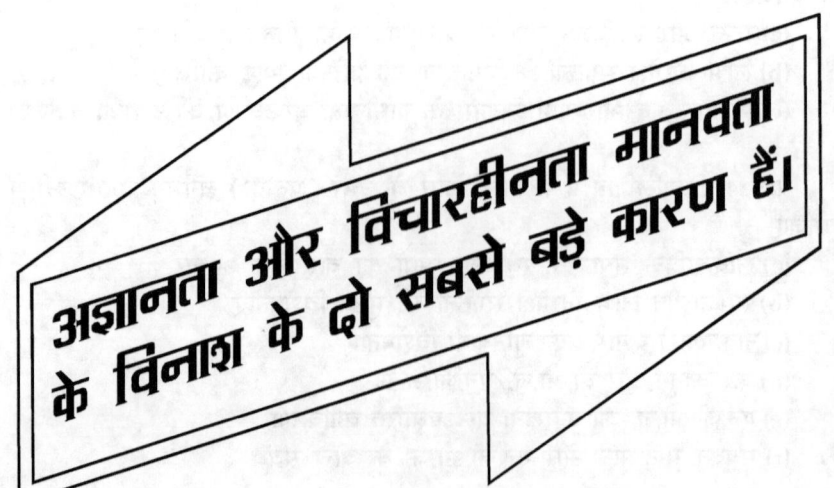

ग्राम विकास में स्वैच्छिक क्रिया : एम.आर.डी.ई.-002
जून, 2016

नोट : (i) सभी पाँच प्रश्नों के उत्तर दीजिए।
(ii) सभी प्रश्नों के अंक समान हैं।
(iii) प्रश्न सं. 1 और 2 के उत्तर (प्रत्येक) 800 शब्दों से अधिक नहीं होने चाहिए।

प्रश्न 1. ग्रामीण क्षेत्रों में स्वैच्छिक संगठनों (वीओज) के सामने आने वाली समस्याओं की चर्चा कीजिए।

अथवा

अन्ना हजारे के नेतृत्व में रालेगां सिद्धी के विशिष्ट अनुभव के विभिन्न पहलुओं का वर्णन कीजिए।

प्रश्न 2. स्वैच्छिक संगठनों के निधि संग्रह करने के प्रयासों की व्याख्या कीजिए।

अथवा

गैर-सरकारी संगठनों के कार्य करने में राज्य की भूमिका स्पष्ट कीजिए।

प्रश्न 3. निम्नलिखित में से किन्हीं दो प्रश्नों के उत्तर (प्रत्येक) लगभग 400 शब्दों में दीजिए–

(a) लाभ निरपेक्ष संगठनों के समाजशास्त्रीय दृष्टिकोणों के अनिवार्य पहलुओं का वर्णन कीजिए।

(b) समुदाय आधारित संगठनों (सीबीओज) की मूल विशेषताओं को सूचीबद्ध कीजिए।

(c) वीओज/एनजीओज के बीच विविधता से आप क्या समझते हैं? भारत में स्वैच्छिक क्षेत्र का मूल वर्गीकरण प्रस्तुत कीजिए।

प्रश्न 4. निम्नलिखित में से किन्हीं चार के उत्तर (प्रत्येक) लगभग 200 शब्दों में दीजिए–

(a) लाभनिरपेक्षता के सामाजिक लोकाचार

(b) क्षेत्र-व्यापी दृष्टिकोण

(c) पूरा (PURA) की अवधारणा और कार्यपद्धति

(d) सामुदायिक विकास में स्वैच्छिक संगठनों की संरचनात्मक अवस्थिति
(e) सामाजिक-राजनीतिक स्वैच्छिकवाद
(f) वैश्वीकरण की प्रकृति

प्रश्न 5. निम्नलिखित में से किन्हीं पाँच पर संक्षिप्त टिप्पणियाँ (प्रत्येक) लगभग 100 शब्दों में लिखिए–
(a) लक्ष्य-उन्मुख तर्कसंगत क्रिया
(b) कल्याणकारी राज्य का संकट
(c) परस्पर-लाभ संगठन
(d) वैज्ञानिक प्रबंधन
(e) जल प्रयोगकर्त्ता संघ (WUA)
(f) महाधिकार पत्र (Magna Carta)
(g) कपार्ट (CAPART)
(h) विश्व नागरिक समाज

ग्राम विकास में स्वैच्छिक क्रिया : एम.आर.डी.ई.-002
दिसम्बर, 2016

नोट : (i) सभी पाँच प्रश्नों के उत्तर दीजिए।
(ii) सभी प्रश्नों के अंक समान हैं।
(iii) प्रश्न सं. 1 और 2 के उत्तर (प्रत्येक) 800 शब्दों से अधिक नहीं होने चाहिए।

प्रश्न 1. ग्रामीण समुदायों में स्थायी विकास प्रदान करने के लिए समुदाय आधारित संगठनों (सीबीओज) द्वारा अपनाए गए दृष्टिकोण का वर्णन कीजिए।

अथवा

अपंजीकृत और पंजीकृत स्वैच्छिक संगठनों के समस्या क्षेत्रों की चर्चा कीजिए।

प्रश्न 2. लोकतांत्रिक समाज में स्वैच्छिक संघों की अनिवार्य विशेषताओं का वर्णन कीजिए।

अथवा

भारत में स्वैच्छिक संगठनों के वित्तपोषण के मुख्य स्रोतों की विवेचना कीजिए।

प्रश्न 3. निम्नलिखित में से किन्हीं दो प्रश्नों के उत्तर (प्रत्येक) लगभग 400 शब्दों में दीजिए–
(a) वेबर के क्रिया के आदर्श प्रारूपों की व्याख्या कीजिए।
(b) स्वैच्छिक गतिविधियों की ऐतिहासिक उत्पत्ति का संक्षेप में वर्णन कीजिए।
(c) ग्रामीण क्षेत्रों में सामाजिक रूपांतरण के संदर्भ में वीओज के महत्त्वपूर्ण मुद्दों की चर्चा कीजिए।

प्रश्न 4. निम्नलिखित में से किन्हीं चार के उत्तर (प्रत्येक) लगभग 200 शब्दों में दीजिए–
(a) स्वैच्छिक संगठन में सदस्यता का स्वरूप
(b) स्वैच्छिकवाद का गाँधीवादी दृष्टिकोण
(c) स्वैच्छिक संगठनों के प्रशासनिक प्रबंधन के सिद्धांत
(d) आधुनिक राज्य की अनिवार्य विशेषताएँ
(e) न्यास
(f) संयुक्त राष्ट्र और एनजीओज के बीच संबंध

प्रश्न 5. निम्नलिखित में से किन्हीं पाँच पर संक्षिप्त टिप्पणियाँ (प्रत्येक) लगभग 100 शब्दों में लिखिए–
(a) बेअरफुट कॉलेज
(b) सेवा बैंक
(c) प्राथमिक लाभार्थी की अवधारणा
(d) राज्य का निरंकुशवादी सिद्धांत
(e) स्वैच्छिक कार्य प्रकोष्ठ
(f) पूरा (ग्रामीण क्षेत्रों में शहरी सुविधाएँ उपलब्ध करवाना)
(g) वन प्रबंधन समिति
(h) सहस्राब्दि विकास लक्ष्य

ग्राम विकास में स्वैच्छिक क्रिया : एम.आर.डी.ई.-002
जून, 2017

नोट : (i) सभी पाँच प्रश्नों के उत्तर दीजिए।
(ii) सभी प्रश्नों के अंक समान हैं।
(iii) प्रश्न सं. 1 और 2 के उत्तर (प्रत्येक) 800 शब्दों से अधिक नहीं होने चाहिए।

प्रश्न 1. स्वैच्छिकवाद से आप क्या समझते हैं? टालकॉट पार्सन्स-क्रिया का स्वैच्छिकवादी सिद्धांत को स्पष्ट कीजिए।

अथवा

स्वैच्छिक क्षेत्र की वित्तीय सहायता के मुख्य स्रोतों की चर्चा कीजिए।

प्रश्न 2. ग्रामीण क्षेत्रों में स्वैच्छिक संगठनों के सामने आने वाली समस्याओं की व्याख्या कीजिए।

अथवा

राज्य और स्वैच्छिक संगठनों के बीच परिचालन संबंध की व्याख्या कीजिए।

प्रश्न 3. निम्नलिखित में से किन्हीं दो प्रश्नों के उत्तर (प्रत्येक) लगभग 400 शब्दों में दीजिए–
(a) वैश्वीकरण के बुनियादी पहलुओं की चर्चा कीजिए।
(b) गैर-सरकारी संगठनों के क्षमता निर्माण से जुड़े महत्त्वपूर्ण पहलुओं को संक्षेप में स्पष्ट कीजिए।
(c) स्वैच्छिक संगठन और निर्गमित क्षेत्र की साझेदारी की उभरती हुई प्रवृत्तियों का वर्णन कीजिए।

प्रश्न 4. निम्नलिखित में से किन्हीं चार के उत्तर (प्रत्येक) लगभग 200 शब्दों में दीजिए–
(a) लाभनिरपेक्ष संगठनों की मुख्य विशेषताएँ
(b) सेल्फ एम्पलॉयड वीमेंस् एसोसिएशन (सेवा) के योगदान
(c) पंजीकृत स्थानीय वीओज की मुख्य विशेषताएँ
(d) सी.बी.ओ. - दृष्टिकोण का महत्त्व
(e) तरूण भारत संघ (टी.बी.एस.) और वॉटरशेड विकास
(f) संयुक्त राष्ट्रसंघ और एनजीओज के बीच संबंध

प्रश्न 5. निम्नलिखित में से किन्हीं पाँच पर संक्षिप्त टिप्पणियाँ (प्रत्येक) लगभग 100 शब्दों में लिखिए–
- (a) बेअरफुट कॉलेज
- (b) संघ की स्वतंत्रता का अधिकार
- (c) स्वैच्छिक संगठनों में विविधता
- (d) प्राथमिक लाभार्थी की अवधारणा
- (e) पंजीकृत समितियाँ
- (f) पूरा, PURA (ग्रामीण क्षेत्रों में शहरी सुख-सुविधाएँ प्रदान करना)
- (g) वन प्रबंधन समिति
- (h) सहस्राब्दि विकास लक्ष्य

ग्राम विकास में स्वैच्छिक क्रिया : एम.आर.डी.ई.-002
दिसम्बर, 2017

नोट : (i) सभी पाँच प्रश्नों के उत्तर दीजिए।

(ii) सभी प्रश्नों के अंक समान हैं।

(iii) प्रश्न सं. 1 और 2 के उत्तर (प्रत्येक) 800 शब्दों से अधिक नहीं होने चाहिए।

प्रश्न 1. लोकतांत्रिक समाज में स्वैच्छिक संघों की अनिवार्य विशेषताओं की व्याख्या कीजिए।

अथवा

समुदाय आधारित संगठनों (सीबीओज) की मूल विशेषताओं का वर्णन कीजिए।

प्रश्न 2. ग्रामीण क्षेत्रों में स्वैच्छिक संगठनों के सामने आने वाली समस्याओं की व्याख्या कीजिए।

अथवा

रालेगां सिद्धी गाँव के विकास में 'हिंद स्वराज ट्रस्ट' के योगदान का वर्णन कीजिए।

प्रश्न 3. निम्नलिखित में से किन्हीं दो प्रश्नों के उत्तर (प्रत्येक) लगभग 400 शब्दों में दीजिए–

(a) वेबर के क्रिया के आदर्श प्रकारों का वर्णन कीजिए।

(b) स्वैच्छिक अभिकरण प्रशासन की असाधारण आवश्यकताओं की संक्षिप्त व्याख्या कीजिए।

(c) लाभनिरपेक्ष संगठनों की अनिवार्य विशेषताओं को स्पष्ट कीजिए।

प्रश्न 4. निम्नलिखित में से किन्हीं चार के उत्तर (प्रत्येक) लगभग 200 शब्दों में दीजिए–

(a) अधिकार बिल (1689)

(b) लाभनिरपेक्ष संगठनों की भावी संभावनाएँ

(c) नौकरशाही प्रशासन की मूल विशेषताएँ

(d) स्वैच्छिकवाद का गाँधीवादी दृष्टिकोण

(e) एनजीओ का उन्मुखता पर आधारित वर्गीकरण

(f) संयुक्त राष्ट्र संघ और एनजीओज के बीच संबंध

प्रश्न 5. निम्नलिखित में से किन्हीं पाँच पर संक्षिप्त टिप्पणियाँ (प्रत्येक) लगभग 100 शब्दों में लिखिए–

(a) अपंजीकृत स्वैच्छिक संगठन
(b) सी.बी.ओ.-दृष्टिकोण का महत्त्व
(c) सेवा बैंक
(d) संघ की स्वतंत्रता का अधिकार
(e) अनुदान सहायता की विशेषताएँ
(f) धार्मिक परोपकार
(g) क्षेत्र व्यापी दृष्टिकोण
(h) जल प्रयोगकर्त्ता संघ

ग्राम विकास में स्वैच्छिक क्रिया : एम.आर.डी.ई.-002
जून, 2018

नोट : (i) सभी पाँच प्रश्नों के उत्तर दीजिए।
(ii) सभी प्रश्नों के अंक समान हैं।
(iii) प्रश्न सं. 1 और 2 के उत्तर (प्रत्येक) 800 शब्दों से अधिक नहीं होने चाहिए।

प्रश्न 1. स्वैच्छिक संगठनों की संरचना की मूल विशेषताओं की व्याख्या कीजिए।
उत्तर— देखें अध्याय-2, प्र.सं.-5 (पेज नं.-70)

अथवा

समुदाय आधारित संगठनों की महत्त्वपूर्ण विशेषताओं की चर्चा कीजिए।
उत्तर— देखें अध्याय-4, प्र.सं.-8, 9 (पेज नं.-179, 181)

प्रश्न 2. लोकतंत्र के संदर्भ में लोकतांत्रिक अधिकारों और मौलिक स्वतंत्रताओं के विकास का वर्णन कीजिए।
उत्तर— देखें अध्याय-1, प्र.सं.-17 (पेज नं.-21)

अथवा

ग्रामीण विकास के संदर्भ में राज्य की नीतियों और गैर-सरकारी संगठनों के संबंध की चर्चा कीजिए।
उत्तर— देखें अध्याय-4, प्र.सं.-1 (पेज नं.-164)

प्रश्न 3. निम्नलिखित में से किन्हीं दो प्रश्नों के उत्तर (प्रत्येक) लगभग 400 शब्दों में दीजिए—

(a) स्वैच्छिक संगठनों को प्रोत्साहित करने में अनुदान सहायता की भूमिका का आंकलन कीजिए।
उत्तर— देखें अध्याय-2, प्र.सं.-20 (पेज नं.-107)

(b) ग्रामीण क्षेत्रों में वीओज/एनजीओज के सामने आने वाली समस्याओं की चर्चा कीजिए।
उत्तर— देखें अध्याय-3, प्र.सं.-21, 27 (पेज नं.-141, 149)

(c) प्राचीन और मध्यकालीन भारत में धार्मिक परोपकार और धर्मार्थ की भूमिका का मूल्यांकन कीजिए।

उत्तर– देखें अध्याय-3, प्र.सं.-1 (पेज नं.-116)

प्रश्न 4. निम्नलिखित में से किन्हीं चार के उत्तर (प्रत्येक) लगभग 200 शब्दों में दीजिए–

(a) रालेगां सिद्धी में ग्रामीण विकास की महत्त्वपूर्ण विशेषताएँ।

उत्तर– देखें अध्याय-4, प्र.सं.-15, 16 (पेज नं.-188, 189)

(b) लाभ-निरपेक्ष संगठनों की मुख्य विशेषताएँ।

उत्तर– देखें अध्याय-1, प्र.सं.-31 (पेज नं.-51)

(c) स्वैच्छिकवाद का गाँधीवादी दृष्टिकोण।

उत्तर– देखें अध्याय-3, प्र.सं.-2 (पेज नं.-118)

(d) वेबर के क्रिया के आदर्श प्रारूप।

उत्तर– देखें अध्याय-1, प्र.सं.-10 (पेज नं.-14)

(e) संयुक्त राष्ट्रसंघ और एनजीओज के बीच संबंध।

उत्तर– देखें अध्याय-4, प्र.सं.-28 (पेज नं.-204)

(f) स्वैच्छिक कार्य प्रकोष्ठ।

उत्तर– देखें अध्याय-4, प्र.सं.-2 (पेज नं.-167)

प्रश्न 5. निम्नलिखित में से किन्हीं पाँच पर संक्षिप्त टिप्पणियाँ (प्रत्येक) लगभग 100 शब्दों में लिखिए–

(a) स्वतंत्रता का अधिकार

उत्तर– देखें जून-2013, प्र.सं.-5(a) (पेज नं.-226)

(b) सेवा संगठन

उत्तर– देखें अध्याय-2, प्र.सं.-4 (पेज नं.-67)

(c) विश्व-नागरिक समाज

उत्तर– देखें अध्याय-4, प्र.सं.-27 (पेज नं.-203)

(d) वीओज की देखभाल और कल्याण संबंधी गतिविधियाँ

उत्तर– देखें अध्याय-2, प्र.सं.-12 (पेज नं.-90)

(e) कमजोर वर्गों के सामुदायिक कार्य
उत्तर— देखें अध्याय-3, प्र.सं.-4(i) (पेज नं.-122)

(f) श्रमिक संघ
उत्तर— देखें अध्याय-3, प्र.सं.-15(iii) (पेज नं.-133)

(g) सहायता की प्रभावकारिता पर पेरिस घोषणा (2005)
उत्तर— देखें अध्याय-4, प्र.सं.-34 (पेज नं.-210)

(h) सुपर बाजारीकरण
उत्तर— देखें अध्याय-4, प्र.सं.-36 (पेज नं.-214)

ग्राम विकास में स्वैच्छिक क्रिया : एम.आर.डी.ई.-002

दिसम्बर, 2018

नोट : सभी पाँच प्रश्नों के उत्तर दीजिए। सभी प्रश्नों के अंक समान हैं। प्रश्न सं. 1 और 2 के उत्तर 800 शब्दों (प्रत्येक) से अधिक नहीं होने चाहिए।

प्रश्न 1. स्वैच्छिक संगठनों की संरचना को प्रभावित करने वाली प्रक्रियाओं की विवेचना कीजिए।

अथवा

स्वैच्छिक संगठनों के निधि संग्रह के प्रयासों का वर्णन कीजिए।

प्रश्न 2. मैक्स वेबर के सामाजिक क्रिया के सिद्धांत के महत्त्वपूर्ण पहलुओं को स्पष्ट कीजिए।

अथवा

ग्रामीण विकास के संदर्भ में स्वैच्छिकवाद के गाँधीवादी दृष्टिकोण की विवेचना कीजिए।

प्रश्न 3. निम्नलिखित में से किन्हीं दो प्रश्नों के उत्तर लगभग 400 शब्दों (प्रत्येक) में दीजिए:

(क) लाभ-निरपेक्ष संगठनों के समाजशास्त्रीय दृष्टिकोणों की संक्षेप में चर्चा कीजिए।

(ख) ग्राम विकास के क्षेत्र में स्वैच्छिक संगठनों द्वारा संबोधित गतिविधियों और मुद्दों की व्याख्या कीजिए।

(ग) ग्रामीण क्षेत्रों में स्वैच्छिक संगठनों के सामने आने वाली समस्याओं का वर्णन कीजिए।

प्रश्न 4. निम्नलिखित में से किन्हीं चार पर लगभग 200 शब्दों (प्रत्येक) में टिप्पणियाँ लिखिए:

(क) भारत के संविधान (1950) में उल्लिखित मौलिक अधिकार

(ख) लोकतांत्रिक समाज में स्वैच्छिक संघों का वास्तविक आधार

(ग) नौकरशाही प्रशासन की मूल विशेषताएँ

(घ) एन.जी.ओ. का उन्मुखता पर आधारित वर्गीकरण

(ङ) धर्मार्थ कंपनियाँ
(च) सी.बी.ओज की शक्तियाँ और सीमाबद्धताएँ

प्रश्न 5. निम्नलिखित में से किन्हीं पाँच पर लगभग 100 शब्दों (प्रत्येक) में संक्षिप्त टिप्पणियाँ लिखिए:

(क) महाधिकार-पत्र (मैग्ना कार्टा)
(ख) जल बिरादरी की अवधारणा
(ग) करिश्माई सत्ता पर संरचित संगठन
(घ) पोस्डकोर्ब (POSDCORB)
(ङ) वी.ओज/एन.जी.ओज की मुख्य पारिभाषिक विशेषताएँ
(च) श्रमिक संघ
(छ) कापार्ट
(ज) वन प्रबंधन समिति (एफ.एम.सी.)

ग्राम विकास में स्वैच्छिक क्रिया : एम.आर.डी.ई.-002
जून, 2019

नोट : सभी पाँच प्रश्नों के उत्तर दीजिए। सभी प्रश्नों के अंक समान हैं। प्रश्न संख्या 1 और 2 के उत्तर 800 शब्दों (प्रत्येक) से अधिक नहीं होने चाहिए।

प्रश्न 1. ग्राम विकास के गाँधीवादी दृष्टिकोण में स्वैच्छिकवाद का वर्णन कीजिए।
उत्तर— देखें अध्याय-3, प्र.सं.-2

अथवा

स्वैच्छिक संगठनों की संरचना की बुनियादी विशेषताओं की व्याख्या कीजिए।
उत्तर— देखें अध्याय-2, प्र.सं.-5

प्रश्न 2. अन्ना हजारे के नेतृत्व में रालेगा-सिद्धी के अनुपम अनुभव के विभिन्न पहलुओं की व्याख्या कीजिए।
उत्तर— देखें अध्याय-4, प्र.सं.-16

अथवा

स्वैच्छिक संगठनों के वित्तपोषण (निधीयन) के मुख्य स्रोतों का वर्णन कीजिए।
उत्तर— देखें अध्याय-2, प्र.सं.-19

प्रश्न 3. निम्नलिखित में से किन्हीं दो प्रश्नों के उत्तर लगभग 400 शब्दों (प्रत्येक) में दीजिए—

(क) लाभनिरपेक्ष संगठनों के समाजशास्त्रीय दृष्टिकोणों के अनिवार्य पक्षों का वर्णन कीजिए।
उत्तर— देखें अध्याय-1, प्र.सं.-34

(ख) समुदाय आधारित संगठनों की मुख्य विशेषताओं की व्याख्या कीजिए।
उत्तर— देखें अध्याय-4, प्र.सं.-8

(ग) राज्य और स्वैच्छिक संगठनों के बीच कार्यात्मक संबंध को स्पष्ट कीजिए।
उत्तर— देखें अध्याय-1, प्र.सं.-29

प्रश्न 4. निम्नलिखित में से किन्हीं चार पर लगभग 200 शब्दों (प्रत्येक) में संक्षिप्त टिप्पणियाँ लिखिए—

(क) सामाजिक-राजनीतिक स्वैच्छिकवाद
उत्तर— देखें अध्याय-1, प्र.सं.-19

(ख) अधिकार बिल (1689)
उत्तर- देखें अध्याय-1, प्र.सं.-17

(ग) कापार्ट के कार्य
उत्तर- देखें अध्याय-4, प्र.सं.-5

(घ) भारत में धार्मिक परोपकार
उत्तर- देखें अध्याय-3, प्र.सं.-1

(ङ) तर्कसंगतिकरण
उत्तर- देखें अध्याय-1, प्र.सं.-9

(च) बेअरफुट कॉलेज
उत्तर- देखें अध्याय-4, प्र.सं.-23(i)

प्रश्न 5. निम्नलिखित में से किन्हीं पाँच पर लगभग 100 शब्दों (प्रत्येक) में संक्षिप्त टिप्पणियाँ लिखिए-

(क) महाधिकार-पत्र
उत्तर- देखें अध्याय-1, प्र.सं.-16

(ख) आदर्श प्रारूप
उत्तर- देखें अध्याय-1, प्र.सं.-10

(ग) धर्मार्थ कंपनियाँ
उत्तर- देखें अध्याय-3, प्र.सं.-15(iv)

(घ) सेवा संगठन
उत्तर- देखें अध्याय-2, प्र.सं.-4

(ङ) नौकरशाही प्रशासन की मूल विशेषताएँ
उत्तर- देखें अध्याय-2, प्र.सं.-7

(च) सामाजिक आंदोलन संगठन
उत्तर- देखें अध्याय-3, प्र.सं.-18

(छ) वन प्रबंधन समिति
उत्तर- देखें अध्याय-4, प्र.सं.-10

(ज) जल बिरादरी
उत्तर- देखें अध्याय-4, प्र.सं.-25(iii)

ग्राम विकास में स्वैच्छिक क्रिया : एम.आर.डी.ई.-002
दिसम्बर, 2019

नोट : सभी पाँच प्रश्नों के उत्तर दीजिए। सभी प्रश्नों के अंक समान हैं। प्रश्न संख्या 1 और 2 के उत्तर (प्रत्येक) 800 शब्दों से अधिक नहीं होना चाहिए।

प्रश्न 1. भारत में स्वैच्छिकवाद और ग्रामीण पुनर्निर्माण के गाँधीवादी दृष्टिकोण के मुख्य पहलुओं की व्याख्या कीजिए।

उत्तर– देखें अध्याय-3, प्र.सं.-2 (पेज नं.-118)

अथवा

ग्रामीण भारत में प्राकृतिक संसाधनों के प्रभावी प्रबंधन में समुदाय आधारित संगठनों (सी.बी.ओज) की भूमिका का वर्णन कीजिए।

उत्तर– देखें अध्याय-4, प्र.सं.-14 (पेज नं.-187)

प्रश्न 2. ग्रामीण भारत में स्वैच्छिक संगठनों के सामने आने वाली समस्याओं की चर्चा कीजिए।

उत्तर– देखें अध्याय-3, प्र.सं.-21 (पेज नं.-141)

अथवा

ग्राम विकासार्थ वैश्विक दानदाता मंच (जी.डी.पी.आर.डी.) के दिशा निर्देशक सिद्धांतों की व्याख्या कीजिए।

उत्तर–देखें अध्याय-4, प्र.सं.-35 (पेज नं.-211)

प्रश्न 3. निम्नलिखित में से किन्हीं दो प्रश्नों के उत्तर (प्रत्येक) लगभग 400 शब्दों में दीजिए।

(a) क्रिया के स्वैच्छिवादी सिद्धांत के मूल तत्वों का वर्णन कीजिए।

उत्तर– देखें अध्याय-1, प्र.सं.-12 (पेज नं.-16)

(b) रालेगां सिद्धी के ग्रामीण विकास अनुभव के महत्त्वपूर्ण पहलुओं पर प्रकाश डालिए।

उत्तर– देखें अध्याय-4, प्र.सं.-15 (पेज नं.-188)

(c) ग्रामीण क्षेत्रों में वाटरशेड विकास में तरूण भारत संघ (टी.बी.एस.) के योगदान की चर्चा कीजिए।

उत्तर– देखें अध्याय-4, प्र.सं.-24 (पेज नं.-199)

प्रश्न 4. निम्नलिखित में से किन्हीं चार के उत्तर (प्रत्येक) लगभग 200 शब्दों में दीजिए।

(a) स्वैच्छिक संगठन की सदस्यता

उत्तर– देखें अध्याय-2, प्र.सं.-5 (पेज नं.-71)

(b) वेबर के आदर्श प्रारूप

उत्तर– देखें अध्याय-1, प्र.सं.-10 (पेज नं.-13)

(c) स्वैच्छिक संगठनों के प्रशासनिक प्रबंधन के सिद्धांत

उत्तर– देखें अध्याय-2, प्र.सं.-7 (पेज नं.-75)

(d) आधुनिक राज्य की अनिवार्य विशेषताएँ

उत्तर– देखें अध्याय-1, प्र.सं.-22 (पेज नं.-37)

(e) न्यास

उत्तर– देखें अध्याय-3, प्र.सं.-15(ii) (पेज नं.-132)

(f) संयुक्त राष्ट्रसंघ और एनजीओज के बीच संबंध

उत्तर– देखें अध्याय-4, प्र.सं.-28 (पेज नं.-204)

प्रश्न 5. निम्नलिखित में से किन्हीं पाँच पर संक्षिप्त टिप्पणियाँ (प्रत्येक) लगभग 100 शब्दों में लिखिए।

(a) लक्ष्य-उन्मुख तर्कसंगत क्रिया

उत्तर– देखें अध्याय-1, प्र.सं.-10 (पेज नं.-14)

(b) प्राचीन रोमन गणराज्य

उत्तर– देखें अध्याय-1, प्र.सं.-14 (पेज नं.-18)

(c) परस्पर लाभ संगठन

उत्तर– देखें अध्याय-2, प्र.सं.-4 (पेज नं.-67)

(d) सहकारी समितियाँ और स्व-सहायता समूह

उत्तर– देखें अध्याय-2, प्र.सं.-16 (पेज नं.-95)

(e) धार्मिक परोपकार

उत्तर– देखें अध्याय-3, प्र.सं.-1 (पेज नं.-116)

(f) केंद्रीय सामाजिक कल्याण बोर्ड

उत्तर– देखें अध्याय-4, प्र.सं.-37 (पेज नं.-215)

(g) कार्यों पर आधारित एनजीओ-वर्गीकरण

उत्तर– देखें अध्याय-3, प्र.सं.-9 (पेज नं.-127)

(h) पूरा (PURA) की अवधारणा

उत्तर–भारत के महान और प्रसिद्ध वैज्ञानिक और देश के 11वें राष्ट्रपति ए.पी.जे. अब्दूल कलाम देश की सेवा में विशेष योगदान रहा है। उन्होंने देश को आगे बढ़ाने के लिए बहुत से प्रयास

किए। देश कुछ सबसे महत्त्वपूर्ण संगठनों डी.आर.डी.ओ. और इसरो में कार्य करके देश की सेवा की। इसी तरह से देश के ग्रामीण क्षेत्र के विकास हेतु कलाम जी ने एक विजन दिया, जिसका नाम "Provision of Urban Amenities to Rural Area (PURA)" है। PURA का उद्देश्य ग्रामीण क्षेत्रों में शहरी सुविधाएँ प्रदान करना है। 70 लोगों को रोजगार के लिए ग्रामीण से शहरी क्षेत्रों में प्रवास की समस्या से निपटने के लिए, राष्ट्रपति ए.पी.जे. अब्दुल कलाम ने उनके द्वारा शुरू की गई VISION 2020 परियोजना में PURA की अवधारणा का प्रस्ताव दिया है। इसका उद्देश्य ग्रामीण क्षेत्रों को शहरी के रूप में इनवर्टर के रूप में आकर्षक बनाना है। फिर, ग्रामीण क्षेत्र भी शहरी शैली के रोजगार पैदा करेंगे, अगर रिवर्स नहीं, तो ग्रामीण शहरी प्रवास। इसके प्रमुख उद्देश्यों को नीचे के रूप में गर्मियों में रखा जा सकता है–

(i) ग्रामीण विकास के ड्राइविंग बल के रूप में कनेक्टिविटी द्वारा कृषि की जगह।
(ii) रोजगार सृजन उद्योग और सेवाओं में केंद्रित होना चाहिए और कृषि रोजगार घटने चाहिए।
(iii) गाँव को उच्च लागत वाली उन्नत तकनीक प्रदान करना।
(iv) शहरों के रूप में ग्रामीण क्षेत्रों में प्रति व्यक्ति निवेश प्रदान करना।
(v) ग्रामीण निधि निवेश के लिए है न कि उपभोग के लिए
(vi) ग्रामीण विकास को कॉर्पोरेट सामाजिक जिम्मेदारी के रूप में मानते हैं। पुरा योजना की परिकल्पना की गई है।

ग्राम विकास में स्वैच्छिक क्रिया : एम.आर.डी.ई.-002
जून, 2020

नोट : सभी पाँच प्रश्नों के उत्तर दीजिए। सभी प्रश्नों के अंक समान हैं। प्रश्न संख्या 1 और 2 के उत्तर 800 शब्दों (प्रत्येक) से अधिक नहीं होने चाहिए।

प्रश्न 1. स्वैच्छिक संस्थाओं के मूलभूत सिद्धांतों का वर्णन कीजिए।
उत्तर– देखें अध्याय-1, प्र.सं.-18

अथवा

किसी स्वैच्छिक अभिकरण के प्रशासन और प्रबंधन में सुधार के कारकों को स्पष्ट कीजिए।
उत्तर– देखें अध्याय-2, प्र.सं.-11

प्रश्न 2. ग्रामीण क्षेत्रों में स्वैच्छिक संगठनों के सम्मुख समस्याओं की चर्चा कीजिए।
उत्तर– देखें अध्याय-3, प्र.सं.-21

अथवा

ग्राम विकास के संदर्भ में प्राकृतिक संसाधनों के प्रभावी प्रबंधन में समुदाय आधारित संगठनों की भूमिका और प्रासंगिकता की चर्चा कीजिए।
उत्तर– देखें अध्याय-4, प्र.सं.-14

प्रश्न 3. निम्नलिखित में से किन्हीं दो प्रश्नों के उत्तर लगभग 400 शब्दों (प्रत्येक) में दीजिए–

(क) ग्राम विकास की प्रक्रिया में राज्य और स्वैच्छिक संगठनों की भागीदारी की संक्षेप में चर्चा कीजिए।
उत्तर– देखें अध्याय-2, प्र.सं.-14

(ख) स्वैच्छिकवाद और ग्राम विकास के गाँधीवादी दृष्टिकोण को स्पष्ट कीजिए।
उत्तर– देखें अध्याय-3, प्र.सं.-2

(ग) भूमंडलीकरण की विशेषताओं को स्पष्ट कीजिए।
उत्तर– देखें अध्याय-4, प्र.सं.-26

प्रश्न 4. निम्नलिखित में से किन्हीं चार पर लगभग 200 शब्दों (प्रत्येक) में संक्षिप्त टिप्पणियाँ लिखिए—

(क) स्वैच्छिक संगठनों की उत्पत्ति और अर्थ

उत्तर— देखें अध्याय-1, प्र.सं.-18

(ख) किसी दाता-आधार का विकास

उत्तर— देखें अध्याय-2, प्र.सं.-23(iii)

(ग) पश्चिम में स्वैच्छिकवाद और नागरिक समाज का विकास

उत्तर— अधिकांश पाश्चात्य समाज एक लंबे समय तक चर्च के प्रभाव में रहे, जिसको कि 'अज्ञान का युग' के नाम से जाना जाता है। पाश्चात्य जगत में 'पुनर्जागरण' नामक, एक सांस्कृतिक आंदोलन का सूत्रपात इटली में देखा गया जो कि मूलरूप से उत्कृष्ट प्राचीनता के साथ पश्चिमी जगत के पुनर्योजन को प्रस्तुत करता था। पुनर्जागरण के दौरान यूरोप भर में दर्शनशास्त्र, गणित, विज्ञान, वास्तुकला, मानव शरीर विज्ञान, साहित्य और काव्य शास्त्र आदि क्षेत्रों में अत्यधिक प्रगति हुई। पुनर्जागरण का एक उल्लेखनीय परिणाम यह रहा कि मध्यकाल और आरंभिक आधुनिक यूरोप के बीच प्रबोधन के इस ऐतिहासिक युग ने एक परिवर्तन का सूत्रपात किया। पुनर्जागरण से जुड़े सांस्कृतिक आंदोलन द्वारा उत्पन्न ज्ञान सिद्धांतों ने समस्त यूरोप में, उत्तरवर्ती शताब्दियों में, लोकतांत्रिक आदर्शों और पद्धतियों के विकास में एक उल्लेखनीय भूमिका निभाई।

प्रमुख निहितार्थ यह था कि राज्य के मामलों में धर्म का प्रभाव घटता जा रहा था। धर्म में सुधार आया और वह लोगों के निजी जीवन में एक महत्त्वपूर्ण भूमिका निभाता ही रहा। उदाहरण के लिए, प्रोटेस्टेंट कार्य-नीति और भले ईसाई की संकल्पना ने समाज में नए अर्थ ग्रहण कर लिए। लाभ के लिए मेहनत करना अब निकृष्ट नहीं समझा जाता था; बल्कि सामाजिक उद्देश्यों के लिए आय और लाभ का अंश व्यय करना समाज में मान्य और सराहनीय कार्य हो गया।

धर्म से राज्य की दूरी को राजकीय कार्यकलापों के किए जाने में स्पष्टतः मान्यता और महत्त्व प्रदान किया गया है। शासन के सर्वाधिक प्रशंसित रूप की जड़ें लोकतंत्र के बुनियादी सिद्धांतों में ही जमी हैं। वैयक्तिक स्वतंत्रता के सम्मान ने समाज के आर्थिक पहलुओं से दो-चार होने के लिए मुक्त बाजार की कार्यशैली का मार्ग प्रशस्त किया है। राजनीतिक स्वैच्छिकवाद को सामाजिक-राजनीतिक सक्रियतावाद के रूप में पहचान प्रदान की गई है। पश्चिमी जगत में राजनीतिक स्वैच्छिकवाद में इस तरह शामिल हैं—मुख्यधारा में राजनीति की समालोचना विकसित करना, और कुछ मामलों में, राजनीतिक कार्यसूचियों के विकल्पों का प्रदर्शन और प्रस्तुति करना। चूँकि निर्वाचित प्रतिनिधियों के विभिन्न लोकतांत्रिक निकाय भी प्रायः कुछ सीमाबद्धताओं से ग्रस्त रहते थे, नागरिक समाज को राजनीतिक शासन के लोकतांत्रिक रूपों के अंतर्गत एक अन्य महत्त्वपूर्ण भूमिका की ओर बढ़ने का अवसर प्राप्त हुआ। यह भूमिका प्रबुद्ध कानून-निर्माण प्रक्रिया में सार्थक प्रभाव डालने से जुड़ी थी। दो उल्लेखनीय घटनाएँ जिनके लिए नागरिक समाज की पहल अधिकांश रूप में उत्तरदायी थीं, वे मानव अधिकारों के विस्तारण और सूचना के अधिकार से जुड़ी थी। पश्चिमी जगत में स्वैच्छिकवाद ने इस तरह राज्यतंत्र और समाज की स्वस्थ कार्यपद्धति के लिए निगरानी करने की भूमिका निभाने हेतु सामर्थ्य जुटा लिया। उल्लेखनीय है कि स्वैच्छिकवाद की मूल धारा का अस्तित्व बना ही रहा जिसने दरिद्रों, दीन-हीनों, रोगियों और भिन्न रूप से सक्षम लोगों को सेवाएँ प्रदान कीं।

(घ) ग्रामीण प्रौद्योगिकी वितरण
उत्तर— देखें अध्याय-3, प्र.सं.-32

(ङ) गैर-सरकारी संगठन और स्वसहायता समूह
उत्तर— देखें अध्याय-4, प्र.सं.-3(i)

(च) वाटरशेड विकास का प्रभाव
उत्तर— देखें अध्याय-4, प्र.सं.-25(i)

प्रश्न 5. निम्नलिखित में से किन्हीं पाँच पर लगभग 100 शब्दों (प्रत्येक) में संक्षिप्त टिप्पणियाँ लिखिए—

(क) यौक्तिकीकरण (Rationalisation)
उत्तर— देखें अध्याय-1, प्र.सं.-9

(ख) आधुनिक राज्य का उदय
उत्तर— देखें अध्याय-1, प्र.सं.-21

(ग) स्वैच्छिक संगठन की सदस्यता
उत्तर— देखें अध्याय-2, प्र.सं.-5

(घ) आंतरिक जनतंत्र
उत्तर— देखें अध्याय-2, प्र.सं.-9

(ङ) धार्मिक लोकोपकार
उत्तर— देखें अध्याय-3, प्र.सं.-1

(च) पंजीकृत संस्था
उत्तर— देखें अध्याय-3, प्र.सं.-14

(छ) कौशल विकास
उत्तर— देखें अध्याय-4, प्र.सं.-13

(ज) सेवा बैंक (SEWA Bank)
उत्तर— देखें अध्याय-4, प्र.सं.-17

ग्राम विकास में स्वैच्छिक क्रिया : एम.आर.डी.ई.-002
फरवरी, 2021

नोट : सभी पाँच प्रश्नों के उत्तर दीजिए। सभी प्रश्नों के अंक समान हैं। प्रश्न संख्या 1 और 2 के उत्तर 800 शब्दों (प्रत्येक) से अधिक नहीं होने चाहिए।

प्रश्न 1. स्वैच्छिक संस्थाओं की उत्पत्ति और विकास को स्पष्ट कीजिए।
उत्तर– देखें अध्याय-1, प्र.सं.-18, 19

अथवा

स्वैच्छिक क्षेत्र में वित्तीय संसाधनों की गत्यात्मकता की चर्चा कीजिए।
उत्तर– देखें अध्याय-2, प्र.सं.-19

प्रश्न 2. स्वैच्छिकवाद और ग्रामीण पुनर्निर्माण में गाँधीवादी अवधारणा को स्पष्ट कीजिए।
उत्तर– देखें अध्याय-3, प्र.सं.-2

अथवा

वैश्वीकरण की प्रकृति और अर्थ का वर्णन कीजिए।
उत्तर– देखें अध्याय-4, प्र.सं.-26

प्रश्न 3. निम्नलिखित में से किन्हीं दो प्रश्नों के उत्तर लगभग 400 शब्दों (प्रत्येक) में दीजिए–

(क) स्वैच्छिक संगठनों द्वारा संबोधित सामयिक गतिविधियों और मुद्दों की प्रकृति का वर्णन कीजिए।
उत्तर– देखें अध्याय-3, प्र.सं.-21, 22, 23

(ख) गैर-सरकारी संगठनों की कुछ प्रमुख भूमिकाओं की चर्चा कीजिए।
उत्तर– देखें अध्याय-3, प्र.सं.-13

(ग) सी.बी.ओ. दृष्टिकोण के महत्त्व और उद्भव को स्पष्ट कीजिए।
उत्तर– देखें अध्याय-4, प्र.सं.-6

प्रश्न 4. निम्नलिखित में से किन्हीं चार पर लगभग 200 शब्दों (प्रत्येक) में संक्षिप्त टिप्पणियाँ लिखिए–

(क) कल्याणकारी राज्य और स्वैच्छिक संस्थाएँ
उत्तर– देखें अध्याय-1, प्र.सं.-24(iv), 26

(ख) कॉर्पोरेट योगदान
उत्तर– देखें अध्याय-2, प्र.सं.-23(iv)

(ग) पंचायती राज संस्थाएँ और स्वैच्छिक संगठन
उत्तर– देखें अध्याय-3, प्र.सं.-20

(घ) पूरा (PURA) और स्वैच्छिक क्षेत्र
उत्तर– देखें अध्याय-3, प्र.सं.-29

(ङ) कापार्ट के कार्य
उत्तर– देखें अध्याय-4, प्र.सं.-5

(च) आदर्श प्रकार
उत्तर– देखें अध्याय-1, प्र.सं.-10

प्रश्न 5. निम्नलिखित में से किन्हीं पाँच पर लगभग 100 शब्दों (प्रत्येक) में संक्षिप्त टिप्पणियाँ लिखिए–

(क) पुनर्जागरण
उत्तर– देखें अध्याय-1, प्र.सं.-15

(ख) कमजोर वर्गों का सशक्तिकरण
उत्तर– देखें अध्याय-2, प्र.सं.-16

(ग) श्रम बाजार
उत्तर– देखें अध्याय-1, प्र.सं.-35

(घ) जानकारी साझाकरण
उत्तर– देखें अध्याय-2, प्र.सं.-11

(ङ) विदेशी सहायता
उत्तर– देखें अध्याय-3, प्र.सं.-4(i)

(च) न्यास
उत्तर– देखें अध्याय-3, प्र.सं.-15(ii)

(छ) ग्रामीण संपत्तियों का सृजन
उत्तर– देखें अध्याय-4, प्र.सं.-13

(ज) जलसंभर (वाटरशेड) विकास
उत्तर– देखें अध्याय-4, प्र.सं.-11

www.ingramcontent.com/pod-product-compliance
Lightning Source LLC
LaVergne TN
LVHW010157070526
838199LV00062B/4397
* 9 7 8 9 3 8 3 9 2 1 7 8 2 *